攀登 永无止境
西藏登山60年（下卷）

西藏自治区体育局 编

西藏人民出版社

图书在版编目（CIP）数据

攀登 永无止境：西藏登山60年.上下卷/西藏自治区体育局编.－－拉萨：西藏人民出版社，2021.4

ISBN 978-7-223-06786-7

Ⅰ.①攀 Ⅱ.①西 Ⅲ.①登山运动—体育运动史—西藏 Ⅳ.① G881.92

中国版本图书馆 CIP 数据核字（2021）第 065446 号

攀登 永无止境：西藏登山60年（下卷）

编　　者：	西藏自治区体育局
责任编辑：	计美旺扎　张慧霞
装帧设计：	李杨	STUDIO NOWHIT
出版发行：	西藏人民出版社（拉萨市林廓北路20号）
印　　刷：	西藏福利印刷厂
开　　本：	787×1092　1/16
印　　张：	20
插　　页：	8
字　　数：	400千字
版　　次：	2021年7月第1版
印　　次：	2021年7月第1次印刷
印　　数：	01-3,000
书　　号：	ISBN 978-7-223-06786-7
定　　价：	150.00元（上、下卷）

版权所有　翻印必究

攀登　永无止境——西藏登山60年（下卷）

❶ 1993年八届全国政协副主席阿沛·阿旺晋美为西藏自治区登山协会题词
❷ 2007年8月9日，西藏自治区人民政府和国家体育总局在北京人民大会堂为中国西藏攀登世界14座海拔8000米以上高峰探险队举行庆功大会。时任国务委员陈至立（右一）在时任西藏自治区体育局党组书记群增（右二）的陪同下，接见次仁多吉（左一）、桑珠（左二）等探险队员

❶ 2008年6月21日，北京奥运会特使和西藏自治区领导出席在布达拉宫前广场举行的北京奥运会圣火境内外传递主火炬与接力珠峰传递火炬熔火仪式，才旦卓玛（右三）与尼玛次仁（左二）分别展示境内外传递主火炬与奥运圣火接力珠峰传递火种灯

攀登　永无止境——西藏登山60年（下卷）

❶

❷

❸

❹

❺

❻

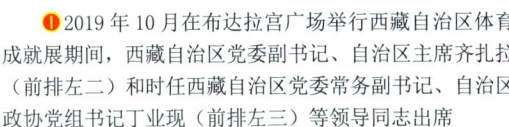

❼

❶ 2019年10月在布达拉宫广场举行西藏自治区体育成就展期间，西藏自治区党委副书记、自治区主席齐扎拉（前排左二）和时任西藏自治区党委常务副书记、自治区政协党组书记丁业现（前排左三）等领导同志出席

❷ 2014年时任国家体育总局局长刘鹏在自治区副主席甲热·洛桑丹增的陪同下参观第二届体育文化、体育旅游博览会西藏展区

❸ 2009年8月28日，时任西藏自治区人大常委会副主任阿登（前排左二），自治区副主席甲热·洛桑丹增（前排左三），自治区体育局副局长赵光华（前排右一），西藏军区政治部副主任肖茂光（前排左一），西藏登山队队长、高山救援队队长尼玛次仁（前排右二）等在西藏高山救援队成立挂牌仪式上检视高山救援装备等器材

❹ 2015年5月27日上午，西藏自治区体育局举行纪念中国人再登珠峰和首测高程40周年暨次仁切阿山岳博物馆开馆仪式，西藏自治区副主席甲热·洛桑丹增（右四）出席

❺ 西藏自治区体育局，西藏登山队和西藏登山向导学校组织编写出版的传承"西藏登山精神"部分书籍

❻ 2005年，为纪念中国与尼泊尔建交50周年，两国登山运动员联合组成"中尼友好登山队"，从中国一侧攀登位于中尼边境线上的一座无名峰，该峰经两国有关部门批准命名为"中尼友谊峰"

❼ 时任西藏登山协会秘书长索南（右二）给外国来藏登山探险客户和个人颁发登顶（高）证书

03

❶ 2018年9月17日，中国西藏自治区登山协会和日本长野县山岳协会纪念缔结友好兄弟协会30周年暨攀登海拔6310米的雪拉普岗日峰活动启动

❷ 2018年7月12日，中国西藏自治区登山协会和巴基斯坦高山俱乐部相聚拉萨，纪念中巴联合登山11周年

攀登　永无止境——西藏登山60年（下卷）

❶ 时任中共西藏工委副书记、西藏军区政委、西藏自治区筹备委员会体委主任谭冠三将军，在其重视和倡导下，1960年10月1日西藏登山营成立

❷ 西藏军区副司令员，西藏体委党组书记、主任陈明义将军，担任1964年攀登希夏邦马峰的总指挥、1975年攀登珠峰的指挥长

❸ 曾任西藏自治区体育运动委员会主任、党组书记，中国奥林匹克委员会执行委员，中国登山协会副主席，西藏登山协会常务副主席，西藏攀登世界14座8000米以上高峰探险指挥部指挥长的洛桑达瓦在组织指挥重大登山行动方面是行家里手，在中外登山界享有崇高的威望和地位

❹ 西藏登山向导学校初创时期首任校长尼玛次仁（前排左四）与学员合影

❺ 2007年8月22日，给予西藏探险队大力支持的西藏登山运动管理中心受到西藏自治区人民政府表彰。图为索南措姆书记和张明兴主任接受牌匾

❻ 西藏圣山登山探险服务有限公司开拓国际市场，接待客户登顶北美洲最高峰

❶ 1968年，科学考察工作者正在海拔6300米的观测营地对珠峰高程进行测量。此后经过不懈努力，1975年，中国男女混合珠峰登山队9名队员成功登顶并在峰顶竖起测量觇标，协助科考队首次测得珠峰高程

❷ 2005年5月，中国组成以西藏登山队员为主的珠峰高程测量和中日女子联合登山队共同攀登珠峰，攀登测量队是继1975年首次测量珠峰高程30年之后再上珠峰。图为队员们正在攀登途中

❸ 2005年5月，中国登山队再次测量珠峰高程攀登途中

❹ 2020年5月27日，2020珠峰高程测量登山队部分队员向顶峰挺进

❺ 2020年5月27日，2020珠峰高程测量登山队队员在峰顶开展测量工作

❻ 2020年5月27日，2020珠峰高程测量登山队队员在峰顶竖起测量觇标

❶1991年，中日梅里雪山联合登山队因雪崩造成17人（其中11名日方登山者）遇难。西藏登山队副队长仁青平措带领6名队员前往2号营地开展救援工作

❷2009年8月28日，西藏自治区高山救援队挂牌成立。图为西藏高山救援队队员正在进行救援训练

❸2018年5月，保加利亚知名登山家博扬·彼得罗夫在攀登希夏邦马峰时失踪。西藏自治区体育局组成由局长尼玛次仁率领的14人西藏高山救援队，开展大规模搜救行动

❹2018年搜救攀登希夏邦马峰保加利亚登山家行动赢得了国际社会的广泛赞誉

❺2018年5月28日，西藏高山救援队把韩国登山遇难者遗体从海拔7400米处向下运送

❻2020年10月8日，西藏自治区体育局组织救援人员携带氧气瓶在卓木拉日康峰雪线附近搜救失联者

攀登 永无止境——西藏登山60年（下卷）

❶ 2015年5月27日，西藏自治区体育局举行纪念中国人再登珠峰和首测高程40周年座谈会，纪念中国人再登珠峰和测量珠峰高程的英雄壮举，再叙"九勇士"传奇故事

❷ 2020年5月11日，西藏自治区体育局党组书记、副局长王德军在海拔5200米的珠峰大本营由中国登山协会、西藏自治区体育局举行的纪念中国人首次登顶珠峰60周年、庆祝西藏登山队成立60周年系列活动大会上讲话

❸ 2020年10月1日，在纪念西藏自治区登山队成立60周年座谈会上，西藏自治区体育局为西藏登山事业作出卓越贡献的登山运动员颁发荣誉证书

❹ 2020年10月1日，在西藏登山队成立60周年座谈会上，西藏自治区体育局局长尼玛次仁（右二）为贡布（左二）、王毅（右一、王富洲女儿）、屈虹（左一、屈银华女儿）颁发纪念品

❺ 2010年5月31日，在北京人民大会堂举行纪念中国登山队首次登顶珠峰50周年座谈会，1960年5月25日凌晨4时20分首次从北坡登顶珠峰的著名登山运动员王富洲（左二）、贡布（左四）、屈银华（右三）与王勇峰（左一）、姬嘉（右二）、德吉卓嘎（左三）、尼玛次仁（右一）合影留念

❻ 2010年5月31日，在北京人民大会堂举行纪念中国登山队首次登顶珠峰50周年座谈会，西藏登山队（营）历任营长队长：从左至右依次是尼玛次仁、罗则、邓嘉善、张俊岩、成天亮、桑珠、多吉甫合影留念

攀登 永无止境——西藏登山60年（下卷）

❶2018年春季，时任国家生态环境部副部长黄润秋（前排中）、西藏自治区副主席张永泽（右）与西藏自治区体育局局长尼玛次仁（左）在珠峰大本营检查指导山峰环境保护工作
❷2018年4月30日，"西藏喜马拉雅高山环境保护基金会"在珠峰大本营举行成立仪式
❸2020年春季登山垃圾清理回收仪式
❹2020年春季登山垃圾清理活动现场
❺2020年5月3日，珠峰大本营的工作人员在搬运餐厨垃圾
❻珠峰大本营生活污水处理单元
❼西藏登山系统干部职工和西藏登山向导学校学员、登山产业从业人员是靠山、吃山、爱山、护山，实现永续发展的主力军

❶ 背后建筑物为2006年竣工的西藏自治区体育局羊八井高山训练基地（中国登山协会西藏羊八井训练基地）

❷ 2016年9月竣工交付使用的西藏自治区体育局林芝体育训练基地

❸ 2015年12月—2016年1月，中国地质大学（武汉）邓焰峰副教授带领西藏滑翔伞运动集训队在西藏羊八井和武汉木兰山等地进行飞行训练

❹ 2012年7月，索朗加措和仁青拉姆在"喜马拉雅杯"全国攀岩邀请赛上分别获得难度赛男女项目冠军

❺ 2019年7月12日，在2019"一带一路"中国拉萨国际攀岩大师赛上，西藏攀岩运动的新一代领军人物白玛玉珍夺得女子攀石赛冠军

❻ 2020年1月，在瑞士洛桑举行的冬季青年奥运会暨第3届冬季青年奥运会滑雪登山个人越野赛中，来自西藏滑雪集训队的运动员索朗曲珍（右）代表国家队获得第4名

❶ 2001年秋季，参加首届西藏登山大会的登山爱好者（俗称"山友"）正在攀登雪山

❷ 2013年9月30日，时任西藏自治区体育局党组书记孙永平在第十一届西藏登山大会暨首届拉萨秋季旅游登山大会开幕和出征壮行仪式上致辞

❸ 2018年10月16日，首届"跨喜马拉雅自行车极限赛"在林芝市鸣枪开赛

❹ 2019年10月9日，参加第二届"跨喜马拉雅国际自行车极限赛"的选手正在泽（当）—贡（嘎）江北高等级公路上骑行

❺ 业余爱好者正在拉萨北郊色拉乌孜山上的岩壁进行攀岩体验

❻ 2018年9月竣工交付使用的西藏登山体验健身训练馆

目 录

第一章 西藏登山管理服务体制 / 1

    第一节　西藏登山营 / 2

    第二节　西藏自治区体委登山管理处 / 9

    第三节　西藏登山协会 / 11

    第四节　西藏登山向导学校 / 17

    第五节　西藏圣山登山探险服务有限公司 / 21

    第六节　西藏登山队与登山综合培训中心整合 / 24

    第七节　西藏登山政策法规 / 26

第二章 高山科学考察 / 31

    第一节　1956—1964年登山运动员与科考人员和大学生参加的科学考察 / 32

    第二节　1960年对珠峰区域科学考察 / 34

    第三节　1964年对希夏邦马峰科学考察 / 36

    第四节　1966—1968年对珠峰科学考察 / 39

    第五节　1975、2005、2020年对珠峰的三次高程测量 / 44

    第六节　1975—1988年对珠峰山区进行地质考察 / 53

第七节　1998年雅鲁藏布大峡谷和2006年雅鲁藏布江水电资源科学考察 / 55

第八节　2004—2006年山峰普查 / 56

第三章　高山救援与登山协助 / 59

第一节　1991年参加梅里雪山失踪人员搜救取证行动 / 60

第二节　1991年保护比利时登山者 / 66

第三节　1996年救援墨西哥和意大利登山遇险者 / 67

第四节　1999年救援乌克兰和韩国登山遇险者 / 67

第五节　2000、2002、2005年搜救玉珠峰、希夏邦马峰、卓奥友峰登山罹难者 / 68

第六节　2002、2004年寻找美国空军"驼峰航线"坠机残骸 / 70

第七节　2002年至今协助高校登山社团攀登雪山 / 71

第八节　2007—2020年对南极科考队员进行高原选拔性训练 / 72

第九节　2010年救助西班牙登山遇险人员 / 74

第十节　2014年赴缅甸搜救登山失踪人员 / 74

第十一节　2014年举办大中小学生登山夏令营 / 74

第十二节　2015年在抗震救灾中救援外国登山人员 / 75

第十三节　2018年搜救保加利亚登山失联者博扬·彼得罗夫 / 77

第十四节　2018年搜救韩国登山遇难者朴信泳 / 80

第十五节　2018年救援未向管理部门申报登山遇险人员 / 80

第十六节　2020年救援违规攀登卓木拉日康峰失联者 / 81

第四章　西藏登山纪念庆祝活动 / 83

第一节　2000年庆祝西藏登山队成立40周年 / 84

第二节　2009年庆祝西藏登山学校成立10周年 / 85

第三节　2010年纪念中国人首登珠峰50周年 / 86

第四节　2010年庆祝西藏登山队成立50周年 / 88

第五节　2013年纪念人类首次登顶珠峰60周年 / 90

第六节　2015年纪念中国人再登珠峰和首测高程40周年 / 92

第七节　2017年纪念创造团队登顶14座海拔8000米以上高峰世界纪录
10周年 / 94

第八节　2018年纪念北京奥运火炬接力珠峰传递10周年 / 96

第九节　2019年庆祝西藏登山向导学校成立20周年 / 97

第十节　2020年纪念中国人首次登顶珠峰60周年 / 98

第十一节　2020年庆祝西藏登山队成立60周年 / 100

第五章　打造中国西藏登山大会品牌 / 102

第一节　第一届西藏登山大会 / 103

第二节　第二届西藏登山大会 / 104

第三节　第三届西藏登山大会 / 106

第四节　第四届西藏登山大会 / 107

第五节　第五届西藏登山大会 / 109

第六节　第六届西藏登山大会 / 110

第七节　第七届西藏登山大会 / 111

第八节　第八届西藏登山大会 / 112

第九节　第九届"中国人寿"西藏登山大会 / 113

第十节　第十届西藏登山大会 / 115

第十一节　第一届拉萨秋季旅游登山大会暨第十一届西藏登山大会 / 116

第十二节　第一届西藏户外运动大会暨第十二届西藏登山大会 / 118

第十三节　第二届西藏户外运动大会暨第十三届西藏登山大会 / 121

第十四节　第三届西藏户外运动大会暨第十四届西藏登山大会 / 124

第十五节　第十五届西藏登山大会 / 126

第十六节　第十六届西藏登山大会 / 128

第十七节　第十七届西藏登山大会 / 131

第十八节　第十八届"第三极"西藏登山大会 / 133

第十九节　为促进群众参加登山健身运动作贡献 / 134

第六章　山峰环境保护 / 138

第一节　2002 年登山环保大行动 / 139

第二节　2004—2008 年山峰垃圾清理活动 / 140

第三节　2017 年珠峰清洁主题实践活动 / 140

第四节　2018 年登山垃圾清洁大行动 / 141

第五节　2019 年珠峰登山环保工作 / 144

第六节　2020 年春季登山垃圾清理活动 / 145

第七节　常态化对各著名高峰大扫除 / 146

第七章　西藏登山基础建设 / 149

第一节　西藏登山向导学校工程项目 / 150

第二节　羊八井高山训练基地工程项目 / 150

第三节　林芝高原训练基地工程项目 / 151

第四节　西藏登山体验健身训练馆工程项目 / 152

第五节　日喀则市珠峰国际登山产业运营服务中心 / 152

第八章　拓展西藏登山运动新领域 / 153

第一节　攀岩运动 / 154

第二节　滑雪运动 / 167

第三节　滑翔伞运动 / 170

第四节　自行车运动 / 173

第九章　繁荣西藏登山文化 / 183

第一节　登山宣传规模化、多样化 / 184

第二节　建成西藏首座登山博物馆 / 185

第三节　建成次仁切阿山岳博物馆 / 185

第四节　出版书刊、画册及纪录片 / 187

第五节　喜马拉雅守护者演讲分享活动 / 189

第六节　西藏自治区登山爱国主义教育基地 / 192

第十章 登山国际交往 / 193

第一节 出访与来访情况 / 194

第二节 友好交流活动 / 203

第三节 联合登山活动 / 208

附 录 / 242

附录一：西藏登山运动员 60 年登顶行动年表 / 243

附录二：西藏登山队获奖统计表 / 249

附录三：西藏历次登山牺牲人员表 / 252

附录四：西藏登山队运动员等级、登山教练员职称统计表 / 253

附录五：大事记 / 257

附录六：现代登山运动在西藏兴起 / 280

参考资料 / 311

后 记 / 312

第一章

西藏登山管理服务体制

60年来，西藏一代代登山指挥员、教练员、运动员、后勤保障工作人员，砥砺奋进，勇于创新，不但创造了登山运动史上的奇迹，而且建立健全了完备的法规政策制度体系、运动体系（登山队、攀岩队、滑雪队、漂流队、滑翔伞队）、救援体系、向导培训体系、探险服务公司体系、不同海拔高度的训练接待基地体系等，成功探索和打造出了建设登山探险户外运动天堂的新模式。

第一节　西藏登山营

一、西藏登山营在拉萨成立

1960年10月1日，西藏登山营经中国共产党西藏工作委员会（以下简称西藏工委）批准正式成立，归西藏工委和西藏军区双重领导。全营共编制200人，下设4个排，每个排下设3个班，设营部和后勤总务组，西藏军区上校军官张凤臣担任首任西藏登山营营长，张俊岩（兼）、赵重禧任副营长，教练组由国家体委选派的张俊岩、刘连满、彭淑力和邓嘉善4位登山经验丰富的干部来藏组成。

登山营的伙食标准是每人每天2元钱，每月30斤粮食，虽然这一标准比城市居民多4斤，是运动员伙食标准，但对每天承受大运动量的年轻队员来说总有吃不饱的感觉。营领导在进行艰苦奋斗革命传统教育的同时，想方设法补充大家的营养，曾用剩下的莲花白菜梆子同砸碎的牛骨头烩糌粑熬成粥，使大家喝了感到饱腹和温暖。经过共同努力，度过了"三年困难时期"。

在半军事化管理下，教练员和运动员坚持进行严格的攀登技能和体能训练。针对新队员多的实际情况，教练员便从登山基本常识、攀登技能、打绳结、保护技术等方面全面细致地进行讲解与训练。他们还曾经从拉萨乘坐解放牌卡车到达孜县附近海拔4500~5000米的山上，每人负重40~50公斤的背包和其他登山技术装备进行攀登行军训练，并搭建帐篷营地野营。攀登训练中，队员们在山上60~70度甚至80~90度的崖壁上学习训练攀岩技术和高山峻岭上识别地形地貌、观察判断山势、选择攀登路线及营址等知识技能，同时通过训练增强躯体的指力、臂力、腰力、腹肌和下肢力量，特别注重提高战胜自己、克服困难的勇气。大部分新队员来自农村，从小没有上过学，又不懂汉语，学习理论知识困难很大，但在教练员的耐心讲解和示范下，他们认真刻苦地学习训练，进步较快，为实战登山打下了良好基础。登山营领导和教练员针对登山运动是高危险性团体项目的特点，在学习训练中特别强调每一名运动员都必须培养超强的团队精神，要互相协作帮助，确保团队成员人身安全，亦可减轻攀登训练中的恐惧心理，从容处置突发情况。

登山家罗则在《甜美的苦役——一位老登山队员的心路历程》一书中回忆："1960年9月，我从西藏军区日喀则独立营选调到正在筹备中的登山营，在一次攀岩训练中，当我在50多米的岩壁上攀至20多米高时，由于手脚发麻、在光滑的岩石上没有抓住上面的支点，顷刻间坠落，幸有保护措施，被保险绳索悬挂在离地面10米高的空中。事后认真总结教训、反省自己，认识到力量训练还存在不足，才导致手脚发麻、技术动作变形。从此加大了力量方面的训练，以避免在执行登山任务时出现闪失。"

登山营的教练员们为检验训练效果，对每个科目的训练情况都进行考核。例如，在攀岩技术学习训练后，对以下三项内容进行考核：一是检验能否按照攀岩的三点固定原则进行攀岩；二是能否熟练掌握打绳结技术；三是能否正确运用三种保护姿势（立势、坐势、卧势）。通过纠正存在的问题，加强针对薄弱环节的强化训练，使运动员们比较熟练地掌握了攀岩、打绳结、保护等技术，以此打下了向高海拔雪山峻岭挑战的技能基础。参加过早期刻苦学习和强化训练的运动员，之后多数成为西藏登山运动的骨干。其中，罗则先后担任了登山教练员、西藏登山管理处处长、西藏登山队副队长和队长、书记。

二、西藏登山营迁往林芝

1961年初春，西藏登山营迁往林芝八一新村。做出这样的决定，主要是考虑到当时国家经济困难，队员们只能自己动手、丰衣足食，以减轻国家的负担。

林芝八一新村距离拉萨420公里，平均海拔在2800米左右，气候宜人、土地肥沃，素有"西藏江南"之称，是开展生产自救和继续发扬自力更生、艰苦奋斗"延安精神"的好地方。虽然大家刚开始时想不通，认为林芝再好也没有拉萨好，但还是服从组织决定，经过3天的紧张准备就乘车出发了。在一路飞扬的灰尘中，经过2天的颠簸，一行人到达八一新村，在一支部队移防离开八一新村留下的营房里住下来，附近有大片部队开垦耕种过的菜地。

（一）掀起种菜劳动热潮

到达新的驻地后，发展生产、改善生活成了登山营全体人员的首要任务。当时的八一新村只有八一农场、登山营两个单位，可开垦、耕种的土地很多，营领导在动员大会上说："这是大自然赐予我们发展生产的最为有利的条件，当前正值春暖花开、万物复苏的季节,我们要继续保持部队的光荣传统,上下团结,用自己的双手在登山史上谱写新的一页。"从此,登山营的全体人员在尼洋河畔安营扎寨,把登山训练和生产劳动结合起来,既是登山运动队,又是生产队,边训练、边生产、边学习成为西藏登山营的日常工作。教练组根据营领导的要求,把训练与劳动交叉安排,每天除了正常的早操外,上午进行体能训练,下午进行生产劳动,翻地、播种、浇水,经过几十天的紧张劳动,种完了营地周围所有的菜地,主要种植了莲花白、大白菜、萝卜和大葱等。

有次进行长跑训练时,队员们发现在八一新村到林芝县政府驻地之间有一块大约30亩的荒地,查看后认定土质适宜种土豆,而且引水浇灌方便。营领导高兴地说:"这是大自然赐予我们的一笔财富,我们争取半个月内全部种上土豆。"此后,队员们早操后抓紧吃早餐,然后带上干粮和劳动工具,排队走到10公里远的地里灌溉、翻土、种土豆,以积极饱满的热情投入劳动中去。在近半个月的时间里,大家天天都要从驻地步行1个多小时来到新开垦的菜地,搞劳动竞赛,将哪个班翻地最多、哪些同志劳动最积极作为年终评选先进生产单位和个人的条件之一。虽然天天弯腰干活,腰酸背痛,手上磨出一个又一个水泡,但大家还是唱着劳动歌曲、热情洋溢地进行生产劳动。

辛勤的劳动,换来了秋天的好收成。莲花白大多数有8斤重,萝卜重达10斤左右,挖出的土豆也皮薄好吃,西红柿又大又红。队员们还挖菜窖,用来储存冬天食用的蔬菜,还把萝卜和土豆埋在沙土里。登山营当年就做到了蔬菜自给自足,后来还专门组建了一个生产班,负责种菜、养鸡、养羊等,从此,登山营的伙食一天比一天好。

(二)争先恐后练技能

在发展生产劳动,保证大家吃饱吃好的基础上,登山营进行了艰苦的体能训练,充分提高队员们的身体素质,以适应大负荷、大运动量的攀登训练。在大强度的登山负重训练中,坚持从难、从严、从实战出发、大运动量训练的"三从一大"原则,进行负重行军、徒手登山、越野长跑、上肢力量练习、腹肌练习、腿部力量练习等,通过综合训练,提高人体器官的系统机能。每当执行登山任务前,都要安排为期3个月左右的体能训练,训练计划是采取"两头小、中间大"的原则,即开始和快结束时训练强度小、中间训练强度大。为了搞好专项负重行军训练,又不损伤队员们的腰部,营部专门缝制了能装50公斤物资的长方形布袋,行军前先在布袋里装进规定重量的沙子,再装进队员的登山背包,训练前要检查称重,确认每个队员负重量达到规定的重量后再出发。第一个月每人的负重量是20~30公斤,每周6个半天,谓之中小运动量训练。第二个月每人的负重量必须达到35~45公斤,其中安排连续7天的负重行军。负重量增大、时间密度加大,每行军40分钟休息一次,休息时每人要做200个俯卧撑，谓之大运动量训练。第三个月每人的负重逐渐减轻，谓之恢复阶段训练。负重行军的路线大半时间内都为上山，选择一些从未登过的特殊山地或路况比较复杂、难度较大的上山路线，登到山顶再下到平地，采取慢上10分钟、快上10分钟交替行军的方式反复练习多次。

野营训练也是必不可少的重要课程。为使登山运动员适应野外生活的需要，登山营经常进行为期一周的野外负重行军和宿营训练。全体队员分成每4人一组，出发前领取一顶帐篷、一些厨具和一周的食材，平均分配给每个人携带，加上个人的被褥、水壶等，每人行军时的负重达30公斤以上。负重行进到原始山林中，队员们会选择一些适宜建立营地的地方宿营。每组的4人都有明确分工，一人拣柴、一人打水、两人搭帐篷，搭帐篷、烧水、做饭等都要进行检查评比。教练员们讲评训练情况时，就会公布哪个组的帐篷搭建最快、最整齐，哪个组烧水最先开、最多，哪个组做饭菜最先熟、花样多、味道好等评比结果，激发大家的训练积极性。队员们要根据扎营和撤营的时间长短确定煮饭的样式，一般是早上、中午做饭时间较短，就烧茶水吃糌粑；晚上时间较充裕，就4人一起动手和面、洗菜、开肉罐头、包饺子、扯面，或煮米饭、炒菜等。通过野外负重行军和野营生活训练，不仅增强了运动员们的负重行军能力与野外生存能力，更重要的是掌握了选择营址和建立营地的知识与技能，懂得了营址必须尽量选择在既避风、有水，又避开雪崩、洪水、塌方等灾害发生的地形上，以保障营地安全。

（三）自己动手建设新营房

1961年夏天，时任中共西藏工委副书记、西藏军区政委、西藏自治区筹备委员会体委主任的谭冠三将军来看望西藏登山营的全体人员，当时正值雨季，营领导陪同谭政委边走边查看营区情况，每到一处，谭政委都详细询问大家的生活训练情况，在运动员宿舍里看到因漏雨而打湿的被褥，就关切地说："你们的住房太破旧了，大家训练和生产劳动这么累，却没个好的居住环境来好好休息，我们有责任帮助大家解决这个困难。"大家很高兴，更没曾想到仅在几天后，营领导就兴高采烈地告诉大家，谭政委为我们解决了修建营房的专项资金20万元。20万元，这在当时是笔巨款。听到这一消息，大家不由自主地鼓掌庆贺和感谢上级领导对西藏登山营全体人员的关怀。

新建营房，是西藏登山营组建以来的重大事件，也是令人兴奋的好事、喜事。为了用好这笔资金，营领导决定采取两项措施：一是请求上级派来4位施工技术人员。其中，1人负责设计施工图纸、1人担任木工、1人担任石匠、1人担任泥瓦匠，运动员们按分工分别给技术人员当助手，边干边学习建房技术。二是用一部分资金购买钢材、玻璃、铁钉等建筑材料，其他所需的木材、石料、土坯、石灰、红瓦等都由自己动手提供。最大限度节省建房资金，用于建设和购置配套设施。营领导在动员大会上强调指出："我们必须继续发扬自力更生、艰苦奋斗的光荣传统，发扬团结互助的团队精神，用最短的时间保质保量建成优质工程。"大家热情高涨，积极性倍增，纷纷表示要尽自己最大的能力完成好组织交给的任务。霎时间，《决心书》《倡议书》等雪片般飞向营部，有的要求学习木工，有的要求学习石匠和泥瓦匠，呈现出全营人人都积极投入新建营房施工热潮的场面。大家都紧张而认真地进行着打土坯、伐木料、备石材和拣柴换石灰砖瓦的劳动。打土坯的有5个小组，都由男队员组成，女队员们则用抬单架的方式给打土坯的男队员运送泥巴。其他组有的挖土，有的引水，有的伐木，有的寻找石料。在和泥打土坯中，因用泥量大，用铁锹和出的泥巴质量不好、工作效率低，有的队员就把裤脚挽起来跳进泥坑里，用脚踩的方式和泥，这样可以在短时间内和好大片泥巴，加快了打土坯的进度。女队员们每两人一组跑着抬运泥巴，那高昂的干劲不在男队员之下。大家还边劳动边唱着劳动歌曲，以此来鼓舞士气。大家能连续弯腰打出二三百块土坯，尽管累得腰酸背痛，但没有一个人叫苦喊累。打好的土坯晒至半干后再整齐地码放成一堵堵墙的形状，上面盖上防雨的杂草石片等继续晒干。几万块土坯晾晒了一个冬天后，在次年施工前，又全靠大家利用早操时间背运到工地。

拣柴换石灰和砖瓦的小组共11人，由班长罗则带领，为了节省每天往返营区到山上拣柴的时间，便在色季拉山山谷搭起帐篷，吃住在山林里就近拣柴。在营部派来的仲近昌教练指导下，他们从林芝县百货公司买来大钢锯、大斧头、锉刀、磨刀石等，经过两三天的学习摸索，逐步掌握了拉锯、锉锯、砍伐干枯树木的技能，并借助山坡把圆木柴禾滚下山来堆放在公路边上，便于装车运往林芝砖瓦厂。住在山林里拾柴伐木的季节虽然是秋季，但林芝的秋季天气与夏季一样，阴雨连绵，很少能遇到晴天晾晒衣物，大家经常穿着淋湿的衣裤鞋袜干活。虽然劳动环境和生活条件较差，但大家的心里却感到快乐，仅用了18天的时间，就完成了15卡车的拣柴任务，换来营建所需的10吨石灰和几万块红瓦。

1961年11月，根据"精兵简政"的要求，西藏登山营的队伍从120人精减到50多人。

冬天，营领导指派拣柴组接着担负伐木任务，以提供营建所需的全部木料。班长罗则带领大家带着食品、炊具、帐篷、行李和伐木工具等，又一次住进山谷里。他们在一条可以通车的简易道路旁，选择一块较为平坦的原始森林空地上扎营，伐木用于建造房梁、门窗、地板等。每次伐完木料后，粗重的由4人肩扛，稍轻的由两人抬，集中到山下的路旁。经过30天的辛苦劳作，终于平安完成了伐木任务。在伐木过程中，虽然每个人的手掌磨出水泡又结成老茧、衣服被树枝挂烂、累得腰酸背痛、肩膀红肿，可大家都把保质保量按时完成任务当成一段快乐的经历。在拣柴、伐木期间，因工期紧、野外生活条件差，大家基本上每天只吃简单的面疙瘩汤和糌粑。藏族队员们爱吃面疙瘩汤，做起来简单又好吃，作为这个组里唯一的汉族人，仲近昌教练有时候还亲手做饭给大家换换口味，大家第一次吃到了南瓜加猪肉馅的饺子，感到很新鲜，味道也不错，留下深刻印象。营里领导对伐木组的人员很关心，知道活重耗体力，配发粮食从来不定量，保证按需供给，来看望伐木组时还经常带来猪肉等食品。

当年的冬天，还完成了石料的储备工作。全营人员利用早操时间找石头背回来，十多天里就把营区附近的石头全部搜集来背到了工地上，但与所需的石方量仍相差甚远，只好分头去远处寻找。他们有的上山，有的去河滩，把找到的石头肩扛身运回工地，由于负重大，导致很多人腰痛甚至出现红肿。营领导为防止发生工伤事故，从仓库里拿出所有的空麻袋和旧背包，发给大家垫在腰背和肩部，减轻对身体的损伤。仅用了20多天出早操的时间，大家就背回了约8车工程所需的石料。

这年冬天，除了训练和政治学习外，大家共同努力，完成了土坯、木材、石料等营建前的一切准备工作，就等第二年春季开工建房。

1962年3月，在尼洋河畔桃花盛开的季节，西藏登山营新建营房的工程正式开工了。全营的领导干部、教练员和男女运动员都投入紧张的施工中。在工地上，每个人都坚守在自己的岗位上，有挖地基的，有搬运石料的，有和泥和抬运泥巴的，有给石匠和木匠当助手的，大家都汗流浃背，也顾不上休息一下。炊事员们挑着扁担给在工地和菜地劳动的人员送饭菜。这一时期，营建施工、种菜生产、训练学习等得到了全面推进。

1963年8月，经过西藏登山营全体人员和聘请技术人员一年多的共同努力，新营院终于建设完成。其中，包括四栋平房、一栋伙房和一大间食堂、一栋大仓库、一栋登山技术装备仓库等，建筑面积达4000多平方米，形成了宿舍、食堂、办公室、洗澡堂、训练操场等设施齐全的新营区。新落成的西藏登山营大院，当时在整个林芝八一新村都是最出了名的漂亮、壮观。

通过参与营建工程，大家学到了很多在平常工作生活中学不到的知识和技能，更重要的是每个人在思想上受到了一次艰苦创业的深刻教育，树立了团结互助、发扬团队精神、敢于战胜一切困难的思想观念。

（四）开始参加国家重大登山任务

在西藏登山营成立初期，虽然队伍框架已经形成，训练工作也走向日常化，但由于队伍整体年轻，组织指挥体系尚未形成，特别是受到西藏地方财政的限制，还没有条件实施单独组队攀登山峰行动，主要是配合国家登山队完成重大登山任务。

1961年，国家体委对登山运动项目的工作安排是中国登山队以训练为主，为攀登新疆境内的海拔7595米的公格尔九别峰进行思想、技术、战术和身体的全面准备。

同时，在条件具备的情况下，争取再创女子登山世界纪录。

根据这个任务安排，中国登山队开赴新疆喀什。

西藏登山营参加这次训练和登山行动的人员有曾打破世界女子登山纪录的4位藏族女登山运动员西绕、潘多、齐米、查姆金和男运动员多吉甫、拉巴才仁及医生陈洪基。

4月19日至5月10日，两队的全体队员在喀什进行了体能训练。6月17日，中国男女混合登山队成功登顶公格尔九别峰。此后，1964年5月2日，西藏登山营运动员又随国家登山队登上世界上最后一座8000米以上的处女峰——希夏邦马峰。

1966年8月，在位于兰州市的甘肃省干部学校，登山营对通过实训选拔出的200多名队员进行了为期7个月的集训。

三、西藏登山营更名为西藏登山队

1967年后，西藏登山运动和其他体育项目一样，受到很大冲击和影响，基本陷入了停顿状态，直到1972年才逐渐恢复。

（一）西藏登山队隶属西藏体工大队

1972年4月18日，西藏自治区恢复西藏自治区体委建制，任命乔加钦为体委主任。"西藏登山营"更名为"西藏登山队"，由原来的正县级建制降格为正区级，隶属于西藏自治区体育工作大队编制序列，仍驻林芝八一新村。同时，结束了军队与地方双重领导管理的机制。

1973年10月，国家体委决定重建国家登山队，并计划在1975年春季再次攀登珠峰。

（二）西藏登山队随体委转隶区党委宣传部领导

1976年2月28日，西藏自治区党委决定：西藏自治区体委转隶区党委宣传部领导。包括西藏登山队在内的西藏体工大队、西藏中等体育学校与区体委机关的一室一部二处（办公室、政治部、业务处、军体处）共总编制269人。

四、西藏登山队移驻拉萨

（一）暂住西藏体工大队院内

1981年7月，西藏自治区体委把地处北郊的西藏体工大队的5栋平房划归西藏登山队，作为临时基地。自此，西藏登山队终于摆脱了搬迁到拉萨后长期的游击生活，各项工作逐渐走向正规。在此期间，经过多次申请配备登山专用装备，以及在组织联合登山行动中得到装备物资的配发，使西藏登山队的物资装备因不断得到补充而丰富起来，为日后单独开展登山活动奠定了物质基础。

（二）西藏登山队在拉萨新建驻地

1989年8月，西藏登山队在拉萨北郊开始修建真正属于自己的基地。经过两年多的施工，修建了1栋办公楼、4栋宿舍楼、1栋伙房和食堂、1栋仓库、1栋车库兼司机宿舍楼，以及浴室、篮球场、种菜温室、厕所等配套设施。

1992年，西藏登山队告别简陋的旧平房基地，全体队员兴高采烈地搬进新基地。

2004年，由西藏自治区体育局拨款对登山队院内进行了综合整治，拆除了残破的温室、猪圈和老旧平房，改建旱式厕所为水冲厕所，维修了年久失修的太阳能浴室，更换了上下水管，把木质门窗更换为铝合金门窗，粉刷了院内建筑物的内外墙面，种植花草树木绿化、美化了环境。

直到2018年，西藏拉萨登山体验健身训练馆建成后，西藏登山队才搬入新办公大楼。

西藏登山（营）队历任负责人表

书记/任职时间		队长（营长）/任职时间		副队长（副营长）/任职时间	
罗则	1994.9—1998.12	张凤臣	1960.11—1961.4	张俊岩	1961.5—1964.5
索南措姆	2000.5—2001.12	董小敦	1961.5—1962.6	赵崇喜	1962.5—1972.5
尹逊平	2002.1—2009.12	张俊岩	1964.5—1972.4	嘎久	1972.5—1984.10
普布次仁	2010.5—2017.2	邓嘉善	1972.5—1981.1	仁青平措	1984.10—1994.8
冯建蓉	2017.3—2020.6	罗则	1988.4—1994.8	多吉甫	1992.11—1994.8
		成天亮	1984.10—1988.4	桑珠	1984.10—2000.2
		多吉甫	1994.8—1999.12	张明兴	1993.8—1996.8
		桑珠	2000.2—2008.8	旺加	2002.2—2004.7
		尼玛次仁	2008.11—2013.6	洛桑云登	2002.2—2014.7
		巴桑次仁	2013.11—2019.5	木萨	2013.12—2015.12
		索南	2019.6至今	郭有生	2014.9—2016.8
				阿旺扎西	2017.3至今
				扎西次仁	2017.3至今

第二节　西藏自治区体委登山管理处

1981年1月5日，西藏自治区编制委员会批准了西藏自治区体委的请示，同意增设登山管理处（登山处）。1996年8月，西藏自治区体委登山处，在机构改革中改为独立县级事业单位，改名为"西藏自治区登山运动管理中心"。

作为西藏登山协会的办事机构，西藏登山运动管理中心（登山处）成立以来，不断完善管理机构和管理措施，先后制定了一系列内部管理制度。与此同时，还起草呈报了请西藏自治区人大常委会和西藏自治区人民政府审议出台的一系列登山法律、法规草案，推动了西藏自治区有关登山户外运动和产业发展方面的地方性法律法规相继出台。

一、1981年成立西藏体委登山管理处

1980年，西藏自治区体委为了加强对登山工作的管理，向西藏自治区编制委员会呈报了《西藏自治区体委关于增设登山管理处的请示》。

1981年1月5日，西藏自治区编制委员会批准了西藏自治区体委的请示，同意增设登山管理处，为正处级建制，编制8人。

1984年，西藏自治区体委登山管理处更名为"西藏自治区体委登山事务管理处"，编制人数不变。

1996年8月，西藏自治区体委登山事务管理处，在机构改革中改为独立县级事业单位，改名为"西藏自治区登山运动管理中心"，编制15人。其中，县级领导职数3名，内设机构为办公室、外联部、财务部、接待部、车队。主要职责是负责普查西藏自治区境内的山峰资源，提出对外开放山峰的意见建议；开展区内登山设施建设工作；调研和起草区内地方性登山法律法规；加强山区的环境保护；接待国外登山团队和个人；组织并参与中外联合登山活动；以西藏自治区登山协会名义审批外国登山探险团队的申请。

其具体服务内容如下：

第一，为外国登山团队和个人代办赴藏登山探险以外的业务，例如，在西藏自治区登山探险时附带的科学考察、摄影、测绘等。

第二，为外国登山团队和个人安排交通运输、住宿、代购物资等。

第三，为外国赴藏登山团队和个人提供高山协作人员、登山营地厨师、营地值班车辆、登山期间畜力运输和其他需要提供的服务。

第四，组织中外联合登山活动。凡愿意与西藏具有法人资格的团体组织联合登山者，西藏登山协会予以组织和协调。

第五，培训高山向导、协作人员和登山联络官。

西藏自治区登山运动管理中心是西藏登山协会的办事机构。

西藏登山协会自成立以来，不断完善管理机构和管理措施，先后制定了《西藏登山协会规章制度》《西藏登山协会工作职责》《西藏登山协会行政管理制度》《西藏登山协会驾驶员和车辆管理规定（暂行）》《西藏登山协会关于财务管理规定（暂行）》《西藏登山协会联络官须知》等内部管理制度。与此同时，还起草呈报了请西藏自治

区人大常委会和西藏自治区人民政府审议出台的一系列登山法律、法规草案，推动了西藏自治区有关登山户外运动和产业发展方面地方性法律和法规的相继出台。

二、2001年西藏登山运动管理中心扩编

2001年3月2日，西藏自治区机构编制委员会下达《关于自治区登山运动管理中心增加事业编制的批复》，同意为自治区登山运动管理中心增加事业编制5名。原事业编制15名，现有编制共计20名。经费来源为自收自支。

2011年1月18日，西藏自治区机构编制委员会印发《关于自治区体育局所属事业单位机构编制批复》，西藏自治区登山运动管理中心规格为正县级，内设4个正科级机构：办公室、外联部、接待部、财务部。事业编制20名。其中，县级领导职数3名，内设机构科级领导职数8名。经费来源为自收自支。

三、西藏登山运动管理中心历任负责人

西藏自治区登山运动管理中心历任负责人表

书记		主任（处长）		副主任（副处长）	
索南措姆	2001.12—2008.5	罗则	1984.10—1988.4	嘎久	1984.10—1986.12
李小宝	2008.8—2014.7	赤列朗杰	1988.5—1990.2	高谋兴	1987.3—1993.2
索南	2017.3—2019.5	高谋兴	1993.3—2001.11	多吉甫	1988.8—1992.2
		张明兴	2001.12—2018.12	嘎久	1992.3—1995.5
				姚凤成	1992.11—1993.12
				仁青平措	1994.8—2003.7
				张明兴	1996.8—2001.12
				尼玛次仁	2001.11—2008.11
				扎西加措	2002.12—2011.12
				索南	2014.1—2017.3
				白玛赤列	2017.3至今

第三节 西藏登山协会

1981年6月8日，西藏自治区研究决定成立"西藏登山协会"，由自治区副主席雪康·土登尼玛任主席，自治区体委副主任贡布任秘书长。西藏登山协会负责接待外国登山团队，具体工作由西藏体委登山管理处负责。

西藏登山协会的组成人员和西藏自治区体委登山管理处的名称和人员发生过多次变动，详细的人员组成见附表。

西藏登山协会从成立伊始就受到自治区党委、政府的高度重视，除自治区党委、人大、政府、政协和西藏军区的省军级领导担任其名誉主席、名誉副主席外，自治区体育局、自治区外事办公室和有关地（市）的负责人分别担任常务副主席、主席、副主席等职。

一、第一届西藏登山协会

1981年6月8日，西藏登山协会成立，第一届西藏登山协会由当选的21名成员组成。

第一届西藏登山协会组成人员表

职务	姓名	时间	备注
主席	雪康·土登尼玛	1981.6.8—1989.2	
副主席	拉敏·索朗伦珠	1981.6.8—1989.2	
	洛桑达瓦	1981.6.8—1989.2	
	贡布	1981.6.8—1989.2	
	洛桑吉村	1981.6.8—1989.2	
	王殿强	1981.6.8—1989.2	
秘书长	贡布（兼）	1981.6.8—1989.2	
副秘书长	罗则	1981.6.8—1989.2	
	高谋兴	1981.6.8—1989.2	
委员	杨卫群、江村、本宗、扎西、白玛、顿珠、赤列、泽仁、西绕、姬嘉、土登、罗则、嘎久、高谋兴		

二、第二届西藏登山协会

1989年2月，第二届西藏登山协会经过换届选举，由当选的53名成员组成。

第二届西藏登山协会组成人员表

职务	姓名	时间	备注
主席	吉普·平措次登	1989.2—1994.11.16	
副主席	拉敏·索朗伦珠	1989.2—1994.11.16	
	洛桑达瓦	1989.2—1994.11.16	
	索达	1989.2—1994.11.16	
	贡布	1989.2—1994.11.16	
	阿沛·仁青	1989.2—1994.11.16	
	董贵山	1989.2—1994.11.16	
	孔繁森	1989.2—1994.11.16	
	平措	1989.2—1994.11.16	
	索朗	1989.2—1994.11.16	

续表

职务	姓名	时间	备注
顾问	雪康·土登尼玛	1989.2—1994.11.16	
	乔加钦	1989.2—1994.11.16	
	周正	1989.2—1994.11.16	
	王富洲	1989.2—1994.11.16	
	张俊岩	1989.2—1994.11.16	
	屈银华		
常委兼秘书长	赤列朗杰		
常委兼副秘书长	高谋兴	1989.2—1994.11.16	
	多吉甫	1989.2—1994.11.16	
	罗则	1989.2—1994.11.16	
常务委员	格桑顿珠、次仁玉珍、向巴平措、次仁朗杰、才旺加措、陈祖鹤、谢世勇、陶继鑫、薛智、班久、成天亮		
委员	嘎久、桑珠、仁青平措、次仁多吉、平措江村、马阿都、土登、加勇四朗、唐羽中、阿旺、宋和平、达慈、顿珠扎西、米玛拉姆、车明怀、仁青措姆、次珠、蒋其明、张德元、姚凤成、巴姆、次旦		

三、第三届西藏登山协会

1994年11月16日，第三届西藏登山协会经过换届选举，由当选的72名成员组成。1998年下半年，因西藏自治区体委主要领导变动，新任体委党组书记西珠朗杰任西藏登山协会常务副主席，组成人员为73人。

第三届西藏登山协会组成人员表

职务	姓名	时间	备注
主席	吉普·平措次登	1994.11.16—2002.7.23	
副主席	朗杰	1994.11.16—2002.7.23	
	拉敏·索朗伦珠	1994.11.16—2002.7.23	
	洛桑达瓦	1994.11.16—1998	任期内退休
	姬嘉	1994.11.16—2002.7.23	
	贡布	1994.11.16—1995.7	任期内退休
	阿沛·仁青	1994.11.16—2002.7.23	
	杜泰	1994.11.16—2002.7.23	
	曲加	1994.11.16—2002.7.23	
	平措	1994.11.16—2002.7.23	

续表

职务	姓名	时间	备注
副主席	索达	1994.11.16—2002.7.23	
	武继烈	1994.11.16—2002.7.23	
	边巴	1994.11.16—2002.7.23	
常务副主席	西珠朗杰	1998年下半年	后调任体育局党组书记
秘书长	高谋兴	1994.11.16.-2002.7.23.	
副秘书长	嘎久	1994.11.16.-2002.7.23.	
	仁青平措	1994.11.16.-2002.7.23.	
	张明兴	1994.11.16.-2002.7.23.	
委员	吴顺祥、汤正琪、洛桑卓玛、平措江村、达瓦更巴、格桑朗杰、桑珠、弥琼、丁增曲扎、格桑顿珠、才旺加措、徐炳、顿珠、达次、罗布、田大庆、占堆、加永益西、罗布次仁、阿旺、李秀珍、白玛旺堆、边巴、卓玛央宗、旦增顿珠、黄永青、洛桑旦巴、虎新菊、欧洛布琼、阿丁、罗则、多吉甫、成天亮、桂桑、次仁多吉、窦常身、郭有生、扎西江措、益西巴姆、次仁扎西、央珍、尼玛次仁、巴桑卓玛、强巴欧珠、土登、杨明春、初成、格桑达瓦、马阿都、索南措姆、苏平、拉巴、旦巴达杰、加勇四朗		

四、第四届西藏登山协会

2002年7月23日,第四届西藏登山协会经过换届选举,由当选的13名成员组成。

第四届西藏登山协会组成人员表

职务	姓名	原单位和职务	任职时间	备注
名誉主席	热地	中共西藏自治区委员会常务副书记、西藏自治区人大常务委员会主任	2002.7—2010.9	
名誉副主席	次仁卓嘎	西藏自治区副主席	2002.7—2010.9	
主席	西珠朗杰	西藏自治区体育局党组书记	2002.7—2003	调动
	群增	西藏自治区体育局党组书记	2003—2007	调动
副主席	姬嘉	西藏自治区体育局局长	2002.7—2007	退休
	董军社	西藏自治区政府副秘书长	2002.7—2010.9	
	索朗	西藏自治区外事办公室主任	2002.7—2010.9	
	裴鹏霞	拉萨市副市长	2002.7—2010.9	
	仓木群	日喀则地区行署副专员	2002.7—2010.9	
秘书长	张明兴	西藏登山运动管理中心主任	2002.7—2010.9	
副秘书长	索南措姆	西藏登山运动管理中心党支部书记	2002.7—2010.9	
	尼玛次仁	西藏登山运动管理中心副主任	2002.7—2010.9	
	扎西江措	西藏登山运动管理中心办公室主任	2002.7—2010.9	

五、第五届西藏登山协会

2010年9月25日,第五届西藏登山协会经过换届选举,由当选的12名成员组成。

第五届西藏登山协会组成人员表

职务	姓名	原单位和职务	任职时间
名誉主席	甲热·洛桑丹增	西藏自治区副主席	2010.9—2018.11
名誉副主席	阿登	西藏自治区人大常务委员会副主任	2010.9—2018.11
	刘庆慧	西藏自治区政协副主席	2010.9—2018.11
顾问	李致新	国家体育总局登山运动管理中心主任、中国登山协会主席	2010.9—2018.11
主席	德吉卓嘎	西藏自治区体育局局长	2010.9—2018.11
副主席	王维杰	西藏自治区政府副秘书长	2010.9—2018.11
	张林生	西藏自治区外事办公室副主任	2010.9—2018.11
	阿旺	日喀则地委副书记、日喀则行署副专员	2010.9—2018.11
	陈文	拉萨市委常委、拉萨市常务副市长	2010.9—2018.11
秘书长	张明兴	西藏登山运动管理中心主任	2010.9—2018.11
副秘书长	李小宝	西藏登山运动管理中心党支部书记	2010.9—2014.7
	扎西江措	西藏登山运动管理中心副主任	2010.9—2018.11

六、第六届西藏登山协会

2018年11月16日,第六届西藏登山协会经过换届选举,由当选的35名成员和6个会员单位组成。

第六届西藏登山协会组成人员表

职务	姓名	原单位和职务	任职时间
名誉主席	尼玛次仁	西藏自治区体育局局长	2018.11.16至今
主席	洛则	西藏自治区登山队高级教练员	2018.11.16至今
顾问	桑珠	西藏自治区竞体管理中心党总支原书记	2018.11.16至今
	次仁多吉	西藏自治区登山队高级教练员	2018.11.16至今
	边巴扎西	西藏自治区登山队高级教练员	2018.11.16至今
副主席	索南	西藏自治区登山运动管理中心党支部书记	2018.11.16至今
	白玛赤列	西藏自治区登山运动管理中心副主任	2018.11.16至今
	阿旺扎西	西藏自治区登山队副队长	2018.11.16至今
	扎西次仁	西藏自治区登山队副队长	2018.11.16至今

续表

职务	姓名	原单位和职务	任职时间
副主席	次仁桑珠	西藏圣山登山探险服务有限公司总经理	2018.11.16 至今
	次仁达吉	西藏自治区外事侨务办公室涉外安全处处长	2018.11.16 至今
秘书长	索南（兼）	西藏自治区登山运动管理中心党支部书记	2018.11.16 至今
副秘书长	白玛赤列（兼）	西藏自治区登山运动管理中心副主任	2018.11.16 至今
委员	邓全斌	西藏自治区安全厅副支队长	2018.11.16 至今
	旺青	西藏自治区公安厅出入境管理总队副调研员	2018.11.16 至今
	刘明林	西藏自治区公安边防总队侦察支队副团警官	2018.11.16 至今
	辛红卫	拉萨海关监管通关处处长	2018.11.16 至今
	尼玛卓嘎	西藏自治区拉萨市体育局体育科科长	2018.11.16 至今
	尹云波	西藏自治区山南市教育体育局副局长	2018.11.16 至今
	次仁多吉	那曲市教育体育局群众竞技办公室主任	2018.11.16 至今
	格松次仁	昌都市教育体育局社会体育部主任	2018.11.16 至今
	次欧	西藏自治区定日县珠峰管理局局长	2018.11.16 至今
	巴桑次仁	西藏自治区登山队队长	2018.11.16 至今
	阿旺给吨	西藏自治区体育产业设施开发管理中心副主任	2018.11.16 至今
	吉吉	西藏自治区登山队高级教练员	2018.11.16 至今
	德吉央宗	西藏自治区登山运动管理中心办公室主任	2018.11.16 至今
	次珍	西藏自治区登山运动管理中心外联部主任	2018.11.16 至今
	次仁央宗	西藏自治区登山运动管理中心财务部主任	2018.11.16 至今
	普布顿珠	西藏自治区登山运动管理中心接待部负责人 西藏喜马拉雅登山向导学校副校长	2018.11.16 至今
	阿旺罗布	西藏自治区登山队救援科科长	2018.11.16 至今
	次仁旦达	西藏自治区登山队培训科副科长	2018.11.16 至今
	德庆欧珠	西藏自治区登山队培训科副科长	2018.11.16 至今
	旺青索朗	西藏圣山登山探险服务有限公司副总经理	2018.11.16 至今
	扎西次仁	西藏圣山登山探险服务有限公司高山探险一部经理	2018.11.16 至今
	扎西平措	西藏圣山登山探险服务有限公司高山探险二部经理	2018.11.16 至今
	鲁达	西藏喜马拉雅高山环保基金会主席	2018.11.16 至今
会员单位		西藏自治区气象学会	2018.11.16 至今
		西藏自治区旅行社协会	2018.11.16 至今
		日喀则市珠穆朗玛文化旅游投资发展有限公司	2018.11.16 至今
		西藏圣山登山探险服务有限公司	2018.11.16 至今
		西藏喜马拉雅登山向导学校	2018.11.16 至今
		西藏自治区高山向导协会	2018.11.16 至今

第四节 西藏登山向导学校

自20世纪80年代中期,中国及其西藏自治区对外开放部分山峰,到21世纪初,西藏登山协会的高海拔登山服务,仅仅局限于山峰注册、联络接待、牦牛运输、营地帮厨等基础性服务。高山攀登商业服务均由第三国人员垄断。鉴于此,具有多年高海拔营地管理及国际登山市场发展前景视野的时任西藏登山协会联络官兼翻译尼玛次仁,在与一位热心的登山旅行家谈话中萌生出创办登山向导学校的想法。在这位先生的帮助和尼玛次仁不懈努力下,在西藏登山协会大力支持下,西藏拉萨喜马拉雅登山向导学校于1999年创立。

一、西藏登山向导学校成立

(一)创建过程

1998年10月,正在卓奥友峰大本营担任联络官的尼玛次仁,遇到一位名叫汉斯(Hans Shallenberger)的瑞士登山旅行家。汉斯问道:"欧洲人来西藏登山要去尼泊尔找夏尔巴人,难道中国就没人能帮助他们吗?"这位知名户外登山品牌奥索卡(Ozark)创始人如此发问。从此,登山界流传开这个经典的"汉斯之问"。

正在西藏登山运动管理中心担任副主任兼联络官、翻译的尼玛次仁深受触动,在卓奥友峰营地看到来自国外的第三方专业服务与本地人只能担任的辅助工作的巨大差异,使"创办一所专业学校,培养喜马拉雅地区农牧民子弟成为专业登山服务人才"成为尼玛次仁与汉斯又一次深入畅谈后的共识。两人激动不已,便着手迅速推进。《西藏登山协会与北京奥索卡体育用品有限公司合作办学协议》很快在拉萨签订,主要内容为"西藏登山协会提供场地和部分资金,北京奥索卡公司提供装备和部分资金的支持,在拉萨培训来自喜马拉雅地区的年轻人,通过在校至少两年的学习,掌握登山基本技能,能够为国际和国内的登山客户提供专业服务。再经过3至5年的学习实践,达到能够独立组织和运作登山团队的职业高山协作、登山向导标准"。

1999年,在西藏体育运动技术学校的6间平房内,西藏登山向导学校创建,成为国内第一所、世界第二所登山综合培训学校。直到2002年校园建设工程被列入国家117个重点援藏建设项目之前,学校一直在简陋的校舍里依靠社会力量办学,并取得了巨大的成功和良好的社会及经济效益,创造了西藏登山运动史上的一个奇迹。

学校创立之初,尼玛次仁出任首任校长,并亲自担任多门课程的老师。学员则多是来自珠峰脚下的定日县、聂拉木县、定结县等地贫困家庭的16至18岁的青少年。学校设定的课程包括文化课(汉语文、藏语文、英语、西藏历史等)和专业技能课(登山技术、高山救援、大本营管理、高山摄影摄像、高山烹饪等职业技能),学员费用全免,享受医疗、保险待遇，且每月领取 100 元生活补助金。

在汉斯的帮助下，西藏登山向导学校与法国国立登山滑雪学校建立了长期合作办学关系。

从 2000 年开始，西藏登山向导学校与法国 FFME（法国登山联盟）建立技术交流合作关系。

在尼玛次仁校长"严格治学"与"开放办学"理念指引下，西藏登山向导学校迅速培养出一批批高素质的登山运动员、攀岩运动员、高山滑雪运动员、滑翔伞运动员、商业登山从业人员等，不仅解决了西藏高海拔登山运动员后备人才断代、拓展登山户外运动派生竞技项目、引领西藏登山运动转型升级等问题，还一举打破了西藏登山探险产业被外国公司和尼泊尔夏尔巴人垄断的局面。

2002 年，西藏登山向导学校被列入国家援藏 117 项重点建设项目之一，国家政策性拨款 700 万元建成主体工程，西藏自治区体育局拨款 300 万元完善配套设施建设。

2003 年，具有国际标准的人工攀岩崖壁和新校舍竣工，西藏登山户外运动和面向发展冰雪运动的培训条件得到极大改善。

（二）登山人才摇篮

2019 年，是西藏登山学校成立 20 周年，学校由"西藏拉萨喜马拉雅登山综合培训学校"（简称：西藏登山学校）更名为"西藏拉萨喜马拉雅登山向导学校"（简称：西藏登山向导学校）。其从无到有、从小到大，不仅改变了喜马拉雅山脉登山服务力量的构成，而且开创了"学校+公司+运动队"的校、企、队联合的良性循环发展模式。

为庆贺西藏登山向导学校建校 20 周年，中国登山协会发来贺信，称赞说："贵校作为我国第一所培养登山人才的专业学校……改变了我国高海拔登山运动后备人才和登山探险产业服务人员稀缺的状况，加快了我国登山产业发展的转型升级。"

据统计，西藏登山向导学校自成立以来，到 2019 年已累计招生 12 批，培养出高山向导、协作、厨师、摄像（影）师、外语翻译、运动员等 310 余人。其中，培养的登山向导登顶珠峰 450 人次，占全球登顶珠峰总人数的 1/6；培养的登山向导登顶海拔 8000 米级山峰及到达海拔 8000 米以上高度的有 2000 人次，折算下来，相当于绕地球赤道一周；培养出 246 名职业高山向导、64 名高山协作及在校学员；有 53 名学员获得"国家体育运动荣誉奖章"、200 多名学员获得"国家级运动健将"证书。毕业学员在西藏圣山登山探险服务有限公司中，已带领国内外登山探险者 180 多人登顶珠峰。多批学员还作为向导和协作，参与了 2003 年纪念人类登顶珠峰 50 周年登山行动电视直播、2005 年珠峰高程复测行动、2007—2008 年北京奥运火炬接力珠峰测试和试传递行动，以及 2020 年珠峰高程再测行动。

2002—2020 年，由学校毕业生组成的西藏圣山高山救援队，无偿进行高海拔山峰救援31次，救援总人数41人。另外，学校毕业生还是每年喜马拉雅山脉垃圾清扫活动的主要承担者。部分毕业生还通过跨界选材，进入竞技体育运动队，多已跻身国家越野滑雪和滑雪登山集训队、国家攀岩队，成为夺取奖牌的主力队员。国家体育总局登山运动管理中心领导高度评价西藏登山向导学校：目前西藏登山向导学校毕业学员，在高山救援、科学考察、环境保护，以及冬季和夏季竞技体育领域发挥着重要作用。

二、成立西藏登山综合培训中心

（一）纳入事业单位编制

2004年11月3日，西藏自治区机构编制委员会批准在西藏登山学校的基础上成立西藏登山综合培训中心，规格为正科级，核定事业编制人数7名，其中科级领导职数2名。此编制从自治区体工大队250名编制中划出，不另增加编制，经费来源为财政全额拨款。其主要职责为：培养登山后备人才；培养高山协作、高山向导、高山探险翻译人员；培训非专业登山人员等。

（二）并入西藏登山队

西藏登山综合培训中心（今西藏登山向导学校）历任负责人表

书记		主任（校长）		副主任（副校长）	
姓名	任职时间	姓名	任职时间	姓名	任职时间
索南措姆（兼）	2004.11—2005.11	尼玛次仁（兼）	2004.11—2008.11	达瓦次仁	2005.4—2005.11
达瓦次仁	2005.11—2010.6	洛则	2009.3—2011.1.18		
		次仁桑珠	2017.7.12至今		
说明	尼玛次仁自1999年3月西藏登山向导学校（原西藏登山学校）成立以来，为首任校长。2004年11月3日，西藏自治区机构编制委员会批准成立西藏登山综合培训中心后，以西藏登山运动管理中心副主任兼任登山综合培训中心（西藏登山向导学校）主任、校长				

2008年8月1日，西藏自治区机构编制委员会决定在现有7名事业编制的基础上再增加5名。同年，西藏自治区体育局决定尼玛次仁（此前任西藏登山运动管理中心副主任兼西藏登山综合培训中心主任）任职西藏登山队队长，将西藏登山综合培训中心（西藏登山学校）划归西藏登山队代管。

2011年1月18日，西藏登山队与西藏登山综合培训中心合并，并增挂自治区高山救援队牌子，即西藏登山队（自治区高山救援队、自治区登山综合培训中心）。至此，西藏登山综合培训中心（西藏登山学校）正式并入西藏登山队。

三、与法国沙木尼登山滑雪学校合作办学

众所周知，登山起源于阿尔卑斯山脉，位于阿尔卑斯山脉的法国更是诞生了无数卓越的登山家，是近现代登山各项相关技术最发达的国家之一。

2000年以来，西藏登山向导学校与著名的法国沙木尼滑雪登山学校建立了长期合作办学模式，在办校理念、学科设置、专业培训、教材编写等方面进行深度交流合作，有效地提高了西藏登山向导学校的办学水平和教学质量。多年来，西藏登山向导学校的师生通过学习世界先进的登山理论与技术，总结实践经验，创立了"喜马拉雅登山模式"，为推动西藏登山事业科学发展起到了重要作用。

西藏登山向导学校与法国沙木尼登山滑雪学校的合作内容包括：合作期间，法方每年邀请西藏登山向导学校的两名学员到法国沙木尼登山滑雪学校接受为期一个月的培训；法国沙木尼滑雪学校每年派出1名教练员到中国，对西藏登山向导学校6名最好的学员进行培训；法国沙木尼登山滑雪学校协助西藏登山向导学校设立各种国际登联要求开设的专业课程等。

另外，西藏登山向导学校还与法国FFME（法国登山联盟）建立了技术交流合作关系。在其帮助下，在拉萨附近的山岩上开辟了3处难度不同的攀岩训练场地。从2001年至2002年，学校专门派出3名学员去位于北京的中国登山协会学习攀岩技术，回来后组织西藏大学登山队和攀岩队进行持续训练。这些攀岩场地除了满足登山学员自身需求外，也成为来自全国乃至世界各地的攀岩爱好者从事攀岩运动的场所。

四、持续开办高山职业技能培训班

为了提高登山从业人员的综合素质，实施精细化、人性化、安全化、科学化的优质服务，从2008年冬训开始，每年都举办西藏高山职业技能培训班。组织西藏登山运动管理中心暨西藏登山协会、西藏登山队、西藏登山向导学校和西藏圣山登山探险服务有限公司的全体人员，集中到西藏登山向导学校，实行封闭式军事化管理培训。聘请国内外登山户外运动领域的专家学者进行授课和实地演练，以期全面提高登山从业人员的理论水平和职业素养，为国内外登山户外运动客户提供优质服务。

第五节　西藏圣山登山探险服务有限公司

2001年，西藏圣山登山探险服务有限公司注册成立。公司秉承"安全第一，客户至上"的服务宗旨，实行"以业养业、校企结合、互为发展"的经营模式，秉持"国际化、职业化、市场化"的服务标准和经营理念，为国内外登山户外运动爱好者提供安全专业的接待服务。公司已成为全国最大的致力于登山户外运动推广、登山文化传播和提供高海拔攀登、技术攀登、徒步、探险、攀岩培训、攀冰培训等服务的专业化公司，更是中国商业登山探险行业中的专业高山探险服务领军团队。公司拥有数百名专业高山探险服务人员，并以其专业的登山技术、完善的后勤服务以及科学的活动安排，成功组织了各类高海拔登山探险活动。至2020年，共组织开展了50多次海拔8000米以上高峰登山探险行动，总参加人数达500多人，登顶400多人，事故率为零，做到了安全登山、科学登山。公司同时开展低海拔登山探险、特种旅游徒步、七大洲（7+2）探险活动等。

一、公司概况

2001年6月，西藏圣山登山探险服务公司经有关部门批准注册成立。该公司是全国最大的一家致力于登山户外运动推广、登山文化传播、提供高海拔攀登、技术攀登、徒步穿越、探险、攀岩培训、攀冰培训等服务的专业公司。公司由西藏登山协会和西藏登山向导学校共同组建，其专业的登山向导和高山协作服务人员均为西藏登山向导学校优秀毕业学员。

公司的成立，不仅解决了西藏登山向导学校学员毕业后的就业问题，而且随着登山市场的拓展，实现了"以业养业、校企结合、互为发展"的良性循环模式，促进了登山教育、登山科研、登山文化的发展。公司成立以来，按照国际化、职业化、市场化的理念和标准进行管理经营，为登山户外运动爱好者提供专业、优质的服务，成功组织指挥过数十次大型登山活动，频繁接待国内外登山探险团队攀登以珠峰、卓奥友峰、希夏邦马峰为代表的众多各种难度的山峰。

西藏圣山登山探险服务有限公司目前拥有国际级登山运动健将3人、国家级登山运动健将100多人；所有登山向导均持有国家登山运动管理中心颁发的高山向导证书；8人拥有A级高山厨师资格证书；53人荣获"中华人民共和国体育运动荣誉奖章"。公司的3名登山向导在协助"中国西藏攀登世界14座8000米以上高峰探险队"攀登乔戈里峰（K2）等多座著名高峰时，不使用辅助氧气成功登顶。

2008年，在北京奥运火炬接力珠峰传递中，西藏圣山登山探险服务有限公司倾尽全力为这一载入史册的盛事服务，派出了28名高山向导和高山协作人员参加攀登开路、修路、建营、运输物资等任务；15名高山摄像人员担任中央电视台和新华社的高山摄像、特约记者等工作并承担信号传输任务；10名高山协作人员被选入由武警西藏公安边防部队承担的火炬护卫队；8名高山厨师担任了登山队在高海拔营地的炊事工作。上述人员都圆满完成了上级赋予的各项工作任务，受到表彰奖励。

与圣山同行，实现巅峰梦想。西藏圣山登山探险服务有限公司本着"安全第一、客户至上，登山护山、永续发展"的经营理念和宗旨，竭诚为世界各地的登山爱好者提供安全、专业、周到、优质的服务，助其实现巅峰梦想。

西藏圣山登山探险服务有限公司在总经理、副总经理之下设办公室、市场部、探险部、网络部、后勤部、向导部等主要部门。从2001年6月至今，次仁桑珠任总经理，旺青索朗、次旦任副总经理。

二、初创时期

2003年12月12日，自治区体育局下达了《西藏自治区体育局关于圣山探险服务公司重组为西藏圣山登山探险服务有限公司的批复》，同意建立股份制西藏圣山登山探险服务有限公司。

自此，在西藏登山运动和登山产业体系中，西藏登山综合培训中心（西藏登山向导学校）和西藏圣山登山探险服务有限公司，与西藏登山运动管理中心（西藏登山协会）、西藏登山队形成了"四位一体"的格局。

公司的成立使西藏登山产业走上了学校培养人才、公司吸纳人才，培训、就业一条龙的发展模式。进入公司的员工经过实践锻炼，逐步成长为经考试合格、持证上岗的登山向导、高山协作，有的成长为公司负责人。公司经营收入的一部分返回学校，支持免费招生和就学，学校又源源不断地输送毕业生进入公司就业，使公司规模不断发展壮大，走上可持续发展的道路。

三、成立西藏圣山高山救援队和救援基金会

2010年9月，西藏圣山高山救援队成立，2014年12月，西藏高山救援基金会成立，从此结束了西藏没有民间专业高山救援队和救援资金匮乏的历史，标志着作为官方高山救援的重要补充力量，民营专业化救援队伍等救援机制日益完善，为登山户外运动产业的健康发展提供了更加细密的安全保障网。

西藏首支民间高山救援队——西藏圣山高山救援队在每年的春、秋两个登山季节常驻喜马拉雅山区从事登山探险活动，春季以攀登珠峰、章子峰等著名高峰为主；秋季以攀登卓奥友峰、希夏邦马峰等著名高峰为主，便于在发生山难事故的第一时间及时赶往救援。自成立以来实施的历次救援行动证明，与以往得到求救电话再赶往事发现场救援的驻城市救援队相比，已在山区待命的救援队的救援成功率大为提高。

西藏圣山高山救援队主要依托西藏圣山登山探险服务有限公司及其子公司西藏雅拉香波探险公司中经验丰富的登山向导、协作等从业人员，实施海拔8300米以下区域的有效救援。西藏高山救援基金会的资金，主要靠社会各界捐献筹集。

西藏高山救援基金会成立于2014年，业务范围主要面向喜马拉雅山脉的高山地区，资助救援团队，购置完善救援设施设备，加强救援队员的技能训练，开展相关培训、交流等活动。

四、成立西藏喜马拉雅高山环保基金会

2017年7月12日，"西藏喜马拉雅高山环保基金会"揭牌启动仪式，与纪念"中国西藏攀登世界14座8000米以上高峰探险队"创造团队登顶世界纪录10周年活动共同举行。这是西藏成立的第一个高山环境保护事业基金会，在西藏高山环保历史上具有里程碑意义。2018年3月21日，"西藏喜马拉雅高山环保基金会"第一次理事会在西藏登山向导学校召开。

西藏自治区体育局依托喜马拉雅高山环保基金会，加强山峰环保工作的力度，安排每年对山区群众进行高山环保知识和技能培训，并向登山爱好者发放环保宣传资料。同时探索"环保＋救援"模式，并为其提供资金支持，鼓励登山向导、协作等人员在进行高海拔登山、救援、物资运输的同时，承担垃圾收集、下运等环保工作，并带领引导山峰所在地农牧民群众通过参与高山环保和高山服务、救援等工作增加收入。

五、成立西藏登山向导协会

2017年7月12日，在纪念"中国西藏攀登世界14座8000米以上高峰探险队"创造团队登顶新纪录10周年之际，西藏自治区登山向导协会成立，并将此日定为"西藏登山向导节"。西藏登山向导协会的业务范围是：统一管理登山户外运动及其相关运动的运动员、教练员中的登山向导、高山协作人员的培训和资格认证；审定来藏登山队员的攀登记录，以及审定登顶事实。

西藏自治区登山向导协会常务理事成员

会长：次仁桑珠　西藏圣山登山探险服务有限公司总经理
副会长：扎西次仁　西藏圣山登山探险服务有限公司高级登山向导、高级教练员
副会长：旺青索朗　西藏圣山登山探险服务有限公司副总经理
秘书长：次旦　西藏圣山登山探险服务有限公司副总经理
副秘书长：扎平　西藏圣山登山探险服务有限公司高级登山向导、高级教练员

第六节　西藏登山队与登山综合培训中心整合

2009年8月，西藏自治区体育局报请上级批准，在西藏登山队成立西藏高山救援队，并由西藏登山运动管理中心和西藏登山队、西藏登山综合培训中心（西藏登山学校）承担高山救援任务。2011年1月18日，西藏登山队与西藏登山综合培训中心合并，并增挂自治区高山救援队牌子，即西藏登山队（自治区高山救援队、自治区登山综合培训中心）。其主要职责为：负责发展西藏自治区的登山运动；培养登山专业人才；开展登山救援；承办自治区体育局交办的其他工作。

一、成立西藏高山救援队

2009年8月，西藏登山队挂牌成立"西藏高山救援队"。在长期的登山探险行动中，西藏自治区体育局组织西藏登山运动管理中心、西藏登山队和西藏登山向导学校、西藏圣山登山探险服务有限公司承担高山救援任务，为发展登山运动和登山产业保驾护航。救援队员们用自己的行动弘扬着无私无畏的人道主义精神，冒着生命危险为遇险的国内外登山者提供救援帮助，在国际登山界赢得了良好声誉。

为建立健全西藏高山救援体系，2010年9月又分别成立了官方专业高山救援队（在西藏登山队挂牌）和西藏圣山登山探险服务有限公司的民营高山救援队。西藏圣山登山探险服务有限公司利用常年在各山峰接待客户登山的便利条件，及时对登山遇险人员实施救援，成为喜马拉雅山脉北侧的高山救援的主力军。

西藏高山救援队将与有关部门联合，进一步完善高山救援体系，力图把高山搜救与医疗急救、直升机运输、气象保障等社会资源联动，形成快速救援机制，并与发生自然灾害和各种紧急情况时的救援相兼容。

2018年，西藏自治区体育局局长尼玛次仁带领西藏高山救援队紧急赶往希夏邦马峰，救援攀登中失踪的保加利亚著名登山家博扬·彼得罗夫，最终经过搜索确认罹难。事后尼玛次仁受到来藏调研的李克强总理亲切接见，并转交了遇难者家属给西藏自治区体育局和尼玛次仁局长的感谢信和礼物。

二、成立西藏攀岩运动队

攀岩运动已发展成为一项相对独立、成熟的竞技体育运动项目，但由于它是在登山运动的基础上发展、派生出来的，并且至今仍与登山运动有着密切的关系，所以攀岩运动往往又被人们视为登山运动的一个分支。攀岩运动既有"岩壁艺术体操"的美誉，又有着"登山运动的小弟弟"的雅称。

2016年8月，攀岩运动正式成为奥运会比赛项目。现代攀岩运动正以其独有的登临高处的征服感吸引着无数爱好者，是丰富登山内涵、推广普及登山知识的有效载体。2015年西藏攀岩运动队正式成立，并被列为事业单位编制，成为西藏登山队内设正科级机构，主要职责为：负责实施全区攀岩运动项目管理和指导工作，开展攀岩人才资源开发工作，负责攀岩运动山地资源开发和管理，负责实施攀岩运动员招收、专业训练、文化教育及参赛等业务工作，负责攀岩运动项目其他工作。

2004年筹备组建西藏攀岩运动队。西藏登山向导学校为了提高西藏攀岩运动竞技水平，培养高水平的攀岩运动员，开设了攀岩课程，成立了攀岩运动集训队（班），并从中选出6名学员送往江西省赣州市应用技术职业学院攀岩队进行培训。由该院副教授、国家级攀岩教练丁承亮执教。

西藏攀岩队在参加国内外比赛中取得优良成绩，涌现出仁青拉姆、格桑旺姆、索朗加措等一批著名攀岩运动员。西藏攀岩运动员还参加了在拉萨举办的四次攀岩比赛，吸引大量市民前来观看，打造了高海拔攀岩运动赛事品牌，还为推动攀岩运动列入全国运动会竞赛项目和奥运会竞赛项目起到了推动作用。

据不完全统计，截至2019年7月，西藏攀岩运动队在参加国际、国内各项比赛中，已获得83块金牌、78块银牌、87块铜牌，其中仅仁青拉姆一人就收获了44项攀岩赛事的冠军。

三、成立西藏滑雪运动队

2015年冬训期间，西藏登山队在西藏自治区体育局副局长尼玛次仁的倡导和支持下，派出运动员赴其他省市学习高山滑雪。

2016年开始，西藏自治区体育局为贯彻实施国家"三亿人参与冰雪运动"的战略部署，精心筹划、周密部署和统筹推进"喜马拉雅登山文化中心""全国户外运动大区"的宏伟建设规划，不断扩大冰雪运动的内涵与外延，从西藏自治区体育运动技术学校和西藏登山向导学校跨界招录试训队员，组建越野滑雪、滑雪登山、单板滑雪集训队，大力培养冰雪运动项目人才，为西藏冰雪运动的可持续发展奠定坚实基础。

从2016年西藏滑雪队筹备组建以来，特别是2018年6月30日，西藏自治区体育局为了深入贯彻落实国家体育总局关于开展单板滑雪项目跨界跨项跨季选材工作的要求，安排专业技术人员，运用科学仪器，按照《单板滑雪项目跨界跨项跨季选材标准》对西藏自治区体育运动技术学校的426名学生进行了身高、体重、坐位体前屈、纵跳4个项目测试。本次测试对于科学选拔滑雪运动人才，推动西藏单板滑雪运动项目发展，备战2022年北京冬季奥运会具有重要意义，共先后跨界招录31名队员，经过选拔，到2020年共有队员21人。

这支年龄15~20岁的年轻滑雪队，自成立以来，采取"走出去"的训练方式，先后到内蒙古自治区、陕西省、吉林省等地的冰雪训练基地进行集中系统训练。还在国家体育总局登山运动管理中心等主管部门和单位的支持帮助下，选派优秀苗子赴芬兰、法国等冰雪运动强国进行高水平训练。在参加国内国际系列比赛中，共获得11枚金牌、16枚银牌、15枚铜牌的优异成绩。其中索朗曲珍、尼玛拥青于2020年1月9—22日参加了在瑞士洛桑举行的冬季青年奥运会暨第3届冬季青年奥运会，索朗曲珍奋勇当先，取得了第四名的好成绩，这是滑雪登山项目进入奥运大家庭以来，中国运动员取得的最好成绩，更是打破了欧洲人的垄断，为国争光，为西藏添彩，同时，为2022年北京冬季奥运会的备战储备了人才。

四、成立西藏滑翔伞运动队

2013年，邓焰峰副教授在中国地质大学（武汉）开设滑翔伞课程，中国地质大学（武汉）成为国内首个也是目前唯一开设滑翔伞课程的大学。

2014年，西藏自治区体育局邀请邓焰峰副教授来到西藏，指导滑翔伞运动项目集训队的筹备工作。同年11月，西藏滑翔伞运动集训队成立，隶属于西藏自治区登山队。通过派出运动员赴其他省市进行滑翔伞飞行培训，到2016年1月，已有6人获得航空运动员B级证书，这也是国内首批藏族运动员获得此证书。

2017年3月，西藏滑翔伞运动集训队到湖北省毛铺中国地质大学（武汉）滑翔伞训练基地进行训练。

2018年，滑翔伞运动首次成为亚运会比赛项目。

2019年11月，西藏滑翔伞运动队在西藏自治区体育运动学校各专业队中招生，共有3名运动员入选。他们分别是2015年9月由山南市业余体校选送的男子自由式摔跤队的仁增加措、2016年9月由拉萨市业余体校选送的古典式摔跤队的旦增罗布、2017年9月由山南市业余体校选送的古典式摔跤队的加央多吉。

羊卓雍错（羊湖）或拉萨市郊是目前主要训练场地，每年冬天还会前往其他省市集训。

近年来，依托充足的登山人才储备，西藏一直在积极发展与山峰相关的其他户外项目，提升西藏竞技体育实力，并延伸登山产业链，滑翔伞便是其中一项尝试，目前西藏已举办过一次滑翔伞活动和一次滑翔伞定点赛。

第七节　西藏登山政策法规

1981年，西藏登山协会成立之初，因尚未建立起西藏自治区的地方性登山政策法规体系，西藏登山管理工作临时执行的是1979年9月20日中国登山协会制定的《外国登山团队来华登山的规定（试行）》和1980年11月制定的《外国登山或登山旅游团队来华收取费用的办法》等。此后，中外来藏登山探险的团队日益增多，结合西藏的实际情况,西藏自治区体委(体育局)和西藏登山协会逐步建立健全了规章制度。并向自治区人大常委会和自治区人民政府呈报了地方性登山方面立法草案和出台行政规定的申请、请示等。

一、西藏自治区党委、政府出台登山政策文件

(一)初步建立规章制度

1982年3月,西藏自治区人民政府转发《西藏自治区体委西藏登山协会关于我区登山事业有关事项的规定》(试行办法),其中明确了西藏登山协会的职责范围和外国登山团队在藏期间的注意事项和各种服务人员的职责。

(二)制定山区环境保护规定

1985年5月11日,西藏自治区人民政府办公厅印发《关于转发区登山协会等单位〈关于保护开放山区自然环境的暂行规定〉的通知》。

20世纪80年代中期以来,西藏自治区境内的山峰逐步开放,中外登山探险团队逐年增多,西藏的登山探险产业进入了前所未有的繁荣时期。但是,由于缺乏环境保护管理的政策法规作为监管依据,部分山区和山峰的自然环境遭到了不同程度的污染和损害。为了保护开放山峰的自然环境,保证登山探险产业长期、健康、可持续发展,西藏登山协会、西藏自治区体委与西藏自治区城乡建设环境保护厅联合起草了《关于保护开放山区自然环境的暂行规定》,呈报西藏自治区人民政府审核并转发执行。

(三)制定西藏登山管理办法

1987年4月22日,西藏自治区人民政府出台《西藏自治区登山管理试行办法》,1982年3月制定的《西藏自治区体委西藏登山协会关于我区登山事业有关事项的规定》(试行办法)同时废止。

(四)制定进入珠峰等山峰核心区收取环卫费规定

1994年,经国务院批准,珠峰自然保护区被列入国家级自然保护区。

1995年4月10日,根据《中华人民共和国自然保护区条例》和珠峰自然保护区的总体发展规划,为了解决珠峰自然保护区环境污染及管理关系不顺的问题,经西藏自治区人民政府批准,西藏自治区珠峰自然保护委员会、西藏自治区财政厅、西藏自治区物价局联合制定《关于进入珠峰、马卡鲁峰、卓奥友峰、希夏邦马峰等核心区域的人员收取环境卫生费的规定》,从1995年5月1日起执行。

（五）出台加强和改进新时期体育工作的意见

2003年5月21日，西藏自治区党委、政府印发《中共西藏自治区委员会西藏自治区人民政府关于进一步加强和改进新时期西藏体育工作的意见》。

（六）出台加快发展体育产业促进体育消费的实施意见

2015年8月8日，西藏自治区人民政府印发《西藏自治区人民政府关于加快发展体育产业促进体育消费的实施意见》。

（七）出台全民健身实施计划

2016年10月25日，西藏自治区人民政府印发《西藏自治区全民健身实施计划（2016—2020年）》。

（八）出台加快发展健身休闲产业实施意见

2018年8月2日，西藏自治区人民政府办公厅印发《西藏自治区加快发展健身休闲产业实施意见》。

二、西藏自治区人大常委会出台登山管理法规

（一）首次颁布外国人来藏登山管理条例

1994年5月7日，西藏自治区第六届人民代表大会常务委员会第九次会议审议通过《西藏自治区外国人来藏登山管理条例》。从此，一部地方性登山法规正式颁布，自1997年7月1日起正式施行。该条例分总则、登山手续、登山附带科学考察或测绘、登山活动、罚则和附则，共6章31条。

西藏登山协会于1981年9月17日制定的《西藏登山协会关于接待外国登山团队有关问题的规定》同时废止。

（二）颁布修订的外国人来藏登山管理条例

2001年1月26日，西藏自治区第七届人民代表大会常务委员会第十一次会议审议通过《西藏自治区外国人来藏登山管理条例》（修正案）。

2001年2月23日，西藏自治区人民代表大会常务委员会颁布施行修订后的《西藏自治区外国人来藏登山管理条例》。

（三）颁布《西藏自治区登山条例》

2006年6月19日，西藏自治区人民代表大会常务委员会公告：《西藏自治区登山条例》已由西藏自治区第八届人民代表大会常务委员会第二十四次会议于2006年6月1日通过，现予以公布，自2006年10月1日起施行。西藏自治区第六届人民代表大会常务委员会于1994年5月7日制定的《西藏自治区外国人来藏登山管理条例》同时废止。

三、西藏自治区体育局（体委）制定登山规章制度

（一）首次制定西藏登山接待规定

1981年9月17日，《西藏登山协会关于接待外国登山团队有关问题的规定》印发执行。

（二）制定禁止攀登冈仁波齐峰的规定

1985年11月3日，为了贯彻执行党的民族宗教政策，西藏自治区体委在广泛征求社会各界的意见，并呈报自治区人大、政府、政协审定同意后，制定《关于禁止攀登冈仁波齐峰的决定》，并向社会公布。

（三）修订西藏登山管理条例

1999年，西藏登山协会根据对外联系接待外国人赴藏登山过程中出现的新情况，根据西藏自治区体委的意见，并呈报西藏自治区人大常委会法制委员会审定同意后，对《西藏自治区对外国人来藏登山管理条例》进行修改后发布施行。

（四）制定国内登山团队管理办法

2000年7月13日，西藏自治区体育局制定《国内登山团队在西藏自治区区域内登山活动暂行管理办法》，并发布施行。

随着在西藏自治区境内开展的登山探险活动日益增多，不仅国外登山探险团队和个人数量大增，而且国内登山探险团队和个人也络绎不绝，亟待制定西藏自治区对国内人员来藏登山管理的办法。

（五）发布国内人员在藏登山管理办法执行通知

为了规范国内人员在西藏自治区区域内开展登山活动的行为，加强对此项工作的监督和管理，根据国家体育总局制定的《国内登山管理办法》精神，并结合西藏

的实际情况，制定了西藏自治区《国内登山团队在西藏自治区区域内登山活动暂行管理办法》。2000年7月26日，西藏自治区体育局印发了《关于发布〈国内人员在西藏自治区区域内登山活动暂行管理办法〉的通知》。该办法先以西藏自治区体育局的文件下发执行，待执行一年后，再认真总结修改逐步完善，等条件成熟再按有关程序申报立法。

第二章

高山科学考察

中国现代登山运动从一开始就与高山科学考察密切结合在一起，为国家的经济建设和国防建设服务，这是中国登山运动的基本方针。

西藏的登山行动，绝大多数都是与国家对高山开展科学考察工作同时进行。有些行动，甚至是以某项科学考察任务为直接目的，如三次对珠峰高程的测量和科学考察。科学考察队伍，从来都是作为登山探险队的一个分队，在登山队的统一组织指挥下开展科考工作。很多科学考察与研究工作，特别是高海拔地区及顶峰标本资料的取得，都是由登山运动员或登山探险公司的登山向导和高山协作完成的，这也是世界现代登山运动普遍具有的特点。

第一节 1956—1964年登山运动员与科考人员和大学生参加的科学考察

1956年，中苏混合登山队在攀登慕士塔格峰时，运动员们在没有专家的指导和必要仪器的情况下，校正了慕士塔格峰山区的地图，收集了许多岩石和植物标本，拍摄了许多冰河、雪山的照片。这些资料引起了北京科学界许多科学家的极大兴趣，参加了这次登山行动的登山运动员被邀请在中国地理学会和中国科学院组织的会议上介绍慕士塔格峰的考察情况。

1957年，我国登山运动员与科学考察工作者第一次有计划地结合。这年中国登山队攀登位于四川省的贡嘎雪山，吸收了来自北京大学、北京农业大学、武汉医学院、成都中心气象台的6名科学工作者参加，对贡嘎雪山的气象、地质、地貌等方面进行了考察，同时进行了一些高山生理学研究，初步收集了一些有价值的考察结果和科研资料。

一、地质部分

贡嘎雪山地区地质上稳定的康滇地轴与活动的海西褶皱分界线，在我国以前的地质图上，到贡嘎雪山是中断的。这次在路线总长度为288公里的范围内，由科考队员测绘形成了一幅比例为1∶50000的区域地质草图。其次，通过大面积观察，科考队员发现整个贡嘎雪山都是一个新构造运动的活跃地区。另外，科考队员还在康定城关发现了一个有色金属矿点。

1958年4月，应地质部门的邀请，中国登山队派遣5名登山运动员协助634地质勘探队，勘察了祁连山脉的镜铁山矿源，初步弄清了该山区含矿岩系的分布及地质构造情况，并完成了这一带的地质普查任务，为建设酒泉钢铁联合企业提供了重要的科学依据。

1958年秋天，中国科学院高山冰雪利用研究队祁连山冰雪资源考察队组织了6个分队，由国家体委派出登山教练员随同进山协助进行科学考察工作。由国家登山队部分教练员、运动员单独组成的第7分队，担负了祁连山路途最远、攀登难度最大的疏勒山冰雪资源考察任务，为查清祁连山现代冰川分布、储藏量、发育情况及利用问题提供了第一手资料。中央新闻纪录电影制片厂派出摄影师随队拍摄了《踏破冰川万年雪》的纪录片，首次记录了登山与科考紧密结合的实况。

1960年，北京地质学院登山队登上了青海省境内的阿尼玛卿二峰，并对该峰进行了地质普查。

1964年，北京地质学院科学考察登山队攀登云南省境内的玉龙雪山，从海拔4000多米处到顶峰，采集到大量距今约两亿年以前的海相珊瑚化石，对玉龙雪山的地质时代和构造进行了初步考察。

二、地貌部分

队伍重点观察了贡嘎雪山的现代冰川及其发育变化历史。通过考察发现贡嘎雪山不但有发育良好的现代冰川，而且也保留着很清晰的古代冰川遗迹。贡嘎雪山的现代山地冰川类型多种多样，近几十年来这些山地冰川在不断萎退。

1959年初，有西藏藏族登山运动员参加的国家登山队和部分准备参加珠峰科学考察的科学工作者，参加了在西藏念青唐古山脉唐拉昂曲峰（前称：唐拉堡峰）举办的冬训，同时考察了这一地区的冰川、地貌。

1959年夏季，中国国家登山队应邀派出登山教练员，协助新疆地质局进行了在天山地区开展的高山测绘工作。在攀登慕士塔格峰的行动中，登山队科学考察分队的科考人员，对这一地区的冰川分布、类型、面积、储量、发育特点，以及古冰碛分布和发育史、冰川开发利用的条件都做了较为全面的考察研究。

三、气象部分

冰川后退现象，可以作为气候转暖的证据。由植物群落的分布情况，可以观测到最暖月份月平均10°C等温线的所在处。由定时观测报告，综合当时天气图对照分析得知，在无明显天气系流影响时，贡嘎雪山地方性的天气日变化表现得特别显著。而在有较强的天气系流影响时，贡嘎雪山天气的好坏，由500毫帕等压面上天气决定。

四、高山生理部分

团队对登山运动员进行了血象检查，在红血球、白血球、血色素的计数上作了平原与高山、登山前后的比较。结果表明，人体造血机能在高山上比平原地区要旺盛得多。从对心脏、血压、脉搏、呼吸方面的检查发现，登山运动员的心血管系统，在高山上会有显著的机能性改变，但尚未发现有器质性的病变。另外，通过血象检查，使人们对高山病的发生及高山自然条件促成某些疾病的原因和规律亦有了一些了解。

1961年，在有西藏登山营运动员和医生参加的攀登公格尔九别峰的行动中，团队对运动员的心血管机能与运动能力，以及高山冻伤的防治等方面进行了研究实验。

第二节 1960年对珠峰区域科学考察

1960年，与中国登山队从北坡攀登珠峰的同时，由中国科学院有关科研单位和大专院校的46名科学工作者组成的考察队，第一次对珠峰山区进行了全面的科学考察。

这次考察的范围包括：从珠峰西面的聂拉木县绒辖地区（海拔2500米至5300米）；东面定日县卡达地区（海拔2500米至5000米）；北面定日县绒布地区（海拔4600米至6500米），岗嘎地区（海拔4300米），协格尔地区（海拔4300米）；到南抵喜马拉雅山脉南坡我国的边境线。工作地点平均高度在海拔4700米以上，工作范围的面积约7000平方公里。

这次科学考察包括地质、气象等7个学科，其主要成果有以下几个方面：

一是测量绘制了比例为1∶200 000的全区路线地质图，还绘制了比例为1∶50 000的珠峰北坡地形图，以及相应比例尺的地质图、地貌图、植被图等。

二是在地质方面，科考队员对区内广泛分布的深变质岩石系的变质作用进行了研究，提出了新的韵律类型、韵律构造，确定了它形成于距今十多亿年的太古代。再加上对沉积盖层的地层顺序的建立、构造和岩浆特征的揭露，便为确定本地区的大地构造性质、矿产预测提供了依据。

1960年5月25日，中国登山队员王富洲、贡布、屈银华3人首次从北坡登顶珠峰，采回了珍贵的顶峰岩石和冰雪标本。后来，在1968年分析研究出的对这些岩石标本的铀—铅同位素年龄测定结果表明，它们的年龄为414~515百万年，这就证明了珠峰顶峰的石灰岩的地质年代为奥陶纪。

三是矿产方面，科考队员仅在稀疏的考察路线上就找到锑、铅、钼、铁、硫磺、石灰岩等8个小型矿点，其中仅定日县鲁鲁一地的纯锑储藏量估值就达13万吨。根据区域地质构造的研究，科考人员推测本区是寻找稀有和分散元素、放射元素、铁、锰、汞、锑的有利地带。

四是动植物方面，科考队员采集了较为丰富的动物化石、植物化石，发现了2个动物新亚种、3个动物新纪录、3个藓类植物新种、2个珊瑚化石新种，以及在亚洲首次发现的1个藓类植物新属和在我国首次发现的1个蕨类植物、17个藓类植物新纪录、

2种鸟和1种兽的化石,以及有孔虫、软体等海相的第三纪化石。

通过科学考察发现,喜马拉雅山脉南坡有较丰富的森林资源,有朋曲河谷、卡玛河谷、绒辖河谷3处原始森林。其中规模中等的卡玛河谷森林中珍贵的树种有铁杉、冷杉、香桦、柏、松、核桃、赤杨等,树木直径一般在40厘米以上,高度25米以上,森林面积达5000公顷,蓄积量估值为100多万立方米。另外还有竹、藤、杜鹃、青冈、柳等可作造纸、人造纤维、制革工业和烤胶原料的资源,以及胡桃、花椒等油料和香料植物。另外,在这一带的森林中,虫草、贝母、假人参、大黄、五味子等药用植物也很丰富。

这一地区的动物资源亦十分丰富,有旱獭、密狗、香鼠、狐、小熊猫、豹猫、猞猁、野驴、岩羊、高原兔、雪鸡、高原鹑、血雉,卡达河谷中还有麝。科考队员还对"雪人"传说资料进行了收集,并发现了民间收藏的"雪人毛",这为我国关于喜马拉雅"雪人"问题的研究补充了资料。

科考队员在植物方面,重点研究了地形和气候条件对植被特性和垂直分布的影响。在动物方面,科考队员经过初步的动物地理分析,首先具体地指出东洋和古北两大动物地理区的交界线是在我国境内。

五是地貌冰川方面,科考队员研究了本地区特有的冰塔状地形、冰川的强烈后退现象等与其他地区的不同特征,认为这是低纬度地形高峻地区的气象条件造成的。另外,科考队员还研究了这一地区古冰川作用的分期和特性,以及冰川、寒冻风化、流水等地质营力的垂直分带和本地区在近代极其强烈上升的构造运动的特性。

六是水文方面,这一地区冰雪储量很大,初步探明仅珠峰北坡补给绒布河的冰雪储量估值就达160亿立方米,相当于200多个十三陵水库的总储量。通过对绒布河一年的观测,进一步掌握了冰雪融水补给的河流水文特征。科考队员还探讨了冰雪融水量与气象因素的相关方面原因,为开发利用冰水河流提供了一定的科学依据。

七是气象方面,科考队的气象工作者,坚持了一年多的地面和高空观测,摸索到了这一地区天气变化的规律。由于珠峰北面是"世界屋脊"西藏高原,南面是潮湿的印度平原和印度洋,西面是连绵干燥的大陆,东面又是湿润的陆海交界地区,再加上无与伦比的高度,因此形成了它独特的天气气候特点。

从每年10月中旬至次年3月中旬,是珠峰的风季。风季的特点是风力特别大,从山顶至山脚每秒20多米的风速是常见的。在山顶,最大风速超过60米/秒。山地风阵性强的特征,在珠峰表现得尤为显著,在看似无风之日,亦往往突然刮起大风。另外,珠峰的风力有显著的日变化,清晨风小、午后风大,风最小的时间段为清晨3—8时,风最大的时间段为14—20时。珠峰在风季降雪次数很少,再加上风大,所以极高海拔山体上很少有积雪。严寒是风季的又一大特点,甚至在整个风季,绒布河谷的平均气温都在0℃以下,珠峰山顶则经常在零下35℃以下,最低可达零下40℃。

每年的 6—8 月，是珠峰的雨季。雨季的特点是一般情况下风力较小，如果遇到暴风雪发生的时间，仍可出现大风天气，整个雨季的风力都小于 20 米 / 秒，但是几乎每天都有降雪现象，整个山峰都被雪雾笼罩。雨季可能出现偶然的为期不长的晴朗天气。同时，暴风雪也时时可能发生。

每年的 4—5 月和 9 月，是风季与雨季的过渡季节，4—5 月的特征是风与云都有不固定的周期性变化，风大时山顶上风速可达 60 米 / 秒以上，小的时候风速在 17 米 / 秒以下，有时甚至没有风。从 4、5 月开始，山间的气温便开始显著上升。在 9 月，云因风力大小而有不固定的周期性变化。整个 9 月，珠峰的风速几乎都在 20 米 / 秒以下。这时的气温虽然开始下降，但仍然高于 5 月。

每年的雨季和风季来去的时间有所不同，雨季最早可在 5 月下旬到来，8 月下旬结束；最晚在 6 月下旬开始，9 月中旬结束。风季最早则在 10 月上旬到来，次年 3 月中旬结束，最晚则在 10 月下旬开始，次年 4 月上旬结束。

另外，珠峰山脚至山顶全年均是降雪，仅在夏季绒布河谷才有降雨。珠峰的湿度除雨季外，在其他季节都特别低。除雨季外，其他季节很少发生雷电现象。

在这次科学考察中，科考队员还对珠峰地区的农业土地资源情况进行了调查，搜集了中尼边境问题的一些资料。

1962 年，中国科学院出版了长达 38 万字的《珠穆朗玛峰地区科学考察报告》。

第三节　1964 年对希夏邦马峰科学考察

1963 年 12 月 21 日，国家体委邀请中国科学院综合考察委员会及其地理、地质、植物、动物研究所和国家测绘总局，中央气象台，总参谋部，国家地质部地质科学院，国家水利部水利水电科学院，以及北京大学的地质、地理、生物系，北京地质学院等有关单位的负责人或代表，就希夏邦马峰的科学考察问题进行了研究。与会者一致认为，希夏邦马峰山区是科学考察史上的空白点，对该山区进行科学考察的意义重大，对希夏邦马峰山区中未经勘察的冰川、山口、山峰、河流的命名更是关系到学术地位优先权，因此，要积极与国家体委合作完成这项重要任务。与会者还认为，科学考察要突出重点，以地学为主、生物学为辅。会议决定，成立中国希夏邦马峰登山队科学考察队（以下简称"科考队"）。科考队在行政组织上由登山队领导，是登山队的一个重要组成部分，业务上由综合考察委员会负责领导。

1964 年 1 月 16 日，国家体委再次与有关单位研究了组织科学考察队的问题，并正式决定了科考队的组成与人选。科考队由 17 人组成，队长施雅风，副队长刘东升，下辖冰川、地貌、测绘、地质 4 个小组。

3 月中旬至 5 月上旬，科考队与中国希夏邦马峰登山队一道同时从北京出发进山。

登山队与科考队在希夏邦马峰北坡及邻近的定日县和聂拉木县境内开展野外考察活动，获得了大量有关地质、古生物、地貌、冰川、测量等对喜马拉雅山区和这些学科的研究很有价值的资料。

科考队的地质工作者在朋曲河谷小平原上的岗嘎镇进行了短期工作，在苏热山的海相地层中采掘出一批巨型古脊椎动物化石，同这些化石在一起的还有海星、瓣鳃、菊石等海相无脊椎动物化石。后来，在聂拉木县的土隆地区海相地层里，地质工作者发现和采掘了同类型的古脊椎动物化石，除了肋骨、脊椎骨外，还新发现了牙齿。地质工作者们认为，新发现的化石进一步证明这种古脊椎动物很可能是生活在海洋中的、世界上尚未发现过的中生代三迭纪（距今两亿年左右）或侏罗纪（距今一亿五千万年左右）的巨大爬行动物的新种。这些发现不仅对研究古代生物的进化有巨大价值，而且为研究喜马拉雅山脉的形成和这一带的地理构造提供了线索。

地质队员还在海拔5700~5900米的砂岩里发现了阔叶树的树叶化石，经研究确定其中有一种是毡毛栎、一种是高山栎。高山栎现在分布在云南省和喜马拉雅山脉的南坡，生长区域的海拔高度不超过3500米。科考队发现的栎树叶化石是150多万年以前的种类，树叶化石是在海拔5900米处发现的，由此即可推算出希夏邦马峰上升的速度。这就是说，在150多万年的这段时间里，曾生长栎树的地方的高度已由海拔3000多米上升到了海拔近6000米，升高了近3000米。

为了研究高山上积雪变成冰的原因，冰川研究者们曾经在希夏邦马峰雪线以上的雪和粒雪层中挖掘，对冰的结构进行了仔细观察，认为在希夏邦马峰海拔7000米以下的地区，冰体的形成同雪的融化、渗浸和再冻结作用有关。某些外国学者（如舒姆斯基）推测在喜马拉雅山脉高峰上部存在着类似南极冰盖中央的重结晶成冰带（或称雪带）及再结冰-重结晶成冰带（或称雪-冰带），雪层中完全没有，或很少有融化现象。但是科考队的冰川研究人员认为，这座山峰的海拔7000米以上区域雪变成冰的过程，还有待进一步研究。根据登山队员对从顶峰采集到的粒雪样品，以及在海拔7500米高度的雪和粒雪坑的初步观察，证明在海拔7000米到8012米的顶峰，粒雪分布普遍，而粒雪是经过融化形成的。南极陆面部位的雪层厚度达一二百米，而希夏邦马峰粒雪上的新雪只有几十厘米厚，是因为在希夏邦马峰上，从海拔7000米处到顶峰是一个陡滑的山坡，降雪时雪块不易堆积，大风也常把雪刮走，希夏邦马峰常为云雾笼罩，这云雾实际上就是大风扬起积雪所形成的雪雾。

显然，喜马拉雅山脉上的冰并不像南极冰盖的中央部分那样，是由于雪层本身的压力重结晶所形成的。科考队的冰川研究者认为，喜马拉雅山脉高山上部的成冰作用机制，与本地区地形复杂、风大及高山太阳辐射强烈等因素有关。

科考队的现代冰川研究者们还对冰塔形成和消亡的规律进行了探索，认为冰塔在希夏邦马峰、珠峰，以及其他一些低纬度高山冰川上发育得特别好。而在天山山脉、祁连山山脉等中纬度高山冰川上却不见踪影，这主要是由于低纬度高山上太阳辐射消融最为强烈所致。他们发现希夏邦马峰的一些较小的冰斗冰川及平顶冰川上都没有冰塔，连在野博康加勒冰川上不同来源与冰量的三股冰流上，冰塔发育的程度及发育时间的早晚都有很大差别。由此认为冰川的构造（褶皱程度、断层、裂隙）、补给方式、冰面河流及湖泊的发育程度、表碛数量以及不同高程及坡向所导致的温度条件，都给冰塔发育以影响和制约。现代冰川研究者们还对国内罕见的平顶冰川进行了观测和研究。

科考队的地貌组，还对流经3个国家后入海的西藏高原上著名的朋曲河进行了考察。长期以来，世界地图都不能准确地画出朋曲河的源头。一些世界地图所标出的朋曲河在野博康加勒冰川的西边有一个源头。然而，经考察发现，那里的小河是流入哈门错－西门错湖的，湖和朋曲河并不相通，很明显是画错了。科考队的地貌研究者们第一次探明了朋曲河的真正发源地为希夏邦马峰的野博康加勒冰川。科考人员从海拔5300米的营地溯野博康加勒冰川而上，在海拔5400米处，便见到从冰舌的两侧流出两股潺潺的流水，汇合而成溪流，这便是朋曲河的源头。再往上，它便被冰雪覆盖着，人即便行走在冰川上面，也只能耳闻流水声。

一般的高山山脉都是江河的分水岭，然而朋曲河很特别。在由西向东流了很长的路程之后，朋曲河突然南转，切穿喜马拉雅山脉，再流经他国入海。这个现象曾引起很多科学家的兴趣。有些外国科学家认为这是溯源侵蚀的结果，也就是说朋曲河的源头本来在喜马拉雅山麓的南面，经过天长日久的侵蚀，源头石块、泥沙不断被河水带走，朋曲河的源头便一直向上游延伸，一直延伸到喜马拉雅山麓北面的希夏邦马峰山区。但是，我国科考队员们在沿着朋曲河观察时，却发现它的上游两旁有阶梯式地形，朋曲河切穿喜马拉雅山脉的峡谷地段，也有阶地痕迹，显然这些阶地本是古老的朋曲河的河床，是河水冲刷切深了河槽后留下来的。据此，我国科考队的地貌研究者们认为外国学者的说法是不太可靠的。朋曲河并不是近代形成的，而是一条古老的河流。在喜马拉雅山脉上升到一定高度以前，它已经横穿这一地区了。后来喜马拉雅山脉不断升高，朋曲河也不断下切，才形成了今天的状貌。

登山运动员中的科学小组也展开了活动，凭借登山技能上的优势，收集了一些科考队难以取得的宝贵资料。如采集的标本中，有世界新变种的龙胆草和世界最高处的鱼——小眼条鳅，以及属新发现的一种裸裂尻鱼。队员们还绘制了海拔5800~8012米的地质路线平面图，在海拔7700米处采集了一套岩石标本，以及采集了海拔6900~8012米处的冰雪标本。队员们还对希夏邦马峰的冰瀑、雪崩活动规律、裂缝分布情况、积雪厚度、雪层性质进行了观测。另外，登山队的气象组、医务组、宣传组也结合自己的业务，进行了气象观测和高山生理研究，拍摄了有关的影视资料、照片等。

中国新闻电影制片厂和中国科学院联合摄制了《探索希夏邦马峰的奥秘》科考纪

录片,中国科学出版社出版了《希夏邦马峰科学考察图片集》和《希夏邦马峰科考报告》。科考队还派出代表参加了1964年10月在北京召开的国际科学讨论会,在会上作了报告并进行图片展览。与会的中外科学家们对这一较完整的高山科考成果给予了高度评价。尼泊尔地理学教授布拉托基在展览留言簿上写道:"希夏邦马峰展览内容丰富,有很大意义。我们邻邦兄弟对喜马拉雅山脉研究做出了这件工作,我感到非常高兴。我祝贺他们工作永远顺利!"日本地理学家何野通博说:"如此大规模地涉及各个科学领域的科学调查,正确地和登山活动相结合,是世界登山史上划时代的事件。"

第四节　1966—1968年对珠峰科学考察

1964年,国家体委和国家科委决定重启珠穆朗玛峰登山活动并同时组织大规模的科学考察。此次登山科考配合行动由中国科学院综合考察委员会主持,历时三年,涉及学科全面、规模宏大、人员众多,不仅在我国是创举,在国际上也属罕见。

科考活动以珠峰所处的高山带为中心,在雅鲁藏布江以南的东自亚东、西至吉隆,大约50 000平方公里的范围内,就地质、地球物理、高山生理等13个学科的65个专业进行了科学考察。其主题为"珠穆朗玛峰和喜马拉雅山脉抬升及其自然界和人类生活的影响"。参加这项工作的科学工作者前后共计300余人次。科考成果主要有以下几个方面。

一、冰川和地貌

珠峰的低温条件,有利于冰川的发育,但珠峰降水量较少,限制了冰川的规模。在以珠峰为中心的约50 000平方公里范围内,有大小冰川600多条,冰川面积1600平方公里,最大冰川长度不超过23公里,冰川的进退变化较弱,一般具有大陆性冰川特征。

冰雪层剖面和冰结构观测资料表明,珠峰冰川自雪线以上直到顶峰的积雪变质成冰作用属于渗透—冻结类型,不存在某些外国学者所推测的类似于两极冰盖地区的重结晶类型。

冰川消融区相对高度达30~50米的冰塔林是在强烈的高角度的太阳辐射和干燥气候下差别消融特殊发展的结果,冰川构造与运动始终贯穿于冰塔的塑造过程,使其形态多样化。从冰塔开始发育到消亡要经过数十年至上百年。

晚更新世冰期以来,珠峰北坡冰川的波动性退缩幅度,不仅在中国西部山地冰川中,而且在世界山岳冰川中都可能是最小的,并且有愈趋和缓的特点,这里的现代雪线仅高出晚更新世冰期雪线300米左右。这主要是由于最高峰强烈的上升运动缩小了冰期后气候转暖使冰川衰退的程度。

珠峰冰川槽谷在纵剖面上缺乏冰川阶、石盆和串珠状盆地,槽冰碛成分中粘土含量很少，泥砾现象不明显，终碛规模不大，这些冰川侵蚀和堆积作用较弱的特点，是与前述大陆性山岳冰川能量相适应的，而与阿尔卑斯山脉、阿拉斯加等山区海洋性冰川不同，也和中国东部古冰川研究者叙述的冰川现象有别。

考察人员还对珠峰地区的冰雪、水中氕和重氧的分布，绒布冰川上一些冰川的物理特征（冰川结构、冰结构、冰川运动、冰层温度等）和珠峰附近地区的几种地貌现象（湖泊、喀斯特地貌、河流阶地等）进行了研究。

二、高山动物

经过对标本的研究鉴定，并综合文献记载，共录得鸟类140种（144种与亚种），分隶于14目、34科；哺乳动物45种，分隶于7目、18科。仅就这次考察结果看，珠峰地区鸟类占已知西藏鸟类的54%、哺乳类动物占80%左右，足见珠峰地区鸟类和哺乳类动物较西藏其他地区更为丰富。从这些鸟类和哺乳类的分布来看，珠峰南坡鸟类共计134种、北坡53种，前者为后者的2.5倍；哺乳类方面，南坡有35种、北坡为16种，前者也系后者的2倍。这说明，南坡种类较北坡繁盛得多。

在这些鸟类和哺乳类中，斑头雁、藏雪鸡、高原山鹑、西藏毛腿沙鸡、褐背地鸦、鸲岩鹨、灰腹噪鹛、白腰雪雀8种鸟类，藏狐、藏野驴、藏原羚、间颅鼠兔、喜马拉雅旱獭、高山田鼠、拟田鼠和藏仓鼠8种哺乳类，都是青藏高原特有种，喜马拉雅山脉是它们分布的南缘。

此外，红胸角雉、棕尾虹雉、黑胸鹑、棕色林鸽、杂色噪鹛、黑头奇鹛、玖红眉朱雀、红头灰雀8种，以及血雉、纵纹腹小鸮、星鸦、白喉噪鹛、黑顶噪鹛、斑喉希鹛、黄颈凤鹛、白眉雀鹛、褐柳莺、灰头鹟莺、灰蓝姬鹟、乌鹟、褐冠山雀、红头长尾山雀、褐翅雪雀、棕颈雪雀、棕背雪雀、黄嘴朱顶雀、高山岭雀、拟大朱雀、红胸朱雀、点翅朱雀、白眉朱雀等20多个亚种，都为喜马拉雅山系特有的鸟类。长爪句青鼠、喜马拉雅鼠兔、高山田鼠、灰尾兔等8个亚种，均为喜马拉雅的特有哺乳类。在这些特有的种类中，鸟类占珠峰地区总数的29.1%，哺乳类动物则占27.7%。

在取得的标本中，哺乳类的喜马拉雅鼠兔系鼠兔属的一个新种。锡金田鼠系国内种的新纪录；长爪句青鼠、长尾叶猴、橙腹长吻松鼠、灰腹鼠和拟家鼠则系国内亚种新纪录。

考察队员从波曲河、绒布河和嘎罗维金玛湖内共采集到鱼类标本300条，经过整理研究将其确定为6个种（亚种）。喜马拉雅拉萨裸裂尻鱼是这次考察中发现的一个鱼类新亚种。

考察队也对珠峰地区的甲壳类动物、轮虫、原生动物进行了区系调查与研究。

三、高山植物

在珠峰的南坡、我国境内的海拔1600米以上地区，以印栲、木荷为主要植被的山地常绿阔叶林逐渐稀少，在海拔2000米以上地区，被以铁桐、穗果柯为主要植被的山地常绿阔叶林所替代，伴生树种有栎和落叶泡花树。

从山地常绿阔叶林带往上，即进入山地针叶、阔叶混交林带，它的上限在海拔3000米，局部可达3100米。它主要是由铁杉和高山栎的纯林或混交林组成，杂有槭、泡花树和一些落叶树种，并局部混生少量冷杉。

再往上是亚高山针叶林带，主要是由冷杉林所构成。在这个带的最上部有一条宽约200米的糙皮桦矮曲林带，向上分布到海拔3800~3900米处。冷杉林和糙皮桦林通常分布在阴坡，而阳坡处则有跨带分布的高山栎林和桧柏疏林或灌木丛。在森林上限附近的阴坡，经常出现杜鹃高灌丛。在较潮湿的地方，箭竹占优势而形成竹丛。

在林线以上海拔4500~4600米的阴坡，地表物质较为稳定的地方，巨大的漂砾上长有苔藓，土壤发展较好处形成以杜鹃为主的小叶矮灌丛。而阳坡则分布有扁芒草禾草草甸和桧柏灌丛。

海拔4500~4600米以上地区的植被以嵩草、冰川苔藓为主，并间有多种垫状植物和杂草类的高山草甸。

在珠峰的北坡、定日县一带生长着大面积的草原植被。在海拔4400米以下到雅鲁藏布江南岸（海拔3900米）处分布有白草草原，在砂性较重的土壤上有着固砂草草原，而在地下水条件较好的湖泊边缘或河漫滩上，则分布有莫氏苔草甸和茭茭草草甸。

海拔4400~5000米之间的山坡、谷地排水良好的地段上，分布较多的是紫花针茅高山草原。

在海拔5200~5600米处，冰川苔草群落变得更加稀少，而代之以各种地衣。常见的种类有地图黄绿衣、粗糙碟衣、鸡皮衣、裂叶石耳、红橙衣、菊叶梅衣等。

在海拔5000~5700米处，分布有冰川苔草、嵩草、高山草甸，并杂有多种垫状植物。再往上至雪线之间分布的植物为与南坡近似的地衣。

北坡缺乏成带状分布的杜鹃灌丛，而只有金腊梅和藏忍冬灌丛零星分布在阴坡局部的坡麓碎石堆上。

科考队在珠峰地区还采集了一些藻类标本，研究鉴定结果表明，珠峰地区藻类的种类相当丰富，共有100属、493种。各种藻类中，硅藻种类最多。其次分别为绿藻、蓝藻、裸藻、金藻、黄藻，甲藻则较少。科考队在藻类标本中发现了不少新的种类，共计有新种16个、新变型1个、新变种6个，这些种类中，不少是珠峰地区特有的种类。

在登山队从海拔6000米处取回的标本中，科研人员发现有藻类存活。据研究，这些藻类可以生活于更高的高山岩石表面上。这就为研究海拔8000米以上是否仍有简单的生命物质存在提供了新的线索。

四、高山生理

科考队在珠峰地区进行考察期间，以及之后在兰州休整期间，先后对102名青壮年男子进行了在5000米、1600米两个海拔高度上的心电图和若干项呼吸功能以及基础代谢率的比较测定。

根据这些考察的资料，科考队得出如下主要结论：

在海拔5000米以上，高原世居者及低地世居者均表现出右心室负荷加重的心电图征象，高原世居者尤为显著。自他们从海拔5000米处移居至1600米处半年后，以上特征趋于不显著或消失。

在海拔5000米以上，高原世居者及低地世居者的静息通气活动水平大致相同，但在海拔1600米上，高原世居者比一直在低地世居者有更大的静息通气活动量。

高原世居者在海拔5000米及1600米处均有比低地世居者更大的基础氧耗量及更高的基础代谢率。

从海拔6200米处到海拔5000米处、从海拔5000米处至海拔1600米处，低地世居者的基础氧耗量及基础代谢率数值逐级下降，高原世居者则出现相反情况。

显然，低地居民经过适应过程和必要的体育运动锻炼，可以同高原世居者一样胜任海拔5000~8000米高度上的各种活动。

五、第四纪地质

（一）第四纪冰川的发展过程

团队着重对间冰期沉积物进行了研究（珠峰第四纪冰期和古气候）。由于注意了间冰期的沉积层序、物质成分和孢子花粉分析，团队对冰期、间冰期的古气候条件以及地壳的上升都做了分析，比较清楚地建立了珠峰地区第四纪冰期和间冰期的发展序列（珠峰地区第四纪地层）的基础。

（二）第四纪新构造运动的性质

团队由实际调查材料分析了新构造运动的地貌显示、地层结构和构造形式，同时利用珠峰北坡自晚第三纪以来的孢子花粉材料，以及比较植被学的方法，分析了冰期、间冰期的古地理环境，论述了这里地壳运动的性质和幅度，并研究了各种不同地点、不同间冰期时期的地壳上升和古地理环境。这不仅使人们了解到珠峰地区自上新世晚期至今上升达3000余米，还提供了研究造山带新构造运动的一些基本情况。

（三）第四纪人类活动的历史

这次考察虽然未能找到人类化石，但许多材料说明这一地区适合人类活动。中石器时代的细石器和旧石器的发现，更直接证明了古人类在这一带的存在。这为今后在珠峰地区开展人类化石的研究提供了极为有利的前景。

六、气象

在这次科学考察中，气象工作者和科研人员主要搜集了珠峰的局部环流和冰川风、珠峰地区的温度和降水特征、云的特征、攀登珠峰的气象条件，以及喜马拉雅山脉的屏障作用和青藏高原对南支西风急流的影响等资料，并进行了研究，揭露了珠峰地区的某些天气气候特征，初步探讨了青藏高原对南支西风急流和某些天气系统的影响。

七、自然地理

珠峰南北两翼区域分异明显，属于不同的自然带系统。南翼是湿润、半湿润季风地区，以低山热带雨林为基带的海洋性自然带谱，自下而上可分为 8 个带。北翼是高原半干旱地区，以高原草原带为基带，具有大陆性自然带谱特点，自下而上只有 4 个带。最高的 3 个高山自然带，南北翼大体类同。

以日均温 ≥ 5℃持续期间的干燥度为指标，可将珠峰地区的自然分带类型划归湿润型、半湿润型和半干旱型。

受喜马拉雅山脉近代地壳上升的影响，这一地区自然分带明显地表现出植被、土壤成土过程的多元特征和自然地理过程的年轻性。

八、古生物

这次科学考察在古生物方面获得了非常丰富的资料，采集到大批笔石、苔藓虫、层孔虫、水螅类、珊瑚、腹足类、箭石、鹦鹉螺、海百合、介形类、竹节石、有孔虫、放射虫、三叶虫、腕足类、海胆、牙型刺、钙藻、菊石、瓣鳃类、方锥石化石等。珠峰地区上述化石的发现，对于地层学和古生物学的研究都具有较为重要的意义。

1972 年，以这次珠峰科考为中心主题的讨论会在兰州召开。会议总结了科考成果。会后，出版了《珠穆朗玛峰地区科学考察报告》（计 7 种 9 册，共计 355 万字）及《珠穆朗玛峰地区科学考察图片集》（中、英文两种文字印刷）。

第五节　1975、2005、2020年对珠峰的三次高程测量

一、1975年首测珠峰高程

1975年5月27日14时30分,中国男女混合珠峰登山队的潘多、索南罗布、罗则、侯生福、桑珠、大平措、次仁多吉、贡嘎巴桑、阿布钦9名队员集体登上珠峰。这是中国登山运动员从珠峰北坡再次登上地球之巅。

展现在队员们眼前的顶峰是一个东南、西北走向的鱼脊形地带,长10米左右、宽1米左右,东南稍高、西北稍低,全被冰雪覆盖。顶峰南侧是凹进去的悬崖绝壁,冰雪堆积在像屋檐一样的岩石上,北侧是陡峭的岩坡。

大家查看了顶峰的地形地貌后,按照事先规定和人员分工,开始做以下几件事:

第一件,向大本营报告。侯生福用报话机激动地向大本营报告:"我们已经成功地登上顶峰啦!并请大本营转告毛主席、党中央和全国人民这个喜讯。"接着报话机里传来队长史占春的声音,他问:"你们9名队员全部登上顶峰了吗?"侯生福回答:"是的队长,我们全部登上了顶峰,你听到没有?"史占春说:"听到了,我们胜利了,毛主席万岁!共产党万岁!"9人聚集在报话机旁,跟着史队长的声音嘶哑地高呼口号。

第二件,把测量珠峰高程的金属觇标组装并竖立起来。大家用3根尼龙绳分别拉向三个方向,连接上雪锥打进冰雪里固定。当发现用红绸子做的顶部圆笼被大风吹歪时,为了确保测量高程精确,又把刚竖立好的觇标放倒,重新整理好红绸圆笼,再将觇标竖立起来固定住。在极高、缺氧、风大的恶劣环境里劳作,使队员们感到疲惫不堪,每做一个动作都异常费力,每敲一锤都极其困难。觇标底部插入冰雪里1米多深、高3米,上面写有"中华人民共和国登山队"。这件5公斤重的觇标是大平措背上顶峰的。在地球之巅竖起觇标,在人类测绘史上是首次,其测量精度自然也是世界最前列。自此以后,至2005年以前,珠峰海拔8848.13米的高程,被全世界普遍采用。

第三件,展示中华人民共和国国旗。桑珠从背包里拿出五星红旗,罗则在中央、桑珠在左边、索南罗布在右边,高举起国旗展示,因旗面遮挡所以照片中没有罗则头部的影像。

第四件,拍摄顶峰的珍贵资料。侯生福顶着吼叫的狂风,冒着冻伤手指的危险,毫不畏惧地从鸭绒手套里抽出手来,扣动着摄影机开关,拍摄下了在顶峰上的具有历史意义和科学价值的珍贵镜头。

第五件,搜集山顶冰雪样品。索南罗布把从顶峰西北侧采集的冰雪样品装满两个白色塑料瓶后,将其带下山来。

第六件,给潘多做心电图。已是3个孩子妈妈的潘多已年满36岁,担任了在顶峰

做心电图的受试者。在刺骨寒风中，大家用我国自行设计制造的耐低温无线电心电图遥控仪器，帮助躺在雪地上忍受着零下30多度严寒、冒着冻伤危险的潘多仔细地把电极膏和电极夹涂抹夹在她的手指上。她果断脱下两只手上的鸭绒手套、强挺住颤抖的身体，成功做了人类在世界最高点的首张心电图。

第七件，测量峰顶的冰雪深度。根据测量需要，罗则在顶峰最高点挖了深为30厘米的覆雪后，用力把冰镐插下1米左右的深度，再将写有"中华人民共和国"字样的三角架的中杆往下插，直到插不动为止，也正好是1米深，最后测得顶峰的积雪深度为1米左右。

第八件，采集顶峰的花岗岩石标本。贡嘎巴桑与阿布钦、次仁多吉一起用铁锤在顶峰北边的岩壁上敲打下9块大小不等的岩石标本，并将它们带下山来。岩石标本被送北京化验后保存在西藏登山队荣誉室。后来，这些岩石被呈送到正在建设的毛主席纪念堂，以此表达百万翻身农奴和登山队员对毛主席的无限热爱。

第九件，拍摄顶峰全景电影。索南罗布边拍摄边走，把在顶峰上的测量觇标和所有队员的活动情况都全景拍摄下来，留下了珍贵的电影资料。

第十件，将毛主席的石膏塑像送到三角架跟前。这个石膏像是1960年我国第一次攀登珠峰时王富洲、贡布、屈银华放在那里的。经过15年风雪侵蚀，石膏塑像除了脸颊处被冻破外，其他部位都完好无损。罗则用尽全身的力量伏身抱起毛主席石膏像，把它重新送到测高三角架跟前。

第十一件，拍摄以三角架为背景的集体和个人照片。罗则给除了正在拍摄电影的索南罗布以外的其他所有人都拍摄了在三角架前的照片，阿布钦又给索南罗布拍摄了他正在拍摄电影的工作照片。

大本营在收到无线电传回的心电图、确定登顶队员已完成规定任务后，史占春下达命令："马上下撤！"至此登顶队员们在顶峰上共活动了70分钟。

二、2005年复测珠峰高程

（一）基本情况

2005年，中国组成珠峰高程测量队和中日女子联合登山队，共同攀登珠峰。攀登测量队是继1975年首次测量珠峰高程30年之后再上珠峰。

3月10日，国家测绘局组织的2005年珠峰测量队从西安出发。

20日，水准测量在珠峰脚下的西藏定日县扎西宗乡启动，旨在为珠峰测量提供高程数据传递。

27日，登山大本营建营完毕。

29日，登山及测量行动正式开始。

4月7日,海拔6500米的前进营地建成。

11日,珠峰高程测量纪念碑在拉萨制作完毕,这是竖立在珠峰的第一个测量纪念碑。

12日,珠峰测量队建立起珠峰高程测量大本营。

15日,登山向导和高山协作在从海拔6500米的营地向海拔7028米的北坳营地的攀登修路过程中发现较大冰裂缝,以架设金属梯桥的办法打通了路线。

18日,队员们从大本营出发,进行高海拔适应性训练。

24日前,海拔7028米的1号营地、7790米的2号营地、8300米的突击营地相继建成。

5月7日,队员们完成适应性训练,回到大本营待机登顶。

大本营总管刘峰说,这次建的大本营等高山营地是这些年来最好的。登山顾问于良璞说,这次建的大本营首先是好在了住宿条件,原来的帐篷多是双人的小帐篷或者专用的登山营地帐篷,即便有大帐篷也是军用帐篷,防风御寒的效果不是很好,现在用的帐篷是在2003年攀登珠峰行动中首次使用的营地帐篷,无论是防风性还是居住的舒适性都比之前用的帐篷提高了不少。此外,无论是大本营还是海拔6500米处的前进营地,都有了专用餐厅帐篷,大本营还设有专门的医务帐篷和通讯帐篷。这些条件的改善,从后面国际登山队来访时的羡慕和称赞中也能感觉到。

尽管保障条件大为改善,但攀登过程依然艰险。除了干燥、缺氧、低气压外,帐篷里中午40℃、夜间零下20℃的温差,也让人难以适应。常驻海拔6500米处的前进营地的测量队指挥员张江齐出现了身体不适症状,坚持到5月5日,嗓子嘶哑得已经不能发声,其他队员把能找到的与治疗呼吸道疾病有关的药物全部喂张江齐吃下,结果他不仅没好转,反而出现严重药物反应。事后他说:"有好几次我都感觉自己要完了……"由于天气干燥和昼夜温差大,患病的人员逐渐增加,虽然能及时服药治疗,但是咳嗽已成为山上最为流行的病症,每夜咳嗽声在各帐篷中此起彼伏。

(二)攀登测量

4月中旬到5月初,由西藏登山队和西藏登山向导学校、西藏圣山登山探险服务有限公司派出的优秀运动员、学员、员工担任登山向导和高山协作,按计划把120瓶氧气、144罐燃料、20顶帐篷分别送至各个营地并建营完毕。

5月10日前各营地所需的高山物资全部运送就位,突击队员待机突击顶峰。

根据队员们在前段适应训练中的综合表现,最终确定了突击测量队员名单:A组有西藏登山队队员加布、普布、吉吉(女)、拉吉(女)和西藏登山向导学校的学员阿旺给顿、多吉格桑,其中吉吉、拉吉同时承担中日女子联合登山队纪念两国女子分别从北南两则首次登顶珠峰30周年攀登任务,高山协作是西藏登山队队员大其米、开尊、小齐米等,加上日本女子登山队员共22人;B组有西藏登山队队员仓拉(女)、普布卓嘎(女)和我国台湾队员李美凉(女,参加中日女子联合登山队)、测绘队员

3名，高山协作是西藏登山队队员丹真多吉、加拉、扎西次仁、多布杰、索朗顿珠、白玛赤列等。

4月28日，普布卓嘎在向海拔7790米处的2号营地攀登途中突发急性胆囊炎，因疼痛难忍，被迫下撤。经大本营迅速协调，由1号营地的6人组成护送组，再由前进营地的6人组成接应组，以每人背行十几米就换人轮流背负的方式帮助腹痛难忍、体力透支的普布卓嘎下撤。大本营一方面组织5人的救援组带背架上山迎接，另一方面保持通讯联系、搭建临时病床、指定急救车辆在能够行驶的道路尽头等候迎接。

4月29日21时，普布卓嘎由等候的车辆接到大本营医疗帐篷，其被确诊为慢性胆囊炎急性发作，须继续观察治疗。症状缓解后，普布卓嘎坚决要求再次攀登并登达前进营地，但因胆囊炎复发，失去了再次登顶珠峰的机会。普布卓嘎曾于1994年5月2日参加国际女子联合登山队登顶希夏邦马峰、2002年10月1日参加中日女子联合登山队登顶卓奥友峰、2003年5月21日参加中韩联合登山队登顶珠峰，是位实力派女登山运动员。

5月11—12日，A、B两组突击测量队员先后从大本营出发向上攀登。

5月21日，A组队员登达海拔8300米的突击营地，并做好了次日突击登顶并测量高程的准备。

5月22日11时08分，A组队员加布率先登顶，接着共有24名男女队员相继登上顶峰。在峰顶，担负测量任务的队员完成了GPS、冰雪深雷达探测和觇标竖立等多项测量工作。

5月22日12时30分，队员们完成任务后开始下撤。

5月22日18时30分，A组全体队员下撤至突击营地。随后队员们根据各自身体状况分别决定下撤到达的营地，其中有5人在突击营地宿营，其余队员分别回到1、2号营地或前进营地宿营。

5月22日14时许，B组3名西藏登山队男队员登达突击营地，准备次日突击顶峰。跟随攀登的3名专业测绘人员，由于体力等原因已在中途下撤。该组的其他部分队员之前加入A组，已完成攀登任务下撤。5月23日凌晨3时，3名男队员在突击顶峰途中，登达海拔8400米处遭遇大风天气，无法继续攀登，大本营命令其放弃登顶迅速下撤。

至此，2005年珠峰高程测量和中日女子联合登山队攀登珠峰行动宣告结束。

（三）庆功大会

2005年7月28日，西藏自治区人民政府在北京人民大会堂举行2005年珠峰登山科考测量活动庆功表彰大会。吉吉等17名登顶测量队员和高山摄像、高山协作受到表彰，荣获国家体育总局授予"中华人民共和国体育荣誉奖章"。全国妇联授予西藏女子登山队"三八红旗集体"荣誉称号。

时任全国人大常委会副委员长热地,西藏自治区副主席崔玉英,中国奥委会副主席、中国登山协会主席王宝良,中国科学院副院长李家洋,国家测绘局局长陈邦柱,全国妇联书记处书记洪天慧,中国科学院副院长、第一任青藏高原科考队队长孙鸿烈,地质学家、中国科学院院士郑度等出席庆功表彰大会。

获得国家体育总局授予"中华人民共和国体育运动荣誉奖章"的17名勇士是：中日女子联合登山队中方队员吉吉、拉吉,登山测量队队员加布、普布、阿旺给吨、多吉格桑,高山协作队员大其米、小齐米、开尊、拉巴、阿旺丹杰,电视直播队员阿旺罗布、旺堆、阿旺占堆、扎西平措,业余登山队员张少宏、张梁。

（四）重大意义

2005年10月9日,时任国家测绘局局长陈邦柱在北京举行的新闻发布会上宣布：2005年测得的珠穆朗玛峰峰顶岩石面海拔高程为8844.43米。权威专家认为,这是迄今为止国内乃至国际上历次珠峰高程测量中最为精准的数据。陈邦柱同时宣布,根据国家测绘局发布的有关公告,珠峰新的高程数据即日起开始在行政管理、新闻传播、对外交流、公开出版的地图和教材及社会公众活动中使用。原1975年公布的珠峰高程数据8848.13米停止使用。

有关专家表示,这次珠峰测高实现了多方面突破：采用先进的GPS测量系统,使获得的数据更加精确；使用冰雪深雷达探测仪取代人工插杆测量,精确测得峰顶冰雪深度；采用激光测距仪,使测量出的相关精度比1975年提高一倍以上；广泛参考国内外相关资料,使珠峰"身高"起算点——大地水准面的确定更加精确。测量技术、设备的突破,使本次测量精度从1975年的±0.35米提高到±0.21米。

根据科学理论,珠峰始终处于"长身高"的状态。然而,与1975年的数据相比,珠峰"矮"了3.70米。对此专家解释,在本次珠峰测高过程中,峰顶冰雪深度的测量更加精确、大地水准面的计算结果更加完善、全球气候变暖导致峰顶冰雪厚度变薄,这些才是珠峰变"矮"的三个主要原因。尽管珠峰"矮"了一些,但其依然是世界最高峰。目前世界第二高峰乔戈里峰的高程为8611米,仍比珠峰低200多米。

三、2020年珠峰高程测量

随着时间的推移,珠峰高程随着地理板块变化而不断变动。5年前,尼泊尔经历了一次强震,震中距离珠峰有220公里左右。珠峰高程有何变化成为各国关注的科学问题,世界期待一个权威的答案。

（一）基本情况

2020年4月30日，海拔5200米的珠峰大本营，中国庄严向世界宣布：正式启动2020珠峰高程测量！这是时隔15年后，中国再次重返珠峰之巅测高，也是新中国成立以来开展的第七次大规模的测绘和科考工作。国家体育总局登山管理中心副主任王勇峰和西藏体育局局长尼玛次仁与国测一大队负责人始终坚守在珠峰大本营，指挥珠峰测量活动。

2020年5月6日，30多名测绘人员从海拔5200米的大本营出发，开启珠峰高程登顶测量。在此之前，测量人员已经完成珠峰周边地区水准测量、GNSS测量、重力测量、天文测量等多项工作。5月7日下午，队员们顺利到达海拔6500米营地，测量工作正式启动。5月9日，因天气原因，2020珠峰高程测量登山队分两批从海拔6500米的前进营地撤回大本营进行休整。修路队和运输队继续留在前进营地等待好天气，以通过北坳冰壁，完成修路和运输任务。

5月18日，在海拔6500米的珠峰前进营地，2020珠峰高程测量12人冲顶队员名单公布，冲顶队员为：次落、袁复栋、李富庆、陈刚、王伟、桑登次旺、普布顿珠、次仁多吉、次仁平措、旺青索朗、洛桑顿珠、次仁罗布（排名不分先后）。其中，49岁的陈刚是年龄最大的队员。

（二）守护"第三极"

在测量过程中，生态环保理念贯穿营地的每一处，扎根在每名队员心中。

在营地，厕所采用环保型材料，粪便被干粉式除臭剂加速降解；

每个帐篷里都摆放垃圾桶，队员们自觉把垃圾丢到桶里，整个营地及帐篷内见不到被随意丢弃的垃圾；所有高海拔营地的生活垃圾都将被转运到大本营分类处理，测量登山队员甚至被要求携带尿壶……

"越向上，越有种敬畏之心，深感保护这片净土的责任更重了。"自然资源部第一大地测量队（简称"国测一大队"）队员陈新超说，"只有了解清楚珠峰，才能更好地保护珠峰"。

（三）生命禁区

在藏语中，"珠穆"有"女神""仙女"之意，亲近这座屹立在喜马拉雅山脉中部的高大雪峰并不容易。

山脚下海拔四五千米的工作环境，山体上变幻无常的天气，无时无刻不在考验着测高勇士们的意志。知难而上，只为不辱使命。

"从来没遇到过这样的暴风雪。"从海拔7790米的2号营地下撤后，国测一大队队员王伟擦着脸上的雪水和汗水说道。

为赶上5月22日的冲顶窗口，20日当天满27岁的王伟和队友们顶着十级大风和强降雪，闯过了海拔7500米、有"大风口"之称的攀登路段。

为此次测量，承担登顶测量任务的测量登山队从1月12日起就在北京展开集训。队伍每天6点起床出操跑步，跑操时周围气温常低至零下10℃。王伟说，自己到现在的跑量已经达到580公里，经常把腿练肿了，好了后就继续练。

"当然遗憾！不遗憾是假话。"王伟虽然最终落选冲顶组，但他说，从没想过放弃。看到队友完成任务，就像自己登顶了一般。

"我们怀着共同的信念和目标，因为我们身后是全国人民的期待。"2020珠峰高程测量登山队队长次落说。

在登顶测量中，为保证数据收集质量，次落等8名测量登山队队员在珠峰峰顶停留150分钟，创中国人在珠峰峰顶停留时长纪录。

"这不是简单一个纪录，在空气稀薄地带，每多停留一分钟，都增加一丝危险。"2020珠峰高程测量登山队总指挥王勇峰说，"为了祖国的事业，队员们心甘情愿付出巨大的牺牲。"

（四）同心协力

在登顶测量阶段，登山的后勤和安全保障工作主要由西藏圣山登山探险服务有限公司的藏族高山向导承担。修路队承担着更多风险。在5月21日的峰顶修路尝试中，队员在海拔8000米处遇到约一米深的积雪。山上的流雪险些使队员多吉发生冲坠，作为修路队队长的边巴扎西，在保护多吉时头部受伤流血。

在第六次修路尝试中，修路队员们在海拔7790米处顶着大风，几个人挤在一顶帐篷里紧紧抓着帐篷杆避风。即便如此，大家还是小心护卫着峰顶测量时要用的仪器，生怕仪器受到丝毫损伤。

从3月2日起，50多名国测一大队队员便来到珠峰地区，进行珠峰高程测量前期的水准测量、重力测量、GNSS测量等工作。高寒缺氧的环境下，有的队员从来没睡过一个安稳觉，夜里喘不过气，每次一惊醒就从床上坐起来，但没有人后退。

"苦是苦，但我们是用脚步丈量祖国土地的人，要承担起为祖国建设先锋开路的责任。"国测一大队队员吴元明说。

"珠峰在藏族人民心中有着神圣的地位，也是全中国人民的骄傲、全人类的圣地。"边巴扎西说，"能在这项国家事业中奉献力量，我很幸运。"

（五）勇攀创新高峰

"峰顶冰雪深度测量是我们国家珠峰高程测量的关键环节，可不能在设备这关掉链子。"2019年5月，时任国测一大队项目部主任柏华岗接到为2020珠峰高程测量调研峰顶冰雪准备探测雷达设备的任务后，连续在两家国外企业那里吃了闭门羹。对此他非常着急。

国测一大队副队长张庆涛解释，珠峰峰顶有长年不化的冰雪层。冰雪层深度或会随气候变化而变化，可作为区域气候变化的风向标之一；岩面高程更为稳定，能反映珠峰地区的板块运动情况。

"这两方面的关键数据，只有登顶测量才能获得。我们能够登顶测量，也必须向全球科研界提供精确的各项数据。"张庆涛说。

2019年6月，柏华岗来到青岛，与一家国内厂家接洽。为了让设备能同时获取位置信息和雪深数据功能，且轻便、易携、耐磨、抗寒，研发团队先后进行了低温储存实验、抗跌落实验等多项实验。

"光外壳就换了两次，里面的程序换了4次。"2020年4月中旬，柏华岗在珠峰大本营拿到了厂家送来的最终版设备，并在营地周边的冰雪面上成功进行了设备测试。

"跑了快一年，值了！"柏华岗说，"用我们国家自己的设备，心里自豪、踏实！"

在这次珠峰高程测量中，国产装备"大显身手"，大量设备在可靠性和精度上都比2005年有了质的提高。

"2005年时，GNSS卫星测量主要依赖GPS系统。今年，我们将同时参考美国GPS、欧洲伽利略、俄罗斯格洛纳斯和中国北斗这四大全球导航卫星系统，并且会以北斗的数据为主。"国测一大队队长李国鹏说，GNSS卫星测量是珠峰测高中的重要一环。在珠峰峰顶，GNSS接收机能通过卫星获取平面位置、峰顶雪面大地高等信息。

"这也是对北斗系统的一次测试，相关数据可提高卫星的定轨精度。"国测一大队副总工程师陈刚说，目前，北斗卫星导航系统已在全球组网成功，珠峰峰顶的巅峰测试成功，对于全球北斗用户而言，这也是振奋人心的消息。

除了冰雪探测雷达、北斗系统外，天顶仪、重力仪、峰顶觇标、用于三角交会测量的超长距离测距仪等设备均为国产仪器；我国最新的测绘基准体系建设成果也应用于此次测量。

此外，此次珠峰测量首次将重力测量推至珠峰峰顶，刷新了由中国保持的重力测量海拔纪录；首次在珠峰地区开展大规模航空重力测量，填补了该地区重力网建设的空白；首次在媒体信号传输中应用5G技术，使5G信号登上了世界之巅……

"此次测量在技术手段上更加丰富和全面，将获得历史最高精度的珠峰高程测量结果。这体现了国家综合实力和科技发展水平，具有重大的国际影响和社会效益。"党亚民说。

2020年5月27日，2020珠峰高程测量登山队成功登顶世界第一高峰珠穆朗玛峰。他们在峰顶竖立觇标，安装GNSS天线，开展各项峰顶测量工作。

（六）结果公布

2020年12月8日，国家主席习近平同尼泊尔总统班达里互致信函，共同宣布珠穆朗玛峰高程。

习近平指出，去年，我们就中国和尼泊尔共同宣布珠穆朗玛峰最新高程达成共识。一年多来，两国团队克服种种困难，扎实开展工作，最终确定了基于全球高程基准的珠穆朗玛峰雪面高程。今天，我愿同班达里总统一道，代表中尼两国向全世界正式宣布，珠穆朗玛峰的最新高程为8848.86米。

习近平指出，珠穆朗玛峰是两国世代友好的重要象征。两国将这一世界最高峰确立为中尼之间的界峰和"中尼友谊峰"。今天我和你共同宣布珠峰最新高程具有承前启后的时代意义，也充分体现了中尼关系持续发展的高水平。中方也愿同尼方一道，积极推进珠穆朗玛峰生态环境保护和科学研究合作，守护好两国人民共同的宝贵财富和家园。

习近平强调，今年是中尼建交65周年。在双方共同努力下，两国政治互信日益增强，共建"一带一路"稳步推进，跨喜马拉雅立体互联互通网络正从愿景变为现实。中国和尼泊尔要推动两国面向发展与繁荣的世代友好的战略合作伙伴关系不断向前发展，共同打造中尼更加紧密的命运共同体，造福两国和两国人民。

班达里在信函中表示，尼泊尔和中国一直是好邻居、好朋友、好伙伴，两国在经济发展、互联互通、人文等领域合作符合两国利益。珠穆朗玛峰是尼中传统友谊的长久象征，我很高兴同阁下一道，共同宣布珠穆朗玛峰最新雪面高程为8848.86米。今天双方共同宣布珠穆朗玛峰最新高程，具有历史意义。习近平主席去年对尼进行国事访问，推动中尼关系及双边合作进入新时期。两国政府将致力于落实访问共识，共同实现经济社会发展与繁荣。

2020年是人类首次从北坡成功登顶珠峰60周年，也是中国首次精确测定并公布珠峰高程45周年。

无论牙牙学语时听到的，还是从课本里学到的，在中国人的心中，珠穆朗玛峰（Qomolangma）只有这一个名字。

在不同国家和地区的地图上，珠峰却有不同的名字和高度。名字代表的不仅仅是一个名称，高度也不是简单的数据，而是表明了不同的政治立场。每个国家都有一个官方承认的珠峰高度，这个高度不是简单的"以最新测量数据为准"，其选择取用更多地反映了各国的政治立场。这种立场不仅左右着印制在各国地图上的高程数据，也会影响珠峰的命名。

第六节 1975—1988年对珠峰山区进行地质考察

新中国成立后,我国地质工作者虽然在珠峰地区做了大量科考工作,但一直未能建立起珠峰北坡的地质剖面,没有提出我国对珠峰地质特征、地质发展史较为系统的看法。而外国人于20世纪30年代建立的地质剖面,在岩石年代、地质特征和地质发展史等方面都存在一些片面和错误的结论。1975年有关部门再次组织珠穆朗玛峰登山科学考察分队,对珠穆朗玛峰地区进行地质、气象、高山生理与测量方面的考察研究。

一、建立起珠峰北面的地质剖面

在这次科考活动中,登山队科考分队从曲布、查雅山口经秋哈拉沟、绒布寺、前进沟、长征岭、北峰(章子峰)直至珠峰顶峰,在300平方公里的区域内,建立了系统的实测地质剖面和更多的路线地质剖面。

在登山运动员的配合下,科考队从海拔4700米处到顶峰系统地采集了600多块岩石标本,为深入研究珠峰地区的地质构造特点,以及岩浆活动、变质作用、混合岩化作用的特征打下了良好的基础。

二、解决了珠峰峰顶地层形成的年代问题

在这次考察中,由北面的查雅山、秋哈拉沟向南到距离珠峰最近的前进沟,于同一层位的灰岩中多处发现大量早奥陶纪生物化石,其中有腕足类、三叶虫及海百合茎等。

根据地质结构分析、地层对比,发现化石的地层和珠峰峰顶为同一层位。这一发现否定了珠峰峰顶形成于二迭纪(距今约2亿多年)的错误说法,而肯定了峰顶形成于早奥纪(距今4亿至5亿多年)的正确论断,解决了近半个世纪以来地质界争论不休的一个问题。

三、发现了舌羊齿植物化石群

舌羊齿植物化石群的发现对于喜马拉雅山脉形成和发展史的研究及地质理论的完善,均有重大意义。

在地质学上,过去有一种观点认为,喜马拉雅山脉东段的极高喜马拉雅山系,在地质史上是一个起过地障作用的所谓"喜马拉雅结晶轴",像一堵墙似的把南方大陆(即冈瓦那大陆——包括南亚次大陆的一部分、澳洲等)和北方大陆(即现在的欧亚大陆)分开,被分割开来的南北两地区域的地层、沉积、构造及发展史截然不同。

这次地质考察中,在曲布二迭纪地层内发现舌羊齿化石,这种过去认为只分布在南方大陆的植物,在珠峰北部被发现,证明南亚次大陆和珠峰北坡广大地区在晚古生代时有密切联系或具有大致相同的古地理条件,从而证明南亚次大陆在地质发展史上

与欧亚大陆有联系。这一发现,也为地质理论上的板块构造学说提供了一个直接的依据。

四、在珠峰进行高山生理考察

在1975年进行的科学考察和测量活动中,进行了以下高山生理考察。

（一）在平原地区模拟高海拔地区对运动员高山适应能力进行测定（即低压舱试验）

科考队分别在海拔50、3700、5000米处记录队员的脑电图200余份、心电图300余份,测定呼吸功能100余人次,还对部分队员进行了心室功能试验,并了解了队员在高山的身体反应情况。这为进一步研究高山低氧环境下人体的生理状况、适应能力等方面提供了重要资料。

（二）采用国产心电仪和遥测仪获得了顶峰遥测心电图

科考队配合登山行动,为登山队登达海拔7028、7600、8200、8300、8680米的部分运动员和登上顶峰的女运动员潘多共15人次做了心电图遥测,这在世界登山行动和研究高山生理方面还是第一次。遥测心电设备为我国自行设计、自己制造,仪器能够在零下40℃的低温中运转正常,所做心电图线条清晰,正确反映了运动员在特高海拔时的心脏功能。

五、对珠峰进行大气物理考察

（一）科考队首次取得了海拔7028、6500、6000、5400、5000米处的气象梯度观测资料,并同时与自由大气中相同高度的气象资料进行对比,为探究珠峰地区的小气候规律和冰川风成因提供了重要资料。

（二）科考队首次在珠峰北坡和附近位于喜马拉雅山脉南坡的我国境内的聂拉木县曲乡、樟木镇等地区,同时进行了气象梯度观测,为研究喜马拉雅山脉对于某些天气系统的作用提供了重要资料。

（三）科考队首次在海拔7028米处进行降水量和风的定点观测,对于了解珠峰北坡降水量、研究该地区冰川形成和发展趋势,提供了水文依据。

（四）科考队首次取得从海拔5000米处到珠峰顶峰的冰雪样品,以及拉萨、日喀则、定日县、樟木镇等地的冰雪、毛发及动植物等样品,为研究大气污染、了解大气污染规律提供了重要的天然背景资料,也为研究重水垂直分布规律、解决对于当代世界有重大意义的能源问题提供了第一手资料。

这次科学考察后,出版了《珠穆朗玛峰科学考察报告》的3个分册：地质分册、气象与环境分册、高山生理分册。

第七节　1998年雅鲁藏布大峡谷和2006年雅鲁藏布江水电资源科学考察

1998年10月下旬至12月上旬，西藏自治区体育局根据自治区人民政府指示，派出时任西藏登山运动管理中心副主任仁青平措带领西藏登山队登山运动员小齐米、加措、普布等人，配属中国科学院实施对雅鲁藏布大峡谷的科学考察活动。

1998年10—12月，由科学家、新闻工作者和登山运动员组成的科学探险考察队，历时45天、穿行近600公里，在深山密林、悬崖峭壁、水流湍急的雅鲁藏布大峡谷区域开展了异常艰辛的科学探险考察活动，获取了大量科学资料，领略和探索了世界第一大峡谷的奇观，实现了人类首次徒步穿越雅鲁藏布大峡谷的历史壮举。

登山运动员们发挥登山与攀岩的特殊技能，协助并与科考人员和记者组成两支队伍，分别从林芝派乡和察隅出发、相向而行，进行科学探险考察行动。

测绘专家在大峡谷区域精确测绘了大峡谷的深度、长度和谷底宽度，掌握了极为重要的实测数据。地质、水文、植物、昆虫、冰川、地貌等方面的科学家也都获得了丰富的科学资料和数千种标本样品，为大峡谷的资源宝库目录增添了新的内容。尤为值得称道的是，此次考察不仅确认了雅鲁藏布江干流上存在的瀑布群及其数量和位置，而且发现了大面积濒危珍稀植物——红豆杉、昆虫家族中的"活化石"——缺翅目昆虫。

据国家测绘总局公布的数据：大峡谷北起米林县的大渡卡村（海拔2880米）、南到墨脱县巴昔卡村（海拔115米），全长504.6公里，最深处6009米，平均深度达2268米，是不容置疑的世界第一大峡谷。在南迦巴瓦峰（海拔7782米）与加拉白垒峰（海拔7294米）间的雅鲁藏布大峡谷最深处达5382米，围绕南迦巴瓦峰核心河段，平均深度也5000米左右，其深度远远超过深2133米的科罗拉多大峡谷和深3203米的科尔卡大峡谷。新华通讯社向全世界及时报道了这一消息，使全球为之轰动。

雅鲁藏布大峡谷不仅以其深度、长度名列世界峡谷之首，更以其丰富的科学内涵及宝贵的自然资源引起世界科学家的瞩目：世界最大降水带分布在流经印度和孟加拉国的布拉马普特拉河——中国的雅鲁藏布江流域；世界最北的热带气候带和自然带分布在雅鲁藏布大峡谷；世界上濒临绝种的古老物种生息繁衍在雅鲁藏布大峡谷；世界上最丰富的水能资源、稀有生物资源分布在雅鲁藏布大峡谷。

科学考察证实：雅鲁藏布大峡谷地带是世界上生物多样性最丰富的山地、是"植物类型天然博物馆"和"生物资源的基因宝库"。同时，大峡谷处于印度洋板块和亚欧板块俯冲的东北挤角，地质现象多种多样，堪称罕见的"地质博物馆"。

2006年，根据西藏自治区人民政府指示，自治区体育局再次派出西藏登山队高级教练员旺加带领登山运动员扎西次仁、丹真多吉、普布等人，配合国家水力水电总公司，对雅鲁藏布江流域进行水电资源综合考察。考察人员出色完成了任务，受到表彰奖励。这次考察获得了丰硕成果，他们为发挥西藏水电资源优势，促进西藏乃至国家的经济社会发展作出了登山运动员的特殊贡献。

第八节 2004—2006年山峰普查

一、普查组织

西藏有着丰富的山峰资源，开展登山探险和户外运动较早，但山峰资料不完善，没有建立起系统、翔实的山峰资料档案，影响山峰资源的对外推介等开发利用。在20世纪90年代虽然做过一些山峰普查工作，但没有形成完整的资料体系。为此，2004—2006年，西藏自治区体育局决定以西藏登山协会为主，邀请西藏大学教授、自治区社科院专家、登山运动员、登山教练员、高山摄影师等专业人员，组成西藏登山协会山峰普查队，并投入资金80万元，对喜马拉雅山脉、念青唐古拉山脉、喀喇昆仑山脉、唐古拉山脉、昆仑山脉、横断山脉，以及在这些山脉上分布的海拔6000~7000米山峰进行了普查。

2004—2006年西藏登山协会山峰普查队成员表

时间	地点	人员
2004	山南、日喀则、阿里	索南措姆、次仁央宗、桂桑、阿克布、多布杰
2005	林芝	索南措姆、次仁央宗、康华、张东
2006	林芝、昌都	索南措姆、次仁央宗、阿克布、白玛赤列、尼玛次仁、曲扎

二、普查59座山峰

2004—2006年，西藏登山协会山峰普查队足迹遍布喜马拉雅山脉、念青唐古拉山脉、喀喇昆仑山脉、唐古拉山脉、昆仑山脉、横断山脉等西藏境内的主要山脉，对具有攀登和开发开放价值的59座海拔6000~7000米的山峰进行普查，建立和完善了山峰资料档案。

59座海拔6000~7000米山峰资料统计表

序号	山峰名	海拔（米）	所在地（市）	所在县（区）
1	东方峰	6996	日喀则市	定日县
2	东方二峰	6948		定日县
3	建设峰	6571		定日县
4	普勒日峰	6404		定日县
5	阿玛正美峰	6553		定日县
6	长征峰	6916		定日县
7	光明峰	6485		定日县
8	卓那布桑峰	6592		定日县
9	汤嘎龙拉峰	6662		亚东县
10	羊莫可朗峰	6527		亚东县
11	乱波仁青峰	6725		亚东县
12	角冷各布峰	6279		岗巴县
13	确母约母钦峰	6829		岗巴县
14	康朗阿峰	6612		岗巴县
15	朗阿峰	6304		岗巴县
16	塔拉政固峰	6317		岗巴县
17	格日布峰	6102		萨嘎县
18	查加丁巴峰	6076		萨嘎县
19	国伯狱峰	6453		萨嘎县
20	香尖日峰	6216		昂仁县
21	江弄岗日峰	6178		昂仁县
22	亚波仇峰	6129		昂仁县
23	夏当峰	6698		聂拉木县
24	格拉岗日峰	6846		聂拉木县
25	果洛峰	6557		聂拉木县
26	普热峰	6769		聂拉木县
27	果巴隆峰	6671		聂拉木县
28	藏拉峰	6496		聂拉木县
29	多尔雷峰	6979		聂拉木县
30	朗勃康日峰	6668		吉隆县
31	解同速送峰	6249		江孜县

续表

序号	山峰名	海拔（米）	所在地（市）	所在县（区）
32	各贾岗日峰	6944	山南市	洛扎县
33	色曲扛日峰	6814		
34	接香峰	6676		
35	扛沙峰	6722		
36	蒙达岗日峰	6422		
37	卡鲁雄峰	6674		浪卡子县
38	苯雄峰	6082		
39	舵果龙峰	6733		
40	姜桑拉姆峰	6325		
41	藏色岗日峰	6460	那曲市	申扎县
42	达日格峰	6037		
43	甲岗峰	6444		
44	加社峰	6088		那曲县
45	桑丹康桑峰	6590		
46	色浦岗日峰	6956		比如县
47	卡加峭峰	6447		嘉黎县
48	木格各波峰	6289		尼玛县
49	马郎杠日峰	6142	拉萨市	当雄县
50	鲁孜峰	6206		
51	唐门结峰	6328		
52	念青唐拉昂曲峰	6330		
53	坡尖扎日峰	6221		
54	扎布拉峰	6554		尼木县
55	大扛日峰	6247		堆龙德庆县
56	色阿玛热则峰	6132	昌都市	江达县
57	结钦那拉嘎布峰	6316		
58	日西米岗日峰	6586		
59	朗加堡峰	6936	林芝市	米林县

第三章

高山救援与登山协助

在长期的登山探险运动中，西藏自治区体育局组织西藏登山运动管理中心、西藏登山队和西藏登山向导学校、西藏圣山登山探险服务有限公司承担高山救援任务，为发展登山运动和登山产业保驾护航。救援队员们用自己的行动弘扬着无私无畏的人道主义精神，冒着生命危险为遇险的国内外登山者提供救援帮助，在国际登山界赢得了良好声誉。此外，西藏自治区体育局还派出登山运动员配合国家和自治区有关部门，寻找第二次世界大战期间美国空军为支援中国抗日战争而开辟"驼峰航线"，在飞越喜马拉雅山脉上空期间坠毁飞机残骸和飞行员的遗骸；连续13年完成对国家海洋局极地考察办公室南极科考队员高原选拔性训练任务；不惜人力、物力、财力支持帮助国内高校大学生实现登山探险、磨炼意志品质的愿望。

第一节　1991年参加梅里雪山失踪人员搜救取证行动

梅里雪山（卡瓦格博峰），海拔6740米，地理坐标为北纬28°04′、东经98°06′，坐落在藏滇边境云南省德钦县境内，是一座尚未有人登顶过的处女峰。

一、发生过程

1990年12月，中日联合登山队派出由中方的陈尚仁、孙维琦、金俊喜、宋志义和日方的广濑显、工藤俊二、井上治朗、中山茂树等队员组成的侦察队，再次赴梅里雪山侦察选择新的攀登路线，最终登达海拔5500米的高度，选择主峰左侧2号山脊作为新的攀登路线。

12月1日，重新组织调整了阵容的中日友好梅里雪山登山队到达云南省德钦县。全队共29人。其中，中方18人、日方11人。

云南省登山协会主席冯树森任顾问

中方总队长：杨必育

日方总队长：左田健次

中方攀登队长：宋志义

日方攀登队长：井上治朗

12月8日，中日队员们从大本营出发，经过5天的艰险攀登到达海拔4500米处的1号营地。

12月9日，登山队又登达海拔5300米处的2号营地，休息一天后，于12月10日登上海拔5900米处的3号营地。

12月28日，登山队员分成A、B两个突击组向卡瓦格博峰发起冲击。

12月28日13时左右，A组队员登达海拔6470米处，这里距离顶峰只剩下270米，但突遭大雪袭击，宋志义等5名中日突击队员只好下撤到海拔5900米处的3号营地，与正在这里待命的B组中方队员李之云、林文生和日方队员米谷佳晃、宗森行生、儿玉裕介、工藤俊二、笹仓俊一7名队员会合。

12月29—30日，小雪仍然下个不停。双方队员在待机中修理冰壁上的路线或练习攀冰技术。

1991年1月1日，由于刮大风，双方队员仍在3号营地待机。

1月2日，天气状况仍然没有好转。降雪时大时小，队员们始终没有可以冲击顶峰的机会。

1月3日19时，待机队员从3号营地向大本营报告，积雪已深达1.2米，队员们的帐篷已经被积雪埋住约2/3，大家每两小时就要走出帐篷清理积雪一次。

1月3日21时，攀登队长宋志义又通过报话机向留守在大本营的中国登山队行政部长陈尚仁转达了他收听到的天气预报。陈尚仁叮嘱宋志义说："德钦小雪，我们这里就是中雪，你那里就是大雪，要继续注意观察。咱们原定4日突击顶峰，因为天气恶劣，原计划延期的报告，下午已给北京中国登山协会和云南省体委打了电话，你放心。"又聊了一会儿道了晚安。此时，金俊喜看了看表是22时15分。

1月4日晨9时，陈尚仁醒来便警觉地拿起报话机与3号营地联系，却没有一点动静。接着陈尚仁和金俊喜、张俊3人一起拼命呼叫："宋队长！宋志义！……"任凭怎么呼叫，从早上至中午始终没有得到回应。

期间，金俊喜和张俊还冲出帐篷，冒着大雪站在一座山头上用高倍望远镜观察，发现距3号营地400米远的支山脊形态发生了变化，断层出现，原来的冰壁已不复存在，终于证实了他们的判断：山上在夜间发生了大雪崩。

中日友好梅里雪山登山队17名队员遭遇雪崩失踪的电报，第一时间发到了昆明市和北京，时任国务委员李铁映、中国登山协会名誉主席杨得志和国家体委主任伍绍祖等领导同志，立即作出指示和救援安排，总的要求是竭尽全力进行营救。时任中国登山协会主席史占春当即做出3条决定：一是请求派出飞机救援；二是立即组织救援队伍前往救援；三是中国登山协会24小时昼夜值班。

中国登山协会派出的救援队由王振华、于良璞、陈建军、李致新、王勇峰、罗申组成。救援队于1991年1月6日下午从北京起飞，当天抵达昆明市，7日凌晨到大理，9日晚至维西，与先来的时任云南省体委主任戴文中等人会合。

1月9日10时27分至12时14分，由我国有关部门派出的飞机在梅里雪山上空进行了侦察拍照，在飞行盘旋了5圈后，机组人员说发现主峰南面有滑坡迹象，这与大本营观察的情况相符，但没能获得3号营地确切照片资料等情况。

1月11日，史占春离京抵达昆明市，参加组织指挥救援工作。

1月13日，大本营派出一支由7人组成的搜索队，对前往1号营地的路线再次进行探查。他们到达了海拔3900米的位置附近，对上方路线进行观察后返回大本营。

1月14日，上午派出的搜索组的两个结组的8人冒雪前进，越过前期到达过的海拔3900米处，登达海拔4100米处，发现原路线两侧有大量流雪现象，有发生过雪崩的痕迹，坡度约60度，原有路线已面目全非，大部分上山路线必须重新开拓。由于雪深近1米，行进极为困难，本想在风雪中挖掘出此前架设的安全路绳，结果只抠出了1米左右，搜索组当日被迫返回大本营。

1月17日，大本营又派出4名营救人员，携带摄影器材，向明永冰川上部攀登，当天下午进驻明永村，准备选择合适的瞭望地点，进行观察和拍照。试图从明永冰川上部瞭望和拍摄的4人小组，在海拔4300米处待机，但天气一直没有好转，未能在浓密的云雾中进行拍摄。

1月17日晨，由西藏登山协会派出的救援队与德钦县高山协作人员罗桑多吉、拖丁等分成两个组向大本营进发，于当晚先后进驻大本营。

二、第一次搜救查证

1991年1月3日深夜至4日凌晨，17名来自中国和日本的登山队员，在攀登西藏与云南交界的梅里雪山主峰卡瓦格博峰时，遭遇雪崩。为了及时救援，中国登山协会派出飞机搜救，由于云雾笼罩、能见度低，飞机未能拍摄到山上人员和营地的任何影像照片。派出的地面搜救人员，因登山路线上积雪太深而受阻，难以在大雪天展开救援行动，只好暂停。

1月11日，中国登山协会要求西藏登山协会速派出登山运动员参加梅里雪山山难救援和搜索取证行动。西藏自治区体委和西藏登山协会迅即派出由时任西藏登山队副队长仁青平措及嘎亚、丹真多吉、拉巴、阿克布、尼玛次仁和汽车司机共7人组成的救援队连夜驰援搜救。

1月12日，救援队紧急准备搜救器材物资后立即从拉萨乘车出发，一路上顾不上饥渴和劳顿，每天十几个小时行程。

救援队于1月14日到达德钦县城，3天疾驶了1500多公里。从县城到梅里雪山脚下的大本营，必须徒步长途跋涉，还要翻越一座大山，平时需要八九个小时才能翻过。这时由于连日普降大雪，山上积雪更深，给徒步前进造成很大困难，但救援人员考虑到17名中日队员的生命安危，于是奋力前进，只用了6个小时就翻越了这座大山。

1月17日，救援队与当地的高山协作人员一起到达大本营，并连夜做好了次日一早上山搜救和取证的准备工作。队员们考虑到此行凶多吉少，都写下了"遗书"。

1月18日晨，救援队与高山协作人员一起向海拔4500米的1号营地攀登。这时，登山路线已经被大雪掩埋，积雪深达2米多。大家商量后，为尽快上山搜救，就违反常规，在大雪后3天内就登山搜救,用雪铲挖雪开路。而这就形成"横切"破坏雪的堆积体,极易引发雪崩,随时都会给队员们带来灭顶之灾。但是,救援队员们已经不顾个人安危,只想着能搜救生还的中日队员或找到失联原因和证据。有些路段深凹崎岖,积雪很深,有段十多米长的路竟然用时40分钟才得以通过。

救援队员于1月18日14时左右登达1号营地,只见被大雪掩埋的4顶帐篷只剩下顶端露在外面,搜救队员们在极度疲劳下挖开积雪、钻进帐篷,只找到了1件鸭绒背心、1双高山靴、1部有"京都大学"字样的照相机和3个镜头,而不见人员去向和踪迹。

1月18日17时,救援队返回大本营。

1月19日晨,救援队分成3个结组离开大本营,准备当天越过1号营地继续向海拔5300米处的2号营地攀登,搜救17位生死未卜的中日队员。搜救队员们顶着狂风暴雪,但只登达海拔5000米处,便因无法继续前进而被迫返回1号营地。

1月20日9时,救援队一行8人(含当地高山协作2人)冒雪离开1号营地向2号营地进发。一路上行动极为困难,救援队在两个营地之间的危险路段又架设了300米长路绳。

1月20日17时20分,救援队终于登达2号营地所处的高度和区域。由于大雪弥漫,能见度极低,队员们看不到一丝一毫曾建立过营地的痕迹。队员们凭经验在约有篮球场大的范围内探寻,希望能找到帐篷和人的身体,可是在仔细寻找后仍一无所获。这时,身旁的雪崩仍在频繁暴发,倾泻而下的冰雪都被队员们机智地躲开了,震耳欲聋的轰鸣震荡着山谷。从这里往上看海拔5900米处3号营地的位置,由于被雪花和雪崩腾起的云雾挡住了视线,什么也看不清,队员们冒险一直攀登搜索到海拔5400米的高度,这里距离3号营地只剩下500多米远,一眼望去,3号营地几乎被雪崩堆积物填平,营地上方也有非常明显的雪崩痕迹,由此确认17名登山队员在3号营地遭遇雪崩失踪已无可置疑。黄昏前,救援队返回1号营地。

1月21日,救援队为了搜寻到17名队员失联原因和确凿证据,不顾安危,继续多方寻找,在危机四伏的1号营地坚持住了两个晚上。在这两个晚上,每晚发生的雪崩都不下五六十次,队员们一直处在危险之中。1月21日,由4名当地的高山协作组成的补给组,冒雪向1号营地输送了一些食品,当日下午返回大本营。据他们说,沿途雪深及腰,此前在这段路上架设的3条路绳已有多处被流雪冲断。

1月22日凌晨,住在1号营地的救援队员清理帐篷上的积雪时发现营地积雪已深达1米以上。鉴于救援人员不仅再无前进的可能,而且自身安全都受到极大威胁,指挥部听取仁青平措综合大家搜救分析的结果报告后,认为再继续往上搜索已无实际意义。另外,根据1月9日飞机拍摄的照片和西藏搜救队员现场取证的情况分析,3号营地附近有巨大冰雪崩塌的痕迹,与梅里雪山明永村村民1月3日夜里听到村子上方冰川有巨大响声、住在海拔3250米的寺庙的尼姑同一晚上听到卡瓦格博峰方向传来如同放炮一样巨大声响的反映是一致的，综合上述情况证明，中日队员与大本营失联之日，正是遇到冰雪崩塌之时，17名中日队员已遭遇雪崩罹难。

　　1月22日当天，设在大本营的中日联合搜救指挥部，同意仁青平措等队员搜索取证的结论和建议，决定中止搜索行动，命令救援队员下撤。西藏救援队的队员们在万般无奈的情况下，久久凝视着风雪弥漫中的梅里雪山主峰卡瓦格博峰，深深地为那17位遭遇雪崩的中日队员难过惋惜而不愿离去，为未能找到遇难人员的遗体而感到心情沉重，但迫于大自然的不可抗力，救援队员们留下了终身的遗憾。由于沿途积雪很深，下撤行动非常困难，每隔10分钟就要换一名开路队员，救援队最终安全返回了大本营。救援队向日方移交了找到的照相机等可能是日本登山队员的遗物，日本登山队负责人眼含热泪说："中国西藏派来的搜救人员既能干又诚实，你们不顾自身安危搜救取证，我们将永远铭记在心……"西藏登山运动员在搜救、搜索中表现出来的与中日联合登山队队员患难与共的崇高的人道主义精神，受到中国登山协会领导和日本朋友的高度赞扬。日本京都大学的吉男先生深有感触地说："通过梅里雪山救援、搜索活动，我们看到贵国的社会主义制度真是好。"

　　当时，梅里雪山救援取证行动已经持续进行了20天，中日双方认为自事故发生以来，从地理环境和气候条件来看，已不存在有人生还的可能。而且梅里雪山已经进入冬季大雪季节，根据天气预报，近期尚无好转的趋势，大雪即将封山，如不适时终止搜救行动，搜救人员将会被困山中，难以撤出，甚至会有生命危险。鉴于此，经中日双方协商一致判定并宣布搜索结论：6名中方队员和11名日方队员已经在这次山难事故中遇难，为避免发生新的意外，决定停止搜救和取证工作。

　　1月25日，滞留在山上的中日全体人员撤离大本营。

　　2月1日，中日救援队员共25人返回北京，其中时任西藏救援队队长的仁青平措与史占春同机抵京。

　　就在梅里雪山山难事故紧张搜救的日日夜夜里，时任西藏自治区党委副书记巴桑等领导同志经常过问搜救情况。在西藏登山队里，人人都为搜救和失踪人员担心，天天盼望能从电视或报纸上了解梅里雪山的搜救情况。

三、第二次搜索查证

　　中日联合攀登梅里雪山发生的山难事故，造成17名登山队员失踪遇难。这一重大事件，震撼了中日两国登山界，引起了国际登山界的高度关注。为了弄清这一重大山难事故发生的确切原因，中日两国决定于第二年（1992年）春季再次组织实施联合搜索，中国登山协会要求西藏登山协会派出登山运动员参加第二次搜索查证行动。西藏自治区体委和西藏登山协会决定仍由仁青平措担任队长，带领丹真多吉、加措、阿克布、拉巴、洛则等经验丰富的队员继续参加搜索查证。

1992年4月下旬，由中日两国人员组成联合搜索调查队再次进入梅里雪山。

4月26日，搜索调查队在海拔3500米处建立搜索登山大本营。搜索调查队的任务是查明山难发生原因、寻找遗体遗物。由于该峰坐落于喜马拉雅山脉与横断山脉相交的顶点上，极易产生强烈的上升气流，从任何方向飘来一片云团，都会在此形成降雪和浓雾，梅里雪山的天气变化莫测，给搜索查证带来极大困难。

28日，西藏派出的6名搜索查证人员与日本派出的人员登达海拔3900米处。

29日，搜索调查队登达海拔4300米处。山上大雪纷纷扬扬，能见度极低，只有不绝于耳的冰雪崩塌轰鸣声振荡其间，往往是突然一声崩裂的脆响后，紧随着就是闷雷般的雪崩声传来，雷霆万钧般的巨响久久回荡，又引发更多的雪崩。雪崩和流雪夹杂着泥土和石块在洁白的山腰中铺成一片暗黄色的大扇面，一片阴森可怖的景象。在如此险恶的环境里，搜索查证队员们不顾身处危险境地，只是想着尽快查明17名中日队员遇难的原因。有人曾劝队员们说："你们再往上登，就有可能与那17名遇难队员一样长眠于此。"可是，纯朴善良的西藏登山运动员，对这种好心相劝只是表示了感谢，接着就继续攀登搜索。当登达海拔4400米处时，队员们从这里向3号营地方向望去，整个攀登路线已经被雪崩破坏，营地所在的洼地都被积雪填平，难以接近搜索。营地上方有非常明显的雪崩痕迹，由此再次确认17名中日队员是在3号营地遭遇雪崩罹难已无可置疑。这时，队员们接到大本营的呼叫，要求报告搜索查证情况。仁青平措说："前面发现了流雪现象，行动十分艰难。"仁青平措还综合大家的意见向指挥部报告了详细情况，认为再继续往上搜索已无实际意义。联合指挥部同意仁青平措等队员搜索取证的结论和建议，认为近日天气状况不利于搜索，山上冰崩、雪崩、流雪不断发生，如果继续搜索下去，难免再发生意外，随即决定停止搜索行动，终止对梅里雪山山难事故的第二次搜索查证工作，于是命令搜索查证人员立即下撤。从日本来的搜索队员牛田一成还想再向上攀登搜查，仁青平措劝说："他们遇难已成事实，我们再上难免会发生意外，还是不上为好。"日本队员同意了这一决定，撤回大本营后，牛田一成说："海拔4000米处新下的雪已积得很厚，随时可能崩塌下来。果然，我们离开后没过多长时间，那里就发生了大雪崩。要是那时我们还没下来，就再也下不来了。"搜索队在大本营时，收到云南省气象部门发来的天气预报："雨雪季节已提前开始，5月中旬也不会再有好天气。"

5月9日，中日双方共同做出了5月15日之前全部人员撤离梅里雪山大本营的决定。

中日友好梅里雪山登山队遇难的17位队员分别是：中方队员宋志义、孙维琦、李之云、王建华、林文生、斯次那里，共6位；日方队员井上治朗、佐佐木哲男、清水永信、近藤裕史、米谷佳晃、工藤俊二、宗森行生、船原尚武、广濑显、儿玉裕介、笹仓俊一，共11位。

四、西藏搜索队报告的山难结论得到证实

1998年7月18日，在山难发生将近8年后，梅里雪山当地牧民发现了遗体，证实了西藏搜索队于1992年4月29日第二次搜索查证的结论。这天，德钦县明永村的牧民桑才和同伴去明永冰川右侧高处垭口附近的牧场照看牧放的耕牛，从牧场返回途中，冰川上露出一点红色吸引他们前去查看。当他们靠近红色部位时，只见冰面上到处是衣服和睡袋，还有人的尸体，有的尸体在睡袋内，有的在睡袋外，其中有三四具尸体的全身还在，其他的缺头断腿，还有不少骨头……当时就数有10个人的遗体，能确认身份的只有5人，有些只有一只手、一条腿……。

1991年梅里雪山山难中幸存的登山队员、云南省体委干部、时任中方联络官的张俊，得到村民的报告后，立刻赶到现场。我国有关部门迅速通知日本方面，告知在梅里雪山明永冰川发现疑似1991年山难中登山队员的遗体与遗物。当年夏天，日本京都大学登山社得到中国云南的消息后，与遇难者同为京都大学登山社成员的小林尚礼报名参加了由京都大学发起成立的收容队，他和另外3人从京都来到云南昆明辗转进山，与中方人员殓葬了遇难人员的遗体遗骨等。

为什么遇难者的遗体和遗物在时隔8年后才出现并被牧民发现？原因只能是冰雪崩塌堆积物随冰川向下缓慢移动，使冰舌进入低海拔区域后不断融解，才暴露出深埋冰雪之中的中日遇难登山队员遗体和遗物。

第二节　1991年保护比利时登山者

1991年，西藏登山队运动员次仁多吉担任欧洲国家登山俱乐部的技术顾问，全力协助比利时登山队完成路线选择、建营、修路和高山物资运输等任务，指导中比双方5名队员登顶海拔8012米的希夏邦马峰。但在下撤至海拔7800米处冰陡坡时，比方队长突然跌倒滑坠，并且牵连另外一名结组队员下滑，两人急速滑向宽大的冰裂缝，眼看一场山难事故即将发生。就在这万分危急的时刻，次仁多吉果断将系有安全保护绳套的冰镐插入冰缝，并用身体压住冰镐，终于止住了那两人的滑坠，避免了一场灾难的发生。次仁多吉正确处置突发危机事件的能力，令比方队员深表感谢和钦佩，纷纷竖起大拇指称道，中国人了不起！

比利时登山队员之所以对次仁多吉冰隙止滑救援行为给予高度评价，是因为根据克雷格·康纳利著、严冬冬译的《登山手册》记载：许多最成功、最著名的登山家最终是在冰裂缝里结束了攀登生涯。例如，美国顶尖登山家马格斯·斯坦普（Mugs Stump）、曾创下珠峰最快登顶纪录和停留时间最长纪录的夏尔巴人布赤日（Babu Chhiri），都是因为坠入冰裂缝而遇难。此外，1950年登顶安纳布尔那峰，成为登顶海

拔 8000 米以上独立高峰第一人的法国登山家路易斯·拉什纳尔（Louis Lachenal），于 5 年后在高山滑雪时坠入冰裂缝遇难。意大利登山家卡萨洛托（Renato Casarotto）在乔戈里峰大本营附近坠入冰裂缝，其遗体直到 17 年后才被发现。莱茵霍尔德·梅斯纳尔（Reinhold Messner）也曾多次坠入冰裂缝，幸运的是每次都幸免于难。

第三节　1996 年救援墨西哥和意大利登山遇险者

1996 年 4 月 30 日，西藏攀登世界 14 座 8000 米以上高峰探险队，在攀登世界第八高峰——海拔 8163 米的马纳斯卢峰时，正在向上攀登的边巴扎西、仁那等队员，在海拔 6170 米处发现两名登顶失败后又下撤至 7900 米处遭遇高空风袭击、体力耗尽的墨西哥人卡洛斯·卡索里奥和他的队友，在向桑珠队长报告并征得同意后向这两位外国同行伸出援手。

多次出国的探险队员们，无论在尼泊尔还是在巴基斯坦，经常向需要帮助的外国友人伸出援手。例如，1998 年西藏探险队攀登干城章嘉峰时，在海拔 7670 米的突击营地，有位上了年纪的意大利登山者来到探险队员跟前求助，非常着急地说他的协作队员没有把帐篷和食物运上来，队员们请他进帐篷喝水吃东西，然后他说出去看一下，但刚出去就滑倒被流雪冲下山去，队员们从下面吹上来的风中听到他用英语大喊："我的朋友，我的朋友！"边巴扎西和仁那没来得及佩戴装备就迅速结组下去寻找，发现他在下方很远的地方躺着，好像已经不能动弹。当时正在降雪，山上又流雪不止，此时向上或向下行动危险都很大。但边巴扎西和仁那还是迅速回到帐篷，全身披挂起来下去救人。当两人在流雪中下到意大利人身边时，看他倒在地上，以为他受伤了，仔细询问他，好在他并没有大碍。此时踏在松软而滑动的流雪上，已经很难再向上攀登回到突击营地。于是两人决定陪护意大利人下到 3 号营地。晚上睡觉时因营地没有多余的睡袋，两人只好夹在 B 组队友的中间，身下垫上背包、身上盖羽绒服等衣物，凑合着度过了寒冷的一夜。

第二天，边巴扎西和仁那本来可以与 A 组其他队员冲击顶峰的，但现在只能和 B 组队友一起重回突击营地，在次日再向顶峰发起冲击。

这次西藏探险队员不但因救援外国人耽误了自己的攀登行程，而且在冲击顶峰时还遭遇落差达上千米的巨大雪崩，幸好雪崩发生在队员身后，未造成人员伤亡。但队员们从不后悔，每逢遇到求援都毫不迟疑地伸出援手，这样的事例不胜枚举。

第四节　1999 年救援乌克兰和韩国登山遇险者

1999 年春季，正在攀登珠峰采集第六届全国少数民族传统体育运动会"圣火"的西藏登山队员，紧急救援乌克兰登山者。

5月14日上午，3名乌克兰人在登顶后下撤途中天气突变、风雪交加，能见度极低，只有一人返回突击营地，另一人滑坠身亡，还有一人的四肢和面部、耳朵等部位严重冻伤，已不能行走，停留在海拔8600米处。大本营得知情况后，立即派出开尊、小齐米、拉巴、扎西次仁冒着狂风暴雪紧急向上攀登救援，把冻伤和在突击营地的乌克兰人安全接回到海拔6500米的前进营地，受到当时攀登珠峰各国登山队的赞扬。

1999年10月16—19日，一支韩国登山队在珠峰东坡被一场突如其来的暴风雪所困，万般无奈的情况下发出求救信号。西藏自治区体委和西藏登山协会指派时任西藏登山运动管理中心副主任仁青平措带队，和17名救援队员与翻译阿旺乘坐穷达吉驾驶的车辆，迅速赶到数百公里外的定日县曲当乡卡达普村施救，在村里雇佣10名民工赶着21头牦牛驮运救援物资。

10月23日出发后，大家在齐腰深的积雪中奋力向上攀登，救援队员们在连牦牛都因雪深路险不愿前行的恶劣环境中，每人背负15公斤以上的物资，冒着生命危险，终于在31日下午赶到韩国登山队的营地，29名救援人员与受困十多天的韩国登山队会合，给他们送上急需的食物、燃料、药品等物资，并把韩国登山队员安全接应下山，令韩国登山队员们感激万分，连声道谢。韩国驻中国大使馆特意对中国西藏自治区体委和西藏登山协会救助韩国登山队表示衷心感谢。

第五节　2000、2002、2005年搜救玉珠峰、希夏邦马峰、卓奥友峰登山罹难者

一、2000年春季搜索玉珠峰山难人员

位于青海省格尔木市境内的玉珠峰是昆仑山中端最高峰，海拔6178.6米，长年白雪皑皑，但坡度较缓。大本营距离格尔木仅180公里，其中150公里为标准的柏油公路。无论从交通运输，还是当地的气候、地形条件来看，玉珠峰都被公认为登山爱好者最佳的训练基地。但就是这座在行家眼里攀登难度很小的山峰，却酿成了令人震惊的事故。

2000年春季，北京绿野仙踪队登山队、北大天美登山队、北京K2登山队和广州绿野户外探险队，4支业余登山队伍挑战青海省玉珠峰。其中北京的一支登山队伍登顶成功，另一支登山队伍中途安全撤离。

5月6日，广东绿野户外休闲探险登山队在登山时突然发生一人死亡，两人失踪的悲剧。

5月10日，北京K2登山队遇险，其中一人死亡、一人失踪、一人被冻伤。

5月13日，青海省格尔木市组织公安、武警和驻军部队20余人前往玉珠峰营救。

因气候、队员素质和登山经验不足等其他因素，救援小组于15日被迫撤离格尔木。此次营救失败。期间，新疆的一支业余登山队也进入玉珠峰。两名队员因病撤回，但两名队员仍滞留在玉珠峰活动。

5月18日，国家登山协会做出了《终止玉珠峰攀登活动》《组队继续搜寻失踪人员》两项决定。

5月19日，青海省体育局牵头，成立了玉珠峰搜寻工作领导小组，由国家登山队队长王勇峰担任组长兼搜寻总指挥。西藏登山协会根据中国登山协会的要求，立即派出西藏登山队队员旺堆等6人，与青海登山协会、深圳、重庆、大连、新疆的救援人员组成共15人的搜寻小组。

5月20日，搜寻小组在玉珠峰海拔5000米处建立大本营。

5月21日，搜寻小组前往1号营地进行全方位的拉网式搜寻。第一路由来自大连的刘福勇、西藏队旺堆等人组成，从西南坡从下往上搜寻；第二路由国家队教练马新祥等四人组成，由东南坡从下往上搜寻，新疆赛龙登山探险队志愿者协助工作小组工作。

5月21日晚上10点，15人搜寻小组经过一天的艰苦搜寻，终于在玉珠峰找到了在5月6日、5月10日两次山难中失踪的北京、广东两个业余登山队的3名失踪人员的遗体。至此已证明：在"五一"期间攀登玉珠峰时，有5名业余登山队员遇难身亡。他们是广东绿野户外休闲探险队员王涛、邝君咏（女）、周虹俊；北京K2登山队队员任玉昆、王海亮。另据王涛遗物中发现的录像带表明，王涛和邝君咏（女）在事发前已证实登顶成功。

5月22日，5位登山勇士的遗体，根据其亲属的意见分别在玉珠峰海拔5350米、5750米和5000米处就地掩埋。至此确认，此次玉珠峰两起山难中，共有5人死亡，1人严重冻伤。

二、2002年搜索北京大学山鹰社登山队员

2002年7月13日，北京大学山鹰社登山队一行15人出征希夏邦马西峰；7月22日，登山队到达海拔5400米的希夏邦马大本营。从7月24日起，直至8月1日，这段时间没有下雪，天气一直不错。队员们先后在海拔5800米、6100米、6600米的高度，建立了3个高山营地，并做好了物资准备，打算争取在8月9日、10日冲顶。

8月7日，登山队A组5名成员离开3号营地，向顶峰冲击，从晚上7点钟开始，与其他队员失去联系，当晚没有下山；9日，队员李兰同队长刘炎林联系上，并报告了情况。他们当即决定剩下的队员尽快撤离到安全地带，队长刘炎林组织力量进行搜救，在海拔6700米的地方发现雪崩痕迹，同时发现两名同学的遗体；8月11日，队员岳斌和李兰赶赴拉萨求援。

得知情况后，西藏自治区体育局派出西藏登山队队员和西藏登山向导学校学员组成的救援队，连夜赶赴现场搜救。8月19日上午8时30分，搜救队员上到6700米左右事发现场，找到3具遗体，并推测其他两具遗体在较深的雪层中，至此断定，北大山鹰社遭遇雪崩的五位登山队员全部遇难。

三、2005年搜寻斯洛伐克登山遇难者

2005年5月12日，西藏登山协会接到卓奥友峰登山大本营联络官报告：据刚从前进营地返回大本营的斯洛伐克登山队队长报告说，该队队员5月11日14点左右攀登到海拔6900米的2号营地时，发现先期登达此处的队友斯达曲·鲁布斯倒在攀登路线上，经检查发现已经死亡。

据了解，鲁布斯是一名职员，生于1966年4月3日。该队于4月10日从樟木口岸入境，原计划5月24日出境。他们原定攀登希夏邦马峰，但由于该队没有随队高山协作人员，攀登难度较大，因此入境后要求更换山峰，经同意后改登卓奥友峰。

5月22日，西藏登山向导学校的学员，奉命前往卓奥友峰搜寻斯洛伐克登山遇难者。因为这是该校学员第一次单独执行此类任务，经验不足，加上山区持续7天的降雪，给搜寻遇难者造成了极大困难。但学员们以高度负责的精神，把搜寻任务当成高山救援课程实习的难得机会，克服困难，最终找到了遇难者遗体，完成了任务。

第六节 2002、2004年寻找美国空军"驼峰航线"坠机残骸

"驼峰航线"是"二战"期间三条著名国际航线中（另两条为阿拉斯加航线、北大西洋航线）最具危险性的一条，也是世界战争空运史上持续时间最长、条件最艰苦、付出代价最大的空运航线，为中国抗战物资运送提供了强大的支持。在这条航线上，美国空军共损失飞机563架，牺牲和失踪的人员达1579人。因为该区域气温较低甚至冰雪终年不化，所以虽然过去了几十年，很多遗骸依然保存良好。中国这些年在陆陆续续搜寻遗骸，然后以国防部的名义交给美国国防部，送英雄回家。

2002年，中美联合勘察西藏自治区林芝地区米林县朗贡村和丹娘乡"二战"期间"驼峰航线"美失事飞机残骸现场。勘察工作历时一个多月，勘察队员共找到112块失事飞行员的遗骨和部分遗物并将其移交美方。

2004年，中美再次联合对在西藏波密县及米林县丹娘乡境内发现的"二战"期间美国空军失事飞机残骸现场进行实地勘察，寻找到美军失踪人员的遗骸和遗物。

2004年7月27日至9月28日，西藏自治区体育局根据外交部和自治区外事办公室的通知要求，派出西藏登山队的丹真多吉、加拉等登山运动员，配合外交部和自治

区外事办公室,在林芝波密县及米林县丹娘乡区域,协助专程前来西藏的14名美国海军陆战队员,寻找第二次世界大战"驼峰航线"美军坠毁飞机残骸和飞行员遗骸遗物。

西藏登山队派出的优秀登山运动员,充分发挥吃苦耐劳精神和登山技能装备优势,在人迹罕至的区域,每天翻山越岭、大面积仔细搜寻,终于找到坠毁飞机残骸和飞行员遗骸遗物,交由美国海军陆战队员把飞行员遗骸和遗物装殓运回美国。

丹真多吉和加拉2人,因在中美联合勘察美机残骸工作中表现突出,被西藏自治区美机残骸勘察工作办公室和自治区外事办公室,评为"2004年中美联合勘察美机残骸工作先进个人",受到表彰奖励并被授予证书。

第七节　2002年至今协助高校登山社团攀登雪山

2002年,北京大学山鹰社攀登希夏邦马峰西峰的5名学生遇难这一事故发生后,根据国家体育总局要求,为保障经过西藏登山协会批准的大学生登山社团登山活动安全,西藏自治区体育局指示西藏登山队和西藏登山综合培训中心(西藏登山向导学校)对来藏登山的大学生团队提供全面帮助:

一是派出经验丰富的登山教练和登山向导,在对大学生登山社团成员进行培训后,再跟随指导社团成员从事登山行动;

二是提供登山器材装备,鉴于大学生登山社团的经费有限,便免费为其提供登山技术装备;

三是互帮互助,西藏登山大会组委会邀请曾担任过北京大学登山社团山鹰社社长、深圳业余登山队队长,并多次来藏参加登山活动的资深山友曹峻担任教练员,以提高登山大会的培训水平,受到广大山友的欢迎与好评。

随着国家经济社会快速发展,高校登山社团来藏开展登山探险活动日益频繁。仅以2006年为例,就有如下几次攀登活动:7月,中国人民大学登山队聘请西藏登山队的加拉为教练员,登顶格拉丹东峰;8月,厦门大学登山队聘请西藏登山队的加布为教练员,攀登念青唐古拉中央峰;8月,北京冰湖高山俱乐部登山队聘请西藏登山队的旺加、扎西次仁、多布杰、索朗顿珠为教练员,登顶启孜峰;9月,中国台湾攀登卓奥友峰大学生登山队聘请西藏登山队的加布、拉巴、多布杰、索朗顿珠为教练员,全员登顶。

西藏登山向导学校每年都接待其他省市高校登山社团来藏攀登雪山,在多年接待大学生的登山活动中双方结下诚挚友谊,每逢举行庆典活动高校登山社团都派出代表参加。

西藏自治区体育局在长期帮助高校登山社团开展登山活动中,从未发生过事故,受到国家体育总局和教育部的高度赞扬。

第八节　2007—2020年对南极科考队员进行高原选拔性训练

2007年6月，国家海洋局极地办公室与西藏自治区体育局签订了《中国南极内陆考察队高原训练协议》。从当年开始，由西藏登山队和西藏登山综合培训中心（西藏登山向导学校）选派教练员，在羊八井高山训练基地对南极科学考察队员进行每期15天的选拔性训练，到2020年共训练13批、421人（次）。其中，2007年17人，2008年38人，2009年28人，2010年24人，2011年44人，2012年41人，2013年没有来藏训练，2014年35人，2015年42人，2016年18人，2017年43人，2018年46人，2019年18人，2020年27人。向南极科考带队负责人提出符合条件人员的建议名单。此后，选拔出的队员顺利完成了对南极的科学考察和建站任务，受到国家海洋局领导同志的称赞。

一、训练选拔情况

西藏自治区体育局高度重视此项工作，召开专题办公会议研究布置接待和训练选拔工作。西藏登山队和西藏登山综合培训中心（西藏登山向导学校）充分准备，热情接待，高标准完成训练选拔科考队员的任务。从登山队干部到火车站或机场迎接、在登山队招待所和羊八井高山训练基地安排好食宿，到训练计划制订、教练员和后勤保障人员选派等，西藏登山队和西藏登山综合培训中心（西藏登山向导学校）都做出周密安排，并及时检查和发现、解决存在的问题。

西藏登山队和西藏登山综合培训中心（西藏登山向导学校）派出有丰富经验的队员担任教练员，对科考队员进行了卓有成效的高原适应性、冰雪环境救援和自救以及体能训练。其中，重点对科考队员进行了高海拔适应训练、冰雪裂隙脱险、野外宿营、攀登雪山技术、GPS导航、上升器、下降器和冰爪等登山器械操作要领等课目训练。通过高原训练，增强了科考队员在高海拔区域和冰雪环境中的适应和生存能力，为中国长期在南极开展科学考察和成功建设南极内陆的泰山站、昆仑站（冰穹A海拔4093米）等站点，训练选拔了一批在高海拔区域和冰雪环境适应生存能力强的队员。

国家海洋局和西藏自治区领导同志，高度重视中国南极内陆科考队员在高原的选拔性训练工作，2008年8月2日，时任自治区党委副书记、自治区常务副主席郝鹏和副主席多托，在拉萨会见了时任国家海洋局副局长陈连增率领的赴藏考察组一行和西藏登山队教练组代表。

二、国家海洋局极地办公室发函

国家海洋局极地考察办公室为了说明南极科考队员进藏进行高原选拔性训练的重

大意义，专门给西藏自治区体育局发函。

西藏自治区体育局：

  极地是南极地区和北极地区的统称。南极大陆是目前世界上唯一没有明确主权归属的大陆。在面积1400万平方公里的南极大陆，不仅储存了地球表面近72%的淡水资源，而且蕴藏着丰富的能源、矿产和生物资源，更保存有大量珍贵的成千上万年地球环境的历史记录。极地的气候、环境、生态变化与地球气候、环境、生态变化间的相互作用与影响，极地资源的可持续开发利用，极地区域内国家权益的争取与维护等众多问题，是世界各国普遍关注的热点。这些问题对各国的政治、经济、科学、军事、外交、文化和国家发展规划等方面产生了极为重要的影响。

  我国的极地考察事业起步于20世纪80年代初，经过二十余年的发展，已形成"一船三站"（即雪龙船、南极长城站、南极中山站和北极黄河站）的南、北极考察基础能力。在今后一段时间，我国的极地考察工作将围绕落实国务院批准的"十五"能力建设项目，实施国际极地年中国行政计划展开。其中，经国务院批准，我国拟定于2009年初在南极内陆冰穹A地区建立内陆科学考察站。冰穹A全部为冰雪所覆盖，被称为"人类不可接近之极"，该地区海拔高程4093米，已观测到最低温度为$-82.3℃$，夏季最高温度$-35℃$，气压在590~550百帕之间，自然条件非常恶劣，但该地区的科学和政治意义都十分显著。目前，我办正组织各方面力量编制南极内陆考察站建设初步设计方案。为选择南极内陆考察队员国内高原培训地点，我办曾组团于2007年6月16—25日赴西藏地区进行了实地考察与调研，受到自治区政府领导的高度重视和贵局的热情接待。

  经考察，贵局所属的羊八井登山训练基地，海拔4000多米，设有教室、宿舍和食堂等基本设施，距离拉萨100公里，交通便利。基地周边有数座海拔六七千米的山峰，适合进行高原训练。去年8月，我国第25次南极内陆考察队员曾在此进行了选拔和训练。

  为做好南极内陆考察队员高原选拔性训练工作，我办拟与贵局协商合作，于每年七月下旬，在羊八井训练基地接待我方40余名南极内陆预选队员训练与生活，为期两周。

  为此，我办拟与贵局进一步协调，安排队员在今年七月下旬或八月上旬赴高原训练，组团拜访贵局，双方签署合作协议。

  期望合作顺利成功！

国家海洋局极地考察办公室
2007年5月30日

第九节 2010年救助西班牙登山遇险人员

2010年5月25日，西藏登山队接到国家体育总局登山运动管理中心和自治区体育局领导指示，紧急救援两名攀登珠峰时遇险的西班牙登山人员。

由队长尼玛次仁带领救援队，乘车连夜从拉萨赶到珠峰大本营并迅速向上攀登施救。

随后的几天里，救援队分别在海拔7900米、8000米处找到两名已体力透支、奄奄一息的遇险者。通过吸氧、喂食等紧急救治，救援队员安全将这两名遇险者下送到大本营。

西班牙政府为此两人获救专门给我国外交部发来感谢电。

第十节 2014年赴缅甸搜救登山失踪人员

2014年9月中旬，中国几名户外爱好者在缅甸境内登山时失踪。根据西藏自治区政府指示，西藏自治区体育局立即组织人员赴缅甸救援。

西藏自治区登山（高山救援）队派出开尊、多吉、罗布桑培三名经验丰富的登山运动员赴缅甸施救。这几位户外运动爱好者是在登顶后失踪的，救援队根据当地地形、天气等情况，在保障自身安全的前提下进入高海拔区域搜救，还积极寻找机会登顶搜寻。

缅甸政府为保证中方救援人员在天气变化前安全撤离，规定无论搜救结果如何，整个搜救行动都必须在10月12日宣布结束，也就是距中国接到缅甸协助搜救后请求1个月的时间点，西藏高山救援队员只好在规定时间内撤离。

第十一节 2014年举办大中小学生登山夏令营

为了提高自治区内外在校学生的身体素质，锻炼其坚强的意志品质，西藏自治区体育局发起大学生夏令营活动。

（一）羊八井高山训练基地大学生登山夏令营开营

2014年暑假期间，为了响应国家全民健身的号召，推广、普及登山运动知识，促进群众登山健身活动发展，于7月17日至8月10日，由西藏自治区体育局主办了羊八井高山训练基地大学生登山夏令营活动，承办单位是西藏登山队和西藏登山向导学校。

参加活动的大学生分成A、B两组登山：A组于7月17日开始、24日结束；B组于8月3日开始、10日结束。

A组由来自北京工业大学的11名大学生组成,其中男生6名、女生5名。A组队员于7月18日抵达羊八井高山训练基地,首先接受登山常识和技能培训。然后在教练员的帮助和同学们的努力下,22日7时30分,A组的6名同学成功登顶启孜峰。23日,所有学生安全返回基地,24日离开拉萨。至此,参加羊八井高山训练基地大学生登山夏令营的第一批学生的登山活动圆满结束。

B组由来自香港大学、人民大学、北京航空航天大学的30名大学生组成,按照与A组相同的程序,进行了培训和攀登活动。在部分大学生登顶成功后B组队员安全返回基地,尔后离开拉萨平安回到各自家中。

此次活动的成功举办,不仅通过培训和实地攀登普及了登山运动知识,锻炼了参加活动大学生的意志品质,还规范了登山活动的组织和实施程序,传授了登山探险经验,从而降低了大学生社团单独开展登山活动的安全风险。这也是对高校社团登山活动实行专业化接待服务模式做出的有益探索,是对大学生参加高危体育项目活动模式的创新,将推动各高校组织开展登山活动的安全健康发展。(因收集资料有限,仅能记述本次夏令营活动。)

(二)第二届青少年户外运动夏令营开营

2014年7月29日,由西藏自治区体育局主办的第二届西藏青少年登山夏令营在羊八井高山训练基地举行开营仪式。这是截至2014年全国举行的海拔最高的青少年夏令营活动。

参加夏令营的共有来自拉萨北京中学的60名学生,时间为3天。活动内容包括野外露营、攀岩、山地骑行、游泳、才艺表演、拓展项目等,西藏登山队和西藏登山向导学校的教练员与教师,讲授了登山户外运动基础性常识,开展了设定项目的练习体验,学生们参观了珠峰登山博物馆。通过夏令营生活,学生们普遍表示扩大了知识面,增长了见识,学会了吃苦耐劳。

为确保参加夏令营活动人员的安全,并保障活动按计划顺利开展,西藏登山队和西藏登山向导学校选派了7名经验丰富的登山运动员和教师,担任夏令营营长、教练员,还派出多名高山协作等后勤保障人员,全方位保障夏令营活动的顺利进行。

此次活动旨在让学生磨炼意志、锻炼身体,同时增长野外生存知识,提高对环境的适应能力。

第十二节　2015年在抗震救灾中救援外国登山人员

2015年发生的"4·25"尼泊尔8.1级强震,导致喜马拉雅山脉多处发生雪崩,将正在中国一侧攀登珠峰、希夏邦马峰、卓奥友峰的来自32个国家的470名（包括207名尼泊尔籍夏尔巴高山协作人员）外国登山人员困在登山途中，情况危急。西藏自治区党委、政府以国际人道主义精神，高度重视、迅速行动，指示自治区体育局积极做好外国登山人员紧急撤离、安置等救援工作。西藏登山（高山救援）队和西藏圣山登山探险服务有限公司积极开展国际人道主义救援行动。经过努力救援，所有外国登山人员都得到了妥善安置，无一人伤亡。

一、迅即行动保安全

"4·25"尼泊尔地震发生后第一时间，按照时任西藏自治区党委书记陈全国的要求，自治区有关部门迅速安排、立即启动应急预案，由时任自治区党委副书记、自治区常务副主席、区党委政法委书记邓小刚，自治区副主席甲热·洛桑丹增具体负责，协调自治区体育局迅即与大本营取得联系，指令马上暂停一切登山活动，组织人员撤至安全地带安置，积极做好服务保障工作，确保无人员伤亡和财产损失。

鉴于山区余震不断，雪崩等自然灾害频繁发生，如果继续登山风险较大，为确保登山人员安全，根据登山、地震、气象等方面专家的风险评估意见，2015年4月28日，自治区党委、政府果断作出中止今春登山活动的决定。

经自治区体育局登山应急处理前方指挥部工作人员辗转山区看望慰问登山人员，多次召开国际登山协调会议，在解释说明地震后登山存在的巨大风险，并耐心沟通劝导后，外国登山人员予以理解，自愿放弃此次登山活动。

二、不惜损失为客户

中国登山协会、西藏登山协会从全区抗震救灾工作大局出发，不顾地震给自身造成的经济损失，对外国登山人员给予特殊优惠：准许使登山许可证延期三年；对珠峰登山人员每人返还500美元、希夏邦马峰和卓奥友峰登山人员每人返还300美元；山区转移安置期间所需车辆和燃料由西藏登山协会免费提供；从山区到拉萨的交通和食宿费由中国登山协会和西藏登山协会共同承担；撤团时的牦牛费用由中国登山协会、西藏登山协会和组团商各承担一半。通过实施这些优惠措施，切实维护了外国登山人员的利益。

三、通力配合反应快

因地震造成樟木通往尼泊尔的道路严重损毁，由樟木口岸出境的外国登山人员无法按原定路线出境，须改经拉萨乘飞机离藏。在自治区抗震救灾指挥部的统筹协调下，西藏公安边防总队、公安厅、安全厅、外侨办、拉萨海关、出入境检验检疫局和民航西藏管理局等有关部门密切配合、通力协作，特事特办、要事快办。

自治区体育局全力周到地做好服务和保障等工作,及时有效地解决了外国登山人员离藏涉及的车辆调度、通行保障、食宿安排、签证改签、购买机票、中转协调等一系列问题和遇到的困难,受到外国登山人员普遍称赞。

四、免费乘机传佳话

鉴于尼泊尔受灾严重,而且从事高山协作的尼泊尔籍夏尔巴人经济收入水平较低,加之其因此次登山活动中止而无法得到协作服务酬金,出于国际人道主义和中尼睦邻友好的考虑,自治区党委、政府研究决定,由中方集中统一安排尼方夏尔巴高山协作人员由拉萨乘中国航班飞机返回尼泊尔,相关费用由中方承担。得知中方决定后,尼泊尔籍夏尔巴高山协作人员非常高兴,激动地说:"感谢中国政府,感谢中国人民!中国政府对我们的援助和关怀,体现了中尼两国人民的深厚友谊,体现了中国的国际人道主义精神,展现了大国风范。"

5月10—11日,124名尼泊尔籍夏尔巴高山协作人员集中乘机离开拉萨返回家乡,西藏的外国登山人员救援安置和安全离藏工作全部结束。

2015年恰逢中尼建交60周年,也是中尼联合攀登并命名"中尼友谊峰"10周年。在铭记此次地震灾难和中尼两国人民真挚友情的同时,两国将以丰富的登山资源为平台,进一步加强喜马拉雅山脉两侧的登山交流与合作,共同推动登山事业发展,增进两国人民友谊。

第十三节　2018年搜救保加利亚登山失联者博扬·彼得罗夫

2018年5月7日,西藏登山协会收到保加利亚驻中国大使馆照会传真,要求派出直升机在空中搜救该国攀登希夏邦马峰时失踪的登山家博扬·彼得罗夫。自其失联之时起,西藏圣山登山探险公司救援队就一直在希夏邦马峰进行搜救。

5月7—18日,西藏自治区体育局根据保加利亚驻中国大使馆和彼得罗夫所在的希夏邦马峰国际登山队及彼得罗夫家属的请求,遵照中央领导同志的批示要求,又组成由局长尼玛次仁率领的14人西藏高山救援队,继续进行大规模搜救。但是,从前进营地向上攀登搜寻直至顶峰(海拔8201米),仍然没有发现其行踪。同时,搜救队经过多方联系协调,调集3架直升机参与空中搜救,仍然没有发现彼得罗夫的任何踪迹。当时的陆地搜寻救援情况如下。

一、搜救队成员

搜救总指挥：

尼玛次仁　西藏自治区体育局局长

搜救队队长：

阿旺扎西　西藏登山（高山救援）队副队长

搜救队副队长：

索朗旺青　西藏圣山登山探险公司副总经理

山峰分析专家：

洛　　则　西藏登山（高山救援）队高级教练

搜救队队员：

德庆欧珠　西藏登山（高山救援）队培训科副科长

罗布占堆　西藏登山（高山救援）队运动队副队长

普巴赤列　西藏登山（高山救援）队运动员

索　　朗　西藏登山（高山救援）队运动员

罗布桑培　西藏登山（高山救援）队运动员

丹　　增　西藏圣山登山探险公司登山向导

旺　　堆　西藏圣山登山探险公司登山向导

次仁顿珠　西藏圣山登山探险公司登山向导

次　　旺　西藏圣山登山探险公司登山向导

云丹伦珠　西藏圣山登山探险公司登山向导

二、搜救详细情况

从彼得罗夫队友口中得知，因为天气状况恶化，其他队员于4月29日开始下撤，但他决定单独尝试登顶。彼得罗夫最后一次被他的意大利籍队友从望远镜中观察到是在3号营地（海拔7300米）附近，当时他正在独自尝试突击顶峰，没携带对讲机和氧气瓶，身上也没有系任何保护绳索。几分钟后，因云雾遮挡，彼得罗夫便在队友视线中永远消失。

5月7日（星期一）上午，救援队根据希夏邦马峰国际登山队和彼得罗夫家属请求进行搜救。西藏圣山登山探险公司立从彼得罗夫失踪后，就组织5名经验丰富的登山向导开展搜救。由于天气原因，搜救队员只攀登到海拔6100米附近的冰川，对冰裂缝区域进行了仔细搜索，但最终未发现任何踪迹。

5月9日19时，西藏自治区登山（高山救援）队接到搜救彼得罗夫的指示，由阿旺扎西副队长带领搜救队连夜赶赴希夏邦马峰大本营（5360米）。

5月10日11时，搜救队到达希夏邦马峰大本营并向西藏登山运动管理中心驻希夏邦马峰联络官进一步了解情况、整理装备后，13时开始向上攀登搜救。经过6个小时攀登，于19时抵达海拔5620米处的前进营地。阿旺扎西和索朗旺青向仍在前进营地的部分国际希夏邦马峰登山队领队，详细了解失联者攀登前后的情况，并通过卫星电话向搜救总指挥尼玛次仁局长汇报掌握的失联者的全部情况，并根据尼玛次仁局长指示，补充完善搜救方案。

5月11日9时30分，由8人组成的搜救队从前进营地向上攀登，主要搜索6330米处的1号营地附近冰川上的冰裂缝区域。希夏邦马峰国际登山队部分成员跟随向上攀登搜寻失联者。经过8小时仔细搜索未获得任何线索。当晚，搜救队在1号营地宿营。

5月12日，根据搜救总指挥尼玛次仁局长指示，搜救队分成两组队伍，分工、分区域继续攀登进行全面细致、无死角搜索。搜救1组由西藏圣山登山探险公司的登山向导组成，任务是从1号营地跨营登达海拔7300米处的3号营地，搜寻2至3号营地之间的冰裂缝、山沟以及3号营地周围的山峰。搜救2组由西藏登山（高山救援）队运动员组成，任务是从1号营地攀登至海拔6880米处的2号营地，搜寻这段路线上的冰裂缝以及周围山峰。

当天两组队员搜索时间长达十余个小时。期间，搜救1组在3号营地发现失联者留下的一些物品，有胰岛素、一些能量胶、医疗器械和一件T恤。搜救队将这些物品完好保存带下山来，经国际登山队队友确认，这些物品属失联者。

5月13日，搜救1组从3号营地攀登至顶峰，途中仔细搜寻3号营地至顶峰路线上的山脊、冰裂缝及周围的任何可疑点。搜救2组从2号营地攀登至3号营地，途中仔细搜寻营地周边、雪坡沟槽和周围山峰，不放过任何疑点。但是，两组人员再未找到任何新的线索。当晚，搜救队把搜寻情况向搜救总指挥尼玛次仁局长作了详细汇报。

5月14日，1组人员再次向顶峰攀登，试图尽最大努力搜寻到失联者。2组人员对3号营地周围进行再搜寻、再瞭望观察。两组人员不顾个人安危，使用望远镜等一切能够借助的辅助工具进行全面细致的搜寻查看，做到地毯式、无死角搜寻，可惜还是没有发现失联者的任何踪迹。

5月14日当天，天气状况极度恶化，给搜救工作带来诸多不利。根据搜救总指挥和西藏登山协会的指示，为确保搜救队员和希夏邦马峰国际登山队员人身安全，避免发生第二次山难事故，搜救队伍引导国际登山队员连夜撤回前进营地，于次日凌晨2时全部安全撤到目的地。

5月15日，搜救队返回大本营，向搜救总指挥尼玛次仁局长汇报整个搜救过程。尼玛次仁局长指示，务必将失联者留在前进营地的物品当面与国际登山队领队和彼得罗夫的队友进行逐件登记成册，以便向保加利亚驻中国大使馆移交。

5月16日，搜救总指挥尼玛次仁局长，在大本营会晤专程赶来的失联者教练和保加利亚搜救专家。

5月17日，搜救队离开希夏邦马峰登山大本营启程返回。

5月18日，搜救队到达拉萨。

5月21日，遵照上级指示，阿旺扎西副队长按照搜救队与希夏邦马峰国际登山队当面清点登记的遗物清单，把彼得罗夫的全部遗物完好带到北京，移交给保加利亚驻中国大使馆。

三、搜救结论

西藏自治区体育局从西藏高山救援队和西藏圣山登山探险服务有限公司抽调精兵强将，专门组成的希夏邦马峰国际登山队失踪人员搜救队，实施的整个搜救过程长达10天。搜救队员在高寒缺氧的高山环境里，竭尽全力搜寻彼得罗夫的下落，采取一切能够采取的措施，以地毯式搜寻方式，做到了搜救无死角，对一些不可接近的疑点都借助望远镜进行仔细观察搜寻。最终，除在3号营地找到失踪者的遗物外，再没有发现其他任何踪迹。

搜救队员凭借经验分析研判：彼得罗夫在登山过程中掉进冰裂缝的可能性很大，也不排除其滑坠后被大雪掩埋的可能性。

第十四节　2018年搜救韩国登山遇难者朴信泳

2018年5月22—28日，根据上级指示，西藏登山（高山救援）队，对攀登卓奥友峰遇难的韩国登山爱好者朴信泳实施搜救。

根据上级指示和遇难者家属的要求，西藏登山（高山救援）队克服困难把遇难者遗体从海拔7400米处下送到登山大本营，然后运送至聂拉木县樟木口岸，把朴信泳遗体交给接待登山客户的尼泊尔方面和韩国登山遇难者的家属。

西藏登山（高山救援）队搜寻并运送遇难者遗体下山的行动，受到了上级领导及遇难者家属的高度赞赏。

第十五节　2018年救援未向管理部门申报登山遇险人员

2018年10月10日17时，西藏登山（高山救援）队接到日喀则市江孜县热龙乡派出所请求救援私登宁金抗沙峰遇险人员的电话，队领导立即边向上级报告，边带队携带救援装备器材乘车前往施救。

（一）搜救过程

10月11日深夜零时50分，救援队员抵达热龙乡向下山求救的私登人员了解情况，得知彭××、孔××、刘×、丁××和遇难者王××（女性），未向西藏登山协会申报批准，就违规相约私自来到宁金抗沙峰登山，在攀登中发生滑坠事故，致使王××下落不明，另一人前来救援又被困在冰川中。

10月11日凌晨4时，当救援队员登达海拔5900米处时，隐约看到冰川上有帐篷和下方200多米冰川凹处有疑似王××的遗体，并发现了被困者的身影。

10月11日10时，援救队员从帐篷处往下修路，拉着绳索下去查看，看到王××面部朝下、身体蜷缩，头部有大量血迹，疑似滑坠中遭受严重撞击，已无生命迹象，冰川雪地上也有血迹。同时，援救队员也成功救出了那名被困者。由于此处地形复杂、冰坡较陡，又降雪不久、积雪滑动，如果用绳索拖曳帐篷包裹的遗体下山，救援人员在下撤途中就可能遭遇滑坠、雪崩等危险，因此无法将遗体运下山。根据登山行业的惯例，救援队员对遗体拍照取证后用帐篷包裹遗体留在原处。

10月11日13时，救援队员护送救出的被困者离开事发地点下山。

（二）搬运遗体

10月22日凌晨5时，应遇难者家属请求，西藏圣山登山探险服务有限公司的高山救援队派出20名队员和4名后勤保障人员，共24人乘车从拉萨出发，前去搬运王××遗体下山。

10月22日9时30分，救援队员登达海拔5800米左右的遗体所在处。

10月22日14时40分，救援队员把遗体搬运下送至公路旁，移交给等候的王××亲属。

西藏登山协会一再呼吁和提醒广大登山运动爱好者，必须通过正规途径申报取得许可后方可登山。登山管理部门和登山探险公司将派出专业登山向导、高山协作带领指导攀登。私自登山存在极大安全隐患，是对自身、家庭和朋友极不负责的行为。

第十六节　2020年救援违规攀登卓木拉日康峰失联者

2020年10月8日，7名登山者在未向登山管理部门报备、未获得登山许可的情况下，私自攀登海拔7034米的卓木拉日康峰，3人于途中失联，后在当地警方、蓝天救援队和西藏登山救援力量的努力下安全返回。

当日，有4名登山者向山峰所在地日喀则市康马县报告3名同伴失联后，当地立即组织公安等部门上山救援，并向西藏自治区体育局通报情况请求救援，西藏自治区体育局协调西藏高山救援队和西藏圣山登山探险服务有限公司组织救援力量、携带专业装备前往事发地点，并于该山峰雪线处将全部登山者接下山来。

根据《西藏自治区登山条例》，国内外登山者在西藏海拔 5500 米以上相对独立山峰进行攀登、攀岩、滑雪、滑翔等探险活动时，必须向自治区人民政府体育行政主管部门申报，申报内容包括人员、登山线路、行动计划等信息。违规登山者普遍存在登山知识和技能缺乏、对山峰情况不熟悉、登山装备简陋、没有专业登山向导与协作引导等问题，极易发生安全事故。广大登山爱好者要严格按照相关规定，到登山管理部门申请，办理相关手续，以便登山管理部门掌握登山者的行踪，遇到危险时及时施援。所有登山爱好者要在专业登山向导和协作人员的服务保障下，依法依规、安全有序开展登山活动。

第四章

西藏登山纪念庆祝活动

成立60年来,西藏登山队从最初主要参与国家联合登山队的活动到单独组队攀登世界高峰,从主要攀登国内山峰到走出国门与国际同行竞技,从主要承担国家登山任务的专业登山到带动国内山友开展业余登山,走过了一段充满艰辛与挑战、曲折与成功、泪水与荣耀的发展历程,先后完成了所有国家的重大登山任务,涌现了多位登山英雄,凝聚形成了"西藏登山精神",培养了众多国际级和国家级登山运动健将与200多名登山向导、高山协作、高山救援人员。历次西藏登山纪念庆祝活动,是对几十年风雨历程的梳理与回顾,同时,也充分向外界展示了西藏登山的伟大成就,以及西藏登山精神的由来和风范。

第一节　2000年庆祝西藏登山队成立40周年

2000年11月8日，西藏自治区体育局隆重举行庆祝大会，庆祝西藏自治区登山队成立40周年。

西藏自治区党委书记郭金龙，自治区常务副书记、自治区人大常委会主任热地，自治区党委常务副书记、自治区主席列确，自治区人大常委会副主任江措，自治区副主席尼玛次仁，自治区政协副主席拉敏·索朗伦珠出席庆祝大会。西藏自治区党委办公厅、自治区政府办公厅、西藏军区司令部、西藏边防局、自治区体育局、区党委宣传部、共青团西藏自治区委、自治区外办等部门的负责人陈国平、王亚蔺、孙德宇、土登多吉、西珠朗杰、姬嘉、肖志刚、马如龙、阿旺、索朗也出席了庆祝大会。

还有中国登山协会常务副主席李致新，西藏登山营原营长张俊岩，第一位从北坡登顶珠峰的女性、藏族女登山家潘多，中国登山队原副政委邓嘉善，西藏登山队原领队、教练员和1975年登顶珠峰"九勇士"之一的侯生福，以及区内为发展登山运动作出突出贡献的新老队员也都出席了庆祝大会。

郭金龙在会前接见贡布、潘多、侯生福、桑珠等新老登山家时说："西藏登山队是在党的领导下，发扬登山精神，写下辉煌一页的一支了不起的队伍。登山运动充分体现了西藏高原的特色，这对西藏未来的发展具有很大的启发，说明只要我们紧紧抓住自身的特点，奋发图强，勇于攀登，是能够成就一番大事业的。"

庆祝大会上，阿旺代表区团委授予西藏自治区登山队"西藏青年五四红旗集体"称号铜匾；列确代表区党委、政府授予西藏登山队"高原英雄登山队"铜匾；郭金龙和热地为登山队员献哈达。

尼玛次仁代表区党委、政府发表了讲话，他指出："在40年的登山生涯中，西藏登山队员以卓越的成就，艰苦的实践，铸就了登山精神。这种精神的内涵：一是艰苦奋斗，知难而进，不屈不挠，顽强拼搏的进取精神；二是同心同德，群策群力，把个人融入集体，凝聚集体的智慧和力量，同呼吸共命运的团结协作精神；三是公而忘私，甘愿付出，把个人安危置之度外，毫无保留地去拼搏的无私奉献精神；四是挑战人类体能极限，测试人类生存能力，配合科研部门研究自然环境，认识人类自身的求实探索精神；五是报效祖国，为国争光，祖国的利益高于一切，为五星红旗增辉的祖国至上精神。"

西珠朗杰说："40年来，西藏登山队克服重重困难，因陋就简，白手起家，从无到有，逐步形成了机构健全、组织严密、训练科学、管理规范的现代登山运动专业队伍。西藏登山队与新西藏一起成长发展。经过几代登山运动员的不懈努力、顽强拼搏，在生命的禁区创造了无数可歌可泣的动人事迹，他们用鲜血和生命谱写了一曲人类与大自然抗衡的英雄赞歌。西藏登山队员在国际、国内和区域合作等各类登山活动中，勇攀高峰，奋发进取，一次又一次地将五星红旗插上世界高峰，创造了许多登山世界新纪录，为祖国争得了崇高的荣誉，为登山运动的发展做出了重大贡献。"

至2000年，西藏登山队已走过了40年的艰苦历程。在自治区党委、政府的高度重视和自治区体育局的正确领导下，西藏登山队与新西藏一起成长、发展，几代登山健儿不畏艰险，勇于攀登，为我国乃至世界登山史写下了光辉篇章，创造了一个又一个辉煌业绩，完成了一个又一个登山壮举。先后有36人（次）登上世界最高峰珠穆朗玛峰，228人（次）登达8000米以上高度，340多人（次）登达7600米以上高度，显示了西藏登山运动的实力。

随着西藏山峰资源的对外开放，世界各国各地区和国内来藏登山探险的团队日益增多，西藏登山队按照工作需要派出登山向导人员、高山协作人员、山难救援人员、山地联络官等197人（次），为国内外各类登山队服务，同时也拓宽了自身的业务范围，取得了较好的社会和经济效益。

西藏登山队几代登山队员、教练员、登山工作者，在一次一次地执行国家、自治区的重大登山活动中，在顽强地与大自然的抗争中造就了西藏登山精神。这一精神是西藏登山队员爱国主义、集体主义、敬业精神的集中体现，反映了登山工作者乃至高原体育工作者敢于创新、敢于开拓、无私奉献的优秀品格，也是登山队员勇攀高峰的时代风貌的缩写和高度提炼。

第二节　2009年庆祝西藏登山学校成立10周年

2009年7月10日，在西藏自治区登山学校建校10周年之际，西藏自治区体育局举行了隆重的庆祝活动。

从 1999 年成立到 2009 年，学校已招收了 6 批、共 200 多名学员，培养出 100 多名国家级登山运动健将和登山向导、高山协作。30 人获得"中华人民共和国体育运动荣誉奖章"，2 人入选国家攀岩运动队。先后有 43 人（次）登顶珠峰，117 人（次）登上海拔 8000 米以上高峰（高度），协助 300 多名国内外登山爱好者实现了攀登雪山的梦想。

西藏登山学校的成立，既支持了西藏登山事业走上可持续发展道路，又开启了我国登山运动员从专业运动学校毕业生中择优招录的历史。同时，随着西藏商业登山活动大规模发展，大批登山向导和高山协作参与其中，打破了喜马拉雅山区商业登山中登山向导和协作被第三国服务人员垄断的局面，促进了西藏体育产业发展和山区农牧民群众为登山提供服务增收致富。

在庆典活动上，自治区副主席德吉出席并向评出的优秀学员颁发优秀学员证，自治区体育局党组副书记、局长德吉卓嘎主持并讲话，国家体育总局登山运动管理中心主任李致新专程赴藏出席庆典并致辞，西藏登山队队长尼玛次仁报告西藏登山学校的发展历程及展望，嘉宾代表瑞士利维高公司总裁兼北京奥索卡体育用品有限公司总裁汉斯·希伦伯格专程赴藏出席庆典并致辞，毕业生代表扎西次仁发言。全国各地的"登山俱乐部""山友协会"等向西藏登山向导学校赠送了礼品和纪念品。

尼玛次仁以《十年风雨 共同走过》为题介绍了西藏登山学校建校历史和发展展望。他说："西藏登山学校走过的十年，是西藏登山事业蓬勃发展的十年，也是我国民间登山活动迅猛发展的十年，同样是喜马拉雅山区登山产业快速发展的十年。学校正是在这样的时代大背景下诞生和发展壮大起来的，到 2009 年已有多名毕业学员被录取到西藏登山队成为登山运动员，形成了登山运动员年龄结构呈梯次配备、综合素质不断提高的新局面，促使我区登山运动这一特色优势体育项目走上了可持续健康发展道路。与此同时，大批商业登山从业人员的培养和就业，开创了喜马拉雅山区登山向导和高山协作等服务人员以我国为主的新局面。"

会后，举行了由中坤集团公司提供赞助并冠名的"2009 中坤·珠穆朗玛杯攀岩精英赛"，与会人员观看比赛并参观了珠峰登山博物馆。

学校的成立，是几代登山人对于西藏登山事业未来发展问题深入思考的结果——经过系统培训的优秀专业登山人才是推动登山事业发展壮大不可或缺的主要力量。同时，学校也是西藏自治区依靠山峰资源优势，积极发展登山健身运动和体育产业、带动登山探险与旅游观光相结合，促进经济发展的"试验田"。

第三节　2010 年纪念中国人首登珠峰 50 周年

在纪念中国登山队首次登顶珠峰 50 周年之际，中国登山协会和西藏自治区体育局分别举行纪念座谈会，共同回忆老一辈登山运动员所创造的辉煌成就和登山精神，纪念他们以捍卫国家和民族尊严为己任，不怕牺牲、藐视并战胜一切困难的大无畏的革命英雄主义精神，并以此激励今天的运动员、教练员和全国的体育工作者顽强拼搏、为国争光，为中华民族的繁荣昌盛作出更大的贡献。

一、西藏自治区体育局举行纪念中国人首登珠峰50周年座谈会

2010年5月24日，西藏自治区体育局在珠峰登山博物馆（西藏登山学校院内），举行纪念中国人首次登顶珠峰50周年座谈会。会议回顾了中国登山队力排万难登顶珠峰的光辉事迹，要求进一步弘扬"不畏艰险、顽强拼搏、团结协作、勇攀高峰、祖国至上"的登山精神，激发全区体育工作者、教练员、运动员的热情和斗志，努力开创西藏体育事业发展新局面。

自治区党委常委、自治区常务副主席吴英杰强调，西藏有着丰富的登山资源，发展登山运动具有得天独厚的条件。在老一辈登山运动员英雄壮举的激励和鞭策下，经过几代登山者的艰苦奋斗，西藏登山事业发展迅猛，取得了举世瞩目的成就，西藏自治区登山队已经成为世界著名的登山劲旅。几代西藏登山人前赴后继，打造了"不畏艰险、顽强拼搏、团结协作、勇攀高峰、祖国至上"的宝贵精神财富。

他还指出，回顾光辉业绩，就是为了沿着老一辈登山队员的英勇足迹，团结一致、奋勇争先，积极推进包括登山在内的体育事业快速发展。

一是要继承和发扬登山队员崇高的爱国主义精神。中国登山队员首次攀登珠峰时，几经挫折，冒着极大的生命危险。正因为他们有强大爱国主义情操的支撑，才取得了最后的成功。

二是继承和发扬登山队员崇高的"人梯"精神。鲜花、掌声、荣誉背后是"人梯"，中国人首次登珠峰过程中，在攀登到被英国人称为"不可逾越"的高度为8750米的"第二台阶"时，因队员们高山缺氧体力消耗过度，刘连满用肩膀托起队友上台阶，自己却失去了继续攀登的能力，这就是"人梯"精神。

三是要继承和发扬登山队员崇高的团结拼搏精神。拼搏要靠团结，团结的目的是进取，进取的结果是荣誉。中国人首登珠峰过程中，王富洲、贡布、屈银华3名队员把仅有的十几颗糖和剩余量不多的一瓶氧气留给队友，拖着极端疲惫的身体，凭借雪地反射的星光，极其艰难地攀爬过了最后距离。这是精诚团结的结果，是顽强拼搏的结果。

二、中国登山协会举行纪念中国登山队首登珠峰50周年座谈会

2010年5月31日，中国登山协会在北京人民大会堂举行纪念中国登山队首次登顶珠峰50周年座谈会。中共中央政治局委员、国务委员刘延东出席并讲话，中共中央政

治局委员、中央军委副主席、中国登山协会名誉主席张万年和十届全国人大常务委员会副委员长、中国登山协会名誉主席热地出席,国家体育总局局长刘鹏出席并主持座谈会,总局登山运动管理中心主任李致新等与1960年登顶珠峰的王富洲、贡布、屈银华和1975年登顶珠峰的潘多等出席。

刘延东在讲话中指出,党中央、国务院一直高度重视我国登山事业,党的几代领导人都对登山健儿给予了无限关怀和全力支持。1960年中国登山队登顶珠峰之后,毛主席曾经亲切接见过西藏登山运动员贡布。在国家财力困难的情况下,刘少奇同志为登山队特批了70万美元的专项经费。周恩来同志在1960年中国队登顶的关键时刻发出了"一定要登上珠穆朗玛峰"的动员令。新中国体育事业的奠基人贺龙同志把登山运动作为我国攀登世界体育高峰的三大突破口之一,并亲自在北京坐镇指挥。1975年登顶成功后,在首都召开了隆重的庆祝大会,邓小平同志等党和国家领导人亲自出席,并接见了全体登山队员。邓小平同志还在1988年连续数小时观看了中、日、尼三国联合登山的电视直播。江泽民同志对包括登山队在内的体育工作者发出号召:"发展民族体育运动,促进两个文明建设。"2003年,中国业余登山队登顶珠峰后,胡锦涛总书记亲自发了贺电,指出:"你们的英勇行动再一次证明,在伟大的中国人民面前,没有克服不了的困难,没有战胜不了的风险。"

刘鹏在讲话中指出,1960年,中国登山队完成人类历史上第一次从北坡登顶珠峰,为正处于三年困难时期的全国人民带来了巨大的振奋,极大地鼓舞了全国人民战胜困难、不断前进的勇气和信心,向全世界证明了在中国人民面前无高不可攀、无坚不可摧,表达了中华民族不怕任何困难、自立于世界民族之林的坚定信念。这次英雄壮举在全世界也引起了巨大反响,国际登山界盛赞中国登山队取得的伟大成就,认为这次登顶成功将作为世界登山探险史上的里程碑而载入史册。

第四节 2010年庆祝西藏登山队成立50周年

2010年10月1日,是西藏自治区登山队成立50周年纪念日。50年来,在西藏自治区党委、政府和自治区体育局的坚强领导和社会各界的大力支持下,以创造"团队登顶世界14座海拔8000米以上高峰世界纪录"为标志,西藏登山运动水平赢得了"国内领先、世界著名"的崇高地位,西藏自治区登山队发展成为世界登山劲旅。其中,28名登山运动员中有24名国际级登山运动健将、2名国家级登山运动健将、2名国家一级登山运动员;拥有1名国家级教练、1名高级教练、2名中级教练;先后有163人(次)登顶珠峰、428人(次)登上海拔8000米以上高峰(高度)、3人登顶世界14座海拔8000米以上高峰;两对夫妻登顶珠峰。边巴扎西还创造了在没有帐篷等御寒设施的情况下在珠峰顶上停留138分钟的世界纪录。多人多次荣获"中华人民共和国体育运动荣誉奖章"。

2010年9月28—29日，西藏自治区体育局在西藏自治区登山队的登山综合培训中心（西藏登山学校）举行庆祝西藏自治区登山队建队50周年庆典，向登山队颁发"授予西藏登山队团结奋进的英雄登山队"荣誉称号牌匾，以及颁发"授予西藏登山队勇攀高峰英雄集体"荣誉称号牌匾，同时向从事登山运动20年以上的教练员和运动员颁发纪念奖章。

西藏自治区人大常委会副主任阿登、自治区副主席孟德利、自治区政协副主席洛桑久美、西藏公安边防总队总队长欧洛布穷少将和国家体育总局登山运动管理中心主任李致新、副主任王勇峰应邀出席，自治区人民政府副秘书长梅玉宝和自治区党委宣传部等区直有关部门的负责人与会。自治区体育局党组副书记、局长德吉卓嘎和局党组成员、副局长朱强、杨战旗，以及副巡视员索南措姆到会祝贺。原自治区体委党组书记洛桑达瓦、副主任贡布和自治区体育局原局长姬嘉、副书记肖志刚，原登山运动管理处处长高谋兴和原西藏登山营营长张俊岩及教练员刘连满、黄士学、罗仕明与俄语翻译彭淑力，西藏登山队原书记罗则、队长邓嘉善和多吉甫，原国家级登山教练员成天亮和体能教练仲近昌，中国登山队、西藏登山队和解放军原八一登山队的老队员潘多、从珍、侯生福、张小路、巴桑杰布、云登、强巴卓玛、曲加、索朗多吉、拉巴仓决、查姆金、其美、尼玛、次白、嘎久、赤来、张措、嘎索、旦木真、洛桑、益西、琼吉、巴桑卓嘎、次旺久美、加措、昌措、扎桑、白珍、桑杰、大石觉、益西多吉、达瓦、贡嘎巴桑、大平措、索朗罗布、多旦、多不钦、格桑、阿布、阿达、次仁索多、强巴多吉、石曲、拉巴、赤来群培、大加措、达东、次仁欧珠、罗布扎西、仁增、穷达、次旦顿珠、大拉琼、次仁扎西、洛桑格列等出席庆典和座谈会。尼泊尔登山协会主席金巴桑布、亚洲徒步旅行社总经理昂·次仁、法国驻成都总领事馆副领事兼国立沙木尼滑雪登山学校教师色季·柯尼克、瑞士利维高公司总裁兼北京奥索卡体育用品有限公司总裁汉斯·希伦伯格、高山探险公司经理卡瑞·科普勒、日本长野县山岳协会负责人众广恒夫等，专程前来我国赴藏参加庆典活动。

德吉卓嘎指出，1960年5月25日，中国登山队首次登顶世界第一高峰——珠穆朗玛峰，不仅实现了人类第一次从北坡成功登顶珠峰的夙愿，更为重要的是揭开了我国登山运动的新篇章。在中国登山队胜利登上珠峰的巨大鼓舞下，在西藏军区政委谭冠三将军等老一代领导人的重视和倡导下，1960年10月1日西藏登山营成立，1972年4月更名为西藏自治区登山队。1975年中国登山队再次登顶珠峰并测量高程的"九勇士"中8位是藏族运动员，其中的西藏自治区登山队女运动员潘多成为第一位从北坡登顶珠峰的女性。此后西藏自治区登山队战功卓著：1985年单独挑战世界第六高峰——卓奥友峰登顶成功；1988年代表中国登山队圆满完成中、日、尼三国联合"双跨珠峰"任务；1990年代表中国登山队参加中、美、苏三国和平登山队攀登珠峰成功；1991—

1992年参加中国登山队与日本登山队联合攀登南迦巴瓦峰首次登顶成功;1999年在珠峰顶上成功采集第六届全国少数民族传统体育运动会"圣火";2005年配合国家测绘总局完成复测珠峰高程的重大任务;1993—2007年,"中国西藏攀登世界14座8000米以上高峰探险队"历时14年,前赴后继、克服千难万险,创造了团队登顶世界14座高峰的世界纪录;2007—2008年,西藏登山运动管理中心、西藏登山队、西藏登山综合培训中心(西藏登山学校)参加中国登山队北京奥运火炬接力珠峰传递测试和正式传递行动,出色完成任务,创造了奥运史上的奇迹。

西藏登山队始终坚持抓班子带队伍,建立健全各种规章制度,经过反复征求意见和修改完善,制定了二十章、一百一十九条的《西藏登山队规章制度》汇编,初步形成了长效机制。队党支部班子成员注重支部建设,始终起着推动发展、促进和谐、服务群众、凝聚人心、教育群众、组织群众、带领群众的战斗堡垒作用,任何时候都坚持不放松党的领导;在日常工作中,始终坚持对党员的教育管理,增强党员的工作责任心和集体荣誉感;在执行登山任务的党员中成立临时党支部或党小组,在艰险环境中坚持过组织生活,及时了解党员的思想情况,解决登山中的突发事件,动员鼓舞队员的斗志,增强取胜的信心。

第五节 2013年纪念人类首次登顶珠峰60周年

2013年7月3日,由国家体育总局登山运动管理中心和西藏自治区体育局主办,总局登山运动管理中心攀岩攀冰部、高山探险部和西藏自治区登山队共同承办的纪念人类首次登顶珠峰60周年活动在拉萨举行。

为期3天的纪念活动,以纪念日"搭台",由举办登山论坛、摄影暨油画作品展、出版推送登山文化书籍、全国攀岩邀请赛暨全国攀岩分站赛"唱戏"。应邀来自全国各地的登山户外运动专家和登山运动爱好者欢聚一堂,共话登山事业发展历程,共同畅想中国登山运动快速发展的美好未来,共叙登山人之间的"山友"情谊。这既是一次合作交流、同台竞技的盛会,又是一次启迪思维、建言献策的盛会,更是一次展示形象、提升水平的盛会。

纪念活动突出"登山"这一主题,围绕"登山"这一中心,旨在传承登山精神,弘扬登山文化,打造登山户外运动品牌,培育商业登山户外运动市场,做大做强登山户外运动产业,拓展登山户外运动发展空间,提升登山事业发展水平,把登山运动真正打造成为高原特色体育事业的一张名片和西藏经济发展的一个新亮点。

为了确保纪念活动效果,活动不仅在规格上进行了提升,邀请众多国内著名登山专家、登山爱好者和长期关心支持国家登山事业发展的著名企业家,还在内容上进行了创新,设立了第二届喜马拉雅全国攀岩邀请赛暨全国攀岩分站赛、第二届"中坤"

喜马拉雅登山论坛、第一届奥索卡喜马拉雅高山摄影暨油画作品展等活动内容，推介赠送了刚出版发行的《逐梦云端——西藏探险队攀登 14 座 8000 米高峰纪实》、西藏登山向导协作纪实专著《喜马拉雅守护者》等中国登山文化书籍。

一、攀岩竞技

攀岩运动是登山运动派生出来的一项竞技体育项目，正以其独有的登临高处的征服感吸引着无数爱好者，是丰富登山内涵、推广登山知识的有效载体。第二届喜马拉雅全国攀岩邀请赛暨全国攀岩分站赛设置难度赛和攀石赛两个项目。来自包括香港特别行政区在内的全国各地的攀岩俱乐部派出的 47 名选手参加了难度赛和攀石赛。

经过两天的激烈角逐，西藏攀岩运动队的选手仁青拉姆获得女子组难度赛和攀石赛的双料冠军，索朗加措获得男子组难度赛冠军。江西选手潘旭华和中国香港选手廖晓莹分获女子组亚军和季军。北京选手马自达和湖南选手瞿海滨分获男子组亚军和季军。

二、登山论坛

举办登山论坛，交流登山事业发展理念和思路，碰撞创新发展的思想火花，对于发展登山运动、登山产业、登山文化，将起到积极的促进作用。来自全国的著名登山家、登山研究专家、登山户外运动爱好者、摄影家、冰川学家和大学教授等 80 余人共话登山发展大计。

专家们从中国商业登山的现状与发展、喜马拉雅高海拔救援体系建设、企业家登山者看中国登山事业、山难分析与预测、珠穆朗玛地区气候与冰川变化、藏民族与山、藏民族的基因分析等 11 个专题的不同角度、不同视野进行探讨、交流，为西藏登山运动、登山产业、登山文化等登山事业的建设与发展和登山文化内涵的挖掘整理与开发利用等出谋划策、凝聚共识。

三、高山摄影暨油画作品展、登山书籍

举办高山摄影和油画作品展，以视觉效果展现山峰之美和登山之乐，必将感召更多的人们去爱山、登山、护山。高山摄影、油画展上，参展的 200 多幅作品，既展示了大自然的博大壮丽，又展现了人们对山的向往与敬畏，更呈现了摄影家们用镜头记录着的人类征战自然、战胜自我、超越极限、梦在巅峰的伟大壮举。出版登山书籍，以文字记载登山历程，以实录见证登山奇迹，无疑是传承和弘扬登山文化的最佳途径。

第六节 2015年纪念中国人再登珠峰和首测高程40周年

2015年5月27日上午，西藏自治区体育局举行纪念中国人再登珠峰和首测高程40周年座谈会。

座谈会上，健在的"九勇士"代表罗则、索南罗布、桑珠、侯生福、贡嘎巴桑、大平措、次仁多吉向与会人员讲述了当年登顶珠峰的艰辛历程。西藏登山队党支部书记普布次仁、登山队青年代表阿旺扎西和山友代表薛伟分别作会议发言。

座谈指出，以"不畏艰险、顽强拼搏、团结协作、勇攀高峰、祖国至上"为核心的登山精神，是中华民族自强不息、顽强拼搏、团结奋斗的精神体现；是中华儿女英勇献身、无高不攀、无坚不摧、敢于战胜一切困难的革命英雄主义精神体现。伟大而宝贵的登山精神，镌刻了登山者的勇气、毅力和友谊，饱含着爱国主义、集体主义和革命英雄主义的思想精髓，凝结成闪耀在高山之巅的体育之魂，成为一代代体育健儿顽强拼搏的重要动力和新时期中华民族精神的重要组成部分，必将伴随人类历史的发展进程而成为永恒。

座谈会号召全区体育工作者，面对深化体育改革、推动转型发展的艰巨任务，要发扬登山精神，注重研究解决各种复杂问题，切实增强体育现代治理能力，努力提高执行力和向心力，以抓铁有痕、踏石留印的工作作风推动各项体育改革发展，不断推动高原特色体育事业发展再上新台阶。

一、当年突击队长忆登顶珠峰

"那个年代，没有精神力量的支撑根本不可能上得去。"回忆起40年前的经历，已经69岁的索南罗布像许多老人谈及"当年"一样，言语里透着些许自豪，也掺着几分感慨。

索南罗布1945年出生于藏北草原，1965年参军。1973年秋，中国决定重组国家登山队。1974年，曾有登山经历的索南罗布入选集训队。

"我以前就是业余登山队员，在珠峰训练时曾登到过7000多米的高度。"索南罗布说，在那个年代，能入选国家队是极大的荣誉，收到消息后自己兴奋了很长一段时间。

邓小平于1974年接见登山队负责人和部分记者时表示："不管南坡北坡，要白天登上去，一定要有女队员，把电影、照片拍下来，还要做好科学考察工作……"

1975年3月，一支由434人组成的登山队进驻珠峰脚下，其中包括30余名女队员。"那时没有路，无法运物资进来，我们就修路运物资，也没有现在的营地，我们就自己一路搭建。"索南罗布回忆道。

索南罗布很快被任命为第三突击队队长，"我记得当时周恩来总理还专门派了两架直升机，给我们运来了蔬菜和水果，当时我就想，国家对我们抱了那么大的期望，就算爬也要爬上去。"

过程一如既往的艰辛。突击队 5 月 26 日下午抵达 8600 米时，仅剩下 9 人。当天晚上突击队召开了一个简短的动员会，"有队员说，哪怕冻伤手脚、冻掉耳朵、娶不到老婆，也要登上去。"索南罗布说，那时虽然大家都很虚弱，但每一个人都鼓足劲儿，发誓要登上去。"

5 月 27 日早上 8 时，突击队开始全力冲顶，至下午 2 时 30 分，所有突击队员完成登顶，其中包括仅剩的一名女队员潘多，她也成为世界上首位从北坡登顶珠峰的女性。

"登顶后我把大家一个一个排好位置，然后举起了五星红旗，让拍电影的拍了下来。"索南罗布说，那是他这辈子最喜欢的一部电影，"因为那是我这辈子干过的最大的一件事。"

下山后，索南罗布被检查出因为缺氧大脑神经严重受伤，虽然经过康复治疗有所好转，但从此告别了登山队。

中国人首次登顶珠峰是 1960 年 5 月，1975 年 5 月实现了再次登顶。40 年后的 5 月 27 日，索南罗布和其他 5 位"战友"受邀参加了中国首家私人山岳博物馆的开馆仪式，在看完后辈们的成绩谈及感受时，索南罗布只是再三感慨："后继有人啊，后继有人。"

二、潘多雕像被山岳博物馆永久陈列

应西藏自治区体育局邀请，无锡市探险协会会长余雷参加了在拉萨举办的此次纪念活动，并带来了由无锡市惠山泥人高级工艺美术师制作的潘多雕像。

2013 年，余雷答应潘多在再登珠峰 40 周年时陪她去拉萨。遗憾的是，一年后潘老师去世了。在 40 周年纪念的特殊日子，余雷把潘多的雕像护送到了拉萨，放在了当日开馆的山岳博物馆中永久陈列。

潘多，藏族，女子登山运动员，运动健将，西藏江达人。原为西藏部队"七一农场"工人，1975 年加入中国共产党。1959 年入选中国登山队，1962 年调入西藏登山营，1981 年后任江苏省无锡市体委副主任、全国体总副主席，是第五、六届全国人大代表。1959 年与其他七名女队员一起登上海拔 7546 米的慕士塔格峰，创造了女子登山高度世界纪录。1975 年 5 月 27 日作为中国登山队副队长，与 8 名男队员一起从东北山脊登顶珠峰，成为世界上第一个从北坡登上世界最高峰的女运动员。两次获中华人民共和国体育运动荣誉奖章。

三、西藏自治区体育局党组书记孙永平谈践行登山精神

孙永平指出，登山精神作为一笔宝贵的精神财富，始终如一地激励着一代又一代西藏人。作为身处经济社会快速发展时期的当代体育工作人的我们，更有责任去发扬好这一精神，去承担好推动全区体育工作整体水平不断提高的义务。

一是着力提高群众体育服务水平。二是切实打牢新时期竞技体育发展基础。三是

大力推动体育产业业态和规模同步提升。四是稳步推进登山运动转型发展。五是切实转变新常态下推进体育发展思维。六是切实加强干部队伍及作风建设。七是切实增强"三严三实"的思想自觉和行动自觉。

面对深化体育改革，以此推动完成转型发展的艰巨任务。

第七节 2017年纪念创造团队登顶14座海拔8000米以上高峰世界纪录10周年

一、纪念仪式

2017年7月12日，在"中国西藏攀登世界14座海拔8000米以上高峰探险队"创造团队登顶世界纪录10周年之际，西藏自治区体育局举行纪念活动。西藏自治区副主席德吉出席并讲话，国家体育总局登山运动管理中心副主任王勇峰，自治区政府副秘书长刘萱，自治区体育局党组书记孙永平、局长胡宾和副局长尼玛次仁，自治区发展和改革委员会副主任肖洪钦，自治区外事侨务办公室副主任柳林等应邀出席。

德吉在讲话中指出，"中国西藏攀登世界14座海拔8000米以上高峰探险队"历时14年完成全部登顶任务，创造了团队登顶世界海拔8000米以上高峰的世界登山纪录，巩固了西藏登山运动"国内领先、世界著名"的地位，为西藏赢得了喝彩，为中国从登山大国向登山强国迈进、铸就我国登山事业不朽辉煌作出了贡献。德吉强调，在全面建成小康社会的决胜阶段，要大力弘扬"老西藏精神""两路精神"和"西藏登山精神"，不忘初心、继续前进，扎实工作、攻坚克难，努力为我国登山事业取得更大成绩而努力奋斗。

仪式上，自治区副主席甲热·洛桑丹增和友好的巴基斯坦高山俱乐部专程发来贺电。国家体育总局登山运动管理中心副主任王勇峰与自治区体育局党组书记孙永平分别致辞，"14座"探险队队员边巴扎西、"7+2"探险队员次仁旦达、山友代表曹峻和自治区体育局副局长尼玛次仁分别作交流发言。主席台就座领导为完成"14座"探险任务并创造团队登顶纪录的次仁多吉、边巴扎西、洛则、桑珠等作出贡献人员和完成"7+2"探险任务的队员次仁旦达、德庆欧珠，以及支持单位中国地质大学（武汉）、菜鸟登山队代表颁发纪念杯。出席领导和嘉宾还共同参加了"西藏登山向导协会"和"西藏喜马拉雅高山环境保护基金会"的揭牌成立仪式。

二、《逐梦云端——西藏探险队攀登14座8000米高峰纪实》翻译成藏文图书

2013年，尼玛次仁邀约长期以来一直报道宣传并参与登山探险活动的新华社西藏

分社副社长、高级记者多吉占堆和新华社西藏分社副总编辑、高级记者薛文献撰写《逐梦云端——西藏探险队攀登14座8000米高峰纪实》一书，向国内外读者全面介绍西藏探险队的非凡历程，展现西藏登山运动员的英雄业绩。

图书出版后，受到登山界的一致好评。但同时，也有人反映，如果有一本反映登山英雄事迹的藏文图书，让广大农牧民群众也能了解这段历史，"那就圆满了"。

2017年，正值西藏探险队完成壮举10周年。作为纪念活动的组成部分，体育局决定出版全面反映探险队英雄业绩的藏文图书《巅峰勇士——西藏探险队攀登14座8000米高峰纪实》。

多吉占堆和薛文献两位原作者邀请资深媒体人同仁丹达先生，对中文《逐梦云端——西藏探险队攀登14座8000米高峰纪实》进行翻译。为了突出藏文版的史诗特色，三位作者对中文版的《逐梦云端——西藏探险队攀登14座8000米高峰纪实》进行了适度删减，简化登山过程、专业术语和技术分析等方面的叙述。在此基础上，丹达以满腔热情，利用一切业余时间查阅大量藏文史料，进行了艰苦的翻译和再创作。为了更加生动地还原探险队员在高山上的攀登场景、语言环境，丹达与探险队主要成员多次座谈，详细了解山上的各种细节，仔细揣摩特定人物在特定环境下的特殊反应等，下了很大的功夫。

体育局希望这本书能够走向广阔的高原大地，走进农村牧区，走进校园社区，让大家了解身边的登山英雄，感受到他们身上闪耀着的为国奉献的情怀和艰苦奋斗的品质。此外，还希望这本书能够走进喜马拉雅山脉南侧同样运用藏语文字的尼泊尔夏尔巴人当中，让更多的人了解中国西藏的登山文化以及登山运动员的风采，因为他们同样是热爱大山，生息繁衍于大山的怀抱中，并致力于推动国际登山运动发展的重要力量。

三、2017西藏登山户外运动产业论坛

7月12日下午，由自治区体育局主办的"2017西藏登山户外运动产业论坛"在拉萨举行。自治区体育局副局长尼玛次仁和国家体育总局登山运动管理中心高山探险部主任次落出席，中国西藏攀登世界14座海拔8000米以上高峰探险队创造团队登顶世界纪录10周年纪念仪式受邀嘉宾和区内部分地（市）体育部门、体育协会代表参加了论坛。

论坛上，次落围绕"中国山地救援"发表了主题演讲；北京体育大学教授肖淑红围绕体育产业的价值创新相关话题分享了自己的研究成果；西藏圣山登山探险服务有限公司总经理次仁桑珠围绕"高山救援和人才培养"作了发言；自治区登山队队长巴桑次仁就"登山户外运动公共服务体系建设"，介绍了近年来西藏登山运动服务工作；华大基因董事长汪建和深圳松禾资本管理有限公司创始合伙人历伟，结合各自所处行业特点和亲身参与登山运动的经历，对西藏山地运动产业发展积极建言献策，其他嘉

宾也进行了分享交流。

本次论坛既为新时期西藏登山户外运动产业发展凝聚了智慧，同时也加强了西部省份之间的相关业务交流，取得了良好效果。

第八节 2018年纪念北京奥运火炬接力珠峰传递10周年

2018年5月8日，新华社西藏分社发表文章《珠峰长在，圣火长燃——纪念奥运火炬珠峰传递十周年》，全文如下：

2008年5月8日，人类首次将象征"和平、友谊、进步"的奥运火炬在世界最高峰——珠穆朗玛峰峰顶点燃。那一刻，全球不同种族、不同肤色、不同信仰的人们聚焦世界之巅，见证中国完成对全世界的承诺，将百年奥运圣火第一次带到地球第三极。

距离那一刻，已过去了整整十年。

2001年7月13日，中国向国际奥委会庄严承诺：在第二十九届夏季奥运会的圣火传递中，中国将把永恒不息的奥运火炬送上地球最高峰。国际奥委会认为，这是"对人类能力的挑战，从某种意义上说是要达到勇气和耐力的新高峰"，它可以"传播和平与友谊的信息，并同全世界共享奥运的快乐和激情"。

为了实现这一承诺，科研人员和登山队员付出了巨大的努力。为使火炬在海拔8844.43米的高度正常燃烧，中国航天科工集团按照航天型号产品研制的严格管理模式，历时两年攻克圣火在低压、低温、高风速、缺氧等极端条件下燃烧的难题，令珠峰火炬有了一颗不会熄灭的中国之"芯"。中国登山队则历经数年准备，最终以19人组成突击组，跨过险峻岩壁，穿越无情风雪，以常人难以想象的坚韧与决心，在空气稀薄地带将圣火护送至离天最近的地方。

圣火闪耀珠峰，是登山运动与现代奥林匹克的首度结缘，并为中国登山留下了丰富的遗产。长期以来，登山这一挑战人类极限的运动被视作少数人的游戏。面对喜马拉雅山脉，中国组建了由藏、汉等多民族运动员构成的登山队伍。自1960年3名登山队员从北坡首登珠峰以来，中国登山队员创造了一项又一项世界纪录。

珠峰火炬传递之后，中国登山的深厚传统与强大实力借奥运平台为大众所熟知，登山运动和户外精神在社会、高校中得到推广；参与火炬传递保障工作的西藏高山向导、协作以及年轻登山后备人才走到聚光灯下，其中许多人在此之后获得了更多深造机会；保障火炬登顶的实践过程，也为日后在珠峰建立独具西藏特色的商业登山运作模式打下了基础。

之后，登山活动已从国家任务成功转型，新一代登山人开始涉足攀岩、冰雪运动等竞技体育项目，并参与高山向导、协作、救援等工作。发轫于喜马拉雅山脉的西藏登山产业，也在西藏登山大会等品牌赛事中不断延伸，承担起以户外运动推动全民健身的历史新使命。

十年前，中国登山人代表全人类，以无与伦比的勇气、智慧和体能，在世界之巅点亮了凝聚全球共识的奥运圣火；十年后，中国依旧以坦诚、开放的态度，为建设更加美好的世界贡献着中国智慧。面对珠峰，中国登山人倡导各国登山者发扬友爱、互助精神，使登山大本营成为名副其实的小地球村；而面对当今的国际社会，我们同样需要秉持善意，打破坚冰，在多样性基础上寻求共性，共同构建人类命运共同体。

珠峰长在，圣火长燃，奥林匹克精神不朽。

第九节　2019年庆祝西藏登山向导学校成立20周年

2019年7月12日，西藏拉萨喜马拉雅登山向导学校（简称"西藏登山向导学校"）建校20周年庆典暨2019西藏登山向导节开幕式在拉萨举行。庆典系列活动包括"一带一路"中国拉萨国际攀岩大师赛、中国西藏喜马拉雅高海拔登山交流会、中国西藏喜马拉雅高海拔登山摄影展、中国西藏喜马拉雅登山向导之夜。

由西藏自治区体育局局长尼玛次仁于1999年创建的西藏登山向导学校，从最初位于拉萨北郊西藏自治区体育运动技术学校一侧的6间平房起步，20年来学校已招收12批学员共300多人，成为中国唯一、世界第二所专业登山人才培训学校，是培养登山运动员、教练员、指挥员和登山向导协作人才的摇篮。

西藏登山向导学校走过的20年，是西藏登山事业蓬勃发展的20年，是几代登山人为西藏登山事业未来发展方向的思考和结晶。20年来，西藏登山向导学校已成为西藏登山事业的实践者和西藏攀岩、滑雪等新兴竞技体育项目的开拓者，是中国登山发展史上的重要篇章。

开幕式上，受国家体育总局登山运动管理中心领导的委托，中国登山协会高山探险部主任次落代表中国登山协会向西藏登山向导学校表示祝贺，他说："西藏登山向导学校作为我国第一所培养登山人才的专业学校，通过多年的教学实践，探索出了一套适合喜马拉雅山脉登山特点的教学和实践体系。培养出了包括登山运动员、登山向导、高山协作、高山厨师、高山摄像（影）师、攀岩运动员、高山滑雪运动员、外语翻译等在内的一大批专业登山人才，改变了我国高海拔登山运动后备人才和登山探险产业服务人员稀缺的状况，加快了我国登山产业发展的转型升级，在促进西藏地区登山户外运动发展方面取得了骄人的成绩！"

作为本次庆典的系列活动之一，7月10日，2019"一带一路"中国拉萨国际攀岩大师赛已率先在拉萨开赛。来自中国、俄罗斯、韩国、日本以及中国香港、中国台北等11个国家和地区的43名运动员参赛。据悉，"一带一路"国际攀岩大师赛是经国际攀岩联合会批准，由中国登山协会主办的系列赛事。2019赛季，继浙江宁波后，西藏拉萨成为这一系列赛的第二站，赛事为期2天。此次比赛也是西藏举办的最高级别的国际竞技体育比赛之一。

庆典期间，还举行了中国西藏喜马拉雅高海拔登山交流会。交流会邀请了登山界领军人物、资深登山专家、业余登山爱好者等，围绕"登山服务、登山救援、登山环保、登山教育"等领域共同探讨，为西藏打造喜马拉雅登山文化中心、全国户外运动大区建言献策。同时，中国西藏喜马拉雅高海拔登山摄影展也在此期间举办，通过影像展示了登山事业的发展历程，特别是西藏拉萨喜马拉雅登山向导学校成长历程，展示了登山者勇攀高峰精神。

中国西藏喜马拉雅登山向导之夜活动也是系列活动之一，活动邀请了西藏拉萨喜马拉雅登山向导学校毕业的优秀学员，分享个人在登山向导、登山环保、高山救援、登山教学等领域的工作经历，让更多人感受"艰苦朴素、吃苦耐劳、舍己助人、团结协作、尊重自然、热爱生命、祖国至上、勇攀高峰"的喜马拉雅登山向导精神，争当新时代勇士。

第十节　2020年纪念中国人首次登顶珠峰60周年

2020年5月11日，由中国登山协会、西藏自治区体育局主办的纪念中国人首次登顶珠峰60周年、庆祝西藏登山队成立60周年系列活动在海拔5200米的珠峰大本营举行。

一、探索登山环保新道路

2020年春季登山垃圾清理回收仪式拉开了系列活动的帷幕。

西藏位于青藏高原核心地带，既是重要的世界登山旅游目的地，更是重要的国家生态安全屏障。党和国家高度重视西藏生态环境保护工作，特别是党的十八大以来，以习近平同志为核心的党中央强调要坚持生态保护第一，建设美丽西藏。近年来，西藏自治区体育局坚决贯彻国家和自治区关于生态文明建设的决策部署，牢固树立保护生态环境就是保护生产力的理念，坚守生态安全底线，扎实做好登山环保工作，全面执行《西藏自治区登山条例》，协商确定珠峰登山环保管理区域，发起成立西藏喜马拉雅高山环保基金会，制订出台《珠峰登山垃圾管理暂行办法》，培训农牧民登山从业人员，控制登山人数，改善登山环保设施，开展登山环保行动，保护了高山环境，推动了登山事业健康发展，增进了民族团结，增加了群众收入，服务了地方经济社会发展，宣传了西藏改革开放的良好形象。

4月20日起，西藏自治区体育局开展了2020年春季登山垃圾清理活动，由西藏自治区登山队、西藏自治区登山协会、西藏圣山登山探险服务有限公司、西藏登山向导学校的相关人员对珠峰、卓奥友峰、希夏邦马峰3座山峰的登山垃圾进行全面清理及分类处理。

西藏自治区体育局局长尼玛次仁表示，举行2020年春季登山垃圾清理回收仪式，是贯彻习近平生态文明思想、落实绿色发展理念、建设美丽西藏的鲜明态度，是"爱山护山"的具体行动，是宣传登山环保理念、营造登山环保氛围、凝聚登山环保力量的创新举措，更是推动登山运动科学发展、安全发展、绿色发展的有效保障。做好登山环保工作，是体育部门的重要职责，离不开全社会的关心和参与。我们将牢固树立社会主义生态文明观，立足本职，积极作为，完善设施，狠抓落实，健全登山环保长效机制，积极探索"环保+救援"模式，大力加强登山环保工作，切实保护好高山环境；走"环保+产业"发展道路，大力发展山地户外运动，带动山区群众全面参与山地户外运动产业和登山环保。

承担国家任务的2020珠峰高程测量登山队和普通登山者共同为各自的登顶目标努力。同时，他们也共同承担着另一份责任——保护珠峰环境。"为了不在高海拔留下排泄物，所有登山者都被要求在自己的装备清单中加入尿壶一项。"西藏登山协会环保联络官德庆欧珠说，山峰上的环保要求已细致至此。

二、回望60年中国人珠峰攀登史

国家体育总局登山运动管理中心副主任、中国登山协会副主席、中国登山队队长王勇峰在"回顾历史 展望未来"主题纪念中国人首次登顶珠穆朗玛峰60周年·庆祝西藏登山队成立60周年座谈会上，回顾了1960年中国登山队首次攀登珠峰的艰苦历程，介绍了60年来中国登山队几次重要的攀登珠峰的经历。

王勇峰表示："60年来，中国登山协会一次次担当大任，圆满完成国家任务，这其中离不开一代代西藏登山人的贡献。目前，我们正在经历从登山大国到登山强国的转变，职业登山水平不断提高，参与登山运动之中的普通人也越来越多，中国登山协会将继续携手西藏自治区体育局，致力于推广普及'科学、安全、环保、文明'的登山理念，促进登山运动的蓬勃发展，共同迎接登山运动发展的黄金时代。"

座谈会还邀请到1975年中国人再次登顶珠峰队员代表桑珠、中国西藏攀登世界14座海拔8000米以上高峰探险队队员代表边巴扎西、洛则、次仁多吉等西藏登山老前辈出席并发言，讲述各自的攀登历程。

"登山是一项没有观众、没有掌声的运动，感谢所有为推广普及登山运动作出贡献的人们。"尼玛次仁在座谈会上的总结发言道出了在场所有人的心声，他同时表示未来西藏登山运动的发展要利用好山峰所在地的资源，结合体育、旅游、扶贫等各方力量，让当地群众享受到登山户外运动发展带来的好处。

三、铮铮誓言回荡珠峰脚下

王勇峰在"珠峰脚下的誓言"主题党日活动中表示,党组织的坚强领导,一直是中国登山队无往不胜的有力保障。中国登山队在历次重大登山活动中,都会开展主题党日活动,以提升队员思想觉悟,发挥党员的先锋模范作用。

西藏自治区体育局党组书记、副局长王德军在讲话中表示,新中国成立以来,以贡布、罗则等为代表的登山界老一辈共产党员,不畏艰险,不怕牺牲,顽强拼搏,团结协作,以祖国至上的坚定信念,把五星红旗插上世界之巅,用具体行动诠释了可歌可泣的登山精神,为祖国和人民赢得了荣誉和尊严。

近年来,国家登山任务逐渐减少,登山行业协会党组织在促进登山事业发展、保障登山安全、做好山峰环保、助力脱贫攻坚等方面作出了积极贡献。

在珠峰大本营的球形帐篷里,王德军带领现场全体党员重温入党誓词。随后,中国登山队、国测一大队、新闻媒体界、西藏拉萨喜马拉雅登山向导学校分别向驻西藏日喀则市定日县岗嘎镇古热村、辖龙村、孔目村、沃嘎村4个驻村点捐赠扶贫资金一万元,以推动山峰所在地村庄的经济发展。

第十一节 2020年庆祝西藏登山队成立60周年

2020年10月1日,是西藏登山队成立60周年纪念日。西藏自治区体育局举行庆祝活动,回望历史、展望未来,攀登无止境,转型再出发。

1960年中国人首次登顶珠穆朗玛峰的登顶队员之一贡布,1975年首次珠峰高程测量登山队登顶队员索南罗布、罗则、桑珠、贡嘎巴桑,曾两次登顶珠峰的女登山家桂桑,1988年中日尼三国南北双跨珠峰登顶队员仁青平措等老一辈登山家,以及1960年中国人首次登顶珠峰活动登顶队员王富洲、屈银华的家属和其他登山界人士出席了当天的活动。

1960年5月25日,王富洲、贡布、屈银华三名登山队员登顶珠峰,这是中国人首次登顶世界最高峰,也是人类首次从位于中国境内的北坡成功登顶珠峰。同年10月1日,西藏登山队正式成立(当时称"西藏登山营")。

活动现场,已87岁高龄的老登山家贡布深情回忆了1960年攀登珠峰的艰辛历程,尤其是刘连满甘当人梯,让队友踩在自己肩膀上越过第二台阶的感人故事。"当时屈银华就说,今后在这个地方架个金属梯子就容易多了。我们四人回来就向国家建议,1975年的时候梯子就架上去了。"贡布说。

现场,屈银华的女儿屈虹女士展示了屈银华1960年带上珠峰的手表,正是这块手表记录了他们登顶的准确时间。屈虹同时展示了1960年登顶纪念勋章和有三人签名的珍贵合影。

中国登山协会、西藏自治区体育局分别向西藏登山队发来贺信。贺信称赞西藏登山人用生命书写了一个个可歌可泣的英雄传奇："仁那、西绕、拉巴才让、尼玛扎西、罗朗等献出了宝贵生命，仁青平措、次仁多吉、边巴扎西等数十人冻伤致残，舍生忘死的西藏登山勇士们曾写下500多封遗书。"

西藏登山队队长索南介绍，成立60年来，西藏登山队圆满完成了各项国家重大登山任务，先后有300多人次登顶珠峰，460多人次登顶海拔8000米以上高峰，并以团队形式首次成功登顶世界14座海拔8000米以上高峰，两名队员完成"7+2"（即登顶七大洲最高峰并徒步到达南北极点）壮举；2020年，西藏登山队与中国登山队队员共同圆满完成了珠峰高程测量登山任务。

近年来，西藏登山队着力推动登山活动产业化、高山环保常态化、高山救援科学发展和竞技体育项目实现突破等重点转型工作。截至2020年10月，西藏登山队已完成了30余次国际、国内的重大救援任务，救援地点包括珠峰海拔8000米以上区域。每年登山季，西藏登山界还对山区登山生活垃圾统一清扫、处理，2020年珠峰登山营地实现了厨余垃圾和人类排泄物无害化处理。

2006年以来，西藏登山队先后推动了攀岩队、滑雪队成立。截至2020年10月，西藏攀岩队已在各类国际国内比赛中取得82枚金牌、79枚银牌、90枚铜牌的成绩；索朗曲珍在瑞士洛桑举行的2020第三届冬季青年奥林匹克运动会上夺得了滑雪登山女子个人越野赛、女子个人短距离赛两项第四名，创造了中国选手在滑雪登山项目上的最好成绩。

"西藏登山队是一支传承了老一辈登山精神，在实践中勇攀高峰、践行民族团结的英雄队伍。"西藏自治区体育局局长尼玛次仁说，"西藏登山队将继续努力开创高原特色体育事业发展新局面，为推进新时代西藏长治久安和高质量发展贡献更多体育力量，为加快建设体育强国贡献更多西藏力量。"

第五章

打造中国西藏登山大会品牌

加强品牌建设，是西藏登山运动创新发展的载体和动力。为推动西藏登山运动实现"由专业高山探险型向大众体验型登山转变"，让登山运动为全民健身、大众健身服务，西藏自治区体育局创新思路，自2001年以来已成功举办了十八届面向大众、培训班性质的登山活动——中国西藏登山大会（以下简称西藏登山大会），吸引了3000多人参加，培养了一大批业余登山爱好者，在山友们的带动下，促进全国的登山活动蓬勃发展。目前，西藏登山大会已成为中国举办历史最长、培训最规范、影响最广泛的登山户外运动培训盛会。

第一节　第一届西藏登山大会

一、基本情况

2001年9月27日至10月6日，第一届西藏登山大会在姜桑拉姆峰举行。参加的山友共120人，其中43人登顶。西藏登山协会向登顶者颁发了西藏登山大会登顶证书，向登达海拔5000米以上者颁发了西藏登山大会登高证书。

姜桑拉姆峰，海拔6325米，位于拉轨岗日山脉中段、西藏自治区江孜县与浪卡子县交界处，地理坐标：北纬28°08′、东经90°03′。最佳攀登季节是每年春季4月初至5月底、秋季8月底至10月底。该峰山势缓和、冰雪丰富、攀登难度适中且交通方便，是业余登山爱好者攀登入门级的理想山峰。

第一届西藏登山大会由西藏登山队党支部书记索南措姆任组委会秘书长、队长桑珠任总指挥，派出包括国家级登山教练员成天亮、西藏攀登世界14座8000米以上高峰探险队队员在内的22名登山教练员和27名运动员，以及西藏登山向导学校的学员担任教练员和高山协作等后勤保障人员。医护人员均从医院聘请，配备了便携式高压氧舱。

二、活动内容

攀登姜桑拉姆峰前，与会山友接受了相关培训，如登山器械的基本操作；冰、雪地行走；冰、雪地滑坠制动；登山常识；听西藏攀登世界14座8000米以上高峰探险队队员讲述攀登11座高峰的经历等。随后，一行人攀登姜桑拉姆峰，并于期间进行摄影比赛。

三、活动意义

第一届西藏登山大会是探索开展业余登山活动的一次成功尝试。攀登高海拔雪山是否就意味着死亡和伤残？国内业余登山运动如何发展？已成为我国登山界及众多登山爱好者最为关心的问题，该届登山大会为中国开展业余登山运动进行了有益的探索。该届登山大会组委会秘书长、西藏登山队党支部书记索南措姆说："创办第一届西藏登山大会，是我国近年来组织的最大规模的一次登山活动，实现了既定的'安全、协作、环保'的目标。"

第一届西藏登山大会是对开发利用西藏丰富山峰资源和优秀登山人才资源的有益尝试，既为业余登山爱好者了解和走进登山户外运动打开了方便之门，也为西藏登山运动人才施展才能、开发利用山峰资源开拓了广阔舞台，还为改变以往只接待国外登山团队的现状、开拓商业登山市场勇敢地迈出了第一步，更为持续办好西藏登山大会积累了经验、锻炼了队伍，是我国登山史上具有开创性意义的活动。

承办人员给予山友们无微不至的关怀，以陪伴式服务，从精心提供饮食、细心观察高山反应、热心帮助穿戴装备，到替山友背背包、适时提醒注意安全事项、及时下送高山反应严重人员、撤营时带头收集垃圾带下山去做无害化处理等细节，都受到山友们的一致好评，称赞这些平时只能在电视中看到的著名登山家没有大牌明星的架子，只有谦虚、热情、善解人意、乐于助人的优秀品质，使山友们和承办人员互相结下了真挚友谊。此后，在许多老山友的宣传下，更多新山友来藏参加登山大会或进行更高海拔山峰的攀登，成为业余登山和徒步穿越等户外运动的骨干。其中，登顶山友中的陈俊池，在"2003·站在第三极"——中国首支业余登山队攀登珠峰中成功登顶。

组委会为加大宣传力度、扩大影响、打造培训业余登山爱好者的品牌项目，邀请媒体全程参加登山大会跟踪报道，同时还邀请1975年首位从珠峰北坡登顶的著名女登山家潘多和与她一起登顶珠峰"九勇士"之一的西藏登山队原书记罗则，到姜桑拉姆峰大本营看望山友并传授登山经验。

第二节　第二届西藏登山大会

一、基本情况

2002年，第二届西藏登山大会分春、秋两季，分别在启孜峰、唐拉昂曲峰举办。春季西藏登山大会于4月29日至5月8日在启孜峰举行。启孜峰，海拔6206米，位于念青唐古拉山脉西段西藏自治区当雄县境内，地理坐标：北纬30°02′、东经90°05′，最佳攀登季节是每年春季3月下旬至5月底、秋季8月底至10月底。该峰具有距离拉萨近、后勤保障方便、攀登难度适中、登顶成功率高等优势，是初次登山探险者的入门级理想山峰。来自北京、上海、广东、四川、黑龙江、浙江和香港特别行政区的50名山友，与承办单位派出的登山教练员、高山协作等后勤保障人员30人，共80人参加启孜峰的攀登，50名山友中有32人分两批登顶。

秋季西藏登山大会于9月28日至10月3日在唐拉昂曲峰举行。唐拉昂曲峰，海拔6330米，位于念青唐古拉山脉中段西藏自治区当雄县境内，地理坐标：北纬30°04′、东经90°06′，最佳攀登季节是每年春季3月下旬至5月底，秋季8月底至10月底。该峰具有靠近青藏公路、交通便捷、距离拉萨近、后勤保障方便、攀登难度适中、登顶成功率相对较高等优势，是已经初步掌握登山技能者登山探险的理想山峰，能够使他们进一步熟悉掌握更高层次的登山知识和技能。来自北京、深圳、广州、四川、重庆、上海、湖南、陕西等地的28名山友，与承办单位派出担任登山教练、高山协作等后勤保障人员30人，共58人参加唐拉昂曲峰的攀登活动，28名山友中有14名登顶。

二、活动内容

2002年初，组委会及早选定攀登山峰，决定在确保安全的前提下，为满足广大山友攀登不同难度山峰的要求，慎重选定了两座不同海拔高度、不同攀登难度的山峰分别用以举办春季和秋季登山大会。这两座山峰都是西藏登山队和西藏登山向导学校的训练峰，他们对这两座山峰的地理环境、攀登路线、设营位置了如指掌，详细制订并在媒体和互联网上发布了《2002年（春季）启孜峰西藏登山大会实施计划》和秋季登山大会计划，以方便山友根据自身情况选择攀登山峰并提前准备和报名参加。组织机构仍由第一届西藏登山大会组委会的人员组成，只是根据报名人数的减少相应减少了保障人员。登山大会期间，承办单位和人员发扬第一届登山大会的成绩，纠正缺点、弥补不足，针对唐拉昂曲峰的攀登难度比启孜峰攀登更大的实际情况，在较长的攀登路线上，分别在海拔4670米、5350米、6000米处建立了登山大本营、前进营地、突击营地。承办人员尽心竭力帮助这些山友学习登山技术和实现攀登雪山的愿望，使其中的部分人员登顶成功，部分登达海拔5000米以上处，分别获得西藏登山大会登顶证书或西藏登山大会登高证书。

三、活动意义

大会组委会为吸引更多业余登山运动爱好者前来西藏参加登山活动，决定在不同季节和不同的山峰举行第二届西藏登山大会的同时，要加大宣传力度，及早制定和在媒体网络上发布《第二届西藏登山大会（春、秋季）实施方案》，以方便有参加西藏登山大会意向的山友们有充分的时间做好报名和锻炼身体等各项准备工作，也使参加过首届登山大会的山友继续来藏攀登新的山峰，并采取减免领队报名费等措施，动员老山友们呼朋唤友来藏参加登山大会,以扩大西藏登山大会的规模和知名度。

参加过西藏登山大会、经过专业培训的登山爱好者此后在全国各地成立了许多登山户外俱乐部,每年都组织团队来藏进行登山或徒步穿越等户外活动,从而使登山户外运动与旅游相结合,把单纯的优势运动项目转变为与优势产业相结合,把资源优势转变为经济优势,形成了新的经济增长点。

西藏自治区领导高度重视西藏登山大会的持续举办。2002年5月1日,西藏自治区副主席次仁卓嘎,在西藏自治区体育局党组书记西珠朗杰和有关部门、单位负责同志的陪同下来到大本营亲切看望山友和教练员、高山协作等承办人员。特别对山友中年龄最大、来自我国香港特别行政区的57岁蔡甘棠表示慰问,叮嘱他在确保安全的前提下攀登。还观看了山友吴亮这位无线电和滑翔伞爱好者进行的个人移动短波电台国内联络测试和滑翔伞试飞,这两项实验都取得了成功。

第三节　第三届西藏登山大会

一、基本情况

2003年9月27日至10月7日,第三届西藏登山大会分别在唐拉昂曲峰、念青唐古拉中央峰同时举行。念青唐古拉中央峰,海拔7117米,位于念青唐古拉山脉西段西藏自治区当雄县境内,地理坐标:北纬30°04′、东经90°06′,最佳攀登季节是每年春季的3月中旬至5月底、秋季的8月底至10月底。

本次登山大会参加山友87人,其中45人登顶唐拉昂曲峰、22人登顶念青唐古拉中央峰,共计67人。承办工作人员和山友共计139人,在山友和承办人员共同努力下,大会期间各项工作得以安全顺利进行。山友中登达海拔5000米以上者,分别获得由西藏登山协会签发的登高或登顶证书。此次登山大会由西藏登山协会主办,西藏登山队和西藏登山向导学校承办,共派出52人承担登山教练员、登山向导、高山协作等工作。

二、活动内容

本届登山大会依然在当雄县境内念青唐古拉山脉举行,山友们分为两队:一队攀登海拔6330米的唐拉昂曲峰,一队冲击海拔7117米的念青唐古拉中央峰。这是西藏登山大会首次选择攀登海拔7000米级以上山峰,为保证这次大规模、高海拔、同时攀登两座山峰的登山大会安全成功,组委会派出"西藏攀登世界14座8000米以上高峰探险队"的主力队员等众多国家级、国际级运动健将担任教练员和登山向导,以多次接待国内外登山团队的西藏圣山登山探险服务有限公司的员工承担高山协作和高山厨师等后勤保障工作,聘请高山病防治专家负责卫勤保障工作。

三、活动意义

来自广东、深圳、北京、上海、四川、重庆等13个省（市）的山友和承办人员，同时对两座山峰实施攀登，创造了国内群众性业余登山活动攀登山峰海拔最高、参加人员规模最大、登顶山友人数最多、安全无事故的新纪录。

首次在两座山峰同时开展登山活动，首次攀登海拔7000米级以上山峰，使登山大会的举办难度增大，是对承办单位和工作人员的考验。西藏自治区登山运动管理中心党支部书记、西藏登山大会组委会秘书长索南措姆进驻前进营地，与西藏登山队队长、"西藏攀登世界14座8000米以上高峰探险队"队长、西藏登山大会总指挥桑珠，西藏自治区登山运动管理中心副主任、西藏登山向导学校校长、西藏登山大会副总指挥尼玛次仁以及西藏登山队党支部书记、西藏登山大会宣传广告组组长尹逊平等主办和承办单位的领导干部靠前指挥，共同组织指挥这届西藏登山大会。

本届西藏登山大会提高了登山培训层次，增强了对山友的吸引力，使以往参加过登山大会的山友再次前来登山，成为"回头客"。本届西藏登山大会的成功举办，不仅使广大山友体验了攀登海拔7000米级以上雪山的激情与快乐、掌握了更加丰富的登山知识与技能，而且为承办单位在今后举办规模更大、多座山峰、难度更高的西藏登山大会积累了经验，交上了一份合格的答卷，消除了部分人员的担心和疑虑，彰显了举办西藏登山大会的强大实力。

为加大宣传力度，扩大"西藏登山大会"的影响力，在邀请西藏人民广播电台、西藏信息中心、《西藏日报》《拉萨晚报》等媒体记者的同时，还邀请西藏电视台记者全程参加西藏登山大会举办进程的报道，全程跟随攀登拍摄，他们精心制作的纪录片在西藏卫视中播出，成为"西藏登山大会"的宣传"大片"。特别是《拉萨晚报》的记者吴勇在成功登顶唐拉昂曲峰后，以《拥抱光明 远山的呼唤》为题，详细报道了这届登山大会的盛况。

第四节 第四届西藏登山大会

一、基本情况

2004年9月25日至10月7日，第四届西藏登山大会在桑丹康沙峰举行。来自北京、上海、广州、深圳、重庆、南京、长沙、福州、贵阳、合肥、郑州、南昌、拉萨13个城市的登山爱好者参加了本次大会。其中，西藏达氏集团公司董事长达瓦次仁作为民营企业家首次参加了西藏登山大会，并给山友中登达海拔5000米以上者颁发了由西藏登山协会签发盖章的西藏登山大会登高证书。桑丹康沙峰，海拔6590米，位于念青唐古拉山脉中段西藏自治区那曲地区境内，地理坐标：北纬30°09′、东经91°05′，最佳攀登季节是每年春季4月初至5月底、秋季8月底至10月底。

二、活动内容

自从队伍进山以来，山区一直没有出现好天气，风雪交加、持续不断，连续降雪使高海拔营地积雪达70厘米以上。以"西藏攀登世界14座8000米以上高峰探险队"主力队员为主的教练兼修路组队员，多次冒着风雪向上攀登，在海拔5870米处建立了C1营地，并打通了到海拔6180米处C2营地的路线，10月4日曾登达海拔6060米的高度，一直期望出现好天气后带领山友们登顶。

10月1日，西藏自治区体育局党组书记、西藏登山协会主席群增带领有关部门负责人，携带慰问品来到桑丹康沙峰大本营看望山友和承办人员，并登达前进营地检查指导工作，对安全登山的措施和注意事项做了进一步检查和强调，还与山友们一齐参加登山技能训练，学习登山技术装备的操作要领，体验攀冰和雪地行走、滑坠制动等科目的教学过程。

5日，因连续降雪和山上积雪太深，教练们实地评估得出结论：这种天气和持续降雪后的山上易发生雪崩，不能带领山友继续向上攀登。经桑珠总指挥与尼玛次仁副总指挥和教练组商议后慎重决定：为确保山友安全，终止攀登，立即下撤。登山行动随即宣告结束，当天下午全体山友乘车返回拉萨。

6日，承办人员撤营并运输物资装备回到拉萨。

7日，进行工作总结和清理装备物资入库，并把《第四届西藏登山大会工作总结》上报自治区体育局和西藏登山协会。

三、山友评价

参加这次登山大会的许多山友是初次来西藏登山，尽管在登山大会举办过程中因天气原因和山友们的假期已满而终止了攀登行动，但大多数山友对登山大会的组织工作规范有序、培训内容科学实用、处置意外情况果断稳妥，特别是对自治区体育局领导的看望慰问和大会承办工作人员热情周到细致的服务感到满意。

山友们表示，有驰名世界登山界的西藏登山队主力队员担任教练，有完成登顶并在电视直播"2003·站在第三极"攀登珠峰中看到的西藏登山向导学校学员担任高山协作，更难得的是由刚从巴基斯坦登顶世界第二高峰乔戈里峰凯旋的著名登山家们指导登山，感到特别荣幸、机会难得，虽然没有登顶，但还是学到了攀登高海拔雪山的系列知识和技能，很值得，不虚此行。大家还称赞在这段不长时间的相处中与善良好客的西藏登山人士结下了真诚友谊，今后还要带着家人和朋友来西藏登山或观光旅游。

第五节　第五届西藏登山大会

一、基本情况

2005年9月24日至10月3日，第五届西藏登山大会在启孜峰举行。共有来自深圳、昆明、大连、杭州、贵阳、北京、南京、上海、重庆和拉萨10个城市的31名山友参加，其中27人成功登顶获得了西藏登山大会登顶证书，4人登达海拔5000米以上处获得了西藏登山大会登高证书。

二、活动内容

本届登山大会仍以"安全、协作、环保"为主题，承办单位精心组织、周密安排、善始善终。登山大会组委会按照西藏自治区体育局的要求，早在年初的2月20日就开始启动筹备工作，选派的登山教练、向导和协作、后勤保障人员都是西藏登山队和西藏登山综合培训中心（西藏登山向导学校）经验丰富、在以往登山活动中表现出色的人员。为保证登山大会安全顺利进行，要求承办单位的人员各自忠于职守、吃苦耐劳、精心指导、热情服务，为打造"西藏登山大会"品牌培训项目贡献聪明才智。先遣人员提前进驻大本营后，不辞辛劳地往返向高山营地运送物资、搭建前进营地、探路修路架设路绳，有的两到三次登到顶峰，为山友安全顺利登山做好了充分准备，保证了本届登山大会圆满成功，博得山友们一致好评。特别是在攀登过程中，教练和向导协作人员耐心细致地、手把手向山友传授登山知识和技能，并替山友背背包，还随时随地观察山友们的高山反应情况，通过摸脉搏、测血氧量、查看夜间睡眠等情况，配合医护人员对高山反应重的山友及时进行吸氧、服药治疗或下送，被山友们誉为得到了"保姆式的登山服务"。

三、总结反思

此次登山大会中在取得圆满成功的同时也暴露出了几点不足，值得反思。

一是由于连续在启孜峰举办登山大会，降低了对山友们的吸引力。尽管年初就在媒体和互联网上发布了举办第五届西藏登山大会的信息，并与各登山户外运动俱乐部联系，力求争取更多山友报名参加，但当山友们得知仍在同一座山峰上攀登时，感觉内容单调，不愿意参加，致使报名人数减少。对此，应对措施是今后要在开发攀登新的山峰和在丰富登山大会内容上下功夫，吸引更多登山爱好者参加。

二是著名登山家仁那在攀登迦舒布鲁姆I峰时牺牲后，使山友们对登山运动的安全性产生了顾虑。对此，应对措施是应多做创办西藏登山大会以来从未发生伤亡事故的宣传解释工作，并进一步采取切实可行的措施提高举办登山大会的安全性。

三是参加登山大会的山友少、规模小,导致成本高。对此,应对措施是要逐步向适度规模化发展,以便降低举办成本,实现赢利,走上可持续发展的道路。

第六节　第六届西藏登山大会

一、基本情况

2006年9月27日至10月3日,第六届西藏登山大会在启孜峰举行。来自北京、上海、深圳、杭州、昆明等城市的39名山友参加。其中,19人登顶、20人登达海拔5200米的前进营地,分别获得西藏登山大会登顶证书或西藏登山大会登高证书。

本届登山大会由西藏登山协会主办,西藏登山队承办,由西藏登山队高级教练旺加担任登山大会总指挥,派出了包括"西藏攀登世界14座8000米以上高峰探险队"主力队员次仁多吉、洛则等国际级和国家级运动健将在内的19名经验丰富的登山运动员承担教练、登山向导协作和后勤保障等工作。

二、活动内容

9月27日,山友和承办人员进驻羊八井高山训练基地大本营。

28—29日,进行登山常识讲座,内容包括高山气象知识、高海拔地形地貌学、户外风险管理等。期间,还进行拉练等适应性训练和练习掌握登山技术装备的操作要领等。

30日,山友们从大本营攀登到海拔5200米的前进营地,在高海拔营地进行了冰雪地面行走、滑坠制动、攀冰、修路等技术练习。

10月1日凌晨3时,教练组带领山友们出发向顶峰攀登。山友中最快的于6时40分登顶、最晚的8时10分登顶。

自从进驻大本营以来,天气一直晴朗,特别是10月1日国庆节这天,山上晴朗无风,阳光灿烂,给部分山友顺利登顶创造了条件。

三、活动意义

本届登山大会期间,为进一步消除山友对攀登雪山安全性的担忧,在总结和吸取以往举办登山大会的经验教训的基础上,集体研究制订采取多项安全措施,例如,向山友们宣讲登山大会风险评估结论和设置的安全攀登设施,尽量消除山友们的恐惧感,并从报名、复查身体、讲解预防高原病开始,采取措施降低山友严重高山反应的发生率。对身体状况不符合登山运动要求、出现严重高山反应者,在进行及时救治的同时劝说放弃登山,改为到林芝等低海拔区域去旅游观光,从而确保了山友和承办人员的安全。登山大会期间,还进一步宣传和落实环境保护的重要意义和措施,减少登山活动对自然环境的不良影响。

另外，10月2日，在登山大会结束之际，西藏自治区体育局领导邀请山友们和登山大会承办人员，参加自治区体育局举行的羊八井高山训练基地一期工程落成挂牌仪式。

新落成的高山训练基地位于当雄县羊八井镇的启孜峰附近，海拔4318米。该基地于2005年4月22日开工建设，2006年10月2日一期工程竣工。基地的名称是"中国登山协会西藏羊八井高山训练基地""西藏自治区体育局羊八井高山训练基地"。基地二期工程于2012年竣工，进一步完善了设施、增强了功能。2006年投入使用后，基地成为"西藏登山大会"常设大本营。参加2008年北京奥运火炬接力珠峰传递的中国登山队，曾在这里进行适应性攀登和预演训练。

总指挥旺加表示，羊八井高山训练基地建成后，为西藏登山大会提供了永久的登山大本营和训练基地，所以本次登山大会仍在启孜峰举办。今后，将依托羊八井高山训练基地开发攀登附近的其他众多海拔6000~7000米级山峰。同时，开展徒步、骑行、滑雪、漂流、滑翔伞等丰富多彩的户外活动，吸引更多登山户外运动爱好者前来参加西藏登山大会。

第七节　第七届西藏登山大会

一、基本情况

2007年9月28日至10月5日，第七届西藏登山大会在启孜峰举行。来自四川、北京、广东、上海、山东等省（市）的43名山友参加。其中年龄最大的51岁、最小的21岁。

二、活动内容

9月28日抵达拉萨报到、整理装备、学习进山注意事项；29日在羊八井高山训练基地进行适应性训练；30日技术讲座、学习交流；10月1日从羊八井高山训练基地出发，前往海拔5200米的前进营地；2日，在前进营地进行雪地基本行走技术、冰雪地滑坠制动、攀冰和下降的基本技术练习；3日，登顶；4日清理前进营地和羊八井高山训练基地；5日返回拉萨。

三、活动意义

本次登山大会的培训模式逐步规范。特别是在羊八井高山训练基地投入使用后，以良好的接待和训练设施为规范培训内容提供了条件。组委会借鉴法国沙木尼滑雪登山学校培训模式，对报名前来的登山爱好者进行了正规化培训。首先，在基地讲授登山历史、高山病防治措施（等医学常识）、高山气象知识、高海拔地形地貌学、户外风险管理、登山器械最新产品介绍和操作方法、登山领队必备技能、出境登山的外事纪律、国家有关方针政策等课程，要求山友们重点掌握登山理论常识和登山器械操作要领。其次，在徒步行军或试登山中进行适应性训练，同时观察每名山友的体能和登山基础技能水平，因人而异地安排高山向导或高山协作陪伴指导攀登。再次，攀登到海拔5200多米的突击营地，进行雪面冰地面行走、滑坠制动、使用冰爪和上升器、下降器等冰雪作业练习，练习掌握探路、修路和架设路绳等技能。最后，在教练员和高山向导、高山协作的陪伴帮助下向顶峰攀登。

登山大会倡导理性登山，要求山友们既要尽力而为，又要量力而行，在确保安全的前提下体验登山探险运动。

第八节 第八届西藏登山大会

一、基本情况

2008年9月28日至10月5日，第八届西藏登山大会在启孜峰举行。共有来自14个城市的71名山友参加。山友们分为A、B两组共60人登顶，登顶率达84%，登顶山友中年龄最大者57岁。登顶及登达海拔5000米以上处的山友分别获得西藏登山大会登顶证书或西藏登山大会登高证书。

为了加大宣传力度、扩大"西藏登山大会"的影响力，和以往一样，本届登山大会在邀请西藏人民广播电台《西藏日报》《拉萨晚报》、西藏信息中心等媒体记者的同时，还邀请中央电视台驻西藏记者站的记者进驻大本营，进行现场直播或录播"西藏登山大会"举办盛况，收到良好的宣传效果。

二、活动内容

为丰富登山大会内容，把登山健身与旅游观光相结合，组委会特意安排山友们在进山途中，先乘车去海拔4700多米的纳木错湖观光并宿营，在观赏风景的同时增强高原适应能力。然后进驻设在羊八井高山训练基地的大本营，进行登山常识授课，中间穿插"登山精神"的宣传学习，请率领探险队创造团队登顶世界14座海拔8000米以上高峰纪录的桑珠队长和主力队员讲述14年团结奋战、舍生忘死、前赴后继创造世界登山探险新纪录的艰险历程，回顾几代登山人用热血和生命铸造"西藏登山精神"的动人事迹，宣传传播登山文化，使山友们加深对西藏登山运动员用生命和热血铸造"不畏艰险、顽强拼搏、团结协作、勇攀高峰、祖国至上"登山精神英雄壮举重大意义的认识，并使登山英雄的故事广为流传。

西藏自治区体育局局长德吉卓嘎和副巡视员索南措姆与局机关有关部门负责同志，在登山大会举办期间来到羊八井高山训练基地，出席了攀登启孜峰出征壮行仪式，并检查指导工作、看望慰问山友和承办人员。

在医疗保障方面，除在羊八井高山训练基地开设门诊外，还在前进营地派驻医生，并配备便携式高压氧舱等医疗救治设备和药品。

10月1—2日，A、B两组山友中的绝大多数人在教练和登山协作的全力帮助下成功登顶。

三、活动意义

本届登山大会的现场指挥和教练员可谓群星璀璨：1975年登顶珠峰的西藏登山队队长桑珠、2008年担任北京奥运火炬接力珠峰传递的火炬手、西藏登山运动管理中心副主任、西藏登山向导学校校长尼玛次仁和北京奥运火炬接力珠峰传递火炬手吉吉，以及登顶世界14座8000米以上高峰的著名登山家次仁多吉、边巴扎西、洛则等明星级人物分别担任总指挥、副总指挥和教练员。这些著名登山家成为山友们特别关注的明星，山友们纷纷向登山家们请教登山技能和经验。

登山大会组委会还聘请曾担任过北京大学登山社团山鹰社社长、深圳业余登山队队长并多次来藏参加登山行动的资深山友曹峻等人担任教练，以其丰富的登山户外运动知识和经验，在承担课程和授课中增加了新的培训内容。通过这些资深山友们的联系协调，也方便了承办人员与山友们的沟通交流。

本届登山大会由以往的帐篷临时大本营，改为在羊八井高山训练基地的永久大本营，训练和接待条件大为改善，进一步满足了高端山友希望在参加商业登山探险时生活条件不要过于艰苦的需求。在餐食方面有丰盛的菜品，主食有米饭、面条、面包等；在住宿方面，有相当于星级宾馆的接待楼和套房、标准间；在学习训练方面，室内外设施兼备；在洗浴方面，山友们可在训练和晚餐后进入温泉游泳池泡澡消除疲劳。有的山友说刚报名参加登山大会时，以为在海拔4000多米的大本营的生活和训练条件一定极其艰苦，但万万没有想到的是，这里环境竟是如此舒适，不但可以吃上美味的饭菜，还可以泡温泉，更能在草原和山峰上欣赏美景、享受回归大自然的情趣与美妙。

第九节　第九届"中国人寿"西藏登山大会

一、基本情况

2009年4月28日至5月6日，第九届"中国人寿"西藏登山大会在启孜峰和姜桑拉姆峰同时举行，首次由中国人寿西藏分公司赞助冠名。山友们来自北京、武汉、成都、深圳、温州等16个城市，共82名。其中，年龄最大者57岁、最小的26岁。67名山友分别登顶两座山峰：登顶启孜峰的3组54人、登顶姜桑拉姆峰的1组13人。山友分别登达启孜峰海拔5200米的前进营地以上者、姜桑拉姆峰海拔5300米的前进营地以上者，受颁西藏登山大会登高证书；登顶两座山峰者受颁西藏登山大会登顶证书。

本届大会在邀请西藏人民广播电台、西藏电视台、《西藏日报》《西藏商报》《拉萨晚报》、西藏信息中心等当地媒体记者的同时，还邀请新华社西藏分社记者、中央电视台（以下称央视）第5频道和央视驻西藏记者站记者进行现场直播或录播报道。记者们不辞艰险跟随攀登采访报道，拍摄了完整的"西藏登山大会"视频资料，制作成纪录片进行播放报道，受到社会各界的广泛关注，收到很好的宣传效果。其中的新华社西藏分社副社长、高级记者多吉占堆跟随攀登采访报道并成功登顶，创造了登山大会举办以来登顶启孜峰人员中职务最高的纪录。

二、活动内容

参加本届登山大会的山友数量超过前8届。根据山友的不同需求，本届大会设置了两座登顶峰，即念青唐古拉山脉海拔6206米的启孜峰和拉轨冈日山脉海拔6325米的姜桑拉姆峰。5月1日攀登启孜峰的第一批山友20人成功登顶，3日第二批山友16人登顶，4日第三批山友18人登顶。5日，攀登姜桑拉姆峰的13名山友成功登顶。活动总指挥尼玛次仁表示，本届登山大会登顶率近90%，达到了预期的效果。在西藏自治区体育局羊八井高山训练基地和海拔5300米的前进营地，专业教练对山友们进行了内容丰富的培训，使山友们的登山技能水平得到提高。此外，高山病医生全程跟踪了登山大会，保证了山友们的安全。

另外，在大会期间还安排有一系列知识讲座与技术培训，内容包括登山常识讲座、高山病防治、高山技术装备的基本操作要领、冰雪地面基本行走技术、攀冰和下降的基本技术、冰雪地滑坠制动和自救互救等。

三、活动意义

本届登山大会，一是加大了宣传力度，营造了良好氛围。二是注重安全，提高了服务质量，保障有力，让参与此次登山大会的山友充分体验到登山的乐趣，满足了攀登雪山的愿望，满意而归。三是加强了承办方，包括区登山运动管理中心、区登山队、区登山综合培训中心（西藏登山向导学校）之间的沟通与协调。筹备工作启动后，召开协调会，及时沟通相关情况。四是注重参与登山大会山友的报名工作，注重复查山友的身体状况。五是加强了登山大会财务和装备物资的统一管理，发挥"滚雪球"效应，把登山大会财力物力越做越大，使登山大会越办越好。

经过多年的实践，西藏登山大会已经成为中国最大的业余登山平台，越来越多的山友通过西藏登山大会走向高海拔雪山。西藏将依靠丰富的山峰资源和雄厚的专业登山力量，把西藏登山大会做大做强。

第十节　第十届西藏登山大会

一、基本情况

2012年4月28日至5月8日，第十届西藏登山大会继2010—2011年停办两年之后，重新在羊八井高山训练基地举办。为了满足不同登山基础能力山友们的需要，本届大会安排山友们攀登了不同海拔高度和难度的启孜峰、唐拉昂曲峰，并进行登山文化交流和游览羊八井镇附近的湖光山色。来自北京、上海、香港、成都、郑州、乌鲁木齐等14个城市的60名山友参加，最终有23名山友登顶启孜峰，34名参加攀登唐拉昂曲峰的山友在攀登时冰雪坡上出现巨大裂缝，为确保安全放弃登顶。

二、活动内容

山友们在培训学习掌握登山理论、装备器械操作、攀登技能等基本常识后攀登海拔6206米的启孜峰和海拔6330米的唐拉昂曲峰。5月4日晨，经过6个多小时的攀登，有23名山友登顶启孜峰。参加攀登该峰的山友共有26人，在当天午夜时分，细密的雪花纷纷扬扬地飘洒在海拔5200多米的前进营地，西藏登山队高级教练、第十届西藏登山大会教练向导协作组组长旺加说这是登顶的好天气。他比预定时间提前半个多小时叫醒了帐篷里的山友，通知大家整装出发。

山友们登顶启孜峰的过程总体顺利，但也出现了惊险场面，来自北京的女山友仲生爱在试图超越前面一名山友时，手中插在雪里的冰镐没有稳住身体，跌倒往下滑坠了几米远，幸好冰镐又钩住了安全路绳，才没有发生严重事故。仲生爱事后说："我的裤子、羽绒服全被冰镐划破了，水壶也掉了。幸好旁边一位女教练及时拉了我一把，她还狠狠说了我一顿，叫我一定记住：不能随意解脱保险带上的铁锁去超越别人，否则会滑坠悬崖发生伤亡事故。"

当天，A、B两组共有3名山友因身体不适，在登顶过程中提前下撤，回到低海拔营地后，经过简单治疗和休息都很快恢复健康。全体登顶队员也在中午时分返回羊八井高山训练基地的大本营。

三、活动意义

5月5日下午，本届西藏登山大会总指挥、西藏登山队（登山综合培训中心、高山救援队）队长尼玛次仁率领参加第十届西藏登山大会的全体人员返回拉萨，在突击营地餐厅举行了庆功大会。索南措姆和西藏自治区登山运动管理中心主任张明兴等出席，向登达海拔 5230 米的前进营地和顶峰的山友颁发西藏登山协会登顶或登高证书。尼玛次仁作第十届西藏登山大会工作总结报告，并向山友们和承办单位及工作人员征求意见建议，以求集思广益持续办好西藏登山大会。

次仁多吉、边巴扎西、洛则 3 人是人类历史上第一支、也是唯一一支以团队形式登顶世界 14 座海拔 8000 米以上高峰的英雄群体成员，这 3 人成了许许多多登山爱好者心目中的偶像。

让登山家给初学登山者当教练或向导协作，听上去像是让大学教授来教小学生，但登山家们却丝毫不觉得委屈了自己。边巴扎西说："给山友们调整装备、传授攀登技能这是我们应该做的，因为这是我们的专业，山友们喜欢登山运动我就很感动了，所以我很乐意去帮忙。"本届登山大会期间，还安排了一场交流会，让登山家回答山友们提出的问题。来自北京的山友郭明说："教练们非常善良、非常乐于和我们交流，教练们不会因为自己登过多少座高峰，而你很初级、很业余，就有那种心态上的差别。对我们的每一个问题教练们都会非常认真、负责、详细地讲解。"胡建中和郭明等热情的山友也许不知道，他们的到来和积极求知，也让这些登山家们由衷感到喜悦。边巴扎西说这次能够参加登山大会，再到雪山中来，心情豁然开朗。更让他高兴的是登山运动的普及，"过去登山这个职业不像其他竞技体育项目，我们从事的是一个很孤单的项目。"边巴扎西的话里有沉沉的分量，也许只有他和他的同伴们才真正懂得，"但现在国家强大了，有很多其他省份的登山爱好者过来，尝试亲近雪山、亲近大自然，我们很高兴。"边巴扎西说西藏有那么多的高山，每一座都不一样，他自己无法一一攀登了，但能为其他登山爱好者服务，哪怕当一名工作人员也是高兴的。

第十一节　第一届拉萨秋季旅游登山大会暨第十一届西藏登山大会

一、基本情况

2013 年是人类首次登顶珠峰 60 周年，1953 年 5 月 29 日，英国籍新西兰探险家埃德蒙·希拉里和尼泊尔向导丹增·诺尔盖首次将人类的足迹带上海拔 8844.43 米的珠穆朗玛峰。为了铭记这一人类挑战珠峰、亲近自然的伟大事件，西藏登山队于 2013 年秋季举办登山大会，参加活动的山友在训练基地内进行了系统的登山理论学习和登山装备实践操作。为了确保活动安全，本届大会的教练和协作人员将由登山经验丰富的西藏登山队队员和西藏登山学校学员组成。本届登山大会还安排山友们在海拔 4700 米、风景壮美的纳木错进行高海拔适应，将旅游与登山结合起来。最终，共有 21 名山友成功登顶海拔 6206 米的启孜峰。

二、活动内容

本届西藏登山大会迎来两批共计 31 名山友，其中 10 名山友因遭遇较为严重的高山反应无缘登顶，下撤至设在西藏羊八井高山训练基地的登山大本营；第二批 5 名山友于 6 日上午成功登顶启孜峰，加上此前首批 16 名山友于 2 日登顶，这届登山大会共有 21 名山友实现了登顶的梦想。据报道，第二批山友于 6 日凌晨 3 时 40 分由启孜峰前进营地向峰顶进发。由于当日天气为阴雨，加之飘雪，能见度较低，给登山带来了一定难度。经过数小时的艰难攀爬，5 名山友在 10 时 10 分前全部登顶启孜峰。为确保安全，大会组委会在前进营地准备了便携式高压氧舱、药品和高山氧气。每天晚上，教练和协作人员都会查夜，检查山友睡袋使用是否正确，有无不正常的身体表现。如果山友出现严重的高原反应，专门的接应组将采取背抬等方式及时将其下撤转移。

三、活动意义

1. 创新办会

西藏登山大会已成功举办 10 届，成为国内水平最高、规模最大的高海拔登山大会。为充分发挥山峰资源优势和登山人才优势，有效促进登山运动与旅游产业融合发展，大力推动世界旅游目的地建设，2013 年西藏自治区体育局创新办会方式、丰富活动内涵，与拉萨市人民政府联合举办第十一届西藏登山大会暨第一届拉萨秋季旅游登山大会。大会组委会认为，通过这种旅游带体育、体育促旅游的方式，一定能够使广大山友和游客在攀登高峰、超越自我的挑战中，饱览西藏雄浑壮美的自然风光，一定能够走出一条登山运动与旅游业相结合的新路，实现经济效益、社会效益、文化效益和生态效益"四赢"。

第十一届西藏登山大会暨第一届拉萨秋季旅游登山大会，是报经西藏自治区人民政府批准举办的大型体育活动，是西藏自治区深入贯彻落实党的十八大精神，推动高原特色体育事业创新发展的重大举措，是深化"一产上水平、二产抓重点、三产大发展"经济发展战略，推动产业转型升级，建设世界旅游目的地和国际知名旅游城市的重大举措，是深入开展党的群众路线教育实践活动，密切党群干群关系，进一步转变作风的具体体现。

2. 联合承办

随着中国经济社会的快速发展，人民健身休闲需求的日益活跃，体育与旅游内涵的不断丰富，登山探险与休闲旅游交集的更加紧密，使登山与旅游相互融合越来越深入、在产业发展中的地位越来越凸显、促进经济社会发展的作用越来越明显。2013 年，西藏自治区体育局与拉萨市人民政府立足创新办会方式、丰富活动内涵，联合举办第十一届西藏登山大会暨第一届拉萨秋季旅游登山大会，旨在走旅游带体育、体育促旅游的发展路子，进一步发展登山文化，打造登山品牌，开发体育旅游景点，发展体育旅游产业，不断推动世界旅游目的地和国际知名旅游城市建设。

2001 年，西藏自治区体育局创办第一届西藏登山大会，拉开了西藏登山大会茁壮成长的序幕。光阴荏苒，转眼已过去了十多个年头，西藏登山大会已经成功举办了 10 届，来自全国各地的近 700 名山友亲历了西藏登山大会的成长历程，西藏登山大会不仅是西藏登山运动的一个品牌，更是西藏旅游的一张名片。登山与旅游在实践的交集与融合中，既推动了产业转型升级、又促进了当地经济社会发展，既扩大了当地劳动输出、又增加了群众收入，既提高了群众的就业技能水平、又培养了大批登山专业人才。

3. 传承登山精神

登山运动是一种具有较高危险性的户外运动，因此确保安全是第一原则。西藏登山教练和登山向导、高山协作等专业队伍，以强烈的责任心和安全理念，通过精心组织、密切协作，甘当人梯、竭诚服务，为广大山友提供安全、周到、精细的技术保障和人性化安全服务。

西藏登山运动发展 50 多年来，一直是几代西藏登山人怀揣挑战人类极限的梦想，西藏登山人以"为有牺牲多壮志，敢教日月换新天"的豪迈气概，一次次站在高峰之巅，一次次创造人类奇迹，一次次完成艰难险重任务，一次次为中华民族赢得荣誉，用热血和生命书写了"不畏艰险、顽强拼搏、团结协作、勇攀高峰、祖国至上"的伟大登山精神，确立了我国登山运动世界领先的地位，激励着全国各族人民为实现中华民族伟大复兴的"中国梦"不懈奋斗。

第十二节 第一届西藏户外运动大会暨第十二届西藏登山大会

一、基本情况

2014 年 10 月 1 日，第一届西藏户外运动大会暨第十二届西藏登山大会在羊八井高山训练基地开幕。本届大会以"西藏登山大会"为龙头，融合多种户外运动元素，力求满足多元化、多层次的市场消费需求，具有参与面广、互动性好、影响力大、持续性强的特点。

西藏自治区体育局党组书记孙永平在致辞中指出，为认真贯彻落实 9 月 2 日国务院常务会议关于加快发展体育产业的决策部署，发挥户外运动资源优势，培育户外运动品牌，建设全国户外运动大区，推进世界旅游目的地建设，促进全区经济社会发展，在总结"西藏登山大会"成功经验的基础上，适应国内户外运动市场需求，融合其他户外运动项目，创新举办第一届西藏户外运动大会。

第一届西藏户外运动大会既是对"西藏登山大会"的传承，更是对"西藏登山大会"的创新，对于打造全国户外运动大区，促进西藏体育产业发展，起到了关键作用。

二、活动内容

1. 启孜峰登山探险（10月1—5日）

启孜峰登山探险以弘扬登山精神、发展登山运动、繁荣登山文化为主题，突出登山与旅游相融合、险峰与美景共体验，攀登前将安排专业人员在羊八井高山训练基地对山友进行系统登山理论和登山装备操作培训，攀登过程中将有专业教练和后勤人员全程提供服务与保障。

2. 雪古拉峰群众性徒步登山（10月1日）

雪古拉峰位于当雄县羊八井镇境内，距离羊八井高山训练基地48公里，海拔5800米，徒步登山线路平缓，是初级登山爱好者尝试登山探险和开展群众性徒步登山活动的理想之地。雪古拉峰群众性徒步登山以普及基础登山知识、推广大众登山运动、发展全民健身事业为主题，攀登线路为海拔5300米→5800米，活动前将有专业人员对参与者进行系统登山知识和户外运动知识培训，活动过程中将有专业教练和后勤人员全程提供服务与保障。

3. 雪古拉峰自行车越野挑战赛（10月1日）

雪古拉峰自行车越野挑战赛，是世界上举办地海拔最高的山地自行车赛。赛道从羊八井高山训练基地海拔4300米处延伸到海拔5010米的雪古拉山口下方，全程42公里，途径高原砂石路、草甸、湖泊、牧民居住点，沿途与山花、清风、牧歌相伴，充分展现羊八井区域的自然风光和人文风情。雪古拉峰自行车越野挑战赛以快乐运动、挑战极限、游览美景为主题，设42公里竞赛组和20公里体验组。

4. 羊八井山地越野跑竞速赛（10月2日）

羊八井山地越野跑竞速赛的赛道从羊八井高山训练基地海拔4300米处延伸至海拔5010米的雪古拉山口下方，全程10公里，途经高原砂石路、草甸、湖泊、牧民居住点。羊八井山地越野跑竞速赛以快乐跑步、科学运动、健康生活为主题，设10公里越野跑组和 5 公里体验越野跑组。

5. 羊八井户外运动文化节（9月30日—10月2日）

羊八井户外运动文化节在羊八井高原训练基地举行，由奥索卡（OZARK）、凯乐石（KAILASH）、沃德（VAUDE）等户外运动品牌企业支持。活动以宣传户外运动文化、培育户外运动用品市场、推动体育产业加快发展为主题，举办户外运动展品会，宣传、推介户外运动产品。

三、活动意义

贯彻落实2014年9月2日国务院常务会议精神，创新发展思路，开发户外运动资源，培育户外运动市场，打造户外运动品牌，做强户外运动产业，助力经济建设、社会发展和民生改善。

1. 开发户外运动资源

西藏是全国户外运动资源大区，通过举办系列户外运动活动，能够扩大西藏户外运动资源对外宣传力度，提高户外运动市场对西藏户外运动的认知度，吸引更多企业参与西藏户外运动市场开发，盘活西藏户外运动资源。

2. 培育户外运动市场

西藏户外运动市场尚处于初级开发阶段，通过举办系列户外运动活动，能够提高户外运动策划营销水平，丰富户外运动市场产品供给，满足大众户外运动消费需求，促进西藏户外运动市场繁荣发展，增强西藏户外运动市场的竞争力。

3. 打造户外运动品牌

当前西藏登山运动一枝独秀，其他户外运动未成品牌，通过举办系列户外运动活动，能够发挥"西藏登山大会"品牌效应和龙头作用，挖掘其他户外运动潜力，整合各类户外运动优势，形成户外运动组团发展合力，促进西藏户外运动品牌化。

4. 做强户外运动产业

西藏户外运动涵盖登山、探险、徒步、漂流、攀岩、攀冰、拓展训练、山地越野、山地马拉松、高原自行车赛等多项内容，通过举办系列户外运动活动，既能够促进户外运动项目相互融合发展，又能够推动户外运动与文化、旅游、传媒等产业融合发展，形成完整系统的户外运动产业体系，满足群众多样化、个性化的健身需求。

5. 服务经济社会发展

户外运动作为一项幸福导向性、绿色环保型的新兴体育产业和国民经济新的增长点，关联度广、辐射性强，通过举办系列户外运动活动，能够刺激消费需求，带动群众就业，促进地方经济建设、社会发展和民生改善。

第十三节 第二届西藏户外运动大会暨第十三届西藏登山大会

一、基本情况

随着《国务院关于加快发展体育产业促进体育消费的若干意见》和《西藏自治区人民政府关于加快发展体育产业促进体育消费的实施意见》的相继出台，西藏打造喜马拉雅登山文化中心和推进全国户外运动大区建设进程的不断提速，西藏自治区体育局为打造户外运动和登山运动品牌，推动体育旅游业大发展，服务地方经济社会建设，发挥拉萨的户外运动资源优势，联合拉萨市人民政府，于"十一"国庆节长假期间，举办了第十三届西藏登山大会暨第二届西藏户外运动大会。

本次大会的成功举办，既推介了品牌赛事，又尝试了户外运动和登山运动与旅游业融合发展的模式，更助力喜马拉雅登山文化中心和全国户外运动大区加速建设。在2015年西藏旅游旺季接近尾声时，第十三届西藏登山大会暨第二届西藏户外运动大会的成功举办，为山友和游客提供了在一次活动中的多样性选择，满足了他们的不同爱好和需求，成为山友和游客深度体验的一大特色亮点。

二、活动内容

1. 启孜峰登山探险（9月30日—10月7日）

启孜峰登山探险以弘扬登山精神、发展登山运动为主题，突出登山与旅游相融合、险峰与美景共体验，攀登前将安排专业人员在羊八井高山训练基地对山友进行系统登山理论和登山装备操作培训，攀登过程中将有专业教练和后勤人员全程提供服务与保障。10月6日晨，经过此前系统的登山理论、装备器械操作学习训练和实地攀登后，攀登启孜峰的登山探险队员们在专业教练和后勤保障人员的全程指导帮助下，成功登上海拔6206米的顶峰。傍晚，启孜峰登山探险队员安全返回羊八井训练基地。

2. 雪古拉峰群众性徒步登山（10月1—5日）

雪古拉峰位于当雄县羊八井镇境内，距离羊八井高山训练基地48公里，海拔5800米，徒步登山线路平缓，是初级登山爱好者尝试登山探险和开展群众性徒步登山活动的理想之地。雪古拉峰群众性徒步登山以普及基础登山知识、推广大众登山运动为主题，攀登线路为海拔5300米→5800米，专业的西藏登山团队活动前将对参与者进行系统登山知识和户外运动知识培训，活动过程中将有专业教练和后勤人员全程提供服务与保障。10月4日晨，经过几天的身体适应训练，参加雪古拉峰群众性徒步登山活动的山友们在教练的带领下启程攀登。经过2个多小时的跋涉，大家克服了缺氧导致的头痛、呼吸困难等艰难险阻后，安全抵达了海拔5800米的雪古拉顶峰。山友们初步适应训练中掌握的攀登技能，成功登顶的喜悦洋溢在山巅，大家纷纷合影留念。安全下撤后，西藏自治区体育局副局长尼玛次仁向山友们致辞祝贺、献哈达，给他们颁发了《西藏登山协会登顶（高）证书》并与其一一合影。本项活动得到诸多媒体的高度关注，媒体记者们在全方位报道活动盛况的同时，录制了徒步攀登全过程的记录片，为此后在网络媒体上播放展示羊八井镇附近的山川风光、招揽赛员提供了宣传载体。

3. 雪古拉峰自行车越野挑战赛（9月30日—10月4日）

雪古拉峰自行车越野挑战赛，是世界上举办地海拔最高的山地自行车赛。赛道从羊八井高山训练基地海拔4300米处延伸到海拔5010米的雪古拉山口下方，全程42公里，途径高原砂石路、草甸、湖泊、牧民居住点，沿途与山花、清风、牧歌相伴，充分展现羊八井区域的自然风光和人文风情。这项以最时尚方式的自行车赛进行期间，完美融合如画风景，带给骑行者一场心灵与身体的享受。比赛设42公里竞赛组，分区内外、男女组。

4. 航空运动表演（10月3日）

中国地质大学（武汉）滑翔伞运动飞行员、西藏登山队滑翔伞运动飞行员、襄阳宏伟航空器公司热气球飞行员、四川飞虎航空俱乐部热气球飞行员在第二届西藏户外运动大会暨第十三届西藏登山大会开幕前进行滑翔伞和热气球飞行表演，将对在西藏推广滑翔伞和热气球运动、丰富西藏户外运动内涵、促进西藏体育产业发展起到推动作用。

5. 第二届西藏户外体育产业论坛（10月3日）

西藏自治区体育局、中国登山协会、浙江省体育局、江苏省体育局、宁波市体育局、无锡市体育局、亚车队、UCC车队、老队员车队、风马旗车队、捷安特车队、朋友车队等围绕体育产业发展进行交流和探讨。

6. 第二届西藏户外文化展（10月1—4日）

奥索卡（OZARK）、沃德（VAUDE）等户外运动品牌，亚车队、UCC车队、老队员车队、风马旗车队、捷安特车队、朋友车队等举办户外运动展品会，宣传、推介户外运动用品展。

7. 纪录电影《喜马拉雅·天梯》首映式（10月2日）

《喜马拉雅·天梯》以真实记录方式，讲述藏族普通孩子如何从日喀则普通牧民的孩子成长为珠穆朗玛峰向导的故事。影片充分体现"西藏登山精神"的内涵，而羊八井高山训练基地是所有登山爱好者梦寐以求的登山训练营，两者交相辉映，为更多登山爱好者及户外爱好者带来精神及心灵上的愉悦。

8. 开幕式（10月3日）

第二届西藏户外运动大会暨第十三届西藏登山大会开幕式于10月3日在羊八井高山训练基地举行，主要程序包括升国旗、唱国歌，有关领导致辞，山友代表发言，裁判员代表发言，出征授旗，宣布活动开幕等。

三、活动意义

2014年，西藏先后举办了穿越喜马拉雅徒步活动、青少年户外夏令营、登山夏令营、羊卓雍措环湖自行车体验游等一系列户外活动，吸引了大批来自海内外的户外运动爱好者。素以"登山天堂"闻名的西藏，正成为新兴的"户外天堂"。

西藏自治区体育局副局长尼玛次仁说，昔日西藏体育的名片是高海拔登山，一代代登山人勇攀高峰，创造了多项世界登山纪录，为祖国赢得了荣誉。近年来，西藏在坚持组织好商业登山的同时，重点向公众青睐的户外运动转型，做大做强户外产业。

2014年10月，西藏举行了第一届户外运动大会，可谓转型的标志性事件。这次大会囊括了登山、徒步、自行车越野赛等多个项目，吸引大量户外爱好者积极参与，形成户外产品展销及户外理念碰撞的平台，得到社会广泛认可。

西藏登山户外运动的转型是时代发展的必然。进入21世纪以来，由政府组织的登山活动不断减少，仅有珠峰重测、奥运火炬接力珠峰传递，以及中韩、中日登山队联合攀登珠峰、卓奥友峰等有限的几次。而与此相对，越来越多的非专业人士进藏登山，商业登山全面崛起，势头强劲。西藏几乎每年都组织面向业余登山爱好者的登山大会，同时依托强大的专业人才队伍及精湛的登山技术，向国内外登山者提供各类服务，转型一直在路上。

但高海拔登山毕竟带有一定的风险性，从事登山的群体数量也有限。着眼于优越的户外资源，既有高海拔雪山，又有原始森林、溪流湖泊、草原荒漠等多种生态，西藏体育部门做出决策，在坚持传统登山优势的同时，大力发展户外产业。

曾数次到西藏参加户外活动的余磊告诉说，西藏的雪山让他魂牵梦绕。从2006年起，余磊就开始攀登海拔6206米的启孜峰，后又到多座高海拔雪山参加户外徒步活动。他说："西藏发展户外运动具有得天独厚的条件，希望能开发更多户外产品。"

西藏自治区社科院学者何纲认为，西藏最大的优势就是环境。大力发展户外产业符合西藏实际，因地制宜利用优质户外资源，且不造成污染，经济前景也十分广阔，将来或会成为西藏经济发展的重要"抓手"。西藏很多商家也看好户外产业市场。在拉萨街头，随处可见户外用品专卖店，登山户外用品琳琅满目。

第十四节　第三届西藏户外运动大会暨第十四届西藏登山大会

一、基本情况

2016年10月3日，由西藏自治区体育局、拉萨市人民政府联合主办的第三届西藏户外运动大会暨第十四届中国西藏登山大会在羊八井高山训练基地开幕。"西藏登山大会"被评为"2016中国体育旅游十佳精品赛事"。本届大会旨在贯彻落实新时期全民健身计划，贯彻落实国家关于冰雪运动南展西扩战略部署和国家体育总局关于开展重阳登高活动有关要求，共吸引区内外户外运动爱好者近200余人参加，创历届规模之最。

为期一周的活动包括洛堆峰登山探险、洛堆峰滑雪登山、雪古拉峰群众性徒步登山和自行车越野挑战赛等内容。在10月2日举行的高山救援基金募集公益拍卖活动中，山友们积极参与、奉献爱心，募集高山救援基金近17万元。

二、活动内容

1. 徒步穿越

10月22日，由自治区体育局、日喀则市人民政府联合主办的第三届西藏户外运动大会子项赛事——喜玛拉雅徒步穿越（吉隆沟站）出征仪式在扎什伦布寺广场举行。自治区体育局局长胡宾、日喀则市副市长吕新民、自治区体育局副局长尼玛次仁、张新等出席。来自中央电视台、新华社、中国体育报社等区内外多家电视台、报社、网站的媒体新闻工作者及区内旅游部门工作人员、登山探险公司员工等50余人参加活动。

2016喜马拉雅徒步穿越（吉隆沟站）活动路线分布于日喀则定日县、吉隆县境内，分为三站：兰巴拉山口冰川、希夏邦马峰核心区域和朗吉湖，沿途有海拔5000多米的冰川雪山，也有海拔2000米左右的亚热带森林。

10月26日，历时5天的第三届西藏户外运动大会——喜玛拉雅徒步穿越（吉隆沟站）圆满结束。参加活动的区内外新闻界人士和登山探险界、旅游界代表们一致认为，活动的穿越路线可以打造成为享誉国内外的经典体育旅游线路。期间，各新闻媒体编发了大量稿件，用自己的亲身体验和第一视角，大力宣传西藏自治区特色体育旅游资源，引起广泛反响。

2. 马拉松赛

10月30日，由自治区体育局、林芝市人民政府联合举办，自治区体育产业和设施开发管理中心、林芝市教育（体育）局、米林县人民政府承办的第三届西藏户外运动大会子项赛事——2016南迦巴瓦半程山地马拉松赛在雅鲁藏布大峡谷国家级自然保护区举行。吸引来自区内外的235人参赛（竞赛组100人、体验组135人参加5公里迷你马拉松）。国家体育总局登山运动管理中心副主任、中国登山协会副主席王勇峰，自治区体育局副局长尼玛次仁以个人身份参赛并跑完全程。

2016南迦巴瓦半程山地马拉松赛全程21.1公里，选手们在奔跑中，可以领略湛蓝流淌的雅江水、层林尽染的金秋山头等自然风光，将白雪皑皑的南迦巴瓦峰尽收眼底。赛程途中的悬崖峭壁、森林草甸、五色经幡更是为跑者带来了别样的喜马拉雅体验。赛事精彩而圆满，来自自治区体育运动技术学校的索朗才仁和旦吉分别以1小时15分51秒和1小时40分44秒的成绩，力压群雄分别斩获男子组、女子组第一名。53岁的国家体育总局登山运动管理中心副主任、中国登山协会副主席王勇峰是完成赛程选手中年龄最大的，被组委会特别授予了赛事"特殊贡献奖"。

当前，马拉松赛事风靡全世界、全中国，举办马拉松赛事成为全景展现、展示一个地区的重要平台，而本次比赛是继2011年拉萨国际半程马拉松挑战赛后西藏自治区首次重新举办马拉松赛事，也是在林芝市举办的第一届马拉松赛，是自治区体育局贯彻落实自治区党委政府的各项部署要求，积极促进全民健身事业发展和健康西藏工程建设，大力推动体育产业加快发展的又一有益探索。

3. 响箭比赛

10月31日，由自治区体育局、林芝市人民政府联合举办，自治区体育产业和设施开发管理中心、林芝市教育（体育）局承办的第三届西藏户外运动大会子项赛事——响箭比赛在林芝体育场举行。来自各县（区）和部分市直单位的9支代表队、90余名选手参赛，经过九轮的激烈角逐，最后市工商联系统代表队、米林县代表队、"工布响箭"传承队分获比赛集体前三名；米林县代表队次仁旺堆以9轮15箭的优异成绩获得个人第一名。比赛结束后,自治区体育局、林芝市人民政府负责同志为长期以来对"工布响箭"传承与发展作出突出贡献的个人颁发了荣誉证书。

本次响箭比赛是在林芝市举办的规模最大、奖金最高的一届,以体育赛事活动为契机,传承和挖掘民族传统体育项目,并以此带动体育产业加快发展。这一中国特色、西藏特点传统体育赛事的尝试,无疑将对以"工布响箭"等民族传统体育项目为代表的自治区级非物质文化遗产的传承与保护起到积极作用。

三、活动意义

第三届西藏户外运动大会的举办得到了日喀则市人民政府和林芝市人民政府的大力支持,先后多次召开协调会,安排部署赛事工作。组委会坚持以"安全第一、生态保护第一、做好人员组织和赛事宣传"为原则,各相关单位全力配合,为赛事圆满成功奠定良好基础,合力叫响了"圣地西藏、户外天堂"品牌。中央电视台、新华社、搜狐网、西藏日报、西藏商报、野途网等区内外各大媒体均作了相关报道,有力宣传了西藏特色体育旅游资源和体育产业发展规划。

第三届西藏户外运动大会的举办,深入挖掘了高原群众体育、民族传统体育项目和体育产业资源潜力,展现了全区体育旅游资源优势,是在把日喀则建成"喜马拉雅登山产业带"、把林芝建成"高原特色体育旅游产业带"的建设进程中浓墨重彩的一笔。同时,在西藏旅游旺季末端举办大型体育赛事活动,也为全区旅游产业转型升级注入了新动力。

第十五节　第十五届西藏登山大会

一、基本情况

2017年11月5日,由西藏自治区体育局和拉萨市人民政府主办的第十五届中国西藏登山大会开幕。300余名工作人员和登山、骑行、滑雪爱好者在登山大会中将参加洛堆峰登山探险活动、洛堆峰滑雪登山活动、雪古拉峰群众性徒步登山活动和自行车越野挑战赛。中新网、新华网、中国广播网等区内外多家媒体参与活动报道转载,宣传了西藏体育旅游名片,引起了社会公众广泛关注。

为贯彻落实国家关于冰雪运动"南展西扩"战略部署,贯彻落实习近平总书记"广泛开展全民健身活动,建设体育强国"和"三亿人上冰雪运动"的指示精神,贯彻落实西藏自治区人民政府《关于加快发展体育产业促进体育消费的实施意见》,打造"西藏登山大会"名牌,自治区体育局积极开发户外运动资源,普及推广登山户外运动。在本次活动中安排了大量专业工作人员,为广大户外运动之友提供最专业的服务和保障，使参加登山大会的登山爱好者学习到登山和滑雪登山等运动项目的基础知识，并增强他们的环境保护意识，使其体验"登雪峰、览胜景、高山滑雪、亲近自然、挑战极限"的美好旅程。

二、活动内容

11月9日，为期一周的第十五届中国西藏登山大会迎来最后一天，19名登山运动爱好者于早上8点50分左右成功登顶洛堆峰，为本届登山大会画上完美的句号。

通过举办雪古拉峰群众性徒步登山活动、雪古拉峰自行车越野挑战赛、洛堆峰滑雪登山活动、洛堆峰登山探险等丰富活动，本届登山大会不仅让更多人学习到登山和滑雪等户外运动的基础知识，还增强了大家的环境保护意识，使大家体验到大自然的魅力和户外运动带来的益处。本次活动安排了大量专业人员，为广大户外运动爱好者提供了最专业的服务和保障，确保参加者都拥有一段"登雪峰、览胜景、高山滑雪、亲近自然、挑战极限"的美好旅程。

本届登山大会不仅有甘孜藏族自治州体育局专门选派的5名选手来藏学习登山救援技能，还有中国地质大学（武汉）选派的7名登山户外专业学生参加大会，学习交流。大会通过在活动期间举办多种户外冰雪运动，将以往单纯的"登山大会只登山"拓展到与各种冰雪运动相结合，响应"三亿人上冰雪"，为自治区冰雪运动发展助力。

自治区体育局副局长尼玛次仁介绍，今后自治区体育局还要加强与外省藏区之间在登山救援领域的交流，在登山淡季为外省藏区提供登山技术领域的支援，广泛开展技能培训；为广大高校登山队搭建平台，并对其进行全方位登山技术指导，共同为中国登山事业培养更多登山人才。

三、活动意义

举办洛堆峰高海拔登山探险活动，突出登山与旅游相融合、险峰与美景共体验。山友们在攀登前将在西藏自治区体育局羊八井高山训练基地接受系统登山理论和登山装备操作培训。为避免山友在高海拔营地过夜可能引发的高山反应使他们无法更好地体验登山乐趣，本次活动在攀登过程中不再设立ABC高山营地，山友们直接从海拔4300米的羊八井高山训练基地向海拔6010米的洛堆峰顶峰发起冲击。参与过攀登14座海拔8000米以上高峰、2008年奥运火炬珠峰传递活动以及攀登七大洲最高峰和徒步南北极点（7+2）的登山家，以及西藏自治区登山向导协会成员将全程为山友提供技术指导和服务保障，西藏自治区高山救援队也将全程保驾护航。

大会期间，自治区体育局选派了二十余名登山教练员、邀请中国登山协会滑雪登山运动专家康华及高山救援部的两名专家，为参与者传授登山滑雪等户外运动基础知识，为普及登山滑雪等户外运动奠定基础，提高了西藏高山救援技能水平，为推动实现"三亿人上冰雪"大目标和贯彻落实国家冰雪运动"南展西扩"战略部署、创新西藏体育旅游发展思路、开发户外运动资源、培育户外运动市场、打造特色体育产业品牌和体育旅游品牌起到了示范引领作用。

西藏具有得天独厚的户外运动资源，近年来西藏自治区体育局坚持以登山运动为龙头，着力打造"西藏登山大会"这张名片，在国内外登山界产生了深远影响。西藏登山大会已从单一的雪山攀登，发展为集登山、自行车、滑雪、徒步、高山救援技能培训等众多户外项目为一体的雪山文化学习体验盛会，逐步打造成为综合性户外品牌活动。在 2016 年中国体育文化和体育旅游博览会上，西藏登山大会荣获 2016 中国体育旅游十佳精品赛事。

第十六节　第十六届西藏登山大会

一、基本情况

2018 年 9 月 30 日至 10 月 6 日，第十六届中国西藏登山大会在拉萨市当雄县境内的西藏自治区体育局羊八井高山训练基地举行。本届登山大会为期 7 天，以"保护冰天雪地、发展登山运动"为主题，共有 200 余名登山、滑雪爱好者和其他项目爱好者共 500 多人参加。共有 58 名山友、31 名教练员成功登顶海拔 6010 米的洛堆峰，7 名新闻媒体记者也跟踪采访执导登项。本届西藏登山大会，是近几年来举办规模最大、登顶人数最多的一届。

活动期间，组委会安排曾参与攀登世界 14 座 8000 米以上高峰、2008 年奥运火炬珠峰传递、攀登七大洲最高峰徒步南北极点（7+2）的登山专家为参加登山大会的朋友们提供最专业的服务和保障。

二、活动内容

西藏登山大会经过多年举办的经验和知识积累，日渐成熟。特别是通过大胆创新、引进多项赛事项目、满足不同群体的健身与观光需求，逐步形成了综合性的西藏体育盛会，参赛项目精彩纷呈。本届登山大会的活动内容包括洛堆峰高海拔探险活动、第一届西藏洛堆峰全国滑雪登山交流大会、洛堆峰群众性登山活动、雪古拉自行车越野挑战赛、第一届西藏热气球和滑翔伞定点表演赛、户外运动文化互动节、全区体育产业交流大会、西藏传统马术表演共 8 项。

1. 马术表演

为深入贯彻落实全民健身国家战略，充分发挥自治区体育局所属单位和部门的协同效应,积极融入中国西藏登山大会的系列活动,首次引入民族传统马术精彩表演活动,为高原特色体育事业繁荣发展贡献力量。西藏民族传统马术队于10月2日11至13时,在拉萨市当雄县羊八井镇开展传统马术表演活动,共表演15个项目,受到当地群众和山友们的热烈欢迎。

2. 肯道尔电影

为丰富大会内容,营造欢乐气氛,针对参加活动群体都是青年人的特点,大会组委会邀请肯道尔放映了精选的侧重攀登、滑雪、滑翔伞等题材的多部电影。

2日晚上600余人齐聚世界上海拔最高的山地影院——海拔4300多米的羊八井高山训练基地,观看从多个维度体现探险精神、山野文化的影片,为登山大会的参与者带来了极致观影体验,为登山户外运动户外爱好者创造了良好的交流氛围,为当地群众开拓眼界、带来欢乐。

3. 群众性登山

为贯彻落实习近平总书记"广泛开展全民健身活动,建设体育强国"指示精神,大力弘扬西藏登山精神,进一步完善"334"发展思路,推动专业登山向大众登山、普及登山转变,10月3日开幕式结束后,自治区登山运动管理中心承办的洛堆峰群众性登山活动随即开始。

4. 自行车越野赛

为满足不同户外运动爱好者的多元化需求,培养科学的户外运动理念,不断追求超越自我,营造健康的生活方式,打造高原特色体育产业,推动西藏体育产业又好又快发展,于10月3日在羊八井高山训练基地附近的道路上举行雪古拉自行车越野挑战赛。参赛者全程骑行约35公里,共有来自全国各地的104人参加。经过几个小时激烈角逐,雪古拉自行车越野挑战赛在安全、欢快的赛事氛围中圆满结束。

5. 体育产业交流会

3日下午,2018全区体育产业交流大会举行。会议主要内容是解读全国体育产业发展政策和形势;西藏各地市相互交流体育产业发展情况;学习交流全国体育产业示范项目和示范单位以及运动休闲特色小镇创建情况;研究探讨全区各地(市)、县(区)体育产业与旅游、文化、扶贫等领域融合发展新路径。自治区体育局局长尼玛次仁主持会议,中国地质大学(武汉)袁春梅和李元博士、国家体育总局登山运动管理中心高山探险部主任次落、著名登山滑雪教练员康华等专家应邀出席会议,与大家一起交流分享各自在不同学科领域的研究成果。

6. 热气球滑翔伞表演赛

为贯彻落实国家《关于促进通用航空业发展的指导意见》和《航空运动产业发展规划》，顺应日益增长的航空体育市场需求趋势，以本届西藏登山大会为开端，为塑造生态运动、健康运动的西藏体育新形象，进一步扩大西藏高原航空运动知名度，提高热气球和滑翔伞选手技术水平，促进国内热气球和滑翔伞运动队之间交流合作，推进航空体育运动及户外运动项目融入当地经济社会发展进程，10月2至4日在羊八井高山训练基地上空和地面，西藏滑翔伞运动队队员与其他省市的选手一起进行了热气球、滑翔伞飞行和定点降落表演赛。参赛运动员共有16名，其中区内8名、区外8名，裁判员6名，共计22人（不含工作人员）参加赛事。

7. 全国滑雪登山竞速赛

洛堆峰全国滑雪登山交流大会是首次在西藏高海拔区域自然雪场上举行的全国性赛事活动，来自全国各地的35名队员参加交流大会，其中25名队员正式参加西藏第一届洛堆峰全国滑雪竞速赛。本次活动意义深远，首先是通过交流赛让更多的人参与到冰雪运动中来，加深大众对冰雪运动的了解与认知；二是为西藏冰雪运动培养储备人才；三是吸引更多的人参与到冰雪运动中来，有利于发展西藏的冰雪文化；四是有利于早日"实现三亿人参与冰雪运动"的目标和"南展西扩"发展战略；五是对开发当地旅游资源和精准扶贫项目以及高原特色体育产业项目有积极推动作用。

8. 高海拔登山探险活动

参加洛堆峰高海拔登山探险活动的山友，分为A、B两组。其中，A组由50名山友和7名记者以及27名教练员组成；B组由10名山友和11名教练员组成。为避免山友在高海拔营地宿营出现各种高山反应而影响更好地体验登山探险乐趣，在攀登过程中取消设立ABC高山营地的做法，采取在基地附近循环拉练和在海拔5600米的冰川上进行技能培训的方式使山友们逐步适应高海拔环境，等待冲顶条件具备后，凌晨4时山友们从基地乘车到达过度营地后直接冲顶。

为确保山友在登顶和下撤过程中的安全，组委会在过度营地设立补给站、配备医生等后勤保障人员。在全体教练员、高山协作和工作人员的共同努力下，共有58名山友、31名教练员成功登顶海拔6010米的洛堆峰，7名新闻媒体记者也成功登顶并跟踪拍摄、采访报道。

三、活动意义

本届大会的特点是在往届赛事项目的基础上，增加了滑翔伞、热气球等表演赛项目，并且首次将滑雪登山体验项目升级为全国性赛事。这是西藏拓展登山户外运动项目布局、进一步开发体育产业资源的举措。本届大会还首次举办体育产业交流大会，汇聚全国户外智力资源，进一步盘活全区丰富的山峰户外运动资源，服务地区经济发展和全民健身。

近年来，自治区体育局紧紧围绕"瞄准新需求、开发新产品、打造新业态、创造新模式、培育新主体"的发展思路，持续打造"中国西藏登山大会"品牌，在提高体育产业社会关注度、培养公众体育健身习惯、引导体育消费等方面进行大胆探索，受到国家体育总局的肯定和表彰。

第十七节　第十七届西藏登山大会

一、基本情况

2019年10月11—17日，第十七届中国西藏登山大会在拉萨当雄县羊八井高山训练基地举办。在洛堆峰登山探险活动中，共有39名来自中国各地的山友站上海拔6010米的峰顶。

洛堆峰高海拔登山探险活动，秉持登山与旅游相融合、险峰与美景共体验的办赛理念。攀登前，参加者在西藏自治区体育局羊八井高山训练基地接受系统登山理论和登山装备操作要领培训。由参与过攀登世界14座8000米以上高峰、2008年北京奥运火炬接力珠峰传递、攀登七大洲最高峰和徒步南北极点（7+2）的登山家和西藏登山向导学校、西藏圣山登山探险服务有限公司两家单位为参加登山大会的山友全程提供技术指导和服务保障。

二、活动内容

本届西藏登山大会的主要内容包括洛堆峰高海拔登山探险、第二届西藏洛堆峰全国滑雪登山交流大会、洛堆峰群众性登山活动等，参加人员规模达210人。

1. *洛堆峰高海拔登山探险*

按照大会组委会制定的计划，为了使广大登山爱好者减轻高山反应，更好地体验登山乐趣，在攀登过程中取消设立高山营地的传统做法，而是采取通过在羊八井高山训练基地附近循环拉练、在海拔5600~5700米的冰川上进行攀登技能培训的方法，使山友们逐步适应高海拔山区环境。在多数山友学习训练掌握了登山常识和器械操作要领，同时具备基本高山适应能力及冲顶条件的基础上，安排他们于凌晨5时从基地乘车到雪线末端，下车穿戴好登山装备就直接冲顶。

为确保山友们攀登和下撤过程中的安全，组委会在雪线末端设立了补给站并配备医生等后勤保障人员。还储备医药救治器材，有高海拔专用登山氧气、便携式高压氧仓、各种防治高山病的药物。在补给站还搭建了休息帐篷，提供饮水和食物。

在广大山友和全体教练员、高山协作人员以及指挥人员的共同努力下，有20名山友和前线指挥员1人、教练协作人员16人，共37人成功登顶海拔6010米的洛堆峰，另有5名新闻媒体记者也跟踪摄像报道并成功登顶。登顶人数共计42人。

2. 第二届西藏洛堆峰全国滑雪登山交流大会

有西藏自治区区外6人、区内6人，共12人参加。

3. 洛堆峰群众性登山活动

为了给户外运动爱好者提供更安全、更可靠的保障措施和体验平台，以满足户外运动爱好者不同的多元化需求，于10月14—15日，分别在羊八井高山训练基地、洛堆峰海拔5600~5700米雪线处进行了登山战技术理论、雪崩搜救知识、环境保护知识、登山器械操作要领等内容的实地学习讨论和现场实操培训。

三、活动意义

西藏登山大会经过十几年的成功举办和发展完善，已经成为国内登山运动史上举办历史最长、水平最高、规模最大的登山户外运动培训活动，培训了大批境内外业余登山户外运动爱好者，培育和拓展了商业登山市场，从而把西藏的登山人才和山峰资源优势逐步转化为经济优势，在一定程度上促进了西藏经济的发展。

登山大会的指挥和教练组成员，由完成或参加过攀登世界14座8000米以上高峰探险的著名登山指挥员和登山家、西藏登山综合培训中心（西藏登山向导学校）派往法国沙木尼登山滑雪学校深造归来的学员担任和组成。

登山大会的医疗救护组，由聘请的西藏三等甲级医院的著名高山病防治专家等医护人员组成。

当下，登山大会的培训模式逐步完善。特别是西藏自治区体育局羊八井高山训练基地暨中国登山协会西藏羊八井训练基地建成投入使用后，以良好的接待和训练设施条件，并借鉴法国沙木尼滑雪登山学校和西藏登山向导学校培训模式，对来自境内外的登山爱好者进行正规化培训。首先，山友们在基地学习登山历史、高山病防治措施、高山气象知识、高海拔地形地貌学、户外风险管理、登山器械最新产品介绍和使用方法、登山领队必备知识技能、外事纪律、时事政治与国家有关方针政策等课程，重点掌握登山理论常识和登山器械操作要领。其次，山友们在边徒步拉练或边登山中进行适应性攀登训练，熟练掌握登山的一般知识和技能。再次，山友们攀登到海拔5000多米的突击营地，进行冰雪面行走、滑坠制动，使用冰镐、冰爪和上升器、下降器等冰雪作业练习，练习探路、修路和架设路绳等技能。最后，山友们在教练员和登山向导、高山协作的帮助下向顶峰攀登。

登山大会倡导理性登山，要求山友们既要尽力而为，又要量力而行，在确保安全的前提下体验登山探险运动经历。

西藏登山协会给攀登到海拔5000米以上和登顶者，分别颁发西藏登山大会登高证书或西藏登山大会登顶证书。

西藏登山大会经过多年成功举办，提高了知名度，并获得了国家主管部门的认可。国家体育总局登山运动管理中心评价西藏登山大会是国内举办的最正规、最安全、最多人员参加的著名登山户外运动培训品牌项目，成为传授攀登高海拔雪山技能、传播登山文化、开发商业登山市场的平台。广大山友通过参加"西藏登山大会"激发起对登山运动的兴趣，继而走向攀登更高海拔雪山的征程。

西藏自治区体育局为提高承办"西藏登山大会"工作人员等登山产业从业人员的综合素质，在每年冬训期间都要举办高山技能培训班，由西藏自治区登山运动管理中心的联络官和翻译、西藏登山队全体队员、西藏综合培训中心（西藏登山向导学校）的学员、西藏圣山登山探险服务有限公司的员工参加。西藏自治区体育局主要领导和分管领导高度重视培训班的举办，每年都出席开班仪式并作动员讲话。培训班实行严格的军事化封闭式管理，严格落实一日生活学习训练制度和集体住宿制度。培训内容是聘请国内外著名专家授课、安排实地教练攀登和救援等课程课目、举办专题论坛讲座，使参训者学习掌握世界上最先进的登山户外运动理念和攀登救援技术、最新装备操作使用方法、最人性化服务接待模式，促进登山运动和登山产业向规范化、精细化、科学化、优质化服务迈进，促进西藏登山事业向更高水平发展进步。

第十八节　第十八届"第三极"西藏登山大会

一、基本情况

2020年10月3日，第十八届西藏登山大会在西藏自治区拉萨市当雄县羊八井镇开幕，共有来自全国各地的500多名山地户外运动爱好者参与大会组织的各项活动中。

二、活动内容

本届大会立足把羊八井打造成融"水陆空"运动为一体的国际登山小镇，以"圣地西藏 户外天堂"为主题，突出"第三极"品牌，坚持以登山为龙头，精心策划、内涵丰富，既保留登山探险、滑雪登山、自行车赛、滑翔伞（热气球）等经典项目，又新增体育文化展、皮划艇表演等创新项目，还设置了山地户外文化交流、体育产业座谈等互动环节，既保持传统特色，又体现创新发展，既突出户外运动的体验性，又注重体育文化的吸引力。同时，为确保活动安全，主办方还安排了专业人员，为参赛人员提供最专业、最安全的服务和保障。

登山探险依然是本届登山大会的重头戏，10月5日凌晨5时，洛堆峰登山探险组、滑雪登山组成员，以及教练、记者共计80人，从海拔4300米的羊八井高山训练基地出发，经过近1个小时的车程，抵达海拔5600米的雪线处。在高山向导的指导下，大家在修路绳上扣好安全扣，排着队开始向洛堆峰顶峰发起冲击。登山探险组冲顶6010米顶峰，滑雪登山组则从顶峰、5900米、5800米处向5400米处垂直滑雪。中午12时30分，80人成功登顶。登顶者获得了由西藏自治区登山协会颁发的攀登海拔高度6010米登顶证书。在本届大会中，洛堆峰攀登吸引了来自全国各地的户外爱好者，西藏登山队和西藏拉萨喜马拉雅登山向导学校的教练提供技术指导和安全保护。这些爱好者中有首次尝试雪山攀登的普通市民，也有屡次带队来到西藏登山的民间和高校户外团体。

三、活动意义

自治区体育局党组副书记、局长尼玛次仁表示，中央第七次西藏工作座谈会提出，要全面贯彻新时代党的治藏方略，努力建设团结富裕文明和谐美丽的社会主义现代化新西藏。习近平总书记在教育文化卫生体育领域专家代表座谈会上强调，要推动健康关口前移，推动体育产业高质量发展，不断满足体育消费需求。面对新使命、新任务，西藏体育将坚持以习近平新时代中国特色社会主义思想为指导，全面贯彻落实党的十九大、中央第七次西藏工作座谈会精神和习近平总书记关于体育工作的重要论述，全面贯彻落实新时代党的治藏方略，全面贯彻落实新时代体育工作方针，不忘初心、牢记使命，敢于担当、勇于作为，突出特色、强化创新，大力加强各项体育工作，全面提升体育发展质量，不断开创高原特色体育事业发展新局面，为推进新时代西藏长治久安和高质量发展贡献更多体育力量，为加快建设体育强国贡献更多西藏力量。

第十九节　为促进群众参加登山健身运动作贡献

成立于1960年10月1日的西藏登山队，是我国目前唯一齐装满员的专业登山运动队。从2001开始，经上级批准，应广大登山爱好者的要求，在每年"五·一"或"十·一"期间举办登山培训班性质的中国西藏登山大会，至今已成功举办了18届。这些"种子"又在各地开花结果，促进了群众性登山健身运动的发展。

一、发展业余登山运动，促进群众参加健身活动

2008年3月29日，西藏登山队（集体）获得由12家中国、美国、加拿大及欧洲、

东南亚地区的中文媒体和机构共同主办的"世界因你而美丽——2007 影响世界华人大奖",国家体育总局局长刘鹏出席盛典并在为西藏登山队颁奖时说:"登山运动是对人类的生理极限和身体极限最严峻挑战的一项运动,它所面对最恶劣的自然环境,千难万险,是任何极限运动项目都不可比的。正因为如此,登山运动最集中地代表了人类不畏艰险的精神。他们为中华民族争了光,是中华民族的英雄。"这是对登山运动重大意义的赞美,是对登山运动员的高度评价,但也说明了登山运动具有很强的专业性、危险性,保障安全,是开展登山活动的首要任务。因此,在每次举办登山大会前,从自治区领导到自治区体育局领导班子都高度重视,严密组织。

一是领导亲自抓。成立由局长任主任、相关单位主要负责人任副主任的组委会;拟制并在媒体公布《中国西藏第 × 届(××峰)登山大会实施方案》《中国西藏登山大会登山协议书》等,指定有丰富登山经验的登山队干部任现场总指挥、副总指挥;由著名登山运动员和高山病防治专家等人组成教练与协作组、医疗与装备组、食宿接待与接应组。在登山大会期间,局主要领导和分管登山运动、分管群众体育的领导,以及群体处的同志都出席隆重的出征仪式,并在登山大会结束时给山友们颁发《西藏登山协会登顶(高)证书》。2009 年春季登山大会期间,分管群众体育工作的平措江村副局长就住在大本营指导工作,他要求所有承办人员一定要牢固树立安全意识、教练意识、服务意识,全力保障登山活动安全;要精心筹备,周到服务,传授技术,使山友满意。

二是严把身体合格关。在参加登山大会前山友们被要求在报名时必须持有二级以上医院开出的允许到高原登山的体检证明;必须提前 3 天以上到达登山所地适应;报到时再复查身体状况;到大本营后经体检合格的才能去前进(突击)营地;在前进(突击)营地随时观察反应情况,坚持查房(帐篷)制度,对不适宜登山的,及时接应下送治疗。

三是提倡理性登山。指挥员和教练员被要求向山友们宣传理性登山理念,使山友们意识到既要尽力而为,又要量力而行,根据自己身体状态和高山适应能力适可而止;要享受登山户外运动的乐趣,而不是超越体能去冒险。

四是实施正规培训。利用长期攀登高峰积累的丰富经验,采取成功创办西藏登山学校的教学模式,从实际出发,设置了理论课、器械操作课、冰雪作业课和实施攀登雪山等课目,编写有《初级登山应用技术教材》《高山医学初级课程》《环境保护初级课程》等课本。由登山学校的教员、参加过对世界 14 座高峰探险的著名登山运动员、具有高级和中级职称的教练员、医院的高山病防治专家授课。训练中,手把手教山友们掌握攀登技能,确保了正规施训,科学、规范、安全地攀登,使"西藏登山大会"的培训工作获得广泛认可。

五是注重宣传,扩大影响。除了在电视、广播、报刊杂志上宣传外,队干部利用去其他省份开会出差的机会，进行了大量宣传活动，特别是联系了各地知名的户外俱乐部参加活动，对推介报名、加强管理、扩大规模等方面起到了重要推动作用。通过宣传，也使登山爱好者们明白：西藏登山大会是国内历史最久、水平最高、服务最好、最安全、承办者经验最丰富、获得的证书（《西藏登山协会登顶（高）证书》）认可度最高的登山户外培训活动。

二、发挥人才和资源优势，打造培训品牌

众所周知，青藏高原是千山之宗、万水之源。而西藏是青藏高原的主体，是登山家的乐园，到西藏攀登雪山是世界所有登山爱好者的终极目标。而且随着经济社会发展，到西藏进行户外运动和登山旅游的人越来越多。因此，2005年4月，由登山运动派生出的山地户外运动，被国家体育总局正式列为第100项体育运动项目。西藏作为国家生态环境和安全屏障，为保护生态环境，最适合大规模发展旅游业，所以自治区把旅游列为主导产业。而开发登山旅游等户外运动产业，正是旅游业的关联项目。自治区党委、政府对登山产业的发展高度重视，专门下发了《中共西藏自治区委员会西藏自治区人民政府关于进一步加强和改进新时期西藏体育工作的意见》（藏党发〔2003〕8号文件）。西藏自治区体育局德吉卓嘎局长等新一届领导班子，认真贯彻落实上级指示，坚持走中国特色、西藏特点的发展路子，在深入开展学习实践科学发展观活动中，着力转变不适应、不符合科学发展要求的思想观念，着力解决影响和制约科学发展的突出问题，整合了登山人才资源，把原来编制上单列的西藏登山综合培训中心及登山学校交由登山队代管，形成了合力，增强了发展后劲。另外，还组织实施了对46座已开放山峰的侦察，做好了开发的前期准备工作。在上级的大力支持下，加强了基础设施建设。登山队在羊八井修建了包括温泉泳池在内的、设备齐全的高山训练基地；登山学校修建了攀岩塔、拓展训练设施，进一步改善了接待和培训条件。为建设生态西藏，大力开展环保行动。西藏登山队每年都安排专人去珠峰地区和沿途城镇拣拾垃圾、宣传环保，使珠峰地区海拔6500米以下之处的垃圾大为减少。队员们在国外登山时也处处注意环保，从不乱丢垃圾，最后把垃圾清理装袋带下山去妥善处理。登山队坚持解放思想，充分发挥专业登山队的职能作用，坚持体育与经济建设和其他社会事业协调发展，坚持专业登山与群众业余登山相结合，发挥体育增强人民体质的直接作用，发挥体育在促进西藏经济社会跨越式发展、增进民族团结等方面的积极作用。西藏登山队根据《西藏自治区登山管理条例》，与登山运动管理中心密切配合，积极内引外联，在区内外广泛开展登山户外活动，扩大了影响，形成了著名品牌。在承办登山大会的同时，为扩大培训规模，打造著名品牌，西藏登山队还应其他省市登山户外运动俱乐部和大学生们的邀请，派著名登山运动员和登山学校学员担任教练、高山向导和协作人员，攀登区内外著名山峰。经过培训的登山爱好者又在全国各地成立许多登山户外

俱乐部，每年都组织团队来藏进行登山或徒步穿越等户外活动，从而使登山户外运动与旅游相结合，把单纯的优势运动项目转变为与优势产业相结合，把资源优势转变为经济优势，形成了新的经济增长点。"雅鲁藏布大峡谷徒步大会""国际纳木错徒步大会""林芝桃花旅游节"、川藏公路上的"天路骑行"等一系列活动就是较为成熟的户外运动项目。以上这些举措都为促进全民健身作出了贡献，也为发展西藏特色经济，促进跨越式发展和民族团结、社会和谐作出了贡献。

三、积极开展高山救援行动，为群众登山健身保驾护航

多年来，西藏登山队还承担紧急救援任务，为专业和业余登山活动提供安全保障。登山队员们冒着生命危险为遇险的国内外登山者提供救助，赢得了良好声誉。

"西藏高山救援队"成立后，多次执行高山救援任务，如1999年春季，正在攀登珠峰采集第六届全国少数民族传统体育运动会"圣火"的队员，在海拔7000多米处紧急救援严重冻伤的乌克兰人；2002年，北京大学山鹰社登山队在独自攀登希夏邦马峰西峰时遭遇山难，西藏登山队队员和西藏登山学校的学员连夜赶赴现场，最终在海拔6800米处找到遇难者的遗体。

未来，西藏登山队将在国家体育总局和自治区体育局的领导下，在有关部门的大力支持下，继续把登山健身活动与全民健身运动相结合，充分发挥专业登山运动队的职能作用，在完成国家赋予登山任务的同时，吸引更多山友参加培训和登山户外健身活动，为促进我国由体育大国向体育强国迈进作出更大贡献。

第六章

山峰环境保护

珠峰等世界著名山峰留给人们的印象是白雪覆盖、巍峨圣洁，有一种常人难以靠近的神秘。但是，从20世纪50年代开始，人类在这些区域活动逐渐增多，留下大量垃圾。1985年5月11日，《西藏自治区人民政府办公厅关于转发区登山协会等单位〈关于保护开放山区自然环境的暂行规定〉的通知》印发，西藏自治区体委（体育局）把保护山区环境列入重要议事日程，数十年如一日长抓不懈，使喜马拉雅山脉中国一侧的山峰环境得到较好保护，使冰天雪地真正成为"金山银山"，使西藏登山运动和登山产业等体育事业走上健康的可持续发展之路。2018年，为认真落实习近平总书记关于做好山峰环保工作的指示，西藏自治区制定《珠峰登山垃圾处理办法（暂行）》，成立喜马拉雅高山环保基金会和高山环卫队，使山区环保工作进入常态化。

第一节　2002年登山环保大行动

自1921年起，人类开始在珠峰进行探险活动，特别是1960年中国登山队首次从北坡登顶珠峰以来，从中国境内攀登珠峰的人数日益增多，到珠峰北坡登山大本营观光的游客更是络绎不绝。于是，珠峰北坡留下大量垃圾，尤其是各个营地周围的环境遭到不同程度的污染。

1985年以来，西藏登山协会和有关部门针对登山和观光人员增多、遗留垃圾增多的现象，在每年春、秋两个登山季节结束时组织人员对垃圾进行清理，使山区的环境总体上保持了良好状态。但在珠峰高海拔的登山路线及营地上仍留下了诸如帐篷、煤气罐、塑料袋、氧气瓶、电池等废旧物品和其他垃圾。

2002年9月4—17日，由西藏自治区政府和国家体育总局发起，由中国登山协会和西藏登山协会、定日县政府、珠峰自然保护区管理局、北京奥索卡体育用品有限公司共同承办的珠峰环保大行动，以"拥抱珠峰，保护环境"为主题，共组织来自西藏登山队、西藏登山向导学校、香港大学的环保志愿者和定日县环保协作人员共113人，为迎接"国际山岳年"、唤起国内外登山探险和旅游人士的环保意识，开展了对珠峰地区的环境保护活动。

为扩大影响，活动邀请中央电视台、西藏电视台、西藏日报社和拉萨晚报社等新闻媒体的记者全程报道。

此次环境保护清扫垃圾行动中，以环保志愿者身份来藏的著名歌手老狼与另外40多名来自北京、香港、美国的环保志愿者和西藏登山队员、西藏登山向导学校学员，共分成两组：一组人员从9月4日到9月7日在珠峰大本营及其附近区域捡拾垃圾；另一组人员于9月7日登达海拔6500米的前进营地，捡拾丢弃在营地和登山路线上的各种垃圾并运下山来。经过一个星期艰苦清扫,环保志愿者共捡拾垃圾100余袋,垃圾随后交珠峰自然保护区管理局作无害化处理。其他人员因高山反应则留在定日县城协格尔捡拾垃圾。

第二节 2004—2008年山峰垃圾清理活动

2004—2008年,西藏登山协会通过与安利集团(中国公司)等企业合作主办,由西藏登山队和西藏登山综合培训中心(西藏登山向导学校)承办,并在全国招募珠峰环保志愿者,从每年4月22日的"世界地球日"至6月5日的"世界环境日",进行为期一个多月、重点对珠峰6500米营地及以下和拉萨至珠峰沿途捡拾垃圾。同时,开展环保宣传、向山区小学捐资助学等活动,使山区群众和游客、特别是登山者增强环境保护意识,自觉遵守珠峰自然保护区的有关规定。

经过多年努力,珠峰海拔6500米以下区域的垃圾大为减少,高海拔营地和登山路线上的垃圾也由登山队员、登山向导和高山协作人员尽力清理并携带下山,使山峰环境得到改善。

2008年后,西藏自治区体育局和西藏登山协会组织西藏登山队、西藏登山综合培训中心(西藏登山向导学校)、西藏圣山登山探险服务有限公司,共同承担喜马拉雅山区环保工作,严格执行登山团队一律带适量垃圾下山的一系列保护环境规定,还利用每年春、秋两个登山季节,及时组织登山运动员、登山向导和高山协作人员清理垃圾,使各著名山峰我国一侧大本营及以上各营地的环境基本保持良好。

登山运动员和登山产业从业人员还把环保理念和行动带到所去过的地方,在国内外登山活动中处处保护环境,在登山结束时都是将垃圾清理装袋运下山来妥善处理。特别是在历年举办"西藏登山大会"期间,都把清扫垃圾列为必须做到的一项重要内容而列入《西藏登山大会实施计划》,并严格检查落实。在登山运动员和登山产业从业人员的感召带动下,客户和山友们更加重视环境保护,自觉把垃圾带下山交专人作无害化处理。

经过多年环保知识的宣传普及和登山户外运动从业人员身体力行的示范引领,"靠山吃山、爱山护山,保护环境、永续发展,户外运动、荒野无痕"的理念深入人心。

另外,2004—2008年,自治区体育局还多次对卓奥友峰、希夏邦马峰等其他山峰的垃圾进行了清理,共清理垃圾60吨。

第三节 2017年珠峰清洁主题实践活动

2017年5月14日,以"弘扬登山精神,建设美丽家园"为主题的珠峰清洁主题实践活动圆满结束。期间,西藏登山运动管理中心(西藏登山协会)组织中外登山队队员、登山向导协作人员和定日县民众、志愿者近百人,使用牦牛上百头,在9天的时间里,对珠峰山区从海拔5200米大本营附近区域至海拔6500米前进营地及登山路线进行清扫,累计清理生活垃圾近5吨。

本次活动受到了国内外的广泛关注和高度赞许,也吸引了中央电视台、新华社、中新社、中国西藏网、西藏日报社、西藏电视台等20多家媒体的记者跟踪宣传报道。

5月16日,西藏自治区体育局在珠峰大本营召开2017年珠峰清洁主题实践活动交流会,局党组书记孙永平、副局长尼玛次仁等出席。会后,孙永平和尼玛次仁等还与在珠峰大本营的中外登山队队员、登山向导和高山协作人员和定日县民众、志愿者一同参加了对大本营附近区域的清洁活动。

2006年,西藏自治区人大常委会立法通过了《西藏自治区登山条例》,不仅为西藏登山事业法治化、规范化发展提供了遵循,更是明确了环境保护的有关要求,彰显了登山运动绿色环保的理念。十多年来,在建立健全西藏登山服务体系、满足登山爱好者攀登需求的同时,西藏自治区体育局等相关单位组织开展多次山峰清洁活动,受到国内外登山运动爱好者的称赞。

第四节　2018年登山垃圾清洁大行动

一、珠峰生态环境保护工作情况汇报

2018年3月16日,西藏自治区人民政府新闻办公室召开新闻发布会,介绍珠峰生态环境保护工作情况。

(一)关于网上珠峰登山垃圾的信息核实说明

经西藏自治区体育局核实,网上关于珠峰登山垃圾的信息中,三张登山者遗体图片是在珠峰北坡(中国一侧)拍摄的,其他图片是在珠峰南坡(尼泊尔一侧)拍摄的。这三具遗体分别位于海拔8100米、8400米、8700米处。海拔8100米处遗体是1924年登山者的遗体,已经形成了遗骸;海拔8400米处遗体是1998年登山者的遗体,自治区体育局于2014年对遗体进行了包装和挪动,网上流传的图片为清理前拍摄的画面;海拔8700米遗体是2015年登山者的遗体,由于遗体在悬崖上,清理存在很大安全风险,故未对其进行包装和挪动处理。按照国际登山惯例,每年攀登季结束后,次年进行山峰垃圾清理工作。2017年,由于登山"窗口期"短,自治区体育局未对山峰海拔6500米以上区域垃圾进行清理,计划于2018年适时进行清理,此项工作由于专业性强、风险高,由自治区体育局和国家体育总局登山运动管理中心共同组织实施。

（二）珠峰登山垃圾处理情况

1. 从严控制攀登珠峰人数

为保护珠峰山区生态环境和登山者安全，自治区体育局全面贯彻自治区党委政府的部署要求，认真执行《西藏自治区登山条例》，从严审批登山人员，将每年登山人数控制在300人左右。

2. 经常性开展珠峰区域垃圾清理工作

1997年，自治区体育局组织开展了第一次珠峰垃圾清理活动，清理了以前历次登山产生的垃圾。2002—2004年，在海拔5100~6500米区域清理垃圾8吨。2005年，在海拔5200~8000米区域清理垃圾200袋（水泥袋）。2006—2007年，组织100多人，对珠峰大本营——前进营地沿途的垃圾进行了清理。2010—2016年，开展了3次海拔7000米以上区域的垃圾清理活动，清理垃圾3.214吨。2017年，全面对珠峰大本营（海拔5200米）、中间营地（海拔5800米）、前进营地（海拔6500米）区域的垃圾进行了清理，清理垃圾5吨。关于登山者的排泄物，自治区体育局和地方政府安排专人统一回收和处理。2004年以来，自治区体育局多次对卓奥友峰、希夏邦马峰等其他山峰的垃圾进行了清理，共清理垃圾60吨。

3. 加强珠峰大本营供电设施建设

2017年4月，珠峰大本营营地全部接入国家电网，代替了柴油发电，降低了石化油气对珠峰生态环境造成的影响。

4. 改善攀登珠峰交通条件

2018年，进入山区的公路已通至珠峰大本营（海拔5200米），登山者均乘车往返大本营。而位于尼泊尔的珠峰南侧，由于交通不便，登山人员需徒步到达大本营。

二、珠峰、卓奥友峰、希夏邦马峰登山垃圾清洁大行动

为认真贯彻中央和自治区领导同志关于加强珠峰环保工作的指示批示精神，大力实施生态环境保护基本国策，切实保护好珠峰、卓奥友峰、希夏邦马峰等著名山峰地区的生态环境，加快推进生态文明和美丽西藏建设，西藏自治区体育局决定开展"2018年春、秋两季的珠峰、卓奥友峰、希夏邦马峰登山垃圾清洁大行动"。

（一）春季登山垃圾清洁大行动

活动由西藏登山协会组织西藏圣山登山探险服务有限公司的登山向导、高山协作等登山产业从业人员和雇佣当地农牧民群众组织实施。除了定期清理垃圾外，还要求并督促各登山营地的联络官、翻译等工作人员落实常态化及时清理制度，确保山区环境始终处于良好状态。请当地农牧民群众参加山区环保工作，既可增加收入，又可使环保的理念深入人心，带动更多的人主动成为山峰的常态化守护者和家园的净化者。

1. 珠峰山区垃圾清扫行动

在3—5月的登山季节里，从海拔5200米的大本营至顶峰，共进行了3次规模较大的清扫活动：第一次是春季登山季节开始前，由西藏圣山登山探险服务有限公司负责清理。第二次是登山队员下撤到大本营休整期间，由西藏登山协会和西藏圣山登山探险服务有限公司负责清理。第三次是登山季节结束后，由西藏登山协会负责清理。

西藏自治区登山运动管理中心（西藏登山协会）规定每一位国内外登山者（登山队员、登山向导、高山协作），在攀登行动中必须从山上携带8公斤废弃物送至大本营，交由联络官依规处理。海拔5200~6500米沿线和营地厕所的登山者产生的粪便，统一收集运送到扎西宗乡农牧民家中作肥料发酵处理。登山者携带经幡至峰顶的，要求带下等量的旧经幡回到大本营交由联络官称重后处理。

珠峰大本营登山营地区域的日常清扫工作，由西藏登山协会派驻的联络官、翻译等工作人员和在登山季节雇佣的4名当地环卫工人负责打扫清理。每日10时准时开始对营区清扫，每周登达海拔5800米处的过渡营地，在营地和登山路线沿途清理垃圾一次。

2. 希夏邦马峰垃圾清扫行动

4月17—20日，对希夏邦马峰大本营至前进营地进行清扫活动。参加人员20名，正在大本营的国内外登山人员也主动参加进来。

在大本营共清理垃圾10袋200公斤，主要是方便食品包装袋、易拉罐和其他废弃物。在前进营地清理垃圾45袋800公斤，主要垃圾种类与大本营相同。从前进营地到顶峰的垃圾清理交由西藏雅拉香波登山服务有限公司组织实施。

（二）秋季登山垃圾清扫大行动

1. 卓奥友峰秋季山区垃圾清扫行动

秋季登山季节，从海拔4951米大本营至海拔8206米顶峰，得到了全面清理。登山活动开始前和活动中，从前进营地以上，由西藏圣山登山探险服务有限公司负责清理。

从大本营至前进营地沿途的垃圾，由西藏登山协会的工作人员和雇佣的5名当地环卫工人每周负责清理一次，并每天对大本营登山营区进行打扫清理。

另外根据《西藏登山协会关于山区垃圾清理管理规定》，联络官负责督促登山探险公司严格执行对国内外登山者一次（登山季）攀登活动中，必须携带8公斤废弃物下山至大本营，交由联络官处理的管理制度，制作台账，翔实准确记录。对集中收集的粪便装袋，一律运至定日县扎岗嘎镇交群众发酵后用作肥料。

2. 希夏邦马峰秋季山区垃圾清扫行动

秋季登山活动期间，从海拔5028米的大本营至海拔8012米顶峰登山路线上的垃圾，由西藏圣山登山探险服务有限公司负责清理。大本营附近的垃圾，由西藏登山协会的联络官、翻译和雇佣的环卫工人每天负责清理。（因秋季在珠峰没有登山活动，故只对有登山活动的卓奥友峰和希夏邦马峰进行清扫行动。）

第五节 2019年珠峰登山环保工作

2019年，为认真贯彻落实国家自然保护区监督检查专项行动第十二巡查组对珠峰登山环保巡查指示精神，西藏自治区体育局"提高站位、强化责任、狠抓落实"，进行了一系列珠峰登山环保工作。

一、加紧研究、制定、出台相关文件

以习近平同志为核心的党中央高度重视、特别关注珠峰生态环境保护工作，在2018年全国两会期间，习近平总书记、韩正常委就珠峰垃圾问题专门作出重要批示。西藏自治区党委书记吴英杰、主席齐扎拉就认真贯彻中央领导同志批示精神、加强和改进珠峰生态环境保护工作作出重要指示。2019年，西藏体育局深刻领会、全面贯彻中央领导同志和自治区领导同志的指示批示精神，提高政治站位，结合各部门职能，认真研究，加紧制定出台《珠峰登山垃圾处理办法（暂行）》和《2019年春季珠峰登山垃圾（登山者遗体）清洁大行动方案》，并规范有序地推进相关工作。

二、强化珠峰登山环保工作主体责任意识

进一步修改完善《珠峰登山垃圾处理办法（暂行）》，增强其指导性和针对性，使其真正做到管根本、管长远。西藏自治区体育局办公室牵头，西藏登山队、西藏登山协会、西藏登山向导学校、西藏圣山登山探险服务有限公司，联合研究制定《2019年春季珠峰登山垃圾（登山者遗体）清洁大行动方案》，明确职责、规范管理。西藏登山协会主要负责管理珠峰大本营海拔5200区域登山垃圾（登山救援）工作，西藏登山队

主要负责管理珠峰过度营地海拔 5800 米至前进营地海拔 6500 米区域登山垃圾（登山救援）工作，西藏登山向导学校和西藏圣山登山探险服务有限公司主要负责管理珠峰前进营地海拔 6500 米以上登山垃圾（登山救援）工作。各单位和部门分工协作、密切配合，协调联动、整体推进，确保安全登山、环保登山。

三、深入开展登山环保知识技能培训

2019 年，各部门把登山环保知识技能培训纳入 2019 第九届高山职业技能培训班的重要课程，邀请环保部门专家前来授课，强化高山从业人员环保意识、增强环保知识技能，并把登山环保知识技能培训延伸到山峰所在地农牧民群众中去。2019 年年底，在定日县扎西宗乡针对牦牛工、背夫、环卫工人集中开展了一次培训，既普及了环保知识技能，又引导当地农牧民群众通过参与环保工作增加收入。

第六节 2020 年春季登山垃圾清理活动

一、持续开展登山垃圾清理活动

今年，由于受新冠肺炎疫情影响，尼泊尔政府宣布取消 2020 年珠峰春季登山季的攀登。因此，今年春季攀登珠峰的队伍就只有两支：2020 珠峰测量登山队和雅拉香波珠峰登山队。这是珠峰攀登史上绝无仅有的没有外国人、仅有中国人登顶的登山季。

因疫情而暂缓和减少了春季的登山团队接待工作，给集中开展珠穆朗玛峰、卓奥友峰、希夏邦马峰登山垃圾清理活动提供了最佳时间窗口。2020 年，又恰逢中国人首次登顶珠穆朗玛峰 60 周年和西藏登山队成立 60 周年，持续开展登山垃圾清理活动，对于纪念和宣传中国人首次登顶珠穆朗玛峰 60 周年具有特殊且重要的意义。

为了贯彻习近平生态文明思想，宣传环保登山理念，保护山区生态环境，推进美丽西藏建设，西藏自治区体育局 4 月 20 日起开展 2020 年春季登山垃圾清理活动。主要由西藏登山队、西藏登山协会、西藏圣山登山探险服务有限公司、西藏登山向导学校承担对珠峰、卓奥友峰、希夏邦马峰的登山垃圾全面清理工作。清理活动持续到六月。

在 2020 年春季进行珠峰高程第三次测量期间，安装在珠峰大本营的餐厨垃圾厕所单元和全封闭生活污水处理单元，能够满足每天 200 多人餐厨垃圾和污水的环保处理需求，降低人类活动对山区环境的影响，用环保垃圾处理设施守护山区良好环境。

二、下一步加强珠峰生态环境保护的措施

今后的工作中，西藏自治区体育局将全面贯彻执行国家的登山法律法规和自治区党委政府的决策部署，在国家体育总局的行业主管和业务指导下，不断完善登山管理

制度和措施,着力推进安全登山、环保登山,更好地发挥登山为国争光、展示西藏良好形象、助力精准扶贫的作用。

一是每年攀登珠峰只限春季,人数控制在200人左右,尽量减少登山对珠峰生态环境的不良影响。

二是发挥"西藏喜马拉雅高山环境保护基金会"的作用,加大珠峰生态环境保护工作力度,每年常态化开展珠峰海拔6000米以上区域的垃圾清理工作。推动"西藏高山救援基金会"参与高山环保工作,探索"环保+救援"模式,推进安全登山、环保登山。

三是增强山区群众生态环保意识,加强环保知识的宣传普及。联合当地政府,组建高山环卫队,每年对山区群众进行1~2次高山环保知识和技能培训,通过逐年给环卫队工人递增工资收入,调动群众参与珠峰环保工作的积极性。

四是完善珠峰等著名山峰海拔6000米以上区域登山垃圾管理清理制度。要求每支登山团队缴纳5000美元环保押金,从高海拔营地每人携带8公斤垃圾至前进营地,否则,不予退还押金。此项工作由中方联络官严格监督执行。

五是扎实做好各著名山峰海拔5200~6500米区域的垃圾清理工作,因为大部分垃圾都出现在这一区域。每年的春、秋两季组织登山队员、登山管理人员和当地群众,及时、全面清理垃圾并进行分类,统一运至各登山大本营,再集中送到指定地点作回收或无害化处理。

第七节 常态化对各著名高峰大扫除

从20世纪50年代开始,珠峰地区的人类活动逐渐增多,攀登到海拔6500米、7000米、8000米乃至登顶的登山者也逐年增多。人类活动带来了各种垃圾,包括食品包装袋、饮料瓶等生活残留物和废弃氧气瓶、废旧帐篷等遗留装备,以及登山者和游客留下的粪便等各种遗弃物。据联合国环境规划署此前统计,有数百吨垃圾留在了珠峰的南、北两侧区域。为了给最高峰在中国一侧来个大扫除,2018年以来,西藏自治区体育局采取多项措施,清运回收珠峰地区的垃圾。

一、成立环保队守护原生态

"目前,海拔6500米以下的主要污染物是生活垃圾。海拔6500米以上的主要是登山路绳,还有一些废弃帐篷、氧气罐、煤气罐等"。西藏自治区体育局局长尼玛次仁介绍,由于登山运动的普及和人类活动的增加,原本生态就十分脆弱的珠峰地区,环境承载力正在逼近极限。

珠峰地区气候寒冷,很多垃圾被冰雪覆盖,但随着全球气候变暖,几十年前人们丢弃的垃圾逐渐显露出来。此外，由于低温和大风，登山者一般都选择距离营地较近的地方作为厕所，多年来在南坡和北坡营地附近积累的粪便早已数以吨计。

"海拔5200米的大本营，登山者可以乘车直达。海拔6500米的前进营地，人称'魔鬼营地'，对人的耐受力是极大的考验，物资运输只能靠牦牛，再高连牦牛都上不去了。如果想在海拔7000米以上清运垃圾，只能依靠登山专业人员的人力搬运，而且越往高处对人的体能考验越大。"华大基因运动首席执行官曹峻介绍。

"到了高海拔地区，人体含氧量逐渐降低，人的机体耐受力也逐渐下降，特别是到了海拔7000米以上，就需要特殊的适应。到了海拔8000米以上，基本上就是生命的禁区了，登山者哪怕增加0.1公斤的负重都感觉明显。"尼玛次仁同时也是西藏登山向导学校的创建者，他对珠峰垃圾清运之难非常了解，"现在技术条件好了，登山者可以携带4至5罐氧气上山，即便这样，要想保证人身安全，攀爬过程也要全神贯注，不能分心。"

"2018年西藏体育部门成立了环保大队，出台了一系列新的举措来治理高海拔区域垃圾问题。不仅是针对珠峰治理，还包括卓奥友峰和希夏邦马峰。我们想让更多来西藏的人可以看到原生态的环境。"尼玛次仁说。

二、分海拔清理、分类后的处置

高海拔地区，可以采取哪些措施清运垃圾？"我们采取双管齐下的方法，一部分农牧民在海拔6500米区域的位置进行清理，一部分专业登山向导等从业人员从海拔6500米向上直到顶峰进行清理。登山者每人要携带8公斤垃圾下山，此外还有奖励措施。"尼玛次仁说，生活垃圾运回大本营后，按可回收、不可回收分类，交给珠峰自然保护区管理局处理，目前已经形成了一定的机制。

31岁的顿珠是珠峰脚下托桑岭村的一名村医，登山季节到来的时候，他戴上"高山环卫队"的袖标，穿上橘黄色工装加入了清洁珠峰的队伍。他正把分类好的垃圾装车运走。"每3天跑一趟，虽然工作地点都在海拔5800米以上，但身体还吃得消。"顿珠说，他最高去过海拔6500米的地方捡垃圾，登山季节结束后他希望能继续干下去。

除了对生活垃圾进行分类回收外，前进营地的大小便也会得到清理。大本营也对旱厕进行了改造，加装了简易马桶，对粪便装袋、处理后带下山。

"在海拔5200米的大本营，还能搭建简易厕所，到了6000米以上的地方，登山者只能用铲子挖个坑当临时旱厕。"登山爱好者、北京一家环保厕所研发企业的负责人吴昊说，"高寒缺氧的环境下，粪便很难像在平原地区那样发酵降解变为肥料，而会成为污染水源的潜在威胁。"

"在山上，使用环保的除臭脱水剂，可以对粪便脱水、除臭。"吴昊一边往马桶内撒着粉末，一边讲解，这种除臭脱水剂属于微量高效，不会增加过多重量，"海拔6500

米以上，人们主要吃高热量的食物，产生的粪便就比较少。下一步，针对遗留在海拔6500米以下的粪便，我们将有针对性地投放除臭脱水剂。"

三、社会来参与治理常态化

除了技术手段，西藏自治区体育局还采取各种措施，动员社会各界力量参与高山环保，发起成立了国内首个高山环保基金会——西藏喜马拉雅高山环保基金会。基金会已于2018年3月正式获批，将全力支持西藏喜马拉雅山脉环境保护事业，引导当地农牧民群众参与环保增收脱贫致富，推进西藏高山环境保护。

这一基金会集合了来自企业家和社会慈善等资金共同保护高原环境，采取政府主导、基金会补贴、农牧民参与清运垃圾的全新激励模式。"西藏位于青藏高原核心地带，更是重要的国家生态安全屏障。成立基金会，可以激励大家积极清运垃圾。"尼玛次仁说。

西藏自治区还严格登山环保管理，推进高山环保常态化。西藏自治区体育局与有关部门和单位研究制定《珠穆朗玛峰登山垃圾处理管理办法》，在已颁布执行的《西藏自治区登山条例》基础上，细化对珠峰海拔5200米及以上区域的管理。在2018年登山季节结束后，珠峰年内不再接待徒步游客，海拔5100米以上区域对所有游客关闭，以进行环境治理。

第七章

西藏登山基础建设

登山运动已成为西藏体育的拳头项目，登山产业是西藏体育的优势产业，但没有登山训练基地，缺乏登山户外运动训练设施，这与登山运动和登山产业的快速发展形成了鲜明的反差。

2003年起，西藏自治区体育局相继建成了西藏登山向导学校、羊八井高山训练基地、林芝高原训练基地、西藏登山体验健身训练馆、日喀则市珠峰国际登山产业运营中心等工程项目。这些工程项目相继投入使用后，逐步形成了高、中、低海拔配套的接待、训练和救援设施，完善了登山探险、户外运动等登山产业和救援体系，为西藏登山事业健康和可持续发展、大规模发展、优质发展奠定了坚实基础。

第一节　西藏登山向导学校工程项目

2002年9月25日，西藏登山向导学校建设工程被列入国家援藏117个重点项目之一并开工建设。国家发展改革委员会拨款500万元、为学校附属工程追加资金190万元，国家体育总局"雪炭工程"拨款200万元，再加上自筹经费42万元，共计932万元。

2003年8月20日初步验收，10月20日西藏自治区体育局领导和西藏自治区计委、公安消防总队、西藏方工监理公司、自治区质量检查站等有关人员与工程施工单位的负责人，对工程进行竣工验收。

西藏登山向导学校建设项目，占地面积16000平方米，建筑面积4567.8平方米，包括综合培训楼、学生宿舍楼、教师公寓楼、攀岩拓展训练设施和绿化带、篮球场、停车场、围墙、大门等。

为建设国内一流的攀岩设施，在国家投资外，自治区体育局和西藏登山学校多方筹措资金，从空中客车公司得到42万元赞助款，建起当时国内最大的攀岩塔，其难度攀岩道高18米、速度攀岩道高15米，还建有模拟攀冰道、抱石攀岩场地。

2003年11月，西藏登山向导学校迁入新校园。西藏自治区体育局拨款20万元采购了部分教学、办公设备和学员生活用具。

第二节　羊八井高山训练基地工程项目

2005年4月22日，西藏自治区体育局羊八井高山训练基地暨中国登山协会西藏羊八井训练基地一期工程开工建设。

2006年10月2日举行项目落成揭牌仪式，时任国家体育总局训练局局长阎世铎和中国第一位奥运冠军获得者许海峰出席并揭牌。

基地海拔4318米，一期工程占地10530平方米。其中主体建筑面积为2230平方米，包括宿舍楼、急救中心、装备仓库、资料荣誉室、厨房食堂、教室、攀岩壁、温泉游泳馆和室外游泳池等教学训练和生活设施，是当时西藏唯一、国内海拔最高的训练基地。基地还具有交通方便、距离山峰近、旅游景点多等优势，具有广泛用途。基地距拉萨市区98公里，与海拔6206米的峰启孜峰、6330米的唐拉昂曲峰、7117米的念青唐古拉中央峰、6154米的鲁孜峰、7048米的穷母岗日峰等众多雪山相邻；还有多条适宜徒步穿越的成熟线路：从羊八井高山训练基地分别通向纳木错（当雄方向）、热振寺（林周方向）、楚布寺（堆龙方向）、穷母岗日（南木林方向）等观光道路；有高山滑雪场（洛堆峰海拔6010米）、自行车越野道（老中尼公路）、滑翔伞场地等户外运动健身场所。更有驰名中外的羊八井地热电厂、广袤的藏北草原等景点景区可供游览。

2006年投入使用后，基地成为"西藏登山大会"常设大本营。2008年承担北京奥运火炬接力珠峰传递任务的中国登山队，以及在此前后承担重大登山任务的登山队都曾在这里进行适应性攀登训练和预演。

该基地的建成，弥补了西藏登山运动长期没有野外训练场所和缺少发展登山产业接待设施的空白，并为以后的基地项目建设积累了经验，为促进登山事业大发展发挥了重要作用。

基地二期工程2012年竣工，进一步完善了设施、增强了功能。

西藏自治区体育局为了在不同海拔高度建设登山户外运动基地，完善训练、接待、救援设施和体系建设，申报立项建设林芝户外运动训练基地工程项目、日喀则登山探险服务中心等工程项目。据有关专家说："这些工程项目竣工投入使用后，将形成高、中、低海拔配套的接待和训练、救援设施，完善登山探险、户外运动等登山产业和救援体系，将大大方便在著名山峰和适宜户外运动区域附近开展活动，便于及时救援遇险者，有利于提高效率、节约成本。"

第三节　林芝高原训练基地工程项目

西藏自治区体育局林芝高原训练基地，是"十二五"彩票公益金重点建设项目，项目位于林芝市巴宜区迎宾大道东侧。

项目建设内容主要包括综合馆、运动员宿舍楼、动力站房、攀岩及拓展场地、室外篮球场地、道路、停车场、室外给排水、电气、绿化等配套设施，总用地面积为29664.58平方米，建筑面积为14084.94平方米。项目总投资9125.04万元。基地主体工程于2015年7月开工建设，2016年9月竣工交付使用。

项目主体设计单位为中国航天建设集团有限公司、地质勘查单位为核工业西南勘察设计研究院、施工单位为核工业西南建设集团有限公司、监理单位为重庆江河工程建设监理有限公司。

基地总平项目于2016年10月开工建设，2017年10月竣工交付使用，基地总平设计单位为西藏自治区建筑勘察设计院、施工单位为西藏成发建筑工程有限公司、监理单位为重庆江河工程建设监理有限公司。

2018年，西藏自治区林芝高原训练基地由国家体育总局命名为"国家山地户外运动基地"。

第四节　西藏登山体验健身训练馆工程项目

西藏拉萨登山体验健身训练馆项目，是中央预算内"十二五"项目，总投资为2400万元，位于拉萨市娘热路西藏自治区体育局体育器材公司院内，主要包括登山体验健身训练馆、柴油发电机房、水泵房，并建有室外排水、电气、绿化、道路及铺装、停车场等附属设施，购置配备了箱变、电梯、监控主机、摄像机、发电机、水箱等设备。总建筑面积为4616.94平方米。

项目于2017年3月开工建设，2018年11月竣工交付使用。

施工单位为西藏银创建设有限公司、监理单位为四川亿博工程项目管理有限公司、设计地堪单位为西藏自治区建筑勘察设计院。

第五节　日喀则市珠峰国际登山产业运营服务中心

2019年10月，日喀则市珠峰国际登山产业运营中心开工建设，根据《西藏自治区财政厅西藏自治区体育局关于下达2017年和2018年中央专项彩票公益金支持西藏体育事业项目预算指标的通知》，该项目总投资为9523.35万元。其中基建类资金8 023.35万元、设备类1500万元。

珠峰国际登山产业运营服务中心的建设内容包括：培训教室、会议室3459.44平方米；学员宿舍5302.9平方米；体能训练中心2139.29平方米；康体医疗中心2847.18平方米；餐厅1287.52平方米；发电机房40.07平方米；消防水泵房、消防水池214.56平方米；无塔供水间71.50平方米；值班室大门54.4平方米；成品铁艺大门3樘；附属工程包括透视围墙516.4平方米；消防通道5409.44平方米、铺装6254.6平方米；停车位511.98平方米；挡土墙845米；钢筋混凝土截洪沟长360米；室外电气、给排水等工程。

珠峰国际登山产业运营服务中心将于2021年完工并投入使用。

第八章

拓展西藏登山运动新领域

西藏自治区体育局贯彻执行中共中央、国务院关于体育工作的一系列方针政策和《中共西藏自治区委员会西藏自治区人民政府关于进一步加强和改进新时期西藏体育工作的意见》《西藏自治区人民政府关于加快发展体育产业促进体育消费的实施意见》等文件指示精神，在全国体育系统的大力援助下，坚持走有中国特色、西藏特点的发展路子，努力践行"发展体育运动，增强人民体质"的工作方针，全区体育工作者特别是登山系统的干部职工艰苦奋斗，砥砺奋进，使登山运动等体育事业都进入了全新阶段，使体育成为推动全区经济社会跨越发展的重要力量。在登山运动成就享誉中外，登山运动水平保持"西藏登山，国内领先，世界著名"的同时，创新发展攀岩运动、滑雪运动、滑翔伞运动、自行车运动等新兴体育项目，将登山运动融入竞技体育、群众体育、体育产业的转型升级成效显著，显示出广阔的发展前景。

第一节 攀岩运动

2006年9月8日,西藏登山向导学校为促进西藏登山运动转型升级,丰富西藏竞技体育项目,打造竞技体育新品牌新亮点,在西藏登山运动管理中心副主任、西藏登山向导学校校长尼玛次仁倡导和推动下,在从2004年开设攀岩运动课程的基础上,筹备组建攀岩运动队,并派出学员赴江西省应用职业技术学院进行系统学习培训。

一、西藏攀岩运动发展历程

2006年之前,西藏攀岩运动没有组建专业运动队,只是接到参赛邀请或通知时,临时指派西藏登山队的登山运动员或西藏登山向导学校的学员组成西藏代表队参加比赛。

1987年10月21—22日,由中国登山协会和中国软件技术公司合办,在北京怀柔举行的"中软杯"攀岩邀请赛上,西藏登山队运动员仁那以2分22秒14的成绩,从12支代表队、40名男女运动员中脱颖而出,获得男子单人攀岩冠军。一起参赛的加布获得男子单人攀岩第5名。仁那和加布还获得双人结组攀岩冠军、团体总分第2名的好成绩。

1997年9月28日至10月2日,距上次西藏攀岩队员参加比赛10年之后,在中国登山协会主办、陕西省华阴市承办的全国第五届攀岩锦标赛上,西藏代表队的普布顿珠获得第4名、贡觉次旦获得第7名。

1999年8月,在北京举行的全国攀岩邀请赛(实为选拔赛)上,西藏代表队4名男队员落选。

2001—2002年,西藏登山向导学校派出3名学员到北京中国登山协会怀柔训练基地学习攀岩技术，回来后组织西藏大学的登山队和攀岩队在拉萨北郊攀岩场进行攀岩训练。

2002年5月24—30日，西藏代表队的林生和普布顿珠参加第二届全国体育大会攀岩比赛。全国20个攀岩代表队的139名运动员，参加了业余组男女速度赛和专业组男女难度赛、专业组男女速度赛6个小项的激烈竞争。

5月24日，林生和普布顿珠参加业余组男子速度赛，先参加资格赛。排在第4个出场比赛的普布顿珠，攀登A线用时20.30秒，攀登B线用时24.23秒，合计用时44.53秒；排在第7个出场比赛的林生，攀登A线用时19.42秒，攀登B线用时18.72秒，合计用时38.14秒。这个项目的36名运动员比赛结束后，资格赛名次揭晓：林生列第13名，进入预赛；普布顿珠列第21名，未能进入预赛。

26日，举行攀岩比赛业余组男子速度赛预赛。林生攀登A线用时17.70秒，攀登B线用时20.30秒，合计用时38.00秒，比参加资格赛的成绩有所进步。16名运动员比赛结束时，林生排在第11名，因取预赛的前8名进入决赛，故林生失去决赛资格。此项比赛的参赛运动员在通过资格赛后，取前16名进入预赛，取预赛中的前8名进入决赛。比赛分A、B两线进行，完成两条线路攀登用时少者为胜。

27日，攀岩比赛业余组男子速度赛决赛如期展开，经过激烈较量，来自解放军体育学院的王建民摘得金牌，其成绩为20.91秒，他完成A、B两条线路的攀岩速度之快，令观者称赞。在预赛中名列决赛八强之首的吉林省长春理工大学队选手黄勇屈居男子组亚军，王建民的队友陈小捷获得第3名。

攀岩比赛必须严格遵照国际登联制定的比赛规则。攀登时虽设有安全保护装置，如绳索、铁锁等，但不允许使用，只能靠运动员的两手两脚蹬抓岩面上突起的支点、棱角或裂缝，移动四点中的一点（三点不动一点动）向上攀登，这就需要勇往直前的气魄和精湛的攀登技巧，从而使这项运动极富刺激性。尤其是在紧张的比赛中，运动员不仅必须发挥自身的全部力量，还要集耐力、柔韧和平衡能力于一体，利用岩壁上那些难以把握的支点向上攀登，完成腾挪、蹲越、引体向上等动作，使观众从惊险的表演中得到一种美的享受。所以，人们把这项运动誉为"峭壁上的艺术体操"和"岩壁芭蕾"，把攀岩运动者形象地称为"蜘蛛人"。

二、西藏攀岩运动员"走出去"学习训练

2006年7月9日，西藏登山向导学校邀请江西省应用技术职业学院副教授、国家级攀岩教练员丁承亮老师，来藏选拔藏族攀岩运动员新一批培训学员。此前的5月23日，在江苏省苏州市举行的第三届全国体育大会上，新成立的西藏攀岩运动集训队派出索朗扎西（西藏登山向导学校第3批学员）参赛，在攀岩项目速度赛上取得第6名。之前，索朗扎西曾在丁承亮教练悉心指导下训练了3个月。丁承亮从1990年从事攀岩教练工

作，带队参加了历届全国攀岩锦标赛，培养出国家攀岩队的许多主力队员。

7月10日，丁承亮老师在西藏登山向导学校校长尼玛次仁的陪同下，前往林芝、日喀则等地进行选材工作。在当地教育（体育）部门的支持配合下，选拔出6名有发展潜力的藏族男女青年，带到江西省赣州市应用技术职业学院和江西青少年攀岩俱乐部，进行为期3年的攀岩和文化知识系统学习，毕业时考试合格将获得大专学历文凭。后来，涌现出的仁青拉姆、索朗加措、白玛玉珍等一批国际知名的优秀攀岩运动员都是丁老师"慧眼识珠"的结果。

西藏攀岩集训队自2006年开始在其他省市学习训练以来，队员们喊响"不找借口、不讲条件、坚定信念、完美执行"的口号并严格自律。平时利用课余时间每天坚持训练两个半小时，星期六和星期天则放弃休息全天训练，学校放假期间更是一律留校按照七天一休的安排强化训练。

在西藏自治区体育局的大力支持和江西省赣州市应用技术职业学院的鼎力援助下，经过西藏登山向导学校的长期培养和攀岩运动员们争分夺秒的刻苦训练，西藏攀岩运动水平迅速提高，得到中国登山协会的认可。西藏攀岩运动专业的开创性设立与发展，进一步丰富和增强了西藏优势竞技体育项目。

西藏攀岩运动队现有正式队员11名，分别是招收于2006年的6名队员：仁青拉姆（女）、仁增旺姆（女）、格桑旺姆（女）、索朗加措、次仁片多、普巴赤来，共3男3女；招收于2010年的5名队员：边巴扎西、赤列旦增、白玛玉珍（女）、仁增卓玛（女）、普布卓玛（女），共3女2男。这5名第二梯队队员和第三批集训队员的招收，接续培养储备了西藏攀岩运动队的后备力量。

2017年8月，招收的第三批队员被送往江西应用技术职业学院，与他们的师哥师姐们一样在那里进行为期5年的攀岩训练与专业课程学习。由第四、五批队员组成的三线队伍则留在西藏拉萨进行攀岩基础训练。

今后，根据西藏自治区体育局对登山运动转型升级和对攀岩等竞技体育运动项目的发展战略规划，将继续在西藏自治区登山队把第一批6名攀岩运动员培养成为登山和攀岩运动教练员，以此技术力量为支撑，为西藏登山和攀岩运动队伍的壮大与相关体育项目的推广普及，持续培养更多人才，并不断提高西藏登山和攀岩运动的技术水平。

三、举办首届喜马拉雅国际攀岩邀请赛

2006年7月20—26日，由西藏自治区体育局和国家体育总局登山运动管理中心共同主办、西藏登山综合培训中心（西藏登山向导学校）和国家体育总局登山运动管理中心攀岩攀冰部共同承办的首届西藏国际攀岩邀请赛，在西藏登山综合培训中心（西藏登山学校）攀岩塔举行。来自美国、法国、奥地利、斯洛伐克、韩国、德国、加拿大和我国香港特别行政区等共12个国家和地区的17名选手，与我国的14名运动员同

台竞技。其中,西藏攀岩选手次仁顿珠获得男子速度赛第4名。此次在国际比赛中取得的好成绩,是西藏攀岩运动成绩的历史性突破,代表西藏攀岩运动已经走出西藏,迈出国门,走向世界。

赛事保障技术工作,由国家体育总局登山运动管理中心攀岩攀冰部丁香华部长带领的团队承担。其他后勤保障工作,由西藏登山综合培训中心(西藏登山向导学校)负责。

四、在首届全国青年攀岩锦标赛上取得优异成绩

2008年12月12—14日,在北京举行的2008首届全国青年攀岩锦标赛上,西藏攀岩队获得5枚金牌、5枚银牌、1枚铜牌的好成绩。

其中,仁青拉姆获得女子青年组速度赛、难度赛和攀石赛三项冠军的3枚金牌;索朗加措获得男子A组速度赛冠军、攀石赛和难度赛两项亚军的1枚金牌和2枚银牌;格桑旺姆获得女子A组速度赛冠军、攀石赛第4名和难度赛第4名的1枚金牌;仁增旺姆获得女子A组速度赛、攀石赛和难度赛三项亚军的3枚银牌;次仁片多获得男子青年组速度赛季军、难度赛第4名和攀石赛第5名的1枚铜牌;普巴赤列获得男子青年组速度赛第4名。

五、举办"2009中坤·珠穆朗玛杯攀岩精英赛"

2009年7月10日,在庆祝西藏登山学校建校10周年之际,举办了"2009中坤·珠穆朗玛杯攀岩精英赛"。来自全国的15名选手参加比赛。其中,进入决赛的男子组选手有瞿海滨、刘常忠、马自达、索朗加措、王清华;女子组选手有潘旭华、李春华、仁青拉姆、格桑旺姆。西藏攀岩运动员仁青拉姆获得女子难度赛季军。

同年9月3日,在第十七届全国攀岩锦标赛上,索朗加措获得男子攀石赛亚军、个人全能赛季军;仁青拉姆获得女子难度赛季军。

11月1日,在贵州举行的紫云格凸第三届全国攀岩精英挑战赛中,仁青拉姆获得女子自然岩壁难度赛亚军。

11月5—12日,在贵州省遵义市举行的第二届全国山地运动会攀岩赛中,仁青拉姆获得女子自然岩壁难度赛亚军;索朗加措获得男子难度赛亚军;仁增旺姆获得女子速度接力赛亚军、自然岩壁难度赛第4名;次仁片多获得男子速度接力赛第4名;普巴赤列获得男子速度接力赛第4名。

六、2010年参加全国高校攀石赛等比赛取得好成绩

2010年3月4—6日,在北京举行的2010全国高校攀石赛上,西藏攀岩队的次仁片多获得男子攀石赛第4名。

4月29日,在广西百色乐业举行的全国攀岩精英赛中,西藏攀岩选手仁青拉姆获

得女子攀石赛第4名、难度赛第3名、速度赛第6名；仁增旺姆获得女子攀石赛第7名、难度赛第5名、速度赛第5名；次仁片多获得男子速度赛第6名；索朗加措获得男子难度赛第6名、速度赛第7名。

5月15—26日，在安徽省合肥市举行的第四届全国体育大会攀岩比赛中，西藏攀岩队选手仁增旺姆获得女子速度赛二等奖、攀石赛三等奖；仁青拉姆获得女子速度赛和难度赛三等奖；索朗加措获得男子速度赛、难度赛、攀石赛三等奖；格桑旺姆获得女子速度赛三等奖。西藏攀岩运动队还荣获集体体育道德风尚奖。

7月28—31日，在山东省济南市举行的第八届全国大学生攀岩锦标赛中，西藏攀岩选手索朗加措获得男子攀石赛亚军、难度赛和速度赛两项季军。

11月10日，在北京举行的第十八届全国攀岩锦标赛上，西藏攀岩选手索朗加措获得男子攀石赛亚军、仁增旺姆获得女子攀石赛季军、仁青拉姆获得女子攀石赛第5名。

七、西藏攀岩运动员在第二届"喜马拉雅杯"全国攀岩邀请赛中取得优异成绩

2013年7月4—5日，由国家体育总局登山运动管理中心和西藏自治区体育局主办，国家登山运动管理中心攀岩攀冰部、国家登山运动管理中心高山探险部、西藏登山队承办的纪念人类首次登顶珠峰60周年庆典在拉萨隆重举行。在庆典上举行的攀登比赛中，来自包括香港特别行政区在内的全国各地的攀岩俱乐部的47名选手参加了难度赛和攀石赛。

经过两天的激烈角逐，西藏攀岩运动队的选手仁青拉姆获得女子组难度赛和攀石赛的双料冠军，索朗加措获得男子组难度赛冠军；江西选手潘旭华和中国香港选手廖晓莹分获女子组亚军和季军；北京选手马自达和湖南选手矍海滨分获男子组亚军和季军。

仁青拉姆，林芝地区林芝县八一镇觉木雪巴村人，1990年12月出生，藏族，国家级运动健将。2008年，在全国首届青年攀岩锦标赛上获得青年组速度赛冠军、难度赛冠军、攀石赛冠军。2009年，在全国首届"中坤·珠穆朗玛杯"攀岩邀请赛上获得难度赛季军；在第十七届全国攀岩锦标赛上获得难度赛季军；在第二届全国山地运动会上获得攀岩难度赛亚军。2010年，在全国攀岩精英赛上获得亚军；在全国体育大会攀岩赛上获得速度赛三等奖、难度赛三等奖；在全国攀岩锦标赛上获得攀石赛第4名。2011年，在全国攀岩分站赛（广西乐业站）上获得难度赛亚军、攀石赛季军、自然岩壁赛冠军。2012年，在亚洲攀岩锦标赛上获得难度赛季军、攀石赛亚军；在全国攀岩锦标赛上获得难度赛亚军、速度赛季军、攀石赛冠军；在全国攀岩分站赛（西宁站）上获得难度赛冠军、速度赛冠军；在全国大学生攀岩锦标赛上获得难度赛冠军、攀石赛亚军；在国际攀岩邀请赛上获得难度赛亚军、攀石赛亚军；在"喜马拉雅杯"全国

攀岩邀请赛上获得难度赛冠军；在全国攀岩分站赛总决赛上获得难度赛冠军、攀石赛亚军；在年度总排名中获得难度赛总冠军、攀石赛总冠军、速度赛季军。2013年，在全国攀岩分站赛（广西乐业站）上获得难度赛亚军、速度赛季军；在全国攀岩分站赛（浙江宁海站）上获得攀石赛亚军；在国际攀岩邀请赛上获得难度赛亚军；特别是2013年在伊朗德黑兰亚洲攀岩锦标赛上获得了女子难度赛和攀石赛的双料冠军，创造了中国女子攀岩历史上的难度和攀石项目比赛的最好成绩。2015年9月14—16日，国际攀石邀请赛暨全国攀岩分站赛在山东省莱西市举行，西藏攀岩队选手仁青拉姆揽得1枚金牌、2枚银牌。当年，仁青拉姆还在国际攀石邀请赛中获得亚军；在全国攀岩分站赛中获得难度赛冠军和女子攀石赛亚军。

索朗加措，林芝地区林芝县羌纳乡林巴村人，1991年5月出生，藏族，国家级运动健将。2008年，在全国首届青年攀岩锦标赛上获得少年A组速度赛冠军、难度赛亚军、攀石赛亚军。2009年，在全国首届"中坤·珠穆朗玛杯"攀岩邀请赛上获得难度赛第4名；在第十七届全国攀岩锦标赛上获得攀石赛亚军、个人全能赛季军；在第二届全国山地运动会上获得攀岩难度赛亚军。2010年，在全国体育大会上获得攀岩难度赛三等奖、速度赛三等奖、攀石赛三等奖；在全国大学生攀岩锦标赛上获得专业男子组难度赛季军、速度赛季军、攀石赛亚军；在全国攀岩锦标赛上获得攀石赛亚军；在江阴徐霞客国际攀岩大师赛上获得难度赛第7名。2012年，在第二十届全国攀岩锦标赛上获得难度赛冠军；在全国大学生攀岩锦标赛上获得难度赛冠军、速度赛季军、攀石赛冠军；在"喜马拉雅杯"全国攀岩邀请赛上获得难度赛冠军；在全国攀岩分站赛总决赛上获得难度赛季军、攀石赛季军；在年度总排名中获得难度赛季军、攀石赛季军。2013年，在国际攀岩邀请赛上获得难度赛冠军。

八、参加国内外攀岩比赛取得好成绩，开展"攀岩进校园"活动受欢迎

2016年8月，攀岩运动正式成为奥运会比赛项目。

2017年3月，为了完成好奥运备战任务，国家体育总局启动跨界跨项选材和国家集训队试点工作。截至2019年，中国登山协会与11个省区市合作共同组建了国家攀岩集训队，并以这些国训队和几支社会俱乐部队为基础，于2018年推出中国攀岩联赛，以推动攀岩运动快速发展，检验合作共建成果。

同样是在2017年5月成立的国家攀岩集训队（江西）和国家攀岩集训队（西藏）这两支队伍，在地理位置上相距千里，却师出同门。两队全都源自江西应用技术职业学院，在同样的攀岩训练体系下接受训练，同时也保持着各自的特点。

2019年是中国攀岩联赛第二个赛季，以11支国训队为主展开同场竞技，观看中国竞技攀岩之大局。

(一)老牌队伍迎来新挑战

2017年5月,国家攀岩集训队(江西)(以下称江西攀岩国训队)在江西应用技术职业学院组建,20名运动员在3名教练的带领下,登上国际国内赛场,冲击一个个攀岩高峰。在队伍刚刚成立的那一年,江西攀岩国训队势如破竹,一举拿下包括全国攀岩精英挑战赛、国际攀岩精英赛、全国青年攀岩锦标赛、第十三届全国体育运动会攀岩比赛、全国大学生攀岩锦标赛等在内的多项冠军,实力彰显。在此后的两年多时间里,这支队伍在各项国际及全国比赛中都取得了不俗的成绩。

2019年8月,在山西太原举行的第二届全国青年运动会攀岩项目比赛中,来自江西的攀岩运动员仅获得1金1银4铜。通过这次比赛,整支队伍都能感受到,攀岩这项运动在国内开展得越来越好,并且涌现出众多极具发展潜力的青少年运动员。与此同时,他们心中的紧迫感一样强烈。江西应用技术职业学院青少年攀岩俱乐部副主任、江西省攀岩协会秘书长吕海介绍说,江西作为较早在国内开展攀岩运动项目的省份,曾经涌现出钟齐鑫、何翠莲等多个冠军。

(二)从中国攀岩的摇篮走来

要追溯江西攀岩国训队的渊源,得从1990年成立的赣州地质学校攀岩队说起。这是当时全国为数不多的攀岩队之一,2002年发展成为江西应用技术职业学院青少年攀岩俱乐部。

说起俱乐部培养出的冠军,有索朗加措、仁青拉姆、普布卓玛、白玛玉珍、边巴扎西等。俱乐部先后为国家培养了5名国际级健将、12名国家级健将、30多名一级运动员,共获得世界冠军22项、亚洲冠军22项、全国冠军200余项,特别是在男、女速度赛项目上一直处于领先水平,被誉为"中国攀岩运动的摇篮"。据介绍,20多年来国家攀岩队中有70%以上的队员都是从俱乐部培养出去的。江西攀岩国训队组建前的两个月,江西省攀岩运动队率先在江西应用技术职业学院成立。江西也成为继西藏、湖北之后第3个成立省级专业攀岩队的省份。

江西省攀岩队的成立标志着江西省竞技攀岩项目"省队院办"迈出实质性关键的一步,这对进一步深化体教结合、创新竞技体育项目管理机制具有重要意义。

自2006年以来,西藏登山向导学校选派了3批10多名藏族学生到江西应用技术职业学院进行攀岩训练和专科学历教育学习,西藏攀岩队也在此时成立。

这些西藏的藏族学生在完成学历教育的同时,获得了2项亚洲锦标赛冠军、70多项全国冠军,3名学生成为西藏登山队攀岩教练员,使攀岩成为西藏竞技体育的领军项目。

(三)刻苦学技术让西藏攀岩走上更大舞台

从 2006 年建立至今,西藏攀岩队在竞技攀岩运动方面取得了丰硕成果,在国际国内各项重要的攀岩赛事中共获得了 82 块金牌、78 块银牌、87 块铜牌。这也是西藏本土运动员和运动队在竞技比赛中获得奖牌最多的运动队。其中的仁青拉姆在 2013 年伊朗德黑兰亚洲攀岩锦标赛上获得了女子难度和攀石的双料冠军,创造了中国女子攀岩历史上的难度和攀石项目比赛的最好成绩。

2017 年 5 月,国家攀岩集训队(西藏)(以下称西藏攀岩国训队)组建。目前这支队伍有 4 名教练员和 25 名攀岩运动员及攀岩集训队员。

2019 年,西藏攀岩队已为国家攀岩队输送了 8 名优秀队员。

根据西藏攀岩国训队主教练索朗加措介绍,队伍已形成阶梯式发展态势,一线主力队员在 2018 年 10—12 月、2019 年 3—5 月,两次前往日本进行外训,跟随日本教练员进行训练,学习先进经验。二线队员基本是西藏攀岩队招募的第三批集训队员,在 2017 年 8 月,这批队员被送往江西应用技术职业学院,与他们的师哥师姐们一样在那里进行为期 5 年的攀岩训练与专业课程学习。由第四、五批队员组成的三线队伍则留在西藏拉萨进行攀岩基础训练。

在西藏攀岩国训队的队员中,白玛玉珍表现格外突出。2016 年至今,已获得 2017 年中国贵州安龙国际攀岩精英赛女子难度赛冠军、2018"一带一路"国际攀岩大师赛中国宁波站女子难度赛冠军、2018 中国攀岩联赛兰州安宁站女子全能冠军、2018 代表中国队参加中国广州国际攀岩公开赛难度赛第 13 名和攀石赛第 12 名、2019"一带一路"中国拉萨国际攀岩大师赛冠军等多个奖项。

随着索朗加措、仁青拉姆等运动员淡出攀岩赛场,转而从事教练等人才培养工作,白玛玉珍和她同时开始练习攀岩的边巴扎西、普布卓玛等成长为西藏攀岩运动的中坚力量。

在推广普及攀岩运动方面,西藏攀岩队同样不遗余力。据索朗加措介绍,此前西藏攀岩队举办的公益性质的青少年攀岩培训班,每个周末人数都爆满,很多父母带着孩子前来参加,在培养孩子攀岩兴趣的同时也锻炼了身体。"攀岩进校园"活动也在西藏自治区体育局和西藏登山队,以及西藏攀岩队的推动下,在"世界屋脊"火热开展。

2019 年 4 月 28 日,由西藏自治区体育局举办的"攀岩进校园"活动,在拉萨市江苏中学第 28 届田径运动会上展示,在高达 8 米的标准攀岩塔上,多名国家级攀岩运动员亮相,多次获得攀岩冠军的仁青拉姆亲自上阵示范和指导。西藏攀岩队为 2000 多名师生进行的竞技攀岩男子、女子速度赛和难度赛表演吸引了所有人的目光,引来无数欢呼声、喝彩声,师生们还竞相参与其中。本次活动不仅有现场表演,还设置了攀岩知识讲座、专业项目展示、师生体验等内容，开拓了师生们的眼界，让老师、学生和家长们感受到了攀岩运动所独有的魅力。

"攀岩进校园"活动，不仅丰富了学生们的课余生活、锻炼了顽强的意志、增强了抗压能力，还丰富了学校的教学和健身内容、激发了学生们参与攀岩运动的兴趣爱好、促使学生们逐步养成运动健身的习惯。西藏自治区体育局制订了"攀岩进校园"实施方案，选定拉萨市师范附小、拉萨江苏中学、拉萨师范高等专科学校3所大中小学校为试点，每周共3课时（各学校1课时），理论与实践相结合教授攀岩运动课程。

索朗加措表示，这次活动一方面是为了让更多的学生了解攀岩运动，另一方面则是希望从中发现一些攀岩的好苗子，为今后专业队伍储备人才。

未来，西藏自治区体育局和登山登山队与西藏攀岩队还将把攀岩运动带进更多的学校，让年龄更小的学生们也来体验攀岩的乐趣。同时，继续挖掘、培养和壮大攀岩人才队伍，加强科学训练，进一步提高西藏攀岩运动项目的竞技水平。

九、在2019"一带一路"中国拉萨国际攀岩大师赛上成绩优异

2019年7月12日，在2019"一带一路"中国拉萨国际攀岩大师赛（简称拉萨国际攀岩大师赛）上，藏族女运动员白玛玉珍备受关注。作为西藏攀岩运动的新一代领军人物，她不负重望，以较为明显的优势夺得女子攀石赛冠军。

在这场拉萨国际攀岩大师赛上，面对来自印度尼西亚、乌克兰、波兰等11个国家和地区的高水平运动员，同样是西藏攀岩队的女子选手普布卓玛和男子选手边巴扎西也大放异彩，令人惊呼西藏攀岩的春天来了。

白玛玉珍出色的表现并非昙花一现，这位有着"岩壁藏羚羊"之称的林芝姑娘，近年来一直保持着极高的竞技水准。2018年在宁波站进行的该项目赛事中，她也将女子难度赛冠军收入囊中。在中国攀岩联赛中，白玛玉珍也是全能两项赛（抱石、难度）冠军的有力争夺者。

对西藏自治区体育运动有所了解的人都知道，这项运动虽然起步较晚，但攀岩运动一直是西藏的优势运动项目，已经涌现过仁青拉姆、索朗加措等一批国际知名的优秀运动员。

为何西藏攀岩人才能够层出不穷？一方面是现任西藏自治区体育局局长尼玛次仁在担任西藏登山运动管理中心副主任、西藏登山协会副秘书长、西藏登山向导学校校长和西藏登山队队长期间高瞻远瞩，在西藏自治区党委政府和区体育局的支持下，着手成立西藏攀岩运动队、西藏滑雪登山运动队、西藏滑翔伞运动队等西藏优势运动项目队，并请江西省应用技术职业学院副教授、国家级攀岩教练员丁承亮老师前来西藏选拔培养攀岩运动人才，且由他带回去亲手培养。另一方面是西藏在登山方面所具备的优势，攀岩是从登山衍生而来。西藏最早的攀岩运动可追溯到1960年西藏登山队的

前身西藏登山营初创之时，曾组织首批登山运动员到达孜县附近海拔 4500~5000 米的山上进行攀登和攀岩训练。到了 20 世纪 80 年代，中国登山协会与日本山岳协会在双边学习交流过程中，逐步把国际上更加具有发展成就的攀岩运动引入中国。所以，尽管西藏攀岩运动队在 2004 年才组建集训队、2006 年才成立参赛、2015 年才正式纳入事业单位编制，但不少西藏攀岩运动员早在几十年前就已崭露头角。还有一方面的原因是因为大多数攀岩队员来自林芝，他们在长期上山和上树采草药、摘水果的生产生活中练就了过硬的攀爬能力。此外，身处高原，使得队员们在耐力等身体素质上更有优势。

先期的优势只是起到一部分作用，后期专业科学的选材与学习训练，才是西藏攀岩运动员取得突破性成绩的关键。在这其中，丁承亮老师起到了极其重要的作用。应西藏登山向导学校的邀请，丁承亮曾数次赴林芝选拔运动员培养苗子，并以慈父般的爱心和责任心把这些来自祖国高原的孩子培养成才。最让仁青拉姆、索朗加措、白玛玉珍等攀岩队员记忆深刻的是丁教授独特的"丁式训练法"。"如果爱，请深爱"——仁青拉姆一直将丁老师常说的这句话记在心间。

从 2006 年开始接触攀岩运动直到退役，仁青拉姆除了比赛就是学习和训练，长此以往使得手和脚趾都已有些变形。但外人眼中极其枯燥和艰辛的攀岩却是仁青拉姆的享受。因为表现优异，最早成为国家攀岩队队员，并使攀岩在西藏被更多人所熟知，更多的后起之秀开始涌现。仁青拉姆跟师弟师妹分享自己的经历时说："爬，是人与生俱来的能力，在自我选定的路线上不断克服困难向上攀爬，这是攀岩的魅力，也是人生在逆境中前进的写照，希望你们从中既能收获运动的快乐，也能健康成长。"

经过严格而科学的训练，这些天赋异禀的西藏少年很快就获得了过人的成就。据不完全统计，截至 2019 年 7 月，西藏攀岩运动队在参加国际国内各项比赛中，已获得 83 块金牌、78 块银牌、87 块铜牌。其中，仅仁青拉姆一人就收获了 44 项攀岩赛事的冠军。

随着仁青拉姆、索朗加措等人逐渐淡出比赛场，转岗其他工作，新一代的白玛玉珍、边巴扎西、普布卓玛等已成长为西藏攀岩运动的中坚力量。更令人可期可盼的是更年轻的普布卓玛、次旺卓玛和男子选手边巴扎西等新秀已经显露出明日之星的潜质。如今，白玛玉珍已经成为西藏攀岩运动队的"老队员"，现在更加年轻的一代看着她，就像她这一代运动员也曾经看着仁青拉姆一样。

十、业余攀岩队伍逐步壮大

在拉萨北郊的色拉乌孜山上，几乎每个周末，都有一群年轻人在这里聚集。他们大都来自拉萨市区的各行各业，有学生、记者、导游、鼓手、教师、自由撰稿人等，聚集的理由是因为这里有拉萨唯一开放的野外攀岩场地。

近年来的攀岩运动是从2000年，西藏登山向导学校与法国国立沙木尼滑雪登山学校和FFME（法国登山联盟）建立合作办学与技术交流开始的。在法国教练员的帮助下，拉萨附近的山岩上开辟出3处难度不同的攀岩场地。2001—2002年，西藏登山向导学校曾派出3名学员去北京中国登山协会学习攀岩技术，回来后组织指导西藏大学登山队和攀岩队进行过训练。在时任西藏登山向导学校校长尼玛次仁"严格治学、开放办学"理念的指导下，迅速培养出一批高素质的登山运动、攀岩运动、滑雪运动、滑翔伞运动和登山产业方面的优秀人才，不仅解决了西藏攀登高海拔雪山运动员人才断代问题，还一举打破了西藏登山探险片面发展和登山户外运动产业被国外公司和尼泊尔夏尔巴人垄断的局面。

这3处已经开辟20年之久的野外自然岩壁攀岩场地和早已建成的西藏登山向导学校攀岩塔、羊八井高山训练基地攀岩塔、林芝高原训练基地攀岩塔和攀岩馆、拉萨登山体验健身训练馆内攀岩设施，除了满足西藏登山队、西藏登山向导学校等专业机构的需求外，也为当地和来自全国各地甚至世界各地的攀岩爱好者提供了运动场所。

如今，最著名的色拉乌孜山岩壁，早已经成为拉萨民间攀岩爱好者们钟爱的野攀基地。生活在这个日益熙攘的城市，拉萨的居民们也在寻觅着各自职业之外更加丰富的业余生活乐趣。在交流日益频繁、信息不再闭塞的高原上，任何流行的现代元素都可以在一夜之间成为拉萨人追捧的潮流，如同其他地方一样，户外运动早已成为现代人追求的健康生活方式，拉萨的青年们也在以各种不同的形式成为新生活的倡导者和实践者。攀岩，就是其中最能体现这些特质的选项之一。

尽管没有专业运动人员的体能与技术，但是拉萨的民间攀岩爱好者们，也在紧贴岩壁的垂直运动中，追逐着肢体与毅力的成就感，克服着恐惧与惰性的困扰。在拉萨北郊的山野之间，攀友们经常聚集于此，尽情挥洒着汗水，感受着乐趣，也借助这种运动，缓解压力、锻炼体能，并扩展着自己的社交圈层。

玛雅（Maya）就是这样一位代表人物，作为澳大利亚国立大学的在读博士，她选择了西藏作为自己的田野调查地，单调枯燥的调研之余，攀岩成为她最爱的运动。她活跃在拉萨的民间攀岩圈里，积极组织并参与各项活动，无论是室内的攀岩馆，还是户外的岩壁，都常能见到她的身影，"我不是为了塑造美好身材才来参加攀岩"。在国外生活的经历让她有更多的直爽与洒脱，"首先，攀岩是我真正的爱好，我能在其中体味到属于我自己的乐趣；其次，通过攀岩，我认识了很多在拉萨生活的有趣的人。所以，我想无论是在拉萨，还是堪培拉，或者别的什么城市，我都会继续喜爱和参与这种活动。"其实，谁也不能准确说出拉萨民间攀岩爱好者们是从什么时候开始，最初以什么样的形式聚集在一起，开始了这种稍带狂野的"小众"运动。但是真能让人感受到它在民间的蓬勃发展，乃是最近几年的事情。

长久以来，西藏登山向导学校那座高耸的攀岩塔，因为需要一定专业性而并不适合大众参与。位于西藏自治区体育局旁的"突击营地"餐吧，则成为拉萨攀岩爱好者们唯一的寄情之所。但随着经济社会的发展与观念的变迁，一些客栈和健身场所也陆续出现了体验性的攀岩（抱石）设施，攀岩爱好者们甚至还曾以众筹的方式兴建了属于自己的岩馆，建立了自己的群聊。大家在网络上积极交流，在室内的岩馆或户外的岩壁，纵情享受着挑战、战胜重力的欢乐，许多曾经的登山运动员都是其中的成员，这就更加带动了民间攀岩爱好者们的热情与积极性。

正因为政府倡导与民间积极的响应，攀岩运动在拉萨日益活跃。随着经济社会的发展，西藏自治区体育局也正推进登山、攀岩、滑雪等运动向群众体育靠拢的政策落实，使越来越多的人将户外运动体验视为自我挑战、自我实现的途径，同时也将其视作与大自然亲密接触的机会和社会交流的平台。在这种积极互动的环境氛围下，"岩壁上的芭蕾"正在雪域高原热情绽放。

十一、西藏诞生超世界攀岩纪录成绩引关注

2020年9月25日，2020中国攀岩联赛（西藏林芝站）女子速度赛中产生超世界纪录成绩，引发业内人士关注。比赛地林芝体育训练基地海拔近3000米，这个似乎挑战了人类生理极限的成绩是怎样炼成的？它的诞生是否意味着人们需要更新关于高海拔环境与运动表现、人体健康之间关系的认识？

（一）顶尖成绩频出女子速度项目整体呈高水平

9月25日，湖南七星山攀岩国训队的邓丽娟以7秒08刷新女子速度攀岩全国最好成绩。一天后，湖北攀岩国训队的牛笛在决赛中将这个成绩提升至6秒81，而她决赛中的对手邓丽娟也再次攀出了个人最好成绩——6秒98。

两人的成绩均已超过了6秒99的现世界纪录，但并未被认定为新的世界纪录。虽然林芝站的岩壁由中国登山协会认证的岩壁厂商承建，该厂商也曾承建过攀岩世界杯分站赛的岩壁，但由于是国内比赛，且国际疫情防控形势严峻，林芝站所用岩壁在赛前并未邀请国际攀联进行认证，不符合世界纪录的认证程序。

但人们依旧感到振奋，尤其是考虑到比赛地的海拔高度。牛笛表示，自己此前的最好成绩在7秒12上下，"从8月中旬到现在，一直在比赛，按理说比赛期间成绩很难提升，没想到上了高原反而有这么好的成绩"。而邓丽娟则一直受到轻微高反的困扰，决赛前还在拉肚子。

林芝站女子速度攀岩成绩总体上与本年度已举办的另两站赛事没有显著差异。林芝站三、四名成绩分别为8秒08、8秒10，而2020中国攀岩速度系列赛莱西站前四名在冠军争夺战和季军争夺战中的成绩分别为7秒45、无成绩（脱落）、8秒22和9秒75，

中攀联赛（山东泰安）前四名的成绩则分别为7秒14、7秒16、8秒51和9秒05。

此站赛事也是对无氧运动能力要求较高的速度赛首度落户西藏。国家体育总局登山运动管理中心攀岩部部长厉国伟表示，引入速度赛，一是考虑到林芝的海拔在青藏高原相对较低，植被覆盖率高，氧气相对充足；二是希望运动员能提高在不同环境中适应比赛的能力。

"新高度、新挑战、新起点，希望中国的速度攀岩从林芝再出发，攀上新高度。"厉国伟说。

（二）综合因素促成好成绩高原环境对个体作用有待数据分析

西藏大学高原医学研究中心运动医学实验室负责人、生理学教授边巴介绍，以往的研究成果普遍显示，高原训练可提高有氧运动能力，对耐力项目的成绩提升有积极作用。而由近期无高原训练经历的选手在爆发力项目上，于高原创造世界级好成绩，是值得关注的现象。

对于为何速度赛屡创佳绩，国家攀岩队科研教练袁国庆认为："高原环境对有氧能力影响较大，而对速度赛所依赖的供能系统影响较小。但高原肌肉代谢快，需要注重运动员的蛋白质补充。"

边巴也提出另一种推测："急性缺氧会导致心率加快，如增速在正常范围内，心脏的射血量增加，可以使骨骼肌供血更充足。"

但林芝站男子速度赛成绩较莱西、泰安两站，却整体有所下滑，仅藏族选手边巴扎西和湖南七星山攀岩国训队的伍鹏突破6秒大关，而莱西站前四名的成绩均在6秒以内。不过，林芝站冠军梁荣琪在四进二争夺中取得的6秒00也是他三站比赛中的最好成绩。

"现在还很难说高海拔低氧环境对运动员的影响是什么。"袁国庆说，他在上高原前和上高原后对多名国家队与部分省、市、自治区的重点队员进行了共240次血样和187次尿样采集，分析结果尚未得出。

目前来看，个体差异会导致不同的运动表现。袁国庆说，以反映组织能量代谢特征的血乳酸为例，难度赛男、女冠军潘愚非、张悦彤在决赛中的数值并不高，说明两人较好地适应了低氧环境，日常训练能力水平得到了充分发挥。

"而邓丽娟决赛第一次攀爬后的血乳酸偏高和之后几次逐步的降低，与其他一些运动员正好相反。综合考虑，这说明她的无氧代谢、耐乳酸和乳酸再利用的能力很强。"袁国庆说。

这种差异某种程度上也是有针对性的训练的结果。袁国庆介绍，新冠肺炎疫情期间，牛、邓两名队员在北京跟随国家队封闭训练，专项技术和体能均有提升。男子速度赛季军边巴扎西在预赛中创造了5秒81的个人最好成绩，也与此前的冬训不无关系。

此外，多名业内人士表示，办赛方的有力保障也是创造好成绩的重要因素。

"这次比赛各项准备工作到位，运动员提前3天上高原，得到了充分的适应。"厉国伟说，赛场的室内攀岩馆、体能训练馆、医疗急救等硬件设施齐全，防疫措施也很到位。

"通过科学的保障和训练，在高原也能够产生顶尖成绩。"此站赛事承办单位——西藏自治区登山队副队长扎西次仁说，"我们期待有更多高水平赛事落户林芝。"

（三）呼吁加强低氧环境与运动健康研究推动高原医体融合

"这项纪录可能很快还会被打破。"厉国伟认为，"竞技攀岩2016年才确定进入东京奥运会，近几年发展很快。"

"竞技攀岩的科研介入较晚，应基于速度、难度和攀石的项目特征，有针对性的进行科研介入。"袁国庆说，2024年巴黎奥运会可能将攀岩比赛从全能模式改为速度和难度/攀石两项，高原训练如何有针对性地为两个比赛项目服务，需要一系列量化的数据作为实践支撑。青海多巴国家高原体育训练基地等地的经验已体现了高原训练的作用，但林芝的海拔比多巴还要高500米左右，因此这次比赛建立的数据库具有很大价值。

此次赛事也进一步凸显了加强低氧环境与运动、健康研究，推动高原医体融合的必要性。边巴介绍，她所负责的实验室目前正以全国第五次国民体质监测为契机，对高原适宜开展的运动项目及其适宜的时长、方式等展开调研。

西藏自治区体育局和北京体育大学共同编写的最新版《西藏大众健身指南》中指出：一些发达国家和地区已开展了"高山疗养""高原健康游"等项目，在专业人员的保障下利用高原环境改善健康状况。但不同海拔高度适宜的身体活动强度标准目前还未建立。

"练什么，练多少，怎么练，才能将高原对身体的不利影响降到最低，让高原锻炼安全有效。这不仅是体育界，也是普通老百姓关心的问题。"边巴说，西藏各部门正加强合作，推动健康关口前移，建立体育和卫生健康等部门协同、全社会共同参与的运动促进健康新模式。

第二节　滑雪运动

2016年开始，西藏自治区体育局为贯彻实施国家"三亿人参与冰雪运动"的战略部署，精心筹划、周密部署和统筹推进"喜马拉雅登山文化中心""全国户外运动大区"的宏伟建设规划，不断扩大冰雪运动的内涵与外延，从西藏自治区体育运动技术学校和西藏登山向导学校跨界招录试训队员，组建越野滑雪、滑雪登山、单板滑雪集训队，大力培养冰雪运动项目人才，为西藏冰雪运动的可持续发展奠定坚实基础。

一、西藏滑雪登山运动集训队成立

2015年12月9日,西藏自治区体育局为贯彻落实《西藏自治区人民政府关于加快发展体育产业促进体育消费的实施意见》,加快建设"喜马拉雅登山文化中心"和"全国户外运动大区",推动西藏登山户外运动产业加快发展,决定由西藏登山队队长巴桑次仁带领12名青年运动员赴其他省市学习滑雪运动技能。学员们首先在北京市怀北滑雪场进行了以学习入门知识为目的的滑雪训练,聘请教练员进行一对一的教学。然后,学员们在北京市南山滑雪场进行了为期一周的学习训练,自治区体育局副局长白喜林、尼玛次仁专程去现场看望运动员。在尼玛次仁副局长的联系安排下,聘请法国国立沙木尼滑雪登山学校教练兼法国驻成都领事馆官员高宁(Serge Koenig)和国家体育总局登山运动管理中心著名资深登山滑雪专家康华担任教练员,主要学习训练高山滑雪器材的使用方法、三种基本的滑降技术(直滑降、斜滑降、犁式滑降)、两种转弯技术(犁式转弯技术、犁式摆动转弯技术)。

2016月12月,西藏滑雪集训队筹备成立,由尼玛次仁和巴桑次仁任总领队,运动员有扎西平措、朗加确珠、旦增旺堆、格桑曲珍(女)、白玛央珍;教练员是高宁(外聘)、阿旺扎西、王成(外聘)、康华(外聘)、金煜博(外聘)。夏季在拉萨和林芝训练,冬季在吉林、张家口和西藏羊八井高山训练基地训练。

2018年6月30日,西藏自治区体育局为了深入贯彻落实国家体育总局关于开展单板滑雪项目跨界跨项跨季选材工作的要求,安排专业技术人员,运用科学仪器,按照《单板滑雪项目跨界跨项跨季选材标准》对西藏自治区体育运动技术学校的426名学生进行了身高、体重、坐位体前屈、纵跳4个项目测试。本次测试对于科学选拔滑雪运动人才,推动西藏单板滑雪运动项目发展,备战2022年北京冬季奥运会具有重要意义。同年,西藏自治区滑雪运动集训队成立,共先后跨界招录31名队员,经过选拔现有队员21人。其中,男队员10名、女队员11名;项目分类中,越野滑雪队员8名、滑雪登山队员5名、单板滑雪队员8名。西藏自治区滑雪运动集训队成立以来,由西藏登山向导学校毕业学员、西藏登山队副队长阿旺扎西任领队,西藏登山向导学校毕业学员、西藏登山队高山救援科副科长朗加多吉任主教练员,高宁、康华、王成、金煜博担任教练员。西藏滑雪集训队,自成立以后,采取"走出去"的训练方式,先后到内蒙古自治区、陕西省、吉林省等地的冰雪训练基地进行集中系统训练。还在国家体育总局登山运动管理中心等主管部门和单位的支持帮助下,选派优秀苗子赴芬兰、法国等冰雪运动强国进行高水平训练。在参加国内国际系列比赛中,共获得11枚金牌、16枚银牌、15枚铜牌的优异成绩。运动员中,次仁占堆于2018年获得亚洲滑雪登山锦标赛男子少年组冠军,并为中国拿到2020年洛桑青年冬季奥运会滑雪登山首个男子项目参赛资格。

二、西藏滑雪运动员在世界大赛上崭露头角

西藏体育运动技术学校长跑队 2017 级运动班的索朗曲珍、尼玛拥青两位同学以优异的成绩入选国家滑雪登山青年队。

2020 年 1 月 9 日—22 日，西藏滑雪运动集训队的索朗曲珍、尼玛拥青 2 名队员参加 2020 年洛桑冬季奥运会暨第 3 届冬季青年奥运会。索朗曲珍奋勇当先，取得了第 4 名的好成绩，为国争光，为西藏添彩。

滑雪登山可以说一直以来是被欧洲人垄断的项目，但是，在第 3 届冬季青年奥运会上，来自西藏的索朗曲珍夺得滑雪登山女子个人越野赛第 4 名，这是滑雪登山项目进入奥运大家庭以来，中国运动员取得的最好成绩，更是打破了欧洲人的垄断。

17 岁的索朗曲珍参加首场比赛并不是那么顺利，因为她之前没有参加过世界大赛，所以出发时排名靠后，导致起步时与其他运动员挤到了一起，没有冲出去，不过这位藏族姑娘的特点就是非常坚韧，她在后半程慢慢追赶超越。

滑雪登山个人越野赛包含 5 次上升和 4 次下滑，赛程大约 10 公里，选手的体能消耗很大。凭借良好的体能，索朗曲珍在后半程追赶上来，最终以 1 小时 2 分 8 秒 99 的成绩获得第 4 名。这个成绩对于索朗曲珍来说，既是她个人的突破也是中国队的惊喜。

索朗曲珍曾经练了两年田径、两个月的篮球，被挑选到滑雪登山集训队后找到了自己的所爱。在冬青奥会的舞台上，索朗曲珍说自己的目标就是向国外优秀的选手学习。

在决赛中，她在背板攀登和第二段蹬板路线上展现出惊人的爆发力，第二个登了赛道顶端的转换点。但最后的下滑中，她被意大利选手席尔瓦·巴雷拉和法国选手玛格特·拉夫纳尔反超。

"今天对手很强，我很紧张也很激动。"索朗曲珍说，"在最后下滑时有一个失误，穿板和撕止滑带慢了！"

"能获得第四已经创造历史！"在现场观赛的中国登山协会副主席王勇峰说，"两年前，我们的队员甚至很难完赛。"

西班牙选手玛利亚·科斯塔以 5 分 22 秒 45 的成绩夺冠。另一名中国女队员于婧萱也闯入了半决赛，最终位列第 11 名。

中国队取得个人越野赛第 4、15、16 名，短距离赛第 4、11、13 名，混合接力第 7 名的优异成绩。西藏自治区运动员索朗曲珍独得两个第 4。

另据报道，国际奥委会主席托马斯·巴赫率领国际奥委会相关人员赴现场观摩滑雪登山的比赛，这对于滑雪登山成为 2026 年冬奥会正式比赛项目将起到极大作用。

三、深入实施冰雪运动"南展西扩东进"战略，着力打造西藏竞技体育新亮点

2019年4月19日，西藏自治区体育局召开冰雪运动发展座谈会。为深入贯彻落实习近平总书记关于北京冬奥会"办赛精彩，参赛也要精彩""全项目参赛"的重要指示要求，贯彻落实中央办公厅国务院办公厅《关于以2022年北京冬奥会为契机大力发展冰雪运动的意见》，区体育局召开冰雪运动发展座谈会，听取西藏滑雪集训队训练参赛情况汇报，研究加快发展冰雪运动措施。

座谈会上，西藏滑雪集训队教练员、运动员和西藏登山队负责同志分别作了发言，表示要切实担负起西藏冰雪运动"开拓者"的使命和责任，发扬不怕苦、不怕累的精神，努力训练、顽强拼搏，不断提高冰雪运动能力和水平，以良好的表现和优异的成绩，努力为国争光、为西藏添彩。

自治区体育局局长尼玛次仁指出，加快西藏自治区冰雪运动发展，是贯彻落实习近平总书记关于体育的重要论述，建设体育强国，提升高原特色体育事业发展水平的重要举措，自治区党委政府高度重视，国家体育总局亲切关怀，自治区体育局全力以赴。一要树立远大目标，既要立足于西藏运动员能够参加北京冬奥会，更要着眼长远发展，采取超常规措施，从人、才、物、训练、参赛、科研、待遇等各方面提供全方位支持和保障，突出越野滑雪、滑雪登山、单板滑雪三个重点项目，全面加强西藏滑雪集训队建设，扩大队伍、夯实基础、提升水平，全力把滑雪运动打造成为西藏竞技体育的新亮点，力争在短时间内实现快速"超车"。二要大力弘扬中华体育精神和"老西藏精神""西藏登山精神"，以"人一之、我十之，人十之、我百之"的拼搏精神和顽强毅力，心无旁骛、刻苦训练，不断增强竞争实力。尤其要实施"走出去"战略，加强工作协调，采取多种方式，积极把运动员送到冰雪运动发达省市、特别是冰雪运动发达国家，接受高水平训练，参加高水平比赛，加快促进训练水平转化为实战能力，转化为运动成绩。三要把讲政治放在首位，深入细致做好西藏滑雪集训队思想政治工作，加强爱国主义、集体主义、社会主义教育，切实增强广大运动员、教练员的"五个认同"和使命感、责任感、荣誉感，坚决维护祖国统一、加强民族团结。

第三节　滑翔伞运动

西藏山峰资源得天独厚，近年来，依托充足的登山人才储备，西藏体育局积极发展与山峰相关的其他户外项目，提升西藏竞技体育实力，并延伸登山产业链，滑翔伞便是其中一项尝试。

一、西藏地区多处选址开展滑翔伞运动项目

西藏自治区开展滑翔伞运动项目,必将带动相关产业迅速发展。国家体育总局登山运动管理中心副主任、中国登山协会副主席王勇峰,在第12届西藏登山大会上就提出过,西藏发展户外运动有两大优势:一是有人才优势,二是有自然优势。他还说:"西藏有世界上顶级的登山运动员和高山协作人员,西藏的自然风光、人文景观都能吸引一大批户外爱好者。根据我们业内统计,目前全国户外爱好者达1.3亿人,现在西藏打造户外体育运动的前景越来越广阔了。"

为此,西藏自治区体育局副局长尼玛次仁于2015年11月带队考察西藏地区最适合开展滑翔伞运动的场地。期间,曾考察过林芝市的多处地点,还对拉萨市当雄县羊八井镇飞越念青唐古拉山脉至纳木错一线进行考察。测试从羊八井镇飞往纳木错的路线上发现,这里的气候和风向不太符合飞行条件。对两市综合评价后认为,林芝市的气候条件最适合开展滑翔伞运动。

除了在林芝市开展滑翔伞运动项目以外,自治区体育局还积极在其他地方寻找适合的场地和空域。

二、西藏登山队开展滑翔伞项目培训

2014年,西藏自治区体育局邀请邓焰峰副教授来到西藏,指导滑翔伞运动项目集训队的筹备工作。同年11月,西藏滑翔伞运动集训队成立,隶属于西藏自治区登山队。2015年开始,西藏滑翔伞运动集训队一直保持正规的训练秩序,寻找适合飞行的场地。在羊卓雍湖、甘丹寺、吉隆沟都有队员们滑翔训练的身影。

2015年,西藏自治区体育局组织西藏登山(高山救援)队联合中国地质大学(武汉)滑翔伞运动队,在羊八井高山训练基地开展滑翔伞运动项目培训。在培训中,控制滑翔伞能力较强、飞行技能较好的4名高山救援和登山教练员被派往广州市进行为期10天的学习深造。

本次培训,提高了西藏高山救援和登山运动员们掌握滑翔伞飞行的技能,为今后学习驾驶动力伞对山难事故实施高山搜索救援打下了基础,也为开展滑翔伞运动项目积累了经验。

10月,邓焰峰副教授第三次来藏授课,12月至2016年1月,邓焰峰带领西藏滑翔伞运动集训队在武汉木兰山训练。

2017年3月,西藏滑翔伞运动集训队到湖北省毛铺——中国地质大学(武汉)滑翔伞训练基地进行训练。

2019年,西藏滑翔伞运动集训队又从西藏体育运动技术学校招收了3名队员。

11月，西藏滑翔伞运动队的3名新队员到湖北毛铺参加训练。

三、西藏滑翔伞项目发展进入快车道

在2015年举办的第13届西藏登山大会期间，西藏滑翔伞运动集训队与应邀前来的其他省市滑翔伞和热气球运动队联合进行的热气球、滑翔伞飞行和定点降落表演项目惊艳亮相，许多市民和游客专程前往观看，都表示对这两个项目的表演很感兴趣。

通过派出运动员参加滑翔伞飞行培训，到2016年1月，已有6人获得航空运动B级证书，这也是国内首批藏族运动员获得此证书。

2017年7月31日，第二届喜马拉雅穿越徒步（珠峰站）活动出征仪式在定日县洛谐广场举行，西藏滑翔伞运动队员助阵活动参与其中，进行了滑翔伞运动项目在西藏自治区内首次正式飞行表演。

2018年10月，在第16届中国西藏登山大会上，举办了首届滑翔伞定点降落表演赛。

西藏滑翔伞运动的领队德庆欧珠说："西藏适合滑翔飞行的地方特别多，但是伞友比较少，自从西藏自治区登山队滑翔伞运动集训队成立以来，有很多人向他咨询滑翔伞培训的事情。西藏航空运动协会成立后，将会有效推动滑翔伞飞行基地的建设，支持滑翔伞俱乐部的发展，扶持滑翔伞培训的开展。西藏滑翔伞运动除了作为休闲运动项目发展以外，还可以与登山户外运动相结合。登上去、飞下来，回归滑翔伞运动开始的起点，这需要同时具备登山与滑翔的技能。"

获得航空运动B级证书的德庆欧珠说："近年来，由于滑翔伞运动独特的观赏性和刺激性，已成为广大航空运动爱好者向往、追求和迷恋的体育运动。中国航空运动协会滑翔伞委员会正式注册的选手超过8000多人，经常飞行的爱好者无法计数，滑翔伞运动俱乐部已有50多家。西藏拥有最好的山峰资源，但是冬季运动项目却一直是个空白。西藏登山队已经派出6人参加滑翔伞飞行培训、12人参加高山滑雪培训，主要有三个目的，一是项目推广。如果高山滑雪和滑翔伞运动在西藏推广顺利，那么冬游西藏就有更加丰富的内容，区内的健身爱好者也就有了更多的健身选择；另一个目的就是西藏登山向导学校是一所综合性户外运动培训学校，但是目前的课程以开展登山和攀岩培训为主。结合当前体育发展的大趋势，学校将开设高山滑雪和滑翔伞运动课程，培养知识技能更加全面的登山户外运动人才；还有一个目的，也是西藏自治区体育局领导比较重视的，就是要增强高山救援能力。在世界登山户外运动发展进程中，已经有案例表明，当发生地震或是其他情况引发山难事故时，高山滑雪和动力伞是侦察险情、确定事发地点、救援伤员比较快速有效的方式。要成为驾驶动力伞的飞行员，首先要学会滑翔伞飞行。全国获得航空运动员B级证书的有5000多人，但是2015年之前没有藏族运动员。西藏登山队的这6人是获得此证书的首批藏族运动员，我们很荣幸，这也说明我区的体育运动发展项目等内容越来越丰富，越来越与其他省市，甚至与世界接轨。我们空中科目训练

主要内容是'五边进场''之字形消高''S形消高'等技术。由于冬季早晚温差大、训练场地气候在一天之内有较大的变化，前期我们在飞行的各个阶段都遇到一些问题，如起飞控伞失误、进座袋困难、下滑角判断失误等。这些问题让我们在训练时起飞不断失败，空中控伞不稳，降落不能进场选择迫降等。但是，在教练仔细、耐心的教导下，我们的进步非常快，后期自己能够得心应手地解决以上问题。"

第四节　自行车运动

一、首届跨喜马拉雅自行车极限赛

（一）赛事概况

2018年10月16日上午，由国家体育总局、中央广播电视总台、西藏自治区人民政府共同主办的"2018首届跨喜马拉雅自行车极限赛"在林芝开幕。来自区内外的300多名车手齐聚林芝，共赴一场激烈而精彩的高原自行车盛会。

1.赛事主题

对接"一带一路"，发展体育旅游，建设美丽西藏。

2.赛事口号

骑行最美天路，跨越喜马拉雅。

3.赛事内容及规模

参赛者沿318国道（林芝—拉萨）分三天骑行约420公里，赛事分为公路自行车竞速赛和山地自行车竞速赛，参赛人数共计300人。

4.赛程安排

10月15日，林芝高原训练基地报到，适应高原气候；
10月16日，林芝市会展中心—工布江达县城（约130公里，竞速计时赛段约120公里）；
10月17日，工布江达县城—墨竹工卡县城（约200公里，竞速计时赛段约120公里）；
10月18日，墨竹工卡县城—拉萨市布达拉宫广场（约70公里）。

5.开闭幕式

西藏自治区党委副书记、自治区主席齐扎拉宣布开幕，并与国家体育总局副局长高志丹和中央广播电视总台体育频道总监方钢共同鸣枪开赛。

西藏自治区人大常委会副主任王峻、自治区副主席甲热·洛桑丹增、自治区政协副主席桑杰扎巴出席。

甲热·洛桑丹增在致辞中说，自治区党委政府坚持以习近平新时代中国特色社会主义思想为指导，充分利用地球第三极和喜马拉雅独一无二的山地户外运动优势资源，携手国家体育总局和中央广播电视总台，积极搭建面向南亚开放的赛事平台，共同培育和打造"跨喜马拉雅自行车极限赛"这一品牌赛事，推动西藏体育和旅游文化产业融合发展。我们将坚持安全、创新、绿色、特色的办赛理念，努力把此项赛事办成弘扬体育精神、展现美丽西藏、推动融合发展、增进民族团结的精彩赛事。

高志丹在致辞中说，"跨喜马拉雅自行车极限赛"是世界走进西藏，西藏走向世界的重要窗口和载体。首届赛事的举办将促进西藏体育事业实现新发展，开拓体育赛事与休闲旅游相互融合、体育文化与对外交流相互助力的新途径，促进西藏在"一带一路"建设中发挥更具特色的独到作用。

方钢在致辞中表示，将充分发挥全媒体融合传播和专业优势，为将"跨喜马拉雅自行车极限赛"打造成一张美丽西藏、魅力西藏的名片作出应有贡献。

本届赛事风景美、赛道长、海拔高，分为公路自行车竞速赛和山地自行车竞速赛，起点在林芝市会展中心，终点在拉萨布达拉宫广场，历时3天，分为3个赛段。参赛选手将在如画的风景中，领略高原独特的自然风貌、多彩民族风情，感受以习近平同志为核心的党中央对西藏各族人民群众的特殊关心关怀和社会主义制度的优越性，感受西藏自治区改革开放40年成果，特别是党的十八大以来各项事业取得的辉煌成就，感受各族人民永远跟党走、奋进新时代的豪迈激情和争做"神圣国土守护者、幸福家园建设者"的坚定决心。

赛事盛况通过央视等媒体平台进行多角度、多形式报道，使"大美西藏、天上人间"的胜景展现在世界各地人民的面前。

10月18日中午，随着来自区内外的300多名参赛车手安全顺利抵达布达拉宫广场，2018首届"跨喜马拉雅自行车极限赛"在挑战、激情与梦想中胜利落下帷幕。

西藏自治区党委副书记、自治区主席齐扎拉，国家体育总局副局长高志丹，自治区党委常务副书记、自治区政协党组书记丁业现，自治区党委常委、拉萨市委书记白玛旺堆，自治区领导王峻、甲热·洛桑丹增、王海州、罗梅、雷桂龙，以及中央广播电视总台等有关负责人出席闭幕式。

甲热·洛桑丹增在致辞中表示，将常态化设置和完善赛事组织机构，创新理念、丰富内涵、强化保障、提升水平，努力把此项赛事打造成为具有国际影响、中国特色、西藏特点的品牌赛事。他代表组委会诚挚邀请国际优秀自行车选手踊跃报名、全国各地自行车爱好者积极参与明年举办的第二届"跨喜马拉雅自行车极限赛"。

闭幕式上，赛事部裁判长宣布了比赛成绩，组委会向赛事贡献奖、赛事组织奖、体育道德风尚奖获得者，以及6个组别的前3名颁奖。随后，车手们和社会各界群众观看了精彩的文艺表演。

本届赛事精彩纷呈、成功圆满。赛事共分男子公路团体组、男子公路个人组、女子公路个人组、男子山地团体组、男子山地个人组、女子山地个人组6个组别，全程420余公里。开赛以来，车手们从林芝巴宜区出发，沿G318国道一路西行，从海拔2000多米缓缓骑至海拔3600多米，途中翻越海拔5013米的米拉山口。车手们在如画的美景和观赛群众的加油鼓劲中，个个奋勇争先。比赛中，多角度、多形式的赛事报道，充分展示了以习近平同志为核心的党中央对西藏各族人民群众的特殊关心关怀和社会社会主义制度的优越性，生动展示了西藏发展新成就新面貌，全面展示了各族人民永远跟党走、奋进新时代的豪迈激情和坚定决心，充分展示了西藏自治区人文自然、旅游资源的独特魅力。与此同时，精彩的赛事，也进一步鼓舞振奋了各族群众的精气神，在激发大家干事创业热情的同时，为促进体育与旅游、文化、生态深度融合发展，普及全民体育、推进健康西藏进程营造了良好氛围。

（二）赛后总结

10月22日下午，2018首届"跨喜马拉雅自行车极限赛"组委会召开总结会。组委会各成员单位、部门和拉萨市、林芝市分别汇报赛事工作情况，提出完善赛事工作的建议和意见。

西藏自治区副主席、组委会执行主任甲热·洛桑丹增出席会议并讲话。

会议指出，首届赛事精彩成功、意义重大，不仅开创了西藏本土体育赛事活动新纪元，更是在国内外打出了"世界第三级"和"跨喜马拉雅"品牌，为新时代加快推进"重要的世界旅游目的地"和建设体育强区、健康西藏注入了新的动力。对于明年的第二届赛事，各相关单位和部门要抓紧启动筹备工作，提前做好赛事路线设计。要加快建设西藏自治区自行车运动队伍，组织选拔好苗子成立集训队，通过援藏等渠道邀请专业教练员、裁判员进行指导。要学习兄弟省市的做法，组织参赛选手参加一些国内赛事，多积累比赛经验。要做好赛事评级等工作，合理设计赛事"梯度"和"门槛"，以该赛事为标杆，打造好全区竞赛体系，把全区自行车赛事串联起来提升赛事质量。

二、2019第七届"环巴松措国际山地自行车越野竞速赛"成功举行

2019年5月1—2日，由西藏自治区体育局和林芝市政府联合主办的2019第七届"环巴松措国际山地自行车越野竞速赛"，在巴松措国家森林公园举行。赛道沿巴松措景区环湖进行，全程99公里，来自国内外的137名自行车爱好者参赛。赛事共分男子竞赛组、

女子竞赛组、男子区内组、女子区内组、体验组5个组别。

经过2天的激烈角逐,艾维中国车队的魏魁、张曦浠分获男女竞赛组冠军;扎顿、苏悦分获男女区内组冠军。

该赛事从2013年创办至今,已连续成功举办了7届(2020年因"新冠"疫情停办)。环巴松措山地自行车赛是中国海拔最高的山地自行车越野环湖赛,结合专业比赛特点和全民健身需求,融入了全民骑行热潮、民间文化和自然风光。赛事突出弘扬和传播绿色、环保、健康和可持续发展的理念,已成为西藏自治区的一项品牌体育赛事。

三、第二届跨喜马拉雅自行车极限赛

2019年10月8—10日,由国家体育总局、中央广播电视总台、西藏自治区人民政府共同主办的第二届"跨喜马拉雅国际自行车极限赛"在拉(萨)—林(芝)公路和泽(当)—贡(嘎)公路举行。在组委会精心组织下,各成员单位联动协作,坚持高规格、高标准、高水平、高效率推进,实现安全、有序、精彩、圆满举办。

(一)赛事概况

1. 赛事主题

面向南亚大通道、对接"一带一路",发展体育旅游、建设户外大区。

2. 赛事口号

骑行最美公路,跨越喜马拉雅。

3. 赛段设计

主赛+辅赛+荣誉骑行。主赛第一赛段从林芝会展中心→工布江达县城(G318国道),约130公里;第二赛段从山南市→拉萨市(S508省道江北泽当→贡嘎公路),约160公里。辅赛第一赛段从林芝会展中心→更章乡,约36公里;第二赛段山南市乃东区→桑耶镇,约36公里。荣誉骑行从拉萨柳梧大桥→布达拉宫前广场,约10公里。

4. 竞赛形式

竞速计时+荣誉骑行。

5. 比赛项目

主赛设男子公路自行车赛（奖项设个人赛冠、亚、季军和团体总成绩冠、亚、季军）；辅赛设男子山地自行车个人赛、男子山地自行车团体赛；女子山地自行车个人赛、女子山地自行车团体赛。

6. 开闭幕式

10月8日举行开幕式，西藏自治区人大副主任、林芝市委书记马升昌出席开幕式，西藏自治区副主席、组委会执行主任甲热·洛桑丹增宣布开赛，国家体育总局副局长李建明致辞。

10月10日举行闭幕式暨颁奖仪式，西藏自治区党委副书记、自治区主席、组委会主任齐扎拉，西藏自治区党委常务副书记、自治区政协党组书记丁业现，中央广播电视总台总监方钢，西藏自治区党委常委、拉萨市委书记白玛旺堆，西藏自治区副主席多吉次珠、张洪波，西藏自治区人民政府党组成员、秘书长朱强，国家体育总局自行车击剑运动管理中心副主任季道明，中国自行车运动协会副主席、秘书长郝强和组委会成员单位有关负责同志出席，西藏自治区副主席、组委会执行主任甲热·洛桑丹增致闭幕辞。

7. 完赛情况

主赛和辅赛共有119人参加比赛。其中，109人按照本届赛事规程完成全部赛程，其中主赛77人参赛，全部完赛67人；辅赛42人参赛，全部完赛42人。

（二）赛后总结

领导高度重视，组织坚强有力。自治区党委政府高度重视"跨喜马拉雅国际自行车极限赛"的举办和"跨喜马拉雅"精品体育赛事塑造工作，国家体育总局、中央广播电视总台与西藏自治区联合主办并给予大力支持和指导帮助，充分体现了以习近平同志为核心的党中央对西藏工作的高度重视和对全区各族人民的关心关怀，体现了中央和国家机关各部门强烈的政治责任感，体现了中国特色社会主义制度的优越性。

9月26日，自治区人民政府组织召开2019第二届"跨喜马拉雅国际自行车极限赛"组委会电视电话协调会议，听取筹备工作情况汇报，并就赛事相关工作做出安排部署，以确保赛事活动环环相扣、抓好落实。在组委会的统一领导下，各承办单位和组委会成员单位精心组织、团结协作，所有工作人员服从大局、勤奋工作，确保了本届赛事各项活动的正常有序开展。

提高政治站位，统一思想认识。在国家体育总局、中央广播电视总台的大力支持和指导帮助下，在自治区党委政府的正确领导下，组委会坚持以习近平新时代中国特色社会主义思想为指导，贯彻落实总书记关于治边稳藏和体育工作的重要论述，贯彻落实《体育强国建设纲要》，深刻认识举办本届赛事对于展示新中国成立70周年以来西藏社会发展新成就、推进世界重要旅游目的地建设的重大意义，充分发挥体育在对接"一带一路"建设、面向东南亚开放的重要通道及促进对外交流、交往、交融中的独特作用。

提高专业水平，确保组织高效。一是总局自行车运动专家数次进藏帮助勘察竞赛路线，科学合理确定竞赛形式和赛段设置。二是发布赛员招募公告，完成赛事招募工作。主赛共有21支车队的107人报名参加，实到18支车队的77名赛员参赛；辅赛共有13支车队的52人报名参加，实到42人参赛。三是坚持公正、规范、专业执裁原则，组织52人参与赛事执裁工作。其中，国家体育总局派来裁判员16人，区内派出裁判员36人。四是协调专业团队为参赛车辆提供专业维护和打包转运服务。五是协调国家体育总局自行车击剑运动管理中心、中国自行车运动协会，对本次比赛进行专业评估。

精心设计线路，促进体旅文融合发展。紧紧围绕"体育+"和"+体育"发展模式，促进体育与旅游、文化深度融合，实现体育产业价值链的完善和发展，为进一步推动冬游西藏、打造世界重要旅游目的地做出了积极贡献。

在组委会的精心设计下，赛程自林芝→山南→拉萨贯穿G318国道、S508省道江北公路，途经乡镇、村庄，海拔从2900米→3800米→3600米。初秋的雪域天路，不仅是比赛赛道，更是绝美的景观大道，为赛员提供了亲近自然的完美体验，向全国乃至世界观众展示了独具魅力的天上西藏、大美风光。

赛事在独具西藏林芝特色的舞蹈中拉开帷幕，又在雄伟的布达拉宫脚下举行闭幕式暨颁奖仪式，用充满地域特点和民族特色的《激情喜马拉雅》《民族健身操》《藏东鼓韵》等曲目向全国和世界人民及参赛选手展示了西藏各族人民群众的蓬勃朝气与藏民族浑厚的民族文化底蕴。

持续扩大宣传，展示西藏新风貌。组委会组织区内外20多家主流和专业新闻媒体、150多名记者全程参与赛事宣传报道工作。特别是西藏电视台，史无前例地组织120多人的工作团队，全面参与宣传报道。各类新闻媒体围绕中心大局、突出赛事主题，聚焦点、抓亮点、讲政治、强时效，以网络直播、新闻播报、专题节目、客户端推送等多种方式，争相在赛前、赛中、赛后进行立体式、全方位、持续性、有深度的宣传报道，尤其是中央广播电视总台体育频道，持续四天在体育新闻、体育世界、体育晨报等节目中累计播出50分钟；新华社持续四天在新华社客户端、新华网等媒体刊发赛事盛况，浏览点击量超20万人次；西藏广播电视台持续四天在西藏新闻联播、午间新闻，累计播放40多分钟赛事实况，既宣传了赛事的精彩过程，也宣传了赛事的组织工作；既宣传了赛段沿途的美丽风景，也宣传了西藏经济社会发展的新成就；既宣传了西藏精准扶贫、精准脱贫后的巨大变化,也宣传了西藏各族人民安居乐业和一心向党的精神风貌,在国内外引起了广泛影响。通过赛事面向世界讲述了中国故事、传播了中国好声音、展现了西藏经济社会新发展。

深化协同机制,做好服务保障。全体工作人员强化服务意识,细化服务措施,建立工作协同机制,主动对接,密切配合,认真细致地做好了赛事安全、医疗、食宿、后勤等服务保障工作,受到赛员一致称赞。一是加强联系沟通,研定各类方案。拉萨市、林芝市和山南市及各成员单位之间及时沟通联系,共同研究解决工作中的困难和问题,协助配合制订各类工作方案和应急预案。二是强化安全责任制,确保赛事安全。针对赛段长、地域广的实际,各相关部门提前部署、精心组织,责任落实到人,确保无缝对接,协调1000多名警力在各自范围内排查道路、山体、涵洞等区域隐患死角,提前发布限行交通管制通告,做好赛道沿线路口、村庄交通管制及过往车辆远端分流引导工作。同时,加大对驻地宾馆、饭店治安隐患排查、巡逻防范力度,全力做好开、闭幕式活动现场交通管制和安全保卫工作,维护正常秩序。三是"固定""随程"结合,医疗保障到位。根据赛事特点,采取固定与随程相结合、现场急救与后送治疗相结合的方式提供医疗保障,动员医疗力量每隔40公里设置大医疗补给站、每隔10~15公里设置小型医疗补给站、随程设置2个移动医疗点,还随程安排了由15名专业高山急救队员组成的救援团队和2辆高山救援车,把各赛段沿线医院确定为医疗急救定点医院,随时做好伤病员的接诊救治工作。四是强化食品监管,保障食宿安全。协调安排赛员、裁判员、记者、工作人员等600多人在林芝、工布江达、山南、拉萨等赛段起、终点的食宿保障工作,满足了赛事参与人员的食宿需求。为防止食源性食物中毒事件发生,保障赛事参与人员食品安全与健康,提前对接待宾馆和饭店的食品、卫生等情况进行检查检验,与接待宾馆和饭店签订《重大活动食品药品安全承诺书》,规定宾馆饭店加强对从业人员确保餐饮食品安全教育,从源头消除餐饮食品安全隐患。五是抓好后勤工作,保障赛事顺利进行。组委会加强车辆保障与调度,租赁72台各类车辆保障嘉宾接待、赛事组织、赛员和器材转运、新闻宣传等各项工作的用车需求。定时发布天气预报,减少天气变化对赛事的影响。加强赛事期间电力、通信管理,保障赛事全程供电正常、通信畅通。

四、第三届跨喜马拉雅自行车极限赛

由国家体育总局、中央广播电视总台、西藏自治区人民政府主办的2020年第三届"跨喜马拉雅自行车极限赛"于10月20—22日举行。

(一)赛事概况

1. 赛事主题

面向南亚大通道,对接"一带一路",发展体育旅游,建设户外大区。

2. 赛事口号

骑行最美公路，环抱喜马拉雅。

3. 赛程安排

10月20日（第1比赛日）：林芝市会展中心至工布江达县城（128公里，公路自行车计时竞速赛段），林芝市会展中心至工布江达县错高村（136公里，山地自行车计时竞速赛段）。10月21日（第2比赛日）：拉萨市墨竹工卡县城至西藏会展中心广场（80公里计时竞速赛段）。10月22日（第3比赛日）：西藏会展中心广场至布达拉宫前广场（10公里完赛骑行暨荣誉骑行赛段）。

4. 竞赛形式

竞速计时+荣誉骑行。

5. 比赛项目

设男子公路自行车赛，男子、女子山地自行车赛。公路自行车赛设团体总成绩冠、亚、季军，个人总成绩冠、亚、季军。山地自行车赛设团体总成绩冠、亚、季军，男子个人、女子个人总成绩冠、亚、季军。

6. 开闭幕式

10月20日在林芝市会展中心举行开幕式，自治区人大常委会副主任、林芝市委书记马升昌出席，自治区副主席、组委会执行主任甲热·洛桑丹增宣布开赛。国家体育总局自行车击剑运动管理中心副主任季道明、中央广播电视总台体育青少中心新闻部主任张伟，组委会成员单位有关负责同志出席。林芝市委副书记、市长旺堆致欢迎辞。10月22日在拉萨市布达拉宫广场举行闭幕式暨颁奖仪式，国家体育总局副局长、组委会执行主任李建明出席，自治区副主席、组委会执行主任甲热·洛桑丹增致闭幕辞。国家体育总局自行车击剑运动管理中心副主任季道明、中央广播电视总台体育青少中心新闻部主任张伟，组委会成员单位有关负责同志出席。有关领导为赛事贡献奖及5个组别的前三名颁奖。

7. 参赛规模

来自国内部分省的专业队、业余队，我区各地（市）代表队、业余俱乐部的26支车队105名运动员参加比赛。公路自行车：黑龙江队、辽宁队、青海队、河南队、山西队、西藏队、西藏自治区体育运动技术学校队、VAUDE骑闯爱天路车队、绿山园林洲际队、西藏亚车队、拉萨峰行户外车队共11支队伍52名选手参赛。山地自行车：拉萨队、日喀则队、山南队、林芝队、昌都队、那曲队、阿里队、西藏自治区体育运动技术学校一队、西藏自治区体育运动技术学校二队、西藏亚车队、拉萨朋友车队、西藏印象车队、拉萨峰行户外车队、拉萨扎细车队、拉萨老队员车队共15支队伍53名选手参赛。

（二）赛后总结

1. 高位推进赛事组织领导工作

自治区党委、政府和国家体育总局、中央广播电视总台把办好本届赛事作为展示以习近平同志为核心的党中央对西藏各族人民的特殊关心关怀、新时代西藏长治久安和高质量发展新景象的重要平台；作为体现自治区党委、政府坚持以习近平新时代中国特色社会主义思想为指导，全面贯彻落实中央第七次西藏工作座谈会精神和习近平总书记关于西藏工作重要论述和新时代党的治藏方略的重要举措；作为展现我区在疫情防控常态化条件下，科学有序推动复工复产、恢复经济社会正常秩序，持续打造特色品牌体育赛事的具体实践，高度重视、指导帮助、大力支持赛事各项工作。自治区党委副书记、自治区主席、组委会主任齐扎拉多次就赛事筹备工作作出重要指示批示。10月6日，2020年第三届跨喜马拉雅自行车极限赛组委会召开筹备工作电视电话会议，自治区党委常委、拉萨市委书记、组委会执行主任白玛旺堆，自治区副主席、组委会执行主任甲热·洛桑丹增出席。会议听取了赛事筹备工作总体情况汇报，并就赛事相关工作进行了研究部署。在组委会的统一领导下，各成员单位精心组织、团结协作，工作人员服从大局、勤奋工作，确保了赛事各项活动积极有序开展、扎实高效推进。

2. 有效提升竞赛组织专业水平

一是积极与中国自行车运动协会联系，邀请专家于9—10月赴藏实地勘察比赛路线，评估确定竞赛路线、竞赛形式和计时赛段、荣誉骑行赛段等。围绕"体育+"和"+体育"发展模式，促进体育与旅游、文化深度融合，创新设置山地自行车林芝市会展中心至工布江达县错高村赛段，展示西藏独具魅力的大美风光，并为今后开发公路自行车比赛路线做准备。二是坚持公正、规范、专业执裁原则，组织37名裁判员参与赛事执裁工作，其中，国派裁判员13人，区内裁判员24人。比赛全程未出现因判罚不准提出申诉等情况。

3. 多种方式深入持续扩大宣传

邀请中央广播电视总台体育频道，组织新华社西藏分社、中央广播电视总台西藏记者站等中央驻藏媒体和西藏日报社、西藏广播电视台等区内主要媒体以及各级各类专业新闻媒体、新媒体等共计20多家170余名记者，通过各种平台开展线上现场直播、线下新闻报道，全方位、多层次、持续性做好赛事宣传工作。赛事新闻登上了中央广播电视总台新闻联播，总台体育频道持续4天在体育新闻、体育世界、体育晨报等节目中累计播出约30分钟。新华网、央视网等在客户端和新媒体上刊发赛事新闻，浏览点击量超过40万。西藏广播电视台在卫视频道、电台五套广播频率及西藏新闻联播、午间新闻等新闻栏目中累计播发稿件60余条次，正在制作的赛事实况录像将在总台体育频道、西藏卫视播出。创新宣传方式，向腾讯、百度、澎湃等多家国内知名商业网站推送赛事相关稿件，总阅读量达120多万次；邀请自媒体制作短视频通过微信朋友圈、抖音、微博等平台发布，浏览点击量超过10万。

4.全面做好安保和疫情防控等各项服务保障工作

一是公安部门提前介入、精心组织，周密部署、全程跟进，组织公安民警1300多人、消防救援力量70人，开展骑行路段各类安全隐患排查清理、道路管控通告发布、过往车辆远端分流引导、赛道沿线路口村庄交通管控、驻地宾馆饭店治安隐患排查和巡逻防范、活动现场安保等各方面工作，实现了赛事期间"三不出"。二是严格做好新冠肺炎疫情防控相关工作。在运动员、工作人员驻地设立体温检测区，备齐备足口罩、消毒液等物资。人员进门前测体温、提供最近14天的行程，确认无误并签署个人承诺书后方可进入。驻地走廊、大厅等公共场所每日进行消毒。对出席开幕式的总局总台领导、央视记者、区内外运动员、国派裁判员、电子计时工作人员以及区内部分工作人员等共134人进行核酸检测，结果均为阴性。三是其他各项保障工作周全有力。设置赛道固定医疗保障点33个，出动医疗保障人员近150人，安排救护车27辆，采取固定与随程相结合、现场急救与后送治疗相结合的方式提供赛事医疗保障；对定点接待宾馆饭店和补给点的食品、卫生情况进行检查，利用快检设备对食品及原料等进行检测，从源头消除食品安全隐患；安排应急通信保障专业人员39人、保障车辆12台，确保赛事期间网络感知指标优秀、新闻媒体用户体验一流；科学合理安排供电线路运行方式，出动保电人员100余人次，投入抢修和应急电源车50余台次，保障赛事全程供电正常；通过电视、手机短信、微信等渠道，及时向赛事组委会和运动员、工作人员、公众等发布气象保障服务专报6期；开展赛事相关主题、口号、横幅、秩序册等38条目的文字翻译和审核工作；组织80名青年志愿者参与赛事服务工作。

第九章

繁荣西藏登山文化

西藏自治区体育局按照推动社会主义文化大发展大繁荣的要求，创新登山等体育宣传平台、形式和内容，改版《西藏体育》杂志，持续上线运营西藏体育网和西藏登山网，建成并开放珠峰登山博物馆和次仁切阿山岳博物馆，布置"西藏体育事业发展成就展"，撰写出版了多部登山方面的专著，建立西藏自治区登山爱国主义教育基地，在全国各地举行演讲分享活动，营造了全社会关注、支持、参与体验登山运动和学习、弘扬西藏登山精神的浓厚氛围。

第一节　登山宣传规模化、多样化

体育宣传是体育工作的一个重要组成部分，西藏自治区体育局高度重视西藏体育宣传工作，无论是体育系统的体育宣传工作队伍建设、西藏各媒体的体育宣传队伍建设，还是体育宣传报道数量与规模，都有了较大幅度的进步。

一、报纸

人民日报驻西藏记者站、新华社西藏分社、山野杂志社、中国体育报社、西藏日报社、西藏商报社、拉萨晚报社等主流媒体十分关注西藏登山事业发展，关于登山的内容和数量不断增加。如新华社西藏分社对西藏登山活动持续进行全方位、多层次的宣传报道，从西藏登山的角度让国内外了解西藏、认识西藏。《山野杂志》多次宣传报道西藏山峰开发、户外运动、水上漂流等探险活动的经验和作法。《西藏日报》《西藏商报》《拉萨晚报》《中国体育报》等媒体，也一直关注、宣传西藏登山活动。

二、杂志

《西藏体育》杂志创刊于1985年，由国家新闻出版总署批准，西藏自治区体育局主管主办，西藏体育编辑部编辑出版。

作为西藏自治区唯一综合性体育行业刊物，《西藏体育》立足西藏，面向全国公开发行，及时报道全区重要体育会议精神、体育活动和赛事，宣传西藏体育运动的成绩和体育界的精神风貌，传播、探讨体育科学知识，为全区广大体育工作者和体育运动爱好者搭建了宽广的展示和交流平台，在宣传西藏体育发展成就、促进全民健身运动开展方面发挥了积极作用。《西藏体育》尤其关注西藏登山事业的发展，多年来刊登了大量有关登山的文章、图片，社会影响良好，为加快西藏登山事业发展步伐、打造"西藏登山"品牌作出了积极贡献。

三、广播电视

随着西藏登山事业不断发展，关于西藏登山的活动越来越多，中央电视台、西藏电视台等电视媒体、西藏人民广播电台等广播媒体多次对西藏体育的登山活动以新闻播报、新闻通讯、现场直播等形式进行宣传报道。2001—2010年，中央电视台、西藏电视台对拉萨国际半程马拉松挑战赛、珠峰高程复测、2008北京奥运火炬接力珠峰传递、奥运圣火熔火仪式、全区运动会等重大登山活动进行了现场直播、转播和录播，特别是在中央电视台、中国移动通讯集团的大力支持下，"2003·站在世界第三极"中国业余登山队首次登顶珠峰，实现了中央电视台珠峰现场直播和手机信号珠峰全覆盖，为世界了解西藏体育事业的发展变化打开了窗口。

第二节 建成西藏首座登山博物馆

2008年5月12日，位于西藏登山综合培训中心（西藏登山学校）院内的珠峰登山博物馆举行开馆仪式。时任西藏自治区党委副书记、自治区主席向巴平措，国家体育总局党组副书记、副局长、北京奥运火炬接力珠峰传递领导小组组长胡家燕，自治区党委常委、自治区常务副主席吴英杰，自治区副主席宫蒲光、甲热·洛桑丹增，在自治区体育局局长德吉卓嘎陪同下出席。国家体育总局党组副书记、副局长、北京奥运火炬接力珠峰传递领导小组组长胡家燕和区党委常委、自治区常务副主席吴英杰为登山博物馆揭牌开馆。

到2010年年底，博物馆已经收藏、布展了230多张珍贵照片、100余件实物等展品，还展有珠峰地区地貌模型、喜马拉雅山脉全景模型和动植物标本，滚动播放历史上重大登山行动影像资料，展出近年来出版的登山运动著作、训练教材和画册、音像光碟等。

通过丰富的藏品展示和音像播放，参观者了解了喜马拉雅山脉的攀登历史、生态环境等。博物馆通过展示我国老一代登山运动开拓者和"中国西藏攀登世界14座8000米以上高峰探险队"，在登山装备器材落后的年代，前赴后继、舍生忘死、勇攀高峰，创造团队登顶高峰世界新纪录等辉煌成就，彰显了西藏体育人为国争光、为民族争气的爱国主义和英雄主义精神，参观者受到了爱国主义和励志教育。

第三节 建成次仁切阿山岳博物馆

2015年5月27日，纪念中国人再登珠穆朗玛峰40周年暨"次仁切阿山岳博物馆"

开馆仪式在拉萨举行。西藏自治区副主席甲热·洛桑丹增为博物馆揭牌并讲话。

次仁切阿山岳博物馆属私人投资，是中国首家山岳博物馆，占地面积5000平方米，总投资3000万元。"次仁切阿"意为"吉祥长寿五天母"，是喜马拉雅山脉主峰的五座姊妹峰，其中"三姐"就是世界最高峰珠穆朗玛峰。参观者走进博物馆，以雪山为题材的油画、水墨画及唐卡，以及大量藏民族民俗文化珍品映入眼帘。不同时代的登山器械也让人大开眼界，生长在高海拔雪山的常见动植物标本也在此亮相。与次仁切阿山岳博物馆毗邻的还有登山文化体验区，包括攀岩、索道式攀登及模拟攀登珠峰体验等。此外，博物馆里还专门辟有登山图书馆，可供参观者阅览。

筹建登山或山岳博物馆不仅是老一辈登山英雄的夙愿，也是曾任西藏登山学校校长和西藏登山队队长尼玛次仁的愿望。博物馆于2006年开始筹建。在筹建过程中，尼玛次仁克服经费不足的困难，亲力亲为，组织登山学校学生到珠峰脚下的村庄去寻找那些曾经在20世纪60年代和70年代参加过登山服务的农牧民，一家一家地询问是否有当年登山队留下的登山装备或者照片，并在绒布寺一位喇嘛那里收集到1975年中国登山队队员所穿的登山保暖装备一套。国家体育总局登山运动管理中心副主任、中国登山队队长王勇峰也极尽所能，为珠峰登山博物馆和次仁切阿山岳博物馆提供了很多文物级的旧登山装备作为展品，主要包括20世纪60年代攀登珠峰时使用的登山靴和冰镐，70年代、80年代所用的氧气瓶，21世纪以来他收藏的登山"金镐"等登山用品。登山画家陈大伟创作了长20.08米的《奥运圣火登珠峰》组画，为博物馆增添了新的亮点。馆内还收藏有大量珍贵的照片和实物展品、一座珠峰区域模型和喜马拉雅山脉中段区域模型、从珠峰第二台阶"退役"的金属梯、人类首次登顶珠峰的丹增·诺盖和父母的合影、珠峰地区山峰沙盘模型、中国登山队攀登珠峰用过的登山靴、氧气瓶等物品，生动详细介绍了自1953年第一次登顶以来的人类攀登珠峰的历史，其中众多反映中国登山运动发展的珍贵资料更是镇馆之宝。

博物馆分为多个展览单元，分别介绍了珠峰地区的地况地貌、生物多样性特点以及独具特色的民族风情；人类攀登珠峰的历史，重点介绍人类第一次登顶珠峰的故事和中国人第一次登顶珠峰的历史；中国珠峰登山历史，介绍参加1960年、1975年、1988年、1990年、2003年、2008年和2020年喜马拉雅山脉登山活动的人物和故事；还有以普及登山知识为主，介绍登山过程中需要掌握的技术和近年来国内的商业登山活动等丰富内容。

次仁切阿山岳博物馆接待了大量登山户外运动爱好者，已成为人们了解登山历史、学习登山技术、推广登山运动、传承登山精神、普及登山文化知识的重要窗口。

第四节　出版书刊、画册及纪录片

西藏自治区体育局局长尼玛次仁在担任西藏登山向导学校校长、西藏登山队队长、西藏自治区体育局副局长和局长期间，高度重视登山等体育文化的发展建设，组织对西藏登山运动发展进程熟悉的新闻媒体记者和老教练员、老运动员、老干部等撰写登山题材的专著，这些作品成为传承和弘扬登山文化的载体。

一、《雪域神山》画册

画册由中国登山协会、西藏自治区登山协会编辑，1995年由西藏人民出版社出版发行。画册意在用尽可能广的视角向人们展示西藏高峰的雄姿，把西藏的高峰介绍给世界，把美丽的雪域介绍给世界，也把坚韧不拔的民族精神介绍给世界。

二、《西藏登山运动史》

书籍由邵生林、成天亮著，2002年10月由北京体育大学出版社出版发行。该书如实地再现了西藏登山运动艰险而又辉煌的历史，主动地完成了西藏自治区体育局和西藏登山协会完成的使命，为西藏登山运动的发展进程留下了一笔宝贵的精神财富。西藏登山运动的历史载入史册，一方面可以使为西藏登山事业付出努力和作出贡献的死难者及在世的新老登山勇士感到欣慰，另一方面可以使西藏的登山精神发扬光大，使该书成为西藏乃至全国体育战线精神文明的读本。

三、《西藏登山运动训练教程》

书籍由西藏登山队高级教练旺加著，2006年由西藏人民出版社发行。为书撰写前言的原西藏自治区体委党组书记洛桑达瓦评价该书是旺加在长期的登山生涯中，对积累的丰富登山知识和经验的理论总结。

为该书撰写后记的国家体育总局登山运动管理中心副主任王勇峰评价说：书中对登山探险从训练、危险分析、登山技术、登山战术、高山病的防治、装备、绳结技术等各个方面，全方位地给予了详细而专业的阐述。这本书填补了中国高山探险专业指导书籍的空白，对于职业登山运动员、业余登山爱好者，都有着极高的价值和现实的指导意义。它会使登山运动员能很快和很好地学习老一辈登山家的经验和技术。旺加教练不仅有很好的登山实战经验，还能潜下心来把自己的登山经验系统化、理论化。他是当今年轻登山运动员学习的榜样。

四、《甜美的苦役——一位老登山队员的心路历程》

这是1975年登顶珠峰"九勇士"之一、原西藏登山队党支部书记、队长、高级教练员、著名登山家罗则撰写的回忆录，2007年由西藏人民出版社出版。该书记述了罗则的成长经历和心路历程，阐述他对登山运动、登山事业的热爱和执着追求，记载了新中国如何把一个在旧社会吃不饱、穿不暖的农奴培养成为一名登山探险者，以回忆录这一特殊表达方式歌颂中国共产党。同时，该书还记载了许多登山经验和知识，具有非常宝贵的价值。

五、无限风光在险峰：西藏登山健将的摇篮

书籍由1975年登顶珠峰"九勇士"之一，原西藏登山队党支部书记、队长、高级教练员、著名登山家罗则著，2010年12月西藏人民出版社出版发行。该书回顾了西藏登山（营）队成立50年发展历程，特别是从"生产队""包工队""运动队"到"健将队""英雄队"的成长经历，赞扬了老一辈登山人为了发展祖国的登山事业，在艰苦的环境中，不畏艰险、勇攀高峰的大无畏精神。

六、《艰难的历程　光辉的顶点》画册

画册由西藏自治区体育局、中国登山协会编辑，2007由年人民体育出版社出版发行。画册生动、翔实记录了1993—2007年"中国西藏攀登世界14座8000米以上高峰探险队"，为了为国争光这一共同的目标、共同的荣誉，以不畏艰险、顽强拼搏、团结协作、勇攀高峰、祖国至上的精神，用自己的双脚，用自己的生命书写的一段中国登山运动的辉煌史。以集体形式成功登顶14座海拔8000米以上高峰，不但体现了我国登山运动发展水平，也反映了国家精神和民族精神。

七、《梦上巅峰》画册

画册为中国中央电视台直播北京奥运火炬接力珠峰传递纪实，由张平、于良璞、付晓海、程庆生、黄正红、慈勤萍、马威、孙晓辉、王军、王欣、曾雪松、何绍伟、刘福勇、耿德霖、王涌、黄鹤、刘杰、陈汐、杨继光、金晓辛、郑红伟、徐伟、朱艳东、张翔、章崴、崔永彬、吴放、朱玮、张晓强、张东辉、宿东、张翔宇、张少宏、孙建军和中国登山协会、《山野》杂志社、西藏登山向导学校、北京奥运火炬接力珠峰传递中国登山队、央视网及其他所有提供图片的个人和团体提供图片，张伟、王涌、曾雪松编辑，北京知凡艺术文化有限公司装帧设计。

八、《奥运圣火　闪亮珠峰》画册

画册由栾开封主编，2008年由人民体育出版社出版发行，为北京奥运火炬接力珠峰传递大型纪实画册。画册再现了在北京奥运火炬接力珠峰传递过程中无私奉献的运动员、教练员和全体工作人员所展示的崇高思想境界和艰苦奋斗、顽强拼搏的精神，

再现了令人难忘的动人场景和丰富而感人的内心世界，把登山精神继续发扬光大。

九、《雪山雄鹰——西藏登山运动 50 年》

书籍由多吉占堆、薛文献著，2010 年 9 月由漓江出版社出版发行。该书记述了西藏登山队成立 50 年来，西藏登山运动走过的不平凡历程，折射出西藏 50 年间经济社会发展的变迁，是时代的缩影。作者用客观、平实和轻松的笔调，回顾了西藏登山运动的发展历程，展现了几代登山人的精神风貌。本书既有对历史进程的客观叙述，也有对登山活动的现场回放；既有对重点登山人物的生动刻画，也有对所有登顶活动的详细记录，揭示了高原登山人用鲜血和生命凝结成的登山精神在各个不同历史时期所产生的重要影响和作用。

十、《逐梦云端——西藏探险队攀登 14 座 8000 米高峰纪实》

由多吉占堆、薛文献著，2013 年 6 月由漓江出版社出版发行。该书记录了"中国西藏攀登世界 14 座 8000 米以上高峰探险队"14 年来所走过的不平凡历程，见证了一代为实现梦想付出青春甚至生命的登山人，见证了他们的勇敢、坚韧与智慧，以及那一段惊心动魄的历史。

十一、《喜马拉雅守护者》

书籍由蒋玲著，2013 年 8 月由上海科学院出版社出版发行。该书介绍了喜马拉雅登山向导们多年来以帮助客户登山为职业，危急关头，他们会摘下自己的氧气面罩给别人吸氧，会脱下保暖装备为别人取暖，也会在 8500 米的高海拔地带不顾个人安危去救人。他们中有人因冻伤被截肢，有人滑坠受伤，有人被落石击中……但他们的名字依旧不为人知，或许这本来就不是他们想要的，他们是山的孩子，只想守护着山，也守护着那些来高山实现攀登雪峰梦想的人们。

十二、《喜马拉雅天梯》纪录片

《喜马拉雅天梯》是由萧寒、梁君健联合执导，索朗多吉、普布顿珠、格桑央宗等主演的纪录片。该片于 2015 年 10 月 16 日在中国上映。该片讲述的是一群西藏登山学校的藏族年轻人，经历培训之后成为高山向导，最终登上喜玛拉雅山顶峰的故事。

第五节　喜马拉雅守护者演讲分享活动

从 2018 年开始，在冬天的登山淡季，由西藏登山向导学校主办的"喜马拉雅守护者演讲分享"活动在全国各地举行。2019 年 12 月 22 日，第二届西藏喜马拉雅守护者——

"辉煌二十载,感恩一路相伴"分享会北京站在中国地质大学(北京)举行。这也是此次活动的最后一站。来到现场的除了该校师生,还有部分北京登山户外爱好者,近百人聆听了来自喜马拉雅的故事。

一、中国攀登者感动全场

次仁桑珠详细讲述了 2013 年西藏向导们如何在珠峰海拔 8850 米的位置成功救援一名出现脑水肿症状的队员。这也是全世界首个在海拔 8300 米以上成功实施救援的案例。极高海拔气候环境和路况的复杂艰险,让现场观众听得心都揪了起来。次仁桑珠讲到,最让他感动的是当时 B 组十几名准备登顶的中国队员,主动贡献出自己的氧气和向导去支援遇险的队员。"他们在当时做出这样的举动,就相当于是放弃了自己的登顶机会,这让我非常感动,他们所做的真正体现了登山生命至上、团结互助的精神。"次仁桑珠话音未落,全场便响起热烈的掌声,表达对这些登山者无私精神的敬佩和赞赏。

二、普通人如何登上雪山之巅

在次仁桑珠的分享中,大家了解到一名高山向导的成长,需要时间的积累和长年的刻苦训练及雪山攀登实践。成为一名初级向导,至少要经过 8 年的时间。主要从日喀则市几个县里招收上来的学员,首先要在西藏喜马拉雅登山向导学校学习 3 年,再到西藏圣山登山探险服务公司实习 2 年。这就是学校采取的"3+2"教学模式。这期间,每个学员既要学习文化课和登山理论课,同时也不能放松综合体能训练,与未来登山实践密切相关的登山技能课和山区实践课更是要认真学习。还要去圣山公司做 3 年的高山协作,才能成为初级向导。

刚刚登顶雀儿山回来的达飞登山队队员提问,普通人该如何实现攀登珠峰的梦想?次仁桑珠首先强调在珠峰北坡攀登,必须要有海拔 8000 米的攀登纪录。他解释说,因为攀登海拔 8000 米级的山峰就开始使用高山氧气了,如何使用及怎样才能达到舒适的使用感受,都是攀登珠峰必须掌握的技能,这些在攀登海拔六七千米的山峰的过程中是无法获得的。他同时指出,登山一定要循序渐进,不同海拔高度的雪山,无论是气候环境还是攀登难度都不一样,必须要逐步适应,才能做到科学安全地攀登。他详细介绍了位于西藏拉萨市当雄县羊八井镇的洛堆峰,海拔 6010 米的洛堆峰具有到达性好、攀登难度小等优点,是一座非常适合入门级登山爱好者进行登山体验活动的雪山。同时他还强调,2001 年成立的西藏圣山登山探险服务有限公司,在高海拔攀登领域经过多年探索出来的 1∶1 向导配备比例、预备应急向导、高山向导和队员提前熟悉、活动人员配备比例大于 1∶3 的"圣山模式",也将确保大家安全体验高海拔登山活动。

三、分享"爱山、敬山、护山"的理念

随后西藏圣山高山救援队队长扎西次仁、西藏喜马拉雅高山环保基金会理事长鲁达、国内登顶珠峰次数最多的两人之一扎西平措相继登台。从藏族人的宗教信仰和生活习俗、怀抱崇敬之心、高山环保等不同角度,讲述了喜马拉雅守护者"爱山、敬山、护山"的攀登故事。他们 3 人同时也是西藏圣山登山探险服务有限公司的高级向导,其中扎西次仁和扎西平措已成功登顶珠峰 14 次,共同成为国内登顶珠峰次数最多的纪录保持者,鲁达目前也已成功登顶珠峰 10 次。3 名高级向导凭借精湛的专业技能和负责的服务态度,帮助很多登山爱好者实现了自己攀登梦想。

四、本次活动得到多方支持

在活动现场,西藏拉萨喜马拉雅登山向导学校接受了达飞科技控股旗下的达飞公益基金会的捐赠,与渤海中学达成了合作意向。达飞科技控股董事长高云红生动幽默地介绍了自己的攀登经历,讲述自己如何从一名只登过香山和泰山的"登山菜鸟",一步一步走上珠峰之巅。

探路者公司品牌营销中心副总裁柴婧也向大家讲述了自己在大学期间参加登山队的故事,以及这些年来与西藏喜马拉雅登山向导学校的交集,并介绍了探路者品牌在成立 20 年间,以攀登精神为指引,对中国登山户外运动及中国南北极科考、中国航天事业发展所做的贡献。

本次活动的举办地——中国地质大学(北京)有着辉煌的登山历史:我国第一支业余登山队由中国地质大学(北京)的前身——北京地质学院,于 1958 年组建;1960 年,该校毕业生王富洲完成了人类历史上首次从北坡登上世界第一高峰——珠峰的征程。近 60 年的时间里,该校培养出了大量优秀登山者。

2008 年,新一代中国地质大学(北京)登山队重新组建,并成立了以登山攀岩为主的户外社团——大地社。这些年来,大地社社员登顶了包括珠峰在内的多座雪山,该社团也逐渐成长为全国高校户外社团的领军者之一。

作为此次活动的媒体支持单位,《山野》杂志社向大家提供了 20 本珠峰专题杂志,以及 50 套《光景中的中国登山第一辑》明信片。

五、期待再起航

自 2019 年 12 月 13 日第二届喜马拉雅守护者分享会启动以来,这些喜马拉雅守护者先后来到重庆、南宁、深圳、广州、福州、杭州、上海、南京、大连、北京等 10 个城市,与当地登山户外运动爱好者分享喜马拉雅攀登故事。

2019 年恰逢西藏拉萨喜马拉雅登山向导学校成立 20 周年,这些喜马拉雅守护者的

讲述也让人们了解了20年来，西藏喜马拉雅登山向导学校从无到有、从小到大的发展历程。次仁桑珠表示，喜马拉雅守护者分享会将被打造成品牌活动，每年在全国各地进行巡回分享。未来他们将去到更多的城市，让更多的人了解登山，进而亲身参与到登山活动中来，并有机会体验西藏的优质雪山资源，感受登山运动的独特魅力和无限乐趣。

对于这些守护者而言，他们来自喜马拉雅山脉偏远的地区，他们热爱自己的职业，并为之努力、奋斗着！

本次活动由西藏拉萨喜马拉雅登山向导学校（原西藏登山学校）主办，西藏圣山登山探险服务有限公司、探路者控股集团控股有限公司、深圳华大运动控股有限责任公司承办，中国登山协会《山野》杂志社为活动媒体支持单位。

第六节　西藏自治区登山爱国主义教育基地

为加强爱国主义教育，充分利用西藏自治区现有的山峰资源和20世纪60年代以来西藏自治区乃至我国登山运动的巨大成就，综合展示西藏自治区登山运动发展历史，传承以"不畏艰险、顽强拼搏、团结协作、勇攀高峰、祖国至上"为核心的登山精神，用登山故事感染和教育全区各界干部群众，自治区体育局党组决定将登山学校内原有的登山陈列馆升级建设为区登山爱国主义教育基地，并于2018年7月下发《关于建设自治区登山爱国主义教育基地的实施方案》，成立专门的领导小组，由自治区登山队负责项目的具体实施。

西藏自治区登山爱国主义教育基地项目位于登山健身体验馆（现登山队办公楼）北楼二楼，一期项目正在建设当中。主展厅面积约330平方米，陈列内容主要包括五个部分，以文字、图片、表格、影像、实物等形式进行展示。2019年12月，自治区登山队委托相关公司聘请专家团队负责编写项目展览脚本、讲解词、培养讲解员等工作。展览脚本在充分征求意见的基础上于2020年6月24日召开专家评审会。评审会后，脚本编制团队按照专家评审会意见再次对展览脚本进行了修改完善。

西藏自治区登山爱国主义教育基地项目于2020年年底竣工。

第十章

登山国际交往

　　从1978年开始,随着中国改革开放政策的实施,西藏登山运动员、教练员和后勤保障工作者,或随国家体育代表团,或由区内组团,先后赴多个国家或地区进行登山探险、交流访问、学习考察等。1978年西藏登山运动员潘多、索南罗布等随中国登山协会代表团访问尼泊尔,5月29日受到尼泊尔首相比斯塔接见,6月4日回国。这是有记录的西藏登山运动员首次出国访问。此后,众多国家和地区的友好访问团和登山探险团队到访西藏,以体育方式让世界了解西藏、认识西藏。

第一节　出访与来访情况

一、出访情况

西藏登山运动开展以来，特别是随着西藏改革开放水平不断提高，西藏体育在对外交流合作中发挥的特殊功能作用日益凸显。西藏自治区登山体育团（组）出国访问、联合登山活动不断，交流频繁。1978年至2012年西藏登山团队出访情况如下表所示。

这些出访活动，主要是完成了对境外海拔8000米以上高峰的登山探险任务，同时进行了竞技体育友好比赛和体育工作考察，增进了西藏体育工作者与其他国家和地区体育人士的了解与友谊，开阔了眼界，参观学习了先进的体育发展模式和设施，交流了体育发展的科学理念，在一定程度上促进了西藏体育运动的发展进步。通过来访的体育代表团宣传了西藏经济社会特别是体育事业的巨大发展进步。

西藏登山团队出访一览表

时间	出访地点	姓名	团组名称	人数
1978.5	尼泊尔	潘多、索南罗布	中国登山协会代表团	2
1979.8	法国	潘多	中国登山队代表团	1
1981.4—1981.5	日本	成天亮、边巴次仁、洛桑德庆	中日登山技术研讨会	3
1984.7.14—1984.7.28	奥地利	西藏自治区体委主任洛桑达瓦等10人	中国西藏体育代表团	10

续表

时间	出访地点	姓名	团组名称	人数
1986.11.28	日本	西藏自治区体委主任洛桑达瓦等4人	中国西藏体育代表团	4
1987.10.25—1987.10.31	日本	拉敏·索朗伦珠、洛桑达瓦、高谋兴、李继昌参加西藏与长野县结成友好协会	中国西藏登山协会代表团	4
1987	摩洛哥	罗则等3人参加世界登山年会	中国西藏登协代表团	3
1988.4.25	尼泊尔	仁青平措、大次仁、加布、仁那、普布、小齐米、拉巴、边巴扎西、旺加、丹真多吉、多布杰	中、日、尼联合登山队"双跨"珠峰中方南侧代表队	11
1988.5.23	尼泊尔	洛桑达瓦、开尊参加3国攀登珠峰活动	中国登山队代表团	2
1988.6.17	日本	洛桑达瓦参加3国胜利登顶珠峰庆祝活动	中国登山队代表团	1
1989.6.21—1989.6.29	美国	罗则任中国登山训练团副团长赴美训练	中国登山训练团	1
1989.7—8	日本	成天亮、桂桑、达琼、加措	中日登山技术研讨会	4
1991.4.29—1991.5.4	日本	洛桑达瓦、桑珠参加联合登山协议签字	中国登山协会代表团	2
1991.8	尼泊尔	张石生、旺加参加曼昂山谷登山训练	中国登协教练代表团	2
1991.9	日本	西藏登协副主席索朗达杰、索朗、平措,副秘书长多吉甫,区体委副主任洛桑卓玛	中国西藏登协代表团	5
1991.12	尼泊尔	贡布等3人参加国际登山联合会年会	中国西藏登协代表团	3
1992.11.26	日本	洛桑达瓦、高谋兴、加布、次仁多吉、边巴扎西、桑珠、大其米、达琼	中国登山协会代表团	8
1993.3—1993.4	尼泊尔	桑珠等12人攀登安纳布尔那峰	西藏14座高峰探险队	12
1993.4—1993.5	尼泊尔	桑珠等12人攀登道拉吉里峰	西藏14座高峰探险队	12

续表

时间	出访地点	姓名	团组名称	人数
1994.10.10—1994.10.19	日本	平措江村、土登、马阿都、索南措姆、丹巴达杰参加长野县海外登山联谊会	中国西藏登协代表团	5
1995.1.20—1995.1.30	德国	高谋兴、窦常身参加DAV俱乐部成立25周年庆祝活动	中国西藏登协代表团	2
1995.5—1995.7	巴基斯坦	桑珠等11人攀登迦舒布鲁姆Ⅱ峰	西藏14座高峰探险队	11
1995.7.15—1995.7.28	瑞士法国	洛桑达瓦、仁青平措、成天亮、窦常身	中国西藏登协代表团	4
1995.9	美国	洛桑卓玛、高谋兴、尼玛次仁	中国西藏登协代表团	3
1995.11.1—1995.11.14	日本	扎西群培、刘建华、边巴、洛桑次成	中国西藏登协代表团	4
1996.3—1996.5	尼泊尔	桑珠等11人攀登马纳斯卢峰	西藏14座高峰探险队	11
1996.11	日本	高谋兴应立正大学邀请签订登珠峰协议	中国西藏登协代表团	1
1996.12	韩国	拉巴、扎西次仁参加登顶穷姆岗日庆祝会	中国西藏登协代表团	2
1997.1	巴基斯坦	高谋兴、罗则、成天亮、桑珠	中国西藏登协代表团	4
1997.4—1997.6	巴基斯坦	桑珠等11人攀登南迦帕尔巴特峰	西藏14座高峰探险队	11
1997.11	日本	次仁卓嘎、洛桑达瓦、贡布、张江援、高谋兴	中国西藏登协代表团	5
1998.3—1998.5	尼泊尔	桑珠等10人攀登干城章嘉峰	西藏14座高峰探险队	10
1998.5	尼泊尔	洛桑达瓦、高谋兴、窦常身	中国西藏登协代表团	3
1998.7.10—1998.8.10	意大利瑞士	高谋兴、窦常身	中国西藏登协代表团	2
1998.8—1998.10	尼泊尔	桑珠等10人攀登洛子峰	西藏14座高峰探险队	10
1998.12.3—1998.12.7	印度	西珠朗杰、窦常身	中国登山协会代表团	2

续表

时间	出访地点	姓名	团组名称	人数
1998.12.25	意大利	窦常身	中国西藏登协代表团	1
1999.4.5—1994.4.8	尼泊尔	次仁多吉、旺加采购装备	中国西藏登协代表团	2
1999.11.30	尼泊尔	木萨	中国西藏登协代表团	1
2000.1.15—2000.1.25	尼泊尔	西珠朗杰、高谋兴等4人	中国西藏登协代表团	4
2000.1.20	美国	尼玛次仁	中国西藏登协代表团	1
2001.4	尼泊尔 巴基斯坦 印度	高谋兴等7人参加喜马拉雅山脉四国（中国、尼泊尔、巴基斯坦、印度）会议	中国登山协会代表团	7
2001.5—2001.7	巴基斯坦	桑珠等12名探险队员攀登布洛阿特峰	西藏14座高峰探险队	12
2001.7	日本	益西等5人	西藏大学登山队访日团	5
2001.10	日本	西珠朗杰、赵建安、多吉占堆	中国西藏登协代表团	3
2002.5—2002.8	巴基斯坦	桑珠等12人攀登乔戈里峰	西藏14座高峰探险队	12
2002.9	韩国	西珠朗杰、张明兴	中国西藏登协代表团	2
2002.12	日本	姬嘉等10人	西藏女子登山访日团	10
2003.3—2003.5	尼泊尔	桑珠等9人攀登马卡鲁峰	西藏14座高峰探险队	9
2003.6	韩国	西珠朗杰、张明兴	中国西藏登协代表团	2
2004.2	日本	群增、索南措姆等4人	中国西藏登协代表团	4
2004.5—2004.8	巴基斯坦	桑珠等10人攀登乔戈里峰	西藏14座高峰探险队	10
2004.6	美国	张明兴	中国登山协会代表团	1
2004.7	法国	阿旺扎西、次仁桑珠、多吉次仁	西藏登山培训中心学员	3

续表

时间	出访地点	姓名	团组名称	人数
2004.10	韩国	次仁桑珠	中国登山协会代表团	1
2005.1	尼泊尔	巴桑罗布、张明兴等5人立法调研	中国西藏登协代表团	5
2005.5—2005.6	巴基斯坦	桑珠等11人攀登迦舒布鲁姆Ⅰ峰	西藏14座高峰探险队	11
2005.10	尼泊尔	栾开封、张明兴、尼玛次仁等10人	中国登山协会代表团	10
2006.5—2006.6	尼泊尔	洛则、小边巴扎西补登安纳布尔那峰	西藏14座高峰探险队	2
2007.5—2007.7	巴基斯坦	桑珠等10人攀登迦舒布鲁姆Ⅰ峰	西藏14座高峰探险队	10
2009.11	尼泊尔	张明兴、李晓宝等11人	西藏登山协会代表团	11
2010.10	澳大利亚	德吉卓嘎、多布杰、张明兴、尼玛次仁、次珍	西藏登山业务交流团	5
2010.10	尼泊尔	郭有生等5人	西藏登山协会代表团	5
2012.5	日本 韩国	德吉卓嘎、张明兴、尼玛次仁等4人	西藏登山协会代表团	4

二、来访情况

同时，西藏自治区体育局贯彻落实"走出去""请进来"双向交流均衡发展，体育交往变得更加多元化。1960年以来，国家或地区的体育代表团（组）来访不断。外国登山等体育团队也频繁来藏访问或联合登山探险，增进了了解与友谊。2001—2019年西藏登山运动、攀岩运动来访情况如下表所示。

西藏登山来访一览表

时间	来访国家	团组或姓名	职务	来访事由	人数
1979.9	日本	登山队		侦察珠穆朗玛峰攀登路线	9
1982.4	日本	登山队		中日联合攀登纳木那尼峰	9
1985.11	德国	维利·魏尔	德国体育联合会主席	应邀访问西藏登协	

续表

时间	来访国家	团组或姓名	职务	来访事由	人数
1986.9	日本	小松达	长野县山岳协会代表团长	在拉萨自然岩壁攀岩表演	8
1993.9	德国	汉斯·汉森	德国体育联合会主席	应邀访问西藏登协	4
1994.8	奥地利	珀恩哈特·风特	格拉茨大学体育学院院长	考察西藏登山运动	7
1995.4	日本	山岳协会	登山队	在中国攀登马卡鲁峰	
2001.1	意大利	玛利亚·安东尼	意大利喜马拉雅生态协会主席	来访西藏登山队	4
		帕特瑞西亚	登山家		
		安娜·垂芭缇			
2001.3	日本	高野二郎	日本东海大学登山顾问	受西藏大学登山队邀请，联合攀登海拔7538米的库拉岗日峰	13
		永田壮三	日本东海大学登山总队长		
		利叶义次	日本东海大学登山队长		
		安部铁雄	日本东海大学登山副队长		
2002.4	日本	日本山岳协会登山业务交流团	登山队员	纪念中日南迦巴瓦峰联合登顶10周年，悼念遇难队长	8
2002.7	日本	日本山岳协会	登山队员	宁金抗沙峰路线考察	6
2002.8	日本	长野县山岳协会	环保志愿服务代表团	绰木拉日峰大本营开展垃圾清扫活动	16
2002.8	德国	VIETHEN JURGEN DIETER	德国登山俱乐部市场部经理	登山交流、业务合作	3
2002.8	日本	日本同志社大学	登山运动员、高山协作	攀登海拔6859米的绒来岗日峰	12
2002.8	日本	日本山岳会女子登山队	女子登山队员	纪念中日邦交正常化30周年，西藏女子登山队与日本山岳全女子登山队联合组成中日友好卓奥友峰女子登山队攀登卓奥友峰	6

续表

时间	来访国家	团组或姓名	职务	来访事由	人数
2002.8	韩国	山峰考察团	登山队员	考察库拉岗日峰和什莫日峰线路	10
2002.9	美国	美国登山队	登山队员	攀登海拔6956米色普岗日峰	7
2002.10	西班牙	山峰考察团	登山队员	考察加拉白垒峰线路	6
2003.3	日本	神户大学	登山队员	攀登海拔6610米的若尼峰	10
2003.4	法国	环球极限珠峰队	登山队员	纪念人类首登珠峰50周年，攀登珠峰并拍摄登山活动	34
2003.4	法国	喜马拉雅登山队	摄影队员	纪念人类首登珠峰50周年，攀登珠峰并拍摄登山活动	19
2003.4	瑞士	珠峰登山队	登山队员	纪念人类首登珠峰50周年，攀登珠峰	23
2003.4	韩国	汉城特别市山岳联盟	登山运动员	纪念人类首登珠峰50周年，与西藏登山协会组成"2003中国西藏韩国汉城珠穆朗玛峰联合登山队"攀登珠峰	35
2003.10	日本	山森欣	喜马拉雅协会登山队员	考察海拔7207米的通商夹布峰	3
2004.4	英国	登山队	登山队员	攀登海拔7326米的绰莫拉日峰	3
2004.5	德国	登山队	登山队员	与尼泊尔人组成德国纳木那尼峰登山队攀登海拔7694米的纳木那尼峰	24
2004.5	英国	Patrick Wooahead Michael Brown	登山队员	攀登海拔7151米的佳拉白垒峰	2
2004.8	日本	日本山岳协会关西支部	登山队员	考察海拔7095米的冷布岗日峰	9
2004.8	法国	PHILIPPEDELMAS	空中客车公司中国总部	西藏登山路线考察团考察登山路线	4
2004.8	日本	Nakamura Susumu	日本登山爱好者	攀登海拔7538米的库拉岗日峰	4
2004.9	法国	登山队	登山队员	攀登海拔7538米的库拉岗日峰	23
2004.9	美国	艾里克·温克马里	著名盲人登山家	攀登海拔7010米的拉巴日峰	9

续表

时间	来访国家	团组或姓名	职务	来访事由	人数
2005.4	澳大利亚	Damien Gildea	登山爱好者	3国登山爱好者组成"2005年春库拉岗日峰登山队"攀登海拔7538米的库拉岗日峰	4
	瑞典	Lars Erik Syens			
		Laila Elisabet Ojefelt			
	英国	Steohen Chaplin			
2005.5	印度	Ranjit Kumar	登山支援队员	攀登珠峰	1
2005.5	美国	Luis Guillermo Benitez	登山爱好者	攀登珠峰，从南侧攀登，从北侧下撤	3
	澳大利亚	Piers Mcauley Buck			
	尼泊尔	Lakpa Dorji Sherpa			
2005.6	意大利	Broggi Patrizia	登山爱好者	观赏山峰，路线为：拉萨—江孜—南木林—昂仁—错迈—昂仁—萨嘎—希夏邦马峰大本营	3
		Verza Giampietro			
		Sironi Maria Antonia			
2005.9	奥地利	Hildegard Diemberger Austrian	登山爱好者	考察林芝、山南、日喀则山峰	2
		Bruce Huett British			
2005.9	瑞士	Liesch Cian Marco	登山爱好者	攀登海拔6500米的曲钦布峰	2
		Greiner Adrian Roman			
2005.9	斯洛文尼亚	2005库拉岗日峰登山队	登山队员	攀登海拔7538米的库拉岗日峰	3
2005.9	新西兰	Alex Sean Waters	登山爱好者	攀登海拔6691米的比如塔措峰	2
		Jorian Sussell Kippax			
2005.10	奥地利	Lugger Josef	登山爱好者	考察海拔6490米的藏色岗日峰路线	1
2005.10	英国	Michael Alan Fowler	登山爱好者	攀登海拔6447米的卡加峭峰	4
		Christopher Stanley Watts			
		Adam Fraser Thomas			
		Philip William Amos			
2005.10	日本	山田庆	长野县山岳协会副会长	纪念2007年西藏登山协会与日本长野县山岳协会建立友好关系20周年，与西藏登山协会考察海拔7207米的通商夹布峰路线	1
2006.9	斯洛文尼亚	Marko Prezel	登山爱好者	攀登海拔7314米的绰莫拉日峰	7

续表

时间	来访国家	团组或姓名	职务	来访事由	人数
2006.11	瑞士	汉斯·希伦伯格	瑞士利维高兼北京奥索卡体育用品有限公司总裁	西藏登山学校	2
2006.11	法国	汉格莫乐·法兰西斯	法国国家登山滑雪学校教练	西藏登山学校	1
2007.4	菲律宾	珠穆朗玛登山队	登山队员	攀登珠峰	15
2007.5	美国	Lewis Anthony Scott	登山爱好者	2007年春纳峰C队攀登海拔7694米的纳木那尼峰	9
2007.8	日本	Wada Toyoji	登山爱好者	攀登杰马央宗岗日峰	11
2007.9	瑞士	Brechbuhl Thomas	登山爱好者	组成"瑞士库拉岗日登山队"攀登库拉岗日	8
2007.9	英国	Julian Freeman Attwood	登山爱好者	组成"2007年土康日峰登山队"攀登土康日峰	6
2007.9	日本	Toyoji Wada	登山爱好者	组成"日本2007秋支援队"攀登纳木那尼峰	11
2007.9	日本	Kasuya Toshinori	登山爱好者	组成"日本雅拉香波登山队"攀登雅拉香波峰	13
2007.10	日本	山田健	登山爱好者	组成"日本若尼登山队"攀登若尼峰	8
2018.7	巴基斯坦	阿布·扎法尔·萨迪卡（SADIQ ABU ZAFAR）	高山俱乐部主席	参加登顶14座8000米以上高峰11周年庆祝活动，并证实西藏攀登世界14座高峰探险队成功登顶布洛阿特峰	3
		HAIDRI KARRAR	高山俱乐部秘书长		
		ULLAH REHMAT	登山向导		
2018.9.	日本	唐木真澄	日本长野县山岳协会会长	参加西藏自治区登山协会和日本长野县山岳协会纪念缔结友好兄弟协会30周年攀登海拔6310米的雪拉普岗日峰活动	7
		SUGITA HIROYASU	日本长野县山岳协会会员		
		NISHIDA HITOSHI			
		HIRATSUKA AKIRA			
		HAYASHI MASAAKI			
		MIZUTANI TAKEO			
		KONDOMAYUMI			

攀岩运动来访一览表

时间	来访国家或地区	赛事名称	人数
2006.7	美国、法国、奥地利、斯洛伐克、韩国、德国、加拿大、中国香港等12个国家和地区	2006年中国西藏国际攀岩邀请赛	17
2019.7	印度尼西亚、乌克兰、波兰等11个国家和地区	2019"一带一路"中国拉萨国际攀岩大师赛	15

第二节 友好交流活动

一、西藏自治区登山协会代表团赴澳大利亚考察访问

为学习借鉴国外登山救援先进技术和经验，考察登山探险、户外活动开展及登山市场运作情况，经自治区人民政府同意和区外办批准，在中国登山协会的帮助和澳大利亚登山协会的安排下，应澳大利亚切尔西登山探险公司邀请，以西藏自治区体育局局长、登山协会主席德吉卓嘎为团长的中国西藏自治区登山协会代表团一行5人，于2010年10月23—29日赴澳大利亚进行了考察访问。

（一）基本情况

西藏登山协会代表团此次赴澳大利亚考察访问是区体育局2009年对外交流的计划项目。

为确保考察访问成功、达到预期目的，区体育局、登山协会严格按照要求组团，由区体育局、登山协会、登山队业务干部组成出访团，并依照程序办理了护照、签证等手续。10月15日，区体育局邀请区外办工作人员对区登山协会代表团全体成员进行了政治、外事纪律等方面的教育，强化了政治纪律，提高了思想认识。

10月26—28日区登山协会代表团在墨尔本，拜见了户外活动组织者及旅行社，参观了攀岩俱乐部等户外活动场所，了解了户外活动开展、群众参与体育锻炼等情况。

（二）主要收获

区登山协会代表团在澳大利亚考察访问期间，严格遵守各项纪律，认真进行考察访问，取得了较大收获。

一是通过与外国登山界的亲切交流和建立业务联系，进一步加深了区登山协会与澳大利亚登山界的相互了解，增进了与澳大利亚登山界的友谊，同时也对外宣传了西藏。

二是通过学习澳大利亚高山运动开展、登山技能培训、户外救援体制机制建设、登山市场开发、登山产业发展、山区环境保护等方面的经验，进一步丰富了知识，启

迪了西藏自治区发挥登山资源优势、发展登山运动、壮大登山产业的思维。

三是通过了解澳大利亚开展群众体育活动的做法和群众参加体育锻炼的情况，进一步拓宽了西藏自治区贯彻落实《全民健身条例》、开展全民健身运动、发展群众体育事业的思路。

（三）工作思考

西藏自治区山峰资源丰富，登山运动处于全国领先、世界著名的地位，应积极学习借鉴国内外发展登山运动的先进理念、做法、经验和模式，大力发展登山运动，不断做大做强登山品牌，使西藏登山运动始终走在世界前列。

一要坚持依托优势，大力发展登山运动。

二要坚持对外开放，扩大登山资源开放区域，吸引更多外国登山者进藏登山，加强对外国人进藏登山的常态化管理，提高山峰资源的利用率，充分发挥登山运动的经济效益和社会效益，为推进全区经济社会跨越式发展和长治久安作出积极贡献。

三要加强登山队伍建设。

四要全面贯彻落实《全民健身条例》。

二、西藏登山协会代表团赴日本韩国进行交流访问

应日本长野县山岳协会和大韩山岳联盟的邀请，由西藏自治区登山协会主席德吉卓嘎率领，西藏自治区登山协会秘书长张明兴、西藏自治区登山队队长尼玛次仁等一行4人组成的访问团，于2012年5月13日至22日分别赴日本、韩国进行了为期10天的登山交流访问活动。

此次出访日本、韩国的主要任务有以下三项：一是自1987年西藏自治区登山协会与日本长野县山岳协会建立友好协会以来，双方共同致力于登山运动的发展，开展了一系列交流与合作，多次组织联合登山、山峰资源考察、登山技术研修等重大活动。西藏登山队派送队员多次赴日本学习登山技术，日本长野县山岳协会的会员也多次来藏登山。此次访日目的是继续保持并加深双方协会的友好关系，不断促进登山运动的发展，提高登山技术，增进两国人民的交流与了解，建立深厚的友谊；二是观摩韩国第45届全国登山大会，广泛吸取国外创办登山大会的先进理念，从而办好西藏登山大会；三是实地感受和了解日本和韩国的登山、滑雪、攀岩、攀冰等运动的发展状况及技术水平，开阔视野、增进中国和日本、韩国人民间的了解。在中、日、韩人民间搭建起一座友谊的桥梁。在一定范围和程度上宣传西藏、展示西藏的登山事业。

（一）交流访问简况

按计划，西藏自治区登山协会代表团于2012年5月13—17日对日本进行为期5

天的访问。5月13日代表团一行4人抵达日本首都东京，受到日本山岳协会会长神崎忠男先生的接待。

5月14日代表团成员乘坐新干线抵达具有悠久登山历史与登山实力的日本北部都市长野县，长野县位于素有"日本屋脊"之称的中央高地上，有着丰富的山峰资源，被称为"日本的瑞士"，1998年长野县曾举办过冬季奥林匹克运动会和残奥会。

5月15日代表团一行乘车从志贺高原到大町市，参观大町市的山岳博物馆和山岳综合中心。

5月16日代表团返回东京。当晚，代表团全体成员出席了日本山岳协会、勤劳者山岳协会和日本山岳联盟举办的欢送晚宴。

代表团于5月17日乘机抵达韩国，受到了大韩山岳联盟、大韩仁川山岳联盟的热情接待，5月18日参观了韩国登山学校并拜访了韩国山岳联盟会长李仁祯先生。期间接受了韩国最受欢迎的三家山岳杂志社——"山""人与山"和"MOUNTAIN"（山）的简短采访，采访中德吉卓嘎局长就西藏登山现状、近几年计划开展的项目和山峰资源的开发等问题作了一一解答。对方还询问了当年西藏自治区参加亚洲攀岩锦标赛选手仁青拉姆、拉萨攀岩馆、登山大会等感兴趣的问题。

5月19日代表团观摩了韩国第45届全国登山大会。此次大会注重实战技能比拼，氛围浓烈，参与者众多，充分体现了技巧、体能的实战。大会开展的项目有：救护技能、装备的实用、食品的分配和营养计算等比赛，事无巨细，还要进行实际操作，搭建帐篷、自己烧开水煮晚餐等野外生存技能的比赛方式应有尽有。看到这种热火朝天的景象，让人感到震撼。参加登山大会的人员大多以初中生、高中生、大学生和公司职员为主。普及与实用的比拼，有利于广大参与者学以致用。德吉卓嘎局长应邀就坐主席台，组委会在大会开幕式上对其做了隆重的介绍。

5月20日代表团抵达韩国济州岛，济州岛是韩国最大的岛屿，是一座典型的火山岛，是世界新七大自然奇观之一。代表团在济州岛期间参观了济州有名的"翰林公园""柱状节理带"，还攀登了海拔182米的2007年被联合国教科文组织指定为世界自然遗产的"城山日出峰"，体验了户外活动，与当地的山岳联盟和登山爱好人士进行了交流，促进了双方的了解。在此期间代表团成员不仅领略了济州岛优美的风景，还把西藏的发展情况和独特的旅游及山峰资源介绍给了当地的登山爱好者。

此次登山业务交流活动得到了中国登山协会的协助和细致的安排，队员们遵守纪律、服从管理，圆满地完成了出访任务。

（二）主要收获

为期10天的交流访问活动，时间短，日程紧凑，但收获很大，不仅给代表团一行留下了深刻的印象，也取得了预期的效果。

1. 广泛接触了日本和韩国登山界人士，介绍了西藏经济社会发展情况和西藏的登山事业的蓬勃发展，起到了较好的宣传作用。

2. 明确了西藏登山协会与长野县山岳协会建立友好协会 30 周年纪念时开展一项联合登山活动。届时长野县山岳协会组织一个老年或青少年登山团队来西藏参加登山大会。在登山淡季期间长野县派人到西藏组织指导登山培训工作或西藏登山协会派专业人员到长野进行登山体能和技能方面的培训。

3. 对大町山岳博物馆为西藏自治区登山博物馆给予在人员培训方面的援助事宜达成意向协议。

4. 观摩韩国全国登山大会对在西藏自治区开展登山大会的普及与推广启发很大。活动开展普遍，参与人数众多，成为了一种生活娱乐方式。代表团一行还看到一些关于登山救护的教材及编写的登山大全等教案，相比之下西藏自治区当时此类实用性的登山教材缺乏的现象，值得重视和反思。

5. 这次的交流访问通过与日本、韩国各个山岳组织的交流，亲自感受日韩登山现状与国内登山产业的差别，不仅扩大了我们的视野，同时对日韩登山界对山和登山文化的理解、登山运动的普及与实用，山峰环境保护的重视和山区事故救援机制的完备等方面也丰富了我们的经验。

（三）思考与借鉴

日本和韩国较为完备的登山、滑雪和高山旅游资源及全民热爱体育运动和良好的公民环境保护意识，值得我们学习和借鉴。通过此次赴日、韩交流访问代表团一行受到以下几点启示：一是发展登山事业，光靠专业登山队、运动员是远远不够的，还应组织动员各大院校师生、企事业单位职工、部队指战员、老年社团等各行各业的登山爱好者加入到登山这个具有挑战性的特殊户外运动中来。对于推动全民健身向纵深发展意义重大，不仅是体育运动的发展，也是推进文化理念的重要方向。二是登山技术的科研成果对科学登山、减少事故、提高登顶成功率起到至关重要的作用。三是今后对外交往不能局限于日韩等少数亚洲国家，还应进一步加强与欧美等西方发达国家登山界的交流合作，出访时间上应符合登山活动的特殊性，能够更多地参加实际活动。四是重视登山资料的收集、整理保存工作。这是有效开展登山活动、发展登山文化的基础。日本在这方面做得非常好，值得我们学习、借鉴。五是西藏地处世界屋脊，有着丰富的登山、攀岩、滑雪、滑翔伞等资源，是世界各国登山探险家们神往的地方，我们应当本着科学的方法，借鉴国外先进的技术，培养更多复合型的登山人才，开发更多的山峰资源，不但把西藏打造成为观光旅游的圣地，而且更应打造成为世界登山探险旅游爱好者们的乐园。同时要把登山真正打造成优势品牌项目，通过登山更好地展示西藏发展变化，使越来越多的人通过登山了解西藏。

三、西藏登山协会与巴基斯坦高山俱乐部登山交流暨中巴联合登山纪念会

2018年7月12日，在"中国西藏攀登世界14座海拔8000米以上高峰探险队"创造团队登顶世界纪录11周年之际，中国西藏登山协会和巴基斯坦高山俱乐部的登山家们相聚拉萨，共同回顾多年来联合登山的艰险历程，共享双方高海拔登山的成功经验，一起展望深化合作、推动登山运动更好发展的广阔前景。

据介绍，经西藏自治区人民政府批准，1993年"西藏攀登世界14座海拔8000米以上高峰探险队"（简称"西藏探险队"）正式组建。

1995年，西藏探险队首次前往巴基斯坦执行探险任务，在巴政府的大力支持和巴方登山界人士的精心协助下，探险队不仅登顶海拔8034米的世界第十三高峰——迦舒布鲁姆Ⅱ峰，而且架起了中巴联合登山的友谊之桥。从此，中巴联合登山的合作关系不断深化，取得了丰硕成果。

1997年，中巴联合登山队登顶世界最高峰——珠穆朗玛峰（海拔8844.43米）和世界第九高峰——南迦帕尔巴特峰（海拔8125米）；

2001年，中巴联合登山队登顶世界第十二高峰——布洛阿特峰（海拔8047米）；

2004年，中巴联合登山队登顶世界第二高峰——乔戈里峰（海拔8611米）；

2007年，中巴联合登山队登顶世界第十一高峰——迦舒布鲁姆Ⅰ峰（海拔8068米），最终完成创造团队登顶世界全部独立高峰的世界登山探险纪录；

2012年，中巴联合登山队登顶斯潘蒂克峰（海拔7027米）；

2013年，中巴联合登山队登顶慕士塔格峰（海拔7546米）。

中国登山协会副主席、西藏自治区体育局局长、西藏登山协会名誉主席尼玛次仁说，在不到25年的时间里，中巴双方开展联合登山行动近10次。在中巴政府的重视支持下，在中巴登山界友好人士的精诚合作下，中巴联合登山一次次取得成功、一次一次创造了历史，既为国际登山运动发展作出了重大贡献，也为深化中巴传统友谊发挥了积极作用。

尼玛次仁代表中国登山协会和中国西藏登山协会，向长期支持中国西藏登山运动发展的巴基斯坦高山俱乐部和各位友好人士表示衷心感谢，致以崇高敬意！

中国登山协会副秘书长厉国伟说，西藏登山队的队员历经14年的艰苦努力，奋勇攀登，顺利、圆满地完成创造了攀登世界14座8000米以上高峰的伟大壮举，实现了几代中国登山家的梦想。在此期间，巴基斯坦高山俱乐部给予了巨大的支持和帮助，中国登山界的同仁等中国人民将永远铭记在心。

曾担任西藏探险队队长的桑珠说，西藏探险队和巴基斯坦高山俱乐部，为促进两国登山运动发展和人民之间的友谊作出了贡献，希望今后双方进一步扩大登山领域的

合作，推进发展，实现共同利益。

巴基斯坦高山俱乐部主席阿布·扎法尔·萨迪卡说，很荣幸作为西藏探险队成功登顶 14 座海拔 8000 米以上高峰的参与者，受邀参加 11 周年庆祝活动。

阿布·扎法尔·萨迪卡表示，巴中两国在登山领域的合作长达十几年，巴方也非常感谢中国在登山设施建设方面提供的帮助。未来，巴中两国可以把登山领域的合作推向深入，进一步加强合作交流。

活动最后，中国西藏登山协会向巴基斯坦高山俱乐部赠送纪念品，并合影留念。西藏登山协会、西藏登山运动管理中心、西藏登山队、西藏喜马拉雅登山向导学校、西藏圣山登山探险服务有限公司的有关人员参加了此次活动。

四、纪念中国西藏登山协会与日本长野县山岳协会缔结友好兄弟协会 30 周年

继 2018 年 9 月 6 日西藏自治区登山协会和日本长野县山岳协会纪念缔结友好兄弟协会 30 周年攀登海拔 6310 米雪拉普岗日峰活动启动；13 日，12 名中日联合登山队员成功登顶位于西藏自治区日喀则市谢通门县青都乡以南 27 公里处，冈底斯山脉东部的一座雪山——雪拉普岗日峰之后，9 月 17 日下午，中国西藏登山协会与日本长野县山岳协会缔结友好兄弟协会 30 周年纪念大会在拉萨举行。西藏自治区副主席甲热·洛桑丹增出席，西藏自治区体育局局长尼玛次仁主持会议并讲话。

纪念大会邀请西藏登山界的老前辈和"西藏攀登世界 14 座海拔 8000 米以上高峰探险队"的队员参加，与日本长野县山岳协会的老朋友们热情畅谈。西藏自治区体育局局长尼玛次仁向日方人员介绍了西藏登山事业的发展情况和长远规划，并欢迎日本登山界的朋友们多来西藏开展登山活动。随后双方互赠礼物。

最后，西藏自治区副主席甲热·洛桑丹增为 7 名日本登山队员颁发《登顶雪拉普岗日峰证书》，并合影留念。

第三节 联合登山活动

一、1978 年参加首次中国与伊朗国际联合登山训练

（一）组织准备工作

鉴于伊朗政府与我国的友好关系，其在国际事务中支持我国，在国际体育组织中积极配合我国，为恢复我国的合法席位做出过友好的努力，为了发展中伊两国的友好合作关系，由国家体委、外交部、总参谋部联合向国务院呈报了《关于中国伊朗联合

攀登珠穆朗玛峰的请示》，拟同意伊方关于中伊联合登山的建议，并拟于1978年在珠峰进行联合训练，1979年正式攀登。

在得到党中央、国务院批准之后，中国登山协会主席韩复东和秘书长史占春应邀出访伊朗，在德黑兰同伊朗有关方面的官员举行了会谈，达成了一致协议。根据《中伊联合攀登珠穆朗玛峰会谈纪要》达成的协议，组成了中伊联合登山队。其中，中国登山队主要由国家登山队、解放军八一登山队、西藏登山队三支队伍的主力队员组成，加上工作人员共300人；伊朗登山队主要由伊朗国家地理所、皇宫卫队等单位的专业人员和登山运动员组成，包括工作人员在内共20人。

1977年年底，中国方面便着手选调人员、筹备物资等准备工作，由许竞、贾景俞、吴万钧、陈启金、多吉甫、陈昌荣、邓嘉善等人组成了临时领导小组，此后改为党委，还成立了由西藏自治区负责人天宝任总指挥的西藏登山指挥部，先后从北京派出两个先遣组分别赴西宁、拉萨打前站。

（二）攀登训练情况

1978年3月28日，中国登山队第一批队员由许竞带队进驻珠峰大本营。

30日，中国登山队第二批队员由贾景俞带队进驻珠峰大本营。

4月11日和29日，先后组织了两次适应性行军，打通了"北坳天险"，建立了海拔5500、6000、6500、7050米4个高山营地，储备了部分物资。

4月16日，伊朗登山队因准备工作不足，两次推迟行期后，终于由伊朗喜马拉雅基金会主席兼伊朗登山队领队哈克比兹准将率领抵达北京。

26日，伊朗国防部副部长萨迪吉昂中将，由伊朗登山协会副主席诺卢兹陪同到达北京。

5月7日，伊朗登山队和我方最后一批队员途经日喀则抵达珠峰大本营。在日喀则时，伊朗登山队队员按照协议约定到解放军第八医院进行了体检，发现有5名队员的身体有问题，我方建议其中3人暂时住院观察。伊朗登山队的负责人不同意，坚持要到大本营后再观察。中方尊重伊方意见，但将此情况向在北京的伊朗国防部副部长萨迪吉昂和伊朗登山队领队哈克比兹作了反映，他们同意到大本营观察。伊朗登山队抵达大本营时，受到先期到达的中国登山队队员和工作人员的热情欢迎。

伊朗登山队进驻大本营后，双方的技术代表对联合训练的有关问题进行了会商。双方的医务、摄影等人员，对登山运动员上山的生理指标、拍摄电影的方式方法交换了意见。经双方协商，制订了联合登山训练计划。

联合训练计划规定了队伍的组织和任务：

1.登山队，由中方的10人和伊方的8人组成。其主要攀登训练任务是攀登高度为海拔7790米，争取登达8200米。

2. 支援队，分成两个分队。第一支援分队由中方的 30 人、伊方的 2 人组成，负责侦察修路运输和支援接应任务，重点是修通 7500~8200 米的危险路段的攀登路线，并运输部分物资到 7790 米或 8200 米营地，做好支援和接应登山队的准备工作；第二支援分队全部由中方的 29 人组成，负责打通"北坳天险"路线，运输物资到北坳营地，并在 6500 米营地担负接应任务。

3. 联合训练采取一次行军、逐步适应攀登的方式进行。

12 日中午，中伊联合登山队在大本营举行了隆重的升旗仪式。随后第二支援分队的 29 人率先离开大本营，当天登达 5500 米营地。

13 日，第二支援分队登达 6000 米营地。当天中伊联合登山队的 18 名队员离开大本营向上攀登，到达 5500 米营地。

14 日，第二支援分队登达 6500 米营地。中伊联合登山队在 5500 米营地休整适应。

15 日，第二支援分队有 18 名队员打通了到北坳营地的攀登路线，运送了 21 瓶氧气和部分食品、技术装备等物资到 7050 米的北坳营地。随后返回 6500 米营地，准备接应中伊联合登山队和第一支援分队。当天，第一支援分队的 32 人离开大本营向上攀登，到达 5500 米营地。

18 日，经过行军适应后优选出的中伊联合登山队的 33 名（伊方 5 人）队员，从 6500 米营地向 7050 米的北坳营地攀登。途中，1 名伊朗队员在登达 6800 米处时因高山反应严重，由 1 名中方队员护送返回 6500 米营地。其他 31 人当天登达 7050 米营地，此时又有 3 名伊方队员出现严重高山反应症状。伊方认为这是因为攀登上升速度太快而造成的，要求在 19 日继续在 7050 米营地停留一天观察反应程度后再决定是否下撤。伊朗领队哈克比兹准将说："希望中、伊两国国旗在同一高度飘扬"，意思是中、伊队员最好在同一时间到达同一高度。根据以上情况和伊方要求，经中伊双方商定，对联合攀登训练方案作了修改。修改后的方案约定：如果天气和伊方队员体能条件具备，即登至一定高度，争取登达海拔 7790 米。如果不具备条件，即行下撤，结束联合训练。

19—20 日，中伊联合登山队有 24 人因各种原因先后下撤，还有包括 2 名伊方队员在内的 7 名队员留在北坳营地继续适应。

20 日，又有后面的包括 3 名伊方队员在内的 8 人从 6500 米营地向上攀登到 7050 米的北坳营地。

21 日，包括伊方 2 名队员在内能够继续攀登的 11 人从北坳营地出发，于 11 时 05 分登达海拔 7500 米处。经双方负责人根据伊方队员的体能状况不宜再向高处攀登的实际情况商定下撤，结束了中伊联合攀登珠峰继续向上登高的训练活动。

17 时 20 分，11 名队员与提前下撤的 3 人安全返回 6500 米营地。

30 日，全体参加联合训练人员返回大本营。

6 月 1 日，中伊联合攀登珠峰登山队撤离设立在绒布寺的大本营，返回拉萨。此后，伊朗登山队的人员回国，中方人员各自回到原单位。

这次中伊联合攀登珠峰训练活动，按原计划，中伊联合攀登珠峰登山队要进行两次攀登行军，目标是要有20人登达海拔8000米左右，并建营向上输送储备一定数量的物资，为第二年的正式登山行动挑选队员和提供物资支撑等便利条件。在短时间内由低海拔地区上升到高海拔地区的升高幅度太大，导致双方队员的高山反应都比较严重，伊朗登山队员的高山反应更甚。而此时登山季节已接近尾声，使得可利用的好天气周期已所剩无几，仅能进行唯一一次的适应性行军。加上伊朗登山队的人数太少，在会商时曾定下不能少于25人的情况下，又减少了5人，最后进驻大本营的队员只有20人。因此，在登达北坳后，能够继续向上攀登的伊方队员只剩下2人。另外协议规定由伊方负责提供的氧气瓶和煤气罐等物资，最终也未能运到中国来，仓促间中方也无法在深山中的大本营补充上述必备装备器材，给联合登山训练队的全体人员在攀登、生活、训练等方面造成了很大困难。在行军适应性攀登中，哈克比兹准将又多次提出希望中伊两国国旗在同一高度上飘扬，而实际情况是要完成预定联合攀登训练计划内容已经不可能。当登达海拔7500米处时决定下撤，是明智的正确决策。当时中国方面已经注意到中方队员登上7500米高度的也只有9人、伊方只有2人，这对选拔实施第二年攀登行动的队员是不利的。按中国登山队的历次登山经验看，可供选择的队员太少，特别是伊方队员几乎无可挑选。

（三）首次国际联合登山的重大意义

1979年，由于伊朗国内的政治风波，原定进行的中伊联合攀登珠峰计划未能付诸实施。

但是，这次国际联合登山行动具有开创性的重大意义。此次中伊联合登山活动，在某种意义上促进了我国登山事业的改革开放。虽然这一具有开创性意义的登山活动最终没有结果，但是中伊联合攀登珠峰训练的意义已经大大超出了活动的本身。中伊共同攀登珠峰的消息发布后，在许多国家和地区引起了强烈反响，他们纷纷要求前来中国从事登山探险活动。同时，这一中伊联合登山训练活动为促进和保持两国人民和政府间的传统友谊起到了积极作用。更具重要意义的是，这一国际性的联合登山训练活动，成为了我国现代登山运动进入一个新时期的标志。从此，逐步实行山峰开放政策，扩大与世界各国和地区登山界的交流与合作，也成为我国登山运动员走向世界各著名山峰登山探险、外国登山团队进入我国登山探险，发展登山产业的契机和转折点。

在这一方面的巨大作用和影响力，是当初组织开展这项活动的人们始料不及的。

二、1985年参加中日联合攀登纳木那尼峰

纳木那尼峰，海拔7694米，地理坐标：北纬30°04′、东经81°03′，坐落在中国西藏阿里地区普兰县境内，临近中国与尼泊尔、印度的边境，是喜马拉雅山脉中段的著名山峰。

19世纪中叶，开始有外国探险家到纳木那尼峰附近探查。1905年英国的郎斯塔夫、1936年奥地利的蒂契都曾进行过攀登的尝试，但均未能登顶。在世界上海拔8000米以上高峰相继被人类登顶以后，纳木那尼峰这座海拔7000米以上高峰就成了世界上尚未踏上人类足迹的处女峰之一，日益引起世界登山界的关注。中国自1980开放山峰以后，有些国家特别是日本一再要求来华攀登此峰。由于当时纳木那尼峰尚属未开放山峰，所以中国方面皆婉言谢绝。

1983年11月28日，日本京都大学学士山岳会、同学社大学山岳会和京都府日中友好协会，联名写信给中国方面，要求组织中日联合登山队攀登纳木那尼峰。

经国家体委和外交部研究并报国务院批准，以中国登山协会的名义邀请日方代表于1984年1月3日来北京商定联合登山队的组成等事宜。双方达成协议，定于当年4—5月间组织联合侦察队，对该峰进行实地侦察。然后拟定攀登计划，拟于1985年4—6月间正式攀登。双方于2月底同时宣布了将联合攀登纳木那尼峰的消息。

1984年4月8日至6月8日，由队长刘大义、副队长井上治郎率领20人的侦察队，对纳木那尼峰进行了初步侦察。队员们数次登达海拔6000米以上高度，最高曾登达6446米，圆满地完成了侦察任务。双方在确定大本营及高山营址、登山季节的选择、进山日程和冲击顶峰日期等重大问题上达成一致意见，并一致同意选择中等困难程度的西北坡扎龙马龙巴冰川为攀登路线。

6月，中国登山协会和日中友好协会纳木那尼峰联合登山队日本实行委员会的代表在北京举行会谈，决定正式成立"中日友好纳木那尼峰联合登山队"。

名誉总队长：李梦华

总队长：史占春

副总队长：刘大义　方斋藤惇生（日）

攀登队长：平林克敏（日）

中方办公室负责人：王凤桐

日方秘书长：佐佐木哲男

日方事务所负责人：吉田与和

7月14日，中日双方在日本东京签订了议定书。日本首相中曾根把这次活动称之为"伟大的事业"，并将登顶旗帜和"风雪磨人"的题词赠给登山队。日本外相安倍还专门接见了中国登山协会代表团。日本各界对这次合作登山表现出很大的热情，成立

了以自民党政要、前外相樱内义雄为会长的后援会和以京都府立大学校长四手井岗英为委员长的日本纳木那尼峰实行委员会。日本《每日新闻》和《每日放送》两家新闻媒体，还为日本队赞助了约7000万日元。

1985年4月5日，中日两国登山队员在北京会集。

6日，中国登山协会名誉主席、中国人民解放军总参谋长杨得志，亲自为登山队举行壮行会。

11日，中日友好纳木那尼峰联合登山队全体队员赴新疆喀什集结。

13日，以中方队员为主体的先遣队由喀什出发。

21日，先遣队抵达位于纳木那尼峰西北海拔4700米的色岗，在这里建立起登山大本营。

25日，包括中方部分队员和日方全体队员在内的大队人员进驻大本营。

5月4日，联合登山队经过进驻大本营后的数日侦察，在扎龙马龙巴冰川舌部的冰川湖畔建立起前进营地。

7日，联合登山队沿着扎龙马龙巴冰川右岸和冰碛石交界处的路线前进，在海拔6100米的冰碛石地带建立了1号营地。

11日，经过侦察，选择了由冰川左边直上冰川中部的路线。在海拔6700米处建立了2号营地。

18日，双方的队员们穿越了冰川裂缝地带，登达海拔7260米的高度，在一个巨大冰塔上的极小平地上，建立了3号营地。

19日，总队长史占春抵达大本营，当天便召开会议，研究制订登顶方案。根据大家提供的情况，他指出："从前一阶段高山运输和适应性训练中，选拔中日双方优秀运动员组成第一突击队，不要错过好天气周期，最好在5月24日至28日突击顶峰，务求实战必胜。而且一定要双方同时登上顶峰！"他的意见得到了一致赞同。

25日，第一突击队A组队员：金俊喜、加布、松林公藏（日）、吹田启一郎（日）和B组队员宋志义、次仁多吉、和田丰司（日）、吹田佳晴（日）共8人，顺利登达海拔7420米处，建立了突击营地，即4号营地。

26日7时42分，第一突击队B组的宋志义、次仁多吉、和田丰司、吹田佳晴冒着8级左右的大风向顶峰攀登，这4人的任务是侦察打通通向顶峰的道路。B组首先登达海拔7640米的高度，按照计划，剩下的路程由A组的金俊喜、加布、松林公藏、吹田启一郎4人率先突击。宋志义等4人沿着山脊攀登，登上了一个较为平缓的岩石坡后，纳木那尼峰尖峭的峰巅已近在眼前，但按照计划安排就停了下来。

11时45分，加布、金俊喜首先登顶。随后，松林公藏、吹田启一郎、宋志义、次仁多吉相继登上顶峰。

12时04分，在最后担任摄像和拍照任务的和田丰司、吹田佳晴也登上顶峰。中日两国的国旗一同插上了这座著名的高峰,队员们在峰顶上拍摄录像和照片、采集冰雪和岩石标本、存放了实验手表、展示了少年先锋队的队旗。在顶峰停留 44 分钟后安全下撤,当天返回大本营。

28 日,又有两批共 5 名中国队员登上顶峰。他们是大其米、杨久辉、陈建军、曹安、包德卿。日方队员角谷弘司突然患高山病,以中方尚子平为首的中日双方共 8 名队员服从指挥,因参加急救角谷弘司下撤而放弃了登顶机会,把病员由海拔 7400 米的高山营地抢救下来。

中日登山运动员成功登上了纳木那尼峰顶峰,实现了人类首次登顶的目标。同时实现了这项登山行动事先预定的:安全、登顶、友好三项原则。

中日首次联合登山行动的成功,在日本引起了很大反响。日本内阁总理大臣中曾根给中国领导人发来贺电,祝贺中日友好纳木那尼峰登山队首次攀登该峰成功。贺电称:"这次登山成功,是由于日中双方的有效合作所取得的成果,它在日中友好历史上,将作为崭新的事迹而被载入史册。"日本驻华大使中江要介也专发了贺电。

为庆祝中日联合登山活动的成功,日本派来以樱内义雄为团长的登山元老代表团,和以《每日新闻》《每日放送》两社社长为正副团长的祝贺团。中方也派出祝贺团和登山团,参加了主要在日本纳木那尼峰实行委员会所在地京都进行的庆祝活动。中国代表团访问日本期间,受到中曾根首相和安倍外相、松永光文相的单独接见。在中曾根首相接见时,中国代表团向他赠送了攀登纳木那尼峰时队员使用过的冰镐和队员采集的顶峰岩石标本。中曾根把这看成珍贵礼物。

三、1986 年参加中日联合攀登章子峰

章子峰,海拔 7543 米,坐落在西藏自治区定日县境内,是珠峰的北边卫峰,通过北坳与珠峰相连,所以藏语称其为"羌子","羌"是北方,"子"是山顶,意思是"北峰"。地理坐标:北纬 28° 00′、东经 86° 09′。

1986 年,根据中国登山协会与日本长野县山岳协会达成的关于 1981—1990 年交往协议,日方将派队员与中方联合攀登章子峰。国家登山队将这一登山任务交由西藏登山队承担。这是西藏登山队首次与外国登山队进行合作登山,在国内外引起关注,所以也由此受到西藏自治区党委政府的重视。自治区人大、政协领导亲自过问登山活动的准备情况,自治区体委负责人到西藏登山队现场办公,解决遇到的问题,从而使各项准备工作进展顺利。

1986 年 1 月,"中日章子峰联合登山队"在拉萨组成。

总队长:贡布　西藏自治区体委副主任

中方队长:成天亮　西藏登山队队长

中方副队长兼攀登队长:仁青平措　西藏登山队副队长

日方队长：堀内利美

日方副队长：平田恒雄、松原繁

日方攀登队长：宫本义彦

联合登山队组成后，西藏登山队在组织运动员进行攀登技术、增强体能等针对性训练的同时，还根据中日双方达成的协议，承担后勤保障的筹备工作，购置了充足的食品和登山装备器材等物资，并先期运送进山。从后来在登山行动中中方队员显示出的实力和登山物资保障之充分来看，证明针对性临战训练卓有成效、保障机制高效。

4月20日，联合登山队离开拉萨进山。

23日，全体队员进驻章子峰脚下的大本营。

24日，中日双方队员在大本营广场举行简朴而隆重庄严的升国旗仪式。

进山后，成天亮和仁青平措经与日方商量，根据实际情况选定了攀登路线。在日方队员高山反应严重、体力不佳的状况下，中方队员主动承担了大本营的登山食品和装备器材等物资前送的整理、修路、物资运输等任务。日本登山队员因为从低海拔的本土来到高原的时间不长，又马不停蹄地赶到海拔5200米的大本营，致使许多队员高山反应严重。其中，攀登队长宫本义彦的脸肿得很大，连眼睛也睁不开。日方队员为尽快适应高原空气稀薄的环境，连日来在大本营附近不停地走动。

29日，中日双方的34名队员开始向上攀登，首先在海拔6000米处建立起前进营地。

5月3日，又在海拔6500米处建起1号营地。由于坡度小、路线长、体力消耗大，日方队员仍无力承担物资运输任务，只能由中方队员背运物资越过6000~6500米布满冰川裂缝的路段送达1号营地。此外，中方队员还侦察了这段攀登路线，在冰川上找到一条既安全又较近的路线。日方队员在前进营地继续作适应性活动。宫本义彦的脸一直没有消肿，这也是高山反应严重的一种症状。

8日，依据近期一直是晴好天气周期的情况，双方协商尽早登上顶峰，以避免坏天气到来而延误登顶时间。为此，这天双方队员从前进营地向上攀登到1号营地，这里靠近章子峰的主山脊，处在避风处。

9日，预定登达海拔6950米的突击营地。这段路线全是冰雪坡，队员们采取"三拍法"攀登，弯着腰在冰坡上向上攀登。为了安全，在前进路线上全部架设了保护绳索。日方队员因大部分有高山反应而行动比较迟缓。中方队员登达突击营地后搭起帐篷，除留下少数队员烧水外，大部分队员原路返回接应日方队员。由于往返路程长、费时费力，一直到天黑，双方队员才全部登达突击营地。但中方队员没有怨言，与日方队员相处得和谐融洽。

10日9时，根据以往登顶卓奥友峰时采取的成功战术方法，仁青平措带领第一梯队的队员轻装向顶峰突击。中方队员一直走在前面开路，在坡度大的地方拉上保护绳，日方队员紧随其后。

14时，第一梯队的双方队员全部登上顶峰。其中中方队员有仁青平措、次仁多吉、旺加、拉巴、桂桑（女）、大其米、小齐米、仁那共8人。

11日8时20分，第二梯队突击顶峰，借助第一梯队已经架设的保护绳索，向上攀登的速度明显比第一梯队快。

11时30分，第二梯队全体队员成功登顶，用时仅3小时10分钟。其中中方队员有嘎亚、洛则、扎西次仁、多布杰、加拉、达琼、开尊、大次仁共8人。

此次登山行动创造了中国登山史上的"两个最"：一个"最"是攀登海拔7000米以上高峰的登顶人数最多，双方共有24名队员登顶，其中中方的16名队员全部登顶；第二个"最"是攀登周期用时最短，从建立大本营到登上顶峰结束活动，仅用了18天。

下山途中，日方队员小林国宏身患重病，中方担任后勤管理员的次旦和运动员拉巴在自己体力消耗已近极限的情况下，不顾天黑路险，轮换着一直把小林国宏背回到大本营。中方队员主动承担艰险的修路、运输物资等任务和对日方队员的舍己相救，体现了西藏登山队队员们的高尚情操和救死扶伤的人道主义精神，增进了中日人民之间特别是中日登山界的友谊，为中日登山界的进一步友好合作奠定了基础。

由于中日双方友好而紧密的合作，也由于始终强调安全第一，使队员们严守安全规定，即使在日方队员高山反应严重、且有重病患者的情况下，整个登山过程中也没有发生任何伤亡事故。

中日联合登山队成功登顶后，西藏自治区党委政府派出了由洛桑达瓦带队的慰问组，专程赴大本营慰问双方队员，祝贺中日登山健儿继登顶纳木那尼峰之后，又联合组队成功登顶又一座海拔7000米以上高峰，在中日两国人民的友好关系史及登山运动史上写下了新的篇章。

四、1987年参加中日联合攀登拉布及康峰

拉布及康峰，海拔7367米，位于中国西藏自治区定日县境内，挺立在喜马拉雅山脉中段。地理坐标：北纬28°05′、东经86°05′，在其东侧耸立着世界第一高峰——珠峰和世界第六高峰——卓奥友峰，西面紧挨着世界第十四高峰——希夏邦马峰。

1987年秋季，中日联合攀登拉布及康峰。由西藏登山协会和日本喜马拉雅协会协商确定，并报中国登山协会等有关部门批准，这两个协会将共同组成一支联合登山队，攀登这座尚未被人类登顶过的处女峰——拉布及康峰。

队长：成天亮　西藏登山队队长

副队长：山森欣一　日本喜马拉雅协会常务理事

攀登队长：出口当（日）

副攀登队长：旺加　西藏登山队运动员

中方运动员7人（包括2名女队员），日方运动员7人，连同翻译、医生、管理员、

炊事员等，全队共22人。

9月16日，联合登山队离开拉萨，向山区开进。

20日，队伍来到海拔5300米的冰川湖——错拉玛湖，在湖边建立起前进营地。根据联合登山协议约定的条款：必须有双方队员共同攀登、两国国旗必须同时在顶峰飘扬的要求，以及针对中方队员年轻、体力好、高山适应能力强的优势和登山经历经验相对较少、攀登技术稍逊于日方的特点和不足；而日方队员都曾多次到世界各地登山，技术娴熟、登山经验多的优势和体力不如中方队员、年龄普遍较大（平均34岁）、高山适应能力较差的特点和不足，双方共同制订了都能接受的攀登方案。

任务分配：日方队员负责侦察选择攀登路线、架设保护绳索、选定高山营地位置；中方队员负责物资运输、后勤保障等工作。

但在队伍攀登到海拔5800米的高度时，日方队员普遍出现较重的高山反应，体力跟不上，使攀登速度慢了下来，比中方队员攀登速度要慢一倍以上，远远地落在后边。为此，只好修改原定的攀登计划。这时，日方又提出鉴于他们队员的身体状况还不太适应，需要作进一步的适应性行军，再次要求推迟登顶日期。对于中方队员来说，登山周期拖得越长，体力消耗就越大，身体就越疲惫。因为，若时间一再推迟，后勤物资供应就会逐步消耗而减少，甚至超出计划时间而变得紧张。但考虑到这是一次国际联合登山行动，就同意了日方的要求。

10月17日上午，阳光灿烂，天空明净无云，显示出这是一个极好的天气。8名中方队员率先出发向上攀登，队伍沿着冰川湖西侧穿过滚石区、跨过冰瀑区、攀越冰川舌部上端，经过4个多小时的攀登，到达海拔5800米处的1号营地。当天傍晚，天气突变，乌云纷纷从群山中涌起，霎时布满天空，而且云层越来越厚，天色越来越暗，随即纷纷扬扬地下起了大雪，由此揭开了喜马拉雅山脉中部地区特大暴风雪的序幕，大雪下了整整一夜。

18日，平地积雪13厘米深。虽然天气转晴，但却刮起了大风。队员们无法攀登，只好在1号营地待命。这时4名日方队员从前进营地踏雪向1号营地攀登，因为大家以为这次降雪就此停止，一切照常进行。但在当晚，暴风雪再次施展它的威力，一直持续到天亮。

19日，营地四周白茫茫一片，十米开外看不见任何东西。狂风劲吹，大雪飞扬，前进营地里1.2米高的几顶帐篷渐渐被大雪掩埋。炊事帐篷内的锅、碗、瓢、盆等灶具被大风吹得叮当作响，地上的吹雪已堆积了十多厘米深，队员们坐在雪地上，还要不时打掉帐篷上的积雪，防止帐篷被积雪压垮。住在小帐篷里的人则要每隔一个多小时就要钻出来用手扒开积雪，否则积雪将把帐篷埋没，使里面的人因空气不流通而透不过气来。

19时15分，1号营地附近发生了大雪崩，仅有5顶帐篷的营地被气浪摧毁了3顶，其中日本队员的两顶已完全不能使用。

　　20日凌晨1时，1号营地的中方队员用报话机向大本营报告了在营地附近发生大雪崩的情况，说帐篷边上的一条山沟堆满积雪，雪崩产生的气浪将日方队员住的帐篷摧毁，中方的一顶帐篷也被强劲的风力撕破，风雪不停地往里钻，坐在里面非常寒冷，所幸雪崩没有造成人员伤亡。现在只剩下两顶帐篷能住人。中方队员主动让出一顶帐篷给日方队员住，8名中方队员挤在平时3人用住的帐篷里，腿压腿地坐在里面无法睡觉。日方队员要求冒着暴风雪连夜撤回前进营地。成天亮接到日方队员的请求后，与在大本营的其他人员研究后认为：暴风雪中下撤容易发生冻伤和滑坠事故，下撤比在营地更加危险。因此，不同意下撤。

　　成天亮为山上12名队员的生命安全担忧，逐个询问身体状况，不断告诫大家千万不要睡觉，要轮流出帐篷清理积雪，防止大雪把帐篷埋住，导致人员窒息死亡。还要经常活动手脚，保持血液循环，严防冻伤事故发生。此时，成天亮更担心的是如果1号营地附近再发生大雪崩，后果将不堪设想。因为营地旁边能够阻挡雪崩的山沟里已经被积雪填满，再发生雪崩将直接冲击掩埋帐篷，把里面的队员吞没。这位跟大山打了大半辈子交道的指挥员，也是第一次遇到这么大的暴风雪。

　　特大暴风雪一直持续了3昼夜，大家为了不使帐篷被大雪埋住，按照队长成天亮的嘱咐，都争先恐后地钻出帐篷冒着风雪严寒铲除积雪。队员们有人鞋袜打湿冻成冰疙瘩不能穿，就穿手套出去挖雪，好在积雪中不易发生滑坠。有人手脚冻僵了，就进帐篷暖和一会又接着出去挖雪。随行攀登的记者朱明德把塑料袋套在头上，冲出去挖雪保帐篷，结果羽绒衣裤和鞋袜全都被打湿，头发也冻成冰毡。管理员琼达吉及时雇佣民工赶着牦牛群，给前进营地送来急需的燃料和食品。

　　三昼夜的暴风雪终于停了，成天亮命令在山上的全体队员迅速撤回前进营地休整待机。被围困三昼夜的队员们，踏着牦牛走出来的印迹，安全撤回前进营地，脱险后大家禁不住拥抱在一起，热泪夺眶而出。

　　此后，接连几天晴空万里，一切又恢复平静，只是洁白的积雪掩盖了登山路线和营地上一切的物体和其他颜色。作为指挥员的成天亮和山森欣一却陷入了矛盾之中：撤退还是继续攀登？如果撤退，那就等于宣告失败。继续攀登，风险太大，几个营地的帐篷全被大雪埋没，能否找到？还能否使用？这些都难以确定。攀登路线要重新打通，雪崩又随时可能发生，物资储存已经十分有限，从前进营地下山的路上积雪深达1米左右，食品等物资无法补充上去。

　　成天亮面对困难境况权衡再三，提议双方各选2~3名队员快速突击顶峰，集中力量争取登顶成功。对此，日方提出异议。因为日方队员都是自费来中国登山，有的为了参加这次登山甚至辞掉了工作，人人志在登顶成功，都想在好天气周期里实现愿望。

　　根据日方队员的要求，另外考虑到拉布及康峰山区的天气变化规律是每当坏天气周期过后，将会出现一个相当长的好天气周期。于是，联合登山队决定，利用好天气周期突击顶峰，双方队员全体向上攀登，分为两组实施最后的突击行动。面对食品紧张的困难，安排大本营工作人员只喝稀饭，省下食品保障山上队员突击顶峰。

由于指挥处置灾情得当、中日队员团结互助，尽管遭遇三昼夜特大暴风雪的袭击围困，队员们却没有受到损伤。存放在高山营地的食品和技术装备等物资虽然被积雪埋没，但挖出来仍基本保持完好，这就为突击顶峰保存了人力和物力。

23日，双方队员开始新一轮攀登，进行最后一搏。联合登山队副队长山森欣一对此深感欣慰，因为他带来的日本队员都想登顶的愿望都得到了满足，一碗水总算端平了，而且与中方队员共同攀登更增加了登顶机会。

26日，按计划是第一突击组冲击顶峰的日子。

8时，队员们从突击营地向顶峰发起了冲锋。在这几天的攀登中，因积雪深达腰部，途中要重新探寻路线、重新架设保护绳索，并且在登达每个营地后不能立即休息，先要挖出被雪埋没的帐篷重新搭好，才能烧水进食后休息，这时往往已是夜幕时分。这一切都使队员们的体力消耗极大，非常劳累。

始终走在前面开路的是精力充沛、嗓门洪亮、体格健壮的副攀登队长、运动健将旺加。旺加17岁就选调到解放军"八一"登山队，军人的英勇顽强品质在他身上时时都能体现。这次旺加担任联合登山队副攀登队长，深知不仅需要他处处起带头示范作用，更需要他在困难和危机时刻想出办法化解困难和危机。有一次在通过滚石区时，一块石头轰鸣而下，走在前面的女队员拉吉惊慌失措中竟不知躲闪，眼看滚石将至、险情迫在眉睫，情急中旺加眼疾手快、一步冲上前抱起拉吉转身躲过，化险为夷。

13时50分，旺加这位"开路先锋"第一个登上顶峰，紧随登顶的有达琼、加拉、拉吉（女）、出口当（日）、小川贞夫（日）、须藤圭一（日）、桥本康弘（日）。

27日9时，天空又变得阴沉起来，山上刮起了大风。第二突击组的队员们在帐篷里焦急地等待风力减弱出发，同时又担心听到大本营发出"下撤"的指令。面对大家渴望登顶的强烈愿望，阿克布果断关掉了报话机，背起背包冲出帐篷就向上攀登，大家紧跟其后向顶峰冲击。由于第一突击组登顶队员已经修好了路，使攀登速度很快。

12时，阿克布打开报话机向大本营报告："我们中日双方的6人登顶啦！"登顶队员有阿克布、拉巴、普布、佟璐（女）、高桥俊也（日）、田边治（日）。

中日双方共有14名队员登顶，其中，日本队员6人、中国队员8人，登顶人数超过了预期。

10月28日，突击队员全部安全返回前进营地。

29日，此次登山大本营所在朗果乡书记亲自带来50头牦牛协助登山队撤出营地。

30日深夜24时，多数队员返回大本营，少数队员到凌晨3时才赶到。在回来途中，常常有人掉进雪坑或冰河里，虽未发生伤亡事故，但个个的衣服都冻成了冰甲。

就在中日拉布及康峰联合登山队凯旋拉萨时，还有 5 支外国登山队被困在山区，不但没有登顶成功，就连出山都困难重重。中国登山协会和西藏登山协会紧急组织了救援行动，帮助这些外国登山队脱险。

从 1987 年 9 月 16 日离开拉萨到 11 月 3 日返回，历时 40 多天。攀登拉布及康峰联合登山行动圆满结束，中日双方都对这一成功合作表示非常满意。

五、1990 年参加中日联合攀登藏色岗日峰

藏色岗日峰，位于中国西藏自治区那曲市尼玛县境内，海拔 6460 米，这里属于羌塘草原腹地，地理坐标：北纬 34°03′、东经 85°08′。

藏色岗日峰附近有海拔 6436 米的布若岗日峰和海拔 6266 米的玛依岗日峰等几十座海拔 6000 米以上山峰。这里平均海拔在 5000 米以上，其特点是空气稀薄、降雨量少、日照充足，气温低、多风雪。

1990 年攀登藏色岗日峰，是为了纪念西藏登山协会与日本长野县山岳协会结成友好兄弟协会 3 周年而组织进行的。

总队长：贡布　西藏自治区体委副主任

中方队长：桑珠　西藏登山队副队长

日方队长：田村宣纪　日本长野县山岳协会会长

副队长：小松达（日）

队员：分别由中、日双方派出

5 月 3 日，联合登山队离开拉萨，经日喀则、拉孜县、改则县等地进入无人区。

10 日，联合登山队抵达藏色岗日峰脚下，在海拔 5100 米处建立起大本营。根据攀登路线上的地理地貌情况，决定建立两个高山营地。

18 日，攀登到海拔 5900 米的雪坡上，建立了突击营地。

19 日 13 时 30 分，双方 13 人登顶：中方队长桑珠和队员次仁多吉、丹真多吉、阿克布、扎西次仁、拉巴，共 6 人；日方队长田村宣纪和副队长小松达，队员山本吉人、西田均、伊藤隆、麻山智晃、清水云男，共 7 人。

该峰是首次被人类登顶，这一登山行动的成功，为西藏登山协会与日本长野县山岳协会结成友好兄弟协会 3 周年献上了一份礼物。

登山行动结束后，队伍经过班戈县、那曲镇返回拉萨。整个行程穿越了羌塘草原自然保护区的大部分地区。队员们目睹了这个世界上最大的自然保护区的独特风景。队伍每经一地时，日本队员都对水质、土质、人体机能的变化等进行了科学考察和测试，对保护区内的各种动物种群也进行了观察和记录。

六、1992年参加中日联合攀登姜桑拉姆峰

姜桑拉姆峰,海拔6325米,地理坐标:北纬28°08′、东经90°03′,位于西藏自治区浪卡孜县与江孜县交界处。

1992年春季,报经中国登山协会批准,西藏登山协会与日本长野县山岳协会商定组织一支中日联合登山队攀登姜桑拉姆峰。

根据双方协议规定,联合登山队设队长两名,中国和日本各设1名。

中方队长:多吉甫　西藏登山队副队长

日方队长:田村宣纪　长野县山岳协会会长

4月25日,联合登山队离开拉萨,于当天下午抵达姜桑拉姆峰山脚下,在海拔4500米的草原牧场附近建起了大本营。随后的几天里,双方队员一边进行高山适应性行军,一边往海拔5100米的1号营地运送食品等登山物资。

1号营地建在冰川舌部上端的一块平台上,这里虽然有裂缝,但都不宽不深,对人身构不成威胁。

30日,双方的9名队员离开大本营向上攀登。因攀登路线上地形复杂、冰裂缝较多,必须"结组"行进。队员们穿上冰爪,沿冰川湖西岸攀登到枪勇冰川侧碛上,穿越冰川舌部登达上端。当天到达1号营地。

5月1日,队伍沿着枪勇冰川登达海拔5800米的雪坡上,建立了2号营地,即突击营地。

2日9时,全体队员离开突击营地向顶峰攀登。登上一片冰雪坡后,再沿着姜桑拉姆峰东南山脊攀登。因坡度较大,便架设了保护绳索。此时,整个山区被云雾遮蔽。

14时,中方队员张石生、开尊、丹真多吉、普布卓嘎(女)、吉吉(女)和4名日本男女队员登上顶峰。

根据当地的风俗习惯,中日双方队员们在顶峰上互敬了哈达,表示祝贺。又向空中抛撒了糌粑,以示吉祥如意。接着,队员们展开中、日两国国旗,进行拍照合影留念。

9名队员登上顶峰后,云雾消散。大家站在峰顶上,向北仰视高大威武的宁金抗沙峰,宁金抗沙峰像一堵巨大的冰墙,耸立在队员们的面前。向东边望去,是湖水呈弯曲状的柔美的羊卓雍湖和附近几座海拔6000多米的山峰。向南观望,则是一望无际的大草原和镶嵌其间如宝石般的普姆雍错湖,大家不由感叹:无限风光在险峰!

因为天气晴朗,向来时的方向望去,登上顶峰的陡峭路线清晰地展现在眼前,有的人不敢相信地说:"这么陡的冰坡刚才是怎样爬上来的?等会儿又怎样才能下去呢?"老队员丹真多吉鼓励大家下山时要胆大心细,走稳每一步。

下山时,全体队员互相保护、小心翼翼地走好每一步。丹真多吉走在最后边,把上山时架设的保护绳索全部取下来带回登山队仓库保存,以备下次登山时使用。

当天傍晚，全体队员安全返回大本营。

5日，联合登山队回到拉萨，宣告中日联合登山队攀登姜桑拉姆峰取得圆满成功。

七、1996年参加中日联合攀登绰莫拉日峰

绰莫拉日峰，又名"帕里觉姆"，海拔7326米，地理坐标：北纬27°02′、东经89°02′，坐落在西藏自治区亚东县帕里镇附近的中国与不丹边界线上，是喜马拉雅山脉中段的著名高峰，也是藏传佛教徒心目中非常崇敬的神女峰。

1996年，为庆祝西藏登山协会与日本长野县山岳协会结为友好兄弟协会10周年，经西藏登山协会与日本长野县山岳协会友好协商达成协议，并报中国登山协会批准，两国联合组成登山队，攀登绰莫拉日峰。

顾问：王凤桐

中方总指挥：洛桑达瓦

中方队长：张江援

攀登队长：罗申

日方总指挥：田村宣纪

日方队长：宫本义彦

攀登队长：山田诚

队员：由双方派出，中方队员主要由西藏登山队派出

为了提前找到一条攀登至顶峰的理想路线，中日联合登山队早在1995年秋季就派出了一支侦察队，前往绰莫拉日峰进行了侦察。

1996年8月16日，中日联合登山队离开拉萨，经江孜到达绰莫拉日峰大本营。

19日，联合登山队在大本营举行了升旗仪式，并开始正式攀登行动。由双方攀登队长率领全体队员和20名雇佣的当地民工，向预定的1号营地位置运送高山物资。当天下午，在海拔5300米处的冰川终碛上建立起1号营地。

23日，经过双方队员共同努力，首先打通了冰瀑区的攀登路线，固定了20多根长50米的尼龙绳索，在裂缝上架设了金属梯，并把攀登路线修到了海拔5900米的"冰川粒雪盆"区域，在此建立起2号营地。

由于绰莫拉日峰山区带受到孟加拉湾暖湿气流及局部小气候的双重影响，使得天气变化无常、降水量大，多阴雨天气、空气湿度很大，以致登山路线上积雪很深，给攀登造成了很大困难。

9月5日，中日双方6名队员经过9个小时的努力，终于沿着南山脊，把登山路线修到了海拔6700米的高度，并在这里建立起3号营地，即突击营地。当天傍晚，队员们返回2号营地。

7日，第一突击队的6名队员，在补充了技术装备和食品后，再次登达突击营地。

8日7时30分，第一突击队从突击营地出发，继续沿着山脊向上攀登。登山路线上，积雪平均深度在50厘米左右，每前进一步都要使出很大力气才行，攀登速度非常缓慢。

12时55分，中方攀登队长罗申和队员开尊、大其米、丹真多吉与2名日本队员，共6人登上顶峰。

10日6时，第二突击队在日方攀登队长宫本义彦的率领下，离开突击营地向顶峰冲击。这时，离天亮还有1个多小时，大家戴着头灯，在黑暗中向上攀登。第一突击队攀登顶时走过的路线，此时已被吹雪覆盖，架设的保护绳索也已不见了踪影。所以，在没有可辨认路线的参照物、没有保护绳索的危险境地，只能是走在前面的队员一边探寻路线、一边搜索保护绳索，由于在漆黑的夜里视线极差，攀登艰险且缓慢。

12时，中方队员嘎亚、桂桑（女）、吉吉（女）、小加措、多布杰、普布、加拉、小齐米与日方攀登队长宫本义彦、64岁的老登山家加藤幸彦等，共19名中日队员登上了顶峰。

这天天气很好，队员们在顶峰上对世界第三高峰——干城章嘉峰及其周围的泡罕里峰、库拉岗日峰和普姆雍错湖等神山圣湖的美景尽情欣赏，同时拍摄了大量视频资料和照片。当天晚些时候，第二突击队全员安全返回海拔5900米的2号营地。

11日，队员们把2号营地里剩下的食品等装备物资和帐篷全部运回到1号营地。

就在这天晚上，绰莫拉日峰南山脊发生了一场大雪崩，将1号营地至2号营地之间的路线全部摧毁或埋没。大家看到昨晚发生的这一幕后，都感慨说："真险啊！"庆幸确定提前冲顶时间的正确性。否则晚一天的话，队伍能否平安下撤都很难说。

在这次攀登行动中，中、日双方共有25名队员，登顶也是25人，实现了全员登顶的目标，双方都很满意。

20日，全队安全返回拉萨。

至此，中日联合攀登绰莫拉日峰行动圆满结束。

八、1996年参加中韩联攀登穷姆岗日峰

穷姆岗日峰，海拔7048米，地理坐标：北纬29°09′、东经90°00′，位于念青唐古拉山脉中段、中国西藏自治区尼木县境内。

1996年10月7日14时56分，中韩联合登山队攀登穷姆岗日峰行动中，西藏登山队派出的运动员拉巴、扎西次仁成功登顶。

九、1997年参加中日老年队联合攀登启孜峰

启孜峰，海拔6206米，地理坐标：北纬30°02′、东经95°05′，位于念青唐古拉山脉西段、中国西藏自治区拉萨市当雄县境内，距离拉萨98公里。

1997年8月，为庆祝西藏登山协会与日本长野县山岳协会缔结友好协会10周年，

经过两个协会友好协商,并报中国登山协会批准,确定在这年秋季,由两会的老年登山者共同组成联合登山队,在西藏进行一次攀登活动。两会根据老年人的身体状况,确定攀登位于羊八井镇附近的启孜峰。

中日老年联合登山队组成人员:
联合登山队指挥长:洛桑达瓦　西藏自治区登山协会常务副主席
总队长:贡布　西藏登山协会副主席
顾问:吉泽一郎、小山峰男　日本长野县山岳协会成员
中方队长:多吉甫　西藏登山队队长
日方队长:武田武　日本长野县山岳协会顾问、原会长

8月初,武田武队长率领日本老年登山队一行14人来到拉萨。队员中有70多岁的增子春雄,曾担任过日本山岳协会全国技术总监,是很受日本人民尊敬的一位老登山家,每年都要登一次富士山,在70岁生日时,已登上富士山顶峰70次,且为人直率真诚。另一位是中日联合攀登章子峰时任日方队长的堀内利美,这已经是第三次来到中国西藏了,也是西藏登山队员的老朋友,从日本邮政部门退休后,一直没有停止过与山峰打交道。还有一位就是现任日本长野县山岳协会副会长、中日联合攀登章子峰时的日方攀登队长宫本义彦,是位高中教师,是长野县有名的"登山迷",平时少言寡语,只知埋头干活,但说起话来非常幽默。武田武是长野县老一辈资深登山家,和洁泽一郎是人类首次登顶格重康峰(海拔7985米)的运动员,在长野县登山界的威望很高。吉泽一郎因患有糖尿病不能来到西藏,只能担任顾问,但会说不少藏语,性格开朗,喜欢开玩笑。其他老年队员也都是西藏登山界熟悉的老登山家、老朋友。

日方队员到拉萨后,只休息了两天,就乘车到达羊八井镇附近的启孜峰脚下。

8月份,正是念青唐古拉山脉一带的雨季,山下阴雨连绵不断,山上一直下雪,山峰连续多日被云雾笼罩,队伍等在大本营的一周时间里竟然还没看到启孜峰的真容。老人们个个心急火燎,因为护照签证的时间不允许日方队员有更长时间等待。不过在这个季节里,大本营附近遍地长着日本人最爱吃的新鲜蘑菇,真是"失之东隅收之桑榆",老人们每天在帐篷里躲雨不能登山,便趁雨小的间隙就近采来蘑菇与罐头肉煮着吃了个够。

8月19日,天气终于好转,尽管山上积雪很深,但总算等来晴天,老人们兴奋地踏着中方派出担任高山协作的年轻队员踩出的足迹路线艰难向上攀登。

12时许,终于登上了顶峰。日方以武田武为队长的全体老年队员和中方队长多吉甫与队员罗则、尼玛次仁、丹真多吉等登上启孜峰。

这一成功的登山活动,使中日老年联合登山队为两协会缔结友好协会10周年献礼的愿望得以圆满实现。

十、1997 年在日本参加中国西藏和日本长野老年联合登山队攀登饭纲山

1997 年 12 月 6 日，中国西藏和日本长野老年联合登山队，在日本攀登饭纲山（海拔 1917 米）活动中，西藏登山队队长多吉甫与日方老年队员登顶。

十一、2005 年中尼联合攀登"中尼友谊峰"

2005 年秋季，为纪念中国与尼泊尔建交 50 周年，根据两国政府外交部长在互访时达成的协议，经中、尼两国外交部和登山协会磋商一致，决定由两国登山运动员联合组成"中尼友好登山队"，从中国一侧攀登位于中尼边境线上兰巴拉山口东侧、卓奥友峰以西、定日县岗嘎镇以南 40 公里处的一座海拔 6592 米的无名峰，地理坐标：北纬 27°59′17″、东经 86°55′31″。

中尼友好登山队共有 24 名成员组成。其中，中国登山运动员 14 人、尼泊尔登山运动员 10 人。

10 月 1 日 12 时 45 分，首批登顶的有洛则、阿旺扎西、孙斌、次仁桑珠、吉米扎西、次仁顿珠等中方队员和边巴、尼玛、兰巴布 3 位尼方队员。

10 月 2 日登顶的全是中方队员：王勇峰、尼玛次仁、次落、孙斌、阿旺罗布、罗布占堆、德庆欧珠。

西藏登山综合培训中心（西藏登山向导学校）的领导和学员在此次登山行动中发挥了特别突出的作用，保证了登山队的安全登顶和下撤。

该峰经两国有关部门批准命名为"中尼友谊峰"。

十二、2018 年为纪念中日缔结友好登山（山岳）协会 30 周年攀登雪拉普岗日峰

雪拉普岗日峰，海拔 6310 米，位于中国西藏自治区日喀则市谢通门县青都乡以南 27 公里处，是冈底斯山脉东部的一座雪山。该峰终年积雪，山麓有天然牧场，登山路线上没有特别险峻的冰岩雪坡，是初级登山爱好者尝试登山探险的理想选择。

此次攀登雪拉普岗日峰，是中日双方经过两年多的交流考察最终确定的结果。联合登山队将坚持"除了脚印什么都不留下"的环保原则，登山产生的所有垃圾将统一带下山去，攀登结束后还会开展山峰清扫活动，并将垃圾交有关部门作无害化处理。

（一）活动启动

2018 年 9 月 6 日，为纪念缔结友好协会 30 周年，中国西藏登山协会和日本长野山岳协会联合攀登雪拉普岗日峰的活动在拉萨启动。

当日上午，中日联合登山队在西藏登山协会驻地举行出征仪式。

西藏自治区体育局高度重视此次纪念攀登活动，尼玛次仁局长之前召开专题会议进行研究部署，并始终亲自组织指挥整个攀登行动。选派西藏登山队、西藏登山向导学校、西藏圣山登山探险服务有限公司的6名优秀青年队员参加攀登行动。

为确保攀登行动圆满成功，早在2017年11月就提前组织专人前往谢通门县对雪拉普岗日峰等山峰进行侦察，确定攀登山峰、选定攀登路线和营地位置，并及时向日方通报情况。西藏登山协会秘书长索南在现场负责全面工作，日本长野县山岳协会的唐木真澄会长亲自带队赴藏并参加攀登行动。双方队员克服高寒缺氧等困难，主动配合、积极协调，为顺利进行攀登行动奠定了基础。

（二）成功登顶

此次攀登行动得到西藏自治区体育局和日喀则市有关部门的大力支持，攀登期间日喀则市教育体育局局长索旺前往大本营看望中日队员，并向队员们学习攀登知识与技能，通过一起攀登成为12名登顶队员之一。

9月9日，中日联合攀登雪拉普岗日峰登山队进驻海拔4800米登山大本营。

11日，12名中日登山队员按计划从大本营向海拔5400米处的前进营地攀登并宿营。

12日，修路组和运输组向海拔5800米处突击营地攀登并建立营地。登达营地后2名中方队员按分工前往更高海拔区域侦察探路、铺设路绳。当晚3名中方队员和6名日方队员在突击营地宿营。

13日晨，另外3名中方队员从前进营地登达突击营地，并与9名在这里的中日队员会合后向顶峰冲击。

13时50分，经过5个小时的攀登，12名队员成功登顶。登顶队员中有索旺、白玛赤列、德庆欧珠、丹增次仁、索朗扎西、次仁多布杰共6名中方队员，以及唐木真澄、杉田浩康、西田均、水谷刚生、林正昭、近藤真由美（女）共6名日方队员。其中，年龄最大者是74岁的唐木真澄会长，年龄最小者是23岁的中方队员次仁多布杰。当天晚些时候全部登顶队员安全下撤到前进营地。

14日，撤回大本营。下撤途中和回到大本营后，全体队员与当地农牧民对突击营地、前进营地、大本营及沿途垃圾进行清扫。将所有收集的垃圾，全部装袋运回日喀则市交由环保部门处理。

15日，安全返回日喀则市。

16日，返回拉萨。

十三、参加国际联合"跨越珠峰"中美苏"和平登山队"等攀登行动

（一）1988年参加中日尼联合"双跨珠峰"

1960年，时任国务院副总理、国家体委主任的贺龙元帅提出了"跨越珠峰"的设想。然而，这一设想变成现实已经是在28年之后。

进入20世纪80年代的世界登山运动，已不再满足于直上顶峰、原路返回的传统模式。人们不断花样翻新地在为自己设计出更艰险的路线和和选择反常的攀登季节，从而获取新的创造纪录与登顶的满足感。跨越顶峰的设想，已经有不少人在谈论着。在这期间，日本登山队是最早把这种设想变成行动的。

1983年12月，日本登山家高桥通子和丈夫高桥和之，各率一支日本"毡鹿同人"登山队，分别在珠峰的中国一侧东北山脊和尼泊尔一侧东南山脊向顶峰冲击，试图在顶峰会师后跨越。遗憾的是没有成功。

1985年，在中国登山协会与日本联合攀登纳木那尼峰成功后提出了"中日尼联合攀登跨越珠峰"的设想，中国登山协会主席史占春访日时向日本首相中曾根提出合作攀登"跨越珠峰"的计划，中曾根极表赞同，对此十分乐观。随后，尼泊尔登山协会主席卡德加·库玛尔访问中国，对三国联合攀登"跨越珠峰"表示有浓厚的兴趣。当年年底，中国登山协会将原则性方案上报国家体委和国务院。

1986年1月8日，国务院批准了《中国登山协会关于中国日本尼泊尔联合攀登跨越珠穆朗玛峰的请示》。

1987年2月24日，《中国日本尼泊尔关于1988年珠穆朗玛峰——萨迦玛塔友好登山议定书》签字仪式，在北京举行。

由三国共同组成的联合登山队的运动员，总体实力强大。大家对南北两侧的传统路线都比较熟悉，主力队员都有登上海拔8000米以上高峰的实战经验。但这三个国家的登山队员又各有特点：尼泊尔队员个人实力出众，队伍中不乏曾三四次登顶珠峰者，高山适应和高山活动能力均属一流；日本队员则强调个体的适应和体力的差异，队长讲："我不代表国家或公司，只代表我个人的荣誉"；中国登山队员更注重发挥集体的力量和速度的优势。显然，这不仅反映了三国登山队员在技术、战术风格上的不同，而且表现出三个国家在民族文化、制度、习俗、身体素质等方面的差异。然而，"跨越珠峰"这一大家的共同目标和人类期盼和解、和平与携手并进的大趋势，使大家走到了一起，都希望攻坚克难、创造奇迹。

1988年3月初，中日尼联合登山队北侧队员在珠峰北侧大本营集结，其中中方队员44人。

3月10日，举行北侧大本营升旗和开营仪式。

29日，中方的南侧队员22人抵达南侧大本营，与日本和尼泊尔队员会合。

按计划，接下来一个半月的适应性行军攀登，要完成上运物资、建立各个高山营地的任务，为登顶、会师、跨越做好充分准备。同时，从东京、北京、拉萨不断向大本营提供着最新气象卫星云图，大本营的气象官宫田不断把气象综合预报送到总指挥部的桌上。在这一个多月的时期内，人们都在焦灼地期待完成各项计划任务、边掰着手指算日子，等待着攀登会师"跨越珠峰"那一激动人心的时刻到来。

5月3日，一场突如其来、遮天蔽日的暴风雪使攀登行动受阻。

4日，南侧风力不减，攀登受阻，只有副攀登队长仁青平措和中方队员大次仁与尼方队员安格·普巴在风雪中从3号营地跨营登达5号营地。

5日，北京时间（以下同）8时25分，南侧跨越队员在仁青平措带领下，大次仁、安格·普巴等3人离开突击营地，开始突击顶峰。

8时43分，北侧跨越队员次仁多吉、山田升、昂·拉克巴顶着大风和吹雪从海拔8650米的突击营地出发，开始突击顶峰。

12时15分，次仁多吉用报话机报告："我们到达雪坡顶了。"曾曙生嘱咐："向右横切过去，再向左就是顶峰了！"曾曙生深知在这个关键地点上向左一步是胜利，向右一步就是深渊，并估计一个多小时后就能登顶。

12时42分，北侧3名队员首先登上顶峰。这3人在等待南侧队员会师的漫长时间里，在零下30多度气温中手脚都已冻得麻木，氧气也吸完了，但南侧的跨越队员仍未上来。在等到80分钟时，曾曙生问次仁多吉："还有氧气吗？"回答："没了，氧气瓶丢地上了。"

14时20分，北侧的支援队员李致新登顶，任务是把南侧的跨越队员接应到北侧。之前，李致新一人在漫天的风雪中跋涉，只有一个念头：就是爬，也要爬上去！等了65分钟后，仍然不见南侧队员上来，只好奉命从原路下山。

14时21分，北侧登顶队员已经在顶峰坚持等待了99分钟，创造了人类在珠峰顶峰无辅助氧气、无帐篷等避寒设施的环境里坚持时间最长的纪录。曾曙生问："手变黑了吗？"次仁多吉回答："黑了。"曾曙生判断在山上的严酷环境中再等下去将可能导致冻伤等事故发生，于是立即下达了"跨越顶峰，立即由南侧下山！"的命令，次仁多吉等3人随即领命下山。南侧的3名队员，此时正在没腰深的积雪里开路向上攀登，时时需要跪下来用冰镐刨雪、奋力前进，走出来的已不是脚印，而是一道深深的雪沟。

15时35分，尼方队员拉克巴·索那从北侧登顶，但因大风刮得他无法立足，只在峰顶上站了一会就下山了。

53分，南侧的中方跨越队员大次仁终于登上顶峰，尼方的安格·普巴也紧跟登顶。

16时05分，由北侧登上来的日方队员山本宗彦登顶。之前，山本宗彦在离顶峰只有50米的地方摔倒在地，曾试着站立起来，但由于体力透支无法站立，便在冰雪和岩石上边哭泣边爬行前进，每爬一阵就喘一阵粗气，最终到达顶峰。

25分，日本电视台记者中村省尔、三枝照雄、中村进，从北侧登上顶峰。与先期到达顶峰的大次仁、安格·普巴、山本宗彦在顶峰上会师。

40分，中方的仁青平措从南侧登上顶峰。

经过一个白天的顽强拼搏，中日尼三方的两侧队员终于按预想的最佳方案实现了12名队员分别从两侧登顶、会师、交叉跨越下山的创举。北侧登顶队员有9人。其中，中方2人（次仁多吉、李致新）、日方5人（山田升、山本宗彦、中村省尔、三枝照雄、中村进）、尼方2人（昂·拉克巴、拉克巴·索那）；南侧登顶队员有3人。其中，中方队员2人（大次仁、仁青平措）、尼方1人（安格·普巴）。当晚，三方的登顶队员都平安下到突击营地，无一伤亡。

世界登山运动史上的6项新纪录在这一天之内诞生：

一是人类第一次跨越了珠峰；

二是人类第一次在世界最高峰的顶峰胜利会师；

三是人类第一次看到电视转播登山现场实况；

四是人类第一次在世界最高峰的上空用飞机拍摄登山场景；

五是人类第一次在一天之内有12人从南北两侧登顶珠峰；

六是三国登山队员还创造了在世界最高峰顶峰停留时间最长的世界纪录。

5日，在完成12人登顶、会师、跨越后，不少人认为应继续扩大战果，给更多的人以登顶机会，取得更大的成就。持这一意见的主要是尼方人员，主要是因为这是尼泊尔首次组队进行登山运动，总觉得自己一方登顶人数不够多、不理想。还有日方人员也持这一意见，因为南侧无日本队员登顶，加之日本派往南侧大本营的一名医生因病死亡，有补偿损失的心理需求，所以要求再接着攀登的争论声就更大。对此，中日尼联合登山队总指挥部及时进行了会晤协商。中方认为：一是已经取得的成果是预想方案中最佳预期目标，加之高山物资消耗已近极限，如再组织突击顶峰，必须重新组织行军运输物资装备等。如果再次进行突击前的各项准备工作，这对已经筋疲力尽的二线队员来讲实难承受。二是如果勉强去做，首先是物质条件已不具备，其次是天气变化情况难以准确预测，最后是在取得大胜之后队员心理状态也已有所放松的情况下继续冲顶，是很难保证人员安全的。三是三方的12名登顶队员中，尼方3人、中方4人、日方5人，并都有实现"双跨"的队员。日方虽只有1名队员双跨，但登顶人数最多。从全局来看，全队取得的成果已经十分顺利且圆满。

经过充分协商，三方总队长、副总队长和骨干队员统一了意见，一致认为在无伤亡、取得巨大成功之后，如果再多几个人登顶，也只是起到锦上添花的作用。相反，一旦发生不测、造成损失，将会给三国人民留下难以挽回的遗憾。于是，总指挥部作出了结束行动的决定。由于中方在总指挥部居于首席地位，这一决定的作出，是中方的意见起了主导作用。

由于使用通讯卫星向全世界播放登顶实况，使这次登山行动的影响力在世界登山运动史上前所未有。围坐在电视机前的日本人等全球观众，都看到了为实现顶峰会师而艰难爬行的山本宗彦哇哇大哭的情景，这一动人心弦的场面吸引着全世界的观众的目光。中国中央电视台也在5月5日向全国转播了长达6个小时的突击顶峰实况，创下了实况转播时间最长的纪录。

1988年，中日尼联合攀登跨越珠峰的成功，无疑极大地提高了这三国人民的自豪感，增进了国民之间的友谊。因而，在三国政府和人民中引起了热烈的反响。

5月25—27日，尼泊尔王国首先邀请中日两国代表40多人，前往加德满都举行盛大庆祝活动。尼泊尔国王和王后接见了三方代表并亲自为三方有功人员授勋。这一成就，在中国的反应同样强烈，中国政府对这一巨大成就给以热情鼓励和赞颂。早在登顶成功的那一时刻，邓小平同志就从实况转播中得知这一胜利，并立即通过电视台给三国登山健儿发出贺电。国家领导人的这种祝贺方式，也是有史以来的首次。

6月3—7日，中国邀请日、尼两方代表合计70多人，前来北京参加庆祝活动。党和国家领导人李鹏、王震接见了三方代表，李铁映、杨得志向三方有功人员颁发了中华人民共和国体育运动荣誉奖章和证书。

6月17日，日本在东京举行盛大庆祝活动，代理首相、官房长官小渊一接见了三方代表。

在同一次登山突击行动中，实现南北两侧都有队员登顶、会师、跨越，这在世界登山运动史上尚属首次。这一成功，不仅显示了中、日、尼三国登山运动员特别是西藏登山运动员的实力，也反映出三国的登山行动组织者指挥复杂登山运动的能力与水平达到了一个新高度。由于中方在三国联合登山行动总指挥部中居于首席地位，所以这次行动的成功，也标志着中国登山运动整体水平进一步提高，从而更加引起了各国登山界对中国登山运动发展进步的注目。

在世界海拔8000米以上高峰已经全部被登顶之后，由中日尼三国登山运动员在世界最高峰上创造的这一壮举，是对登山运动员技术、战术水平的全面检验，深刻反映了世界登山运动的新发展、新进步，极大地推动了世界登山运动的改革与创新。它预示着人类登山探险已经揭开了崭新的一页，迎来一个新的发展时期。

中日尼三国珠峰联合登山队登顶、会师、跨越的成功，还有着更为深远的意义，正如中国登山协会主席史占春在庆祝活动讲话中所指出的那样："这不仅是一次地理意义上的跨越，也是思想境界上的大跨越，它意味着人类适应并征服大自然的能力日益增强。在团结、坚强、勇往直前的人类面前，任何恶劣的环境和困难都将被克服。这是人类合作精神的集中体现，是又一次为不同民族、不同国家联合共创人类文明史的新篇章树立了典范。"

（二）1990年参加中美苏"和平登山队"联合攀登珠峰

1987年7月，美国著名登山家吉姆·威特克致函中国登山协会，倡议由美国出资，组成中国、美国、苏联三国联合登山队于1990年攀登珠峰。吉姆·威特克说他倡议这项行动有两个目的：一是通过联合登山行动向世人表明3个大国通过友好合作，既可以征服世界高峰，又可实现世界和平的目标；二是4月22日是世界地球日设立20周年，为此联合登山队将携带2000个环保袋，准备把几十年来各国登山队留在珠峰一带的垃圾清理装袋，带回大本营分类处理，以此提醒人们注意环境保护，清除污染。美国参议员爱德华·肯尼迪亦致函中国驻美使馆，介绍吉姆·威特克及其倡议，表示他本人支持此项活动。

1988年1月，美方又向中方通报了吉姆·威特克与苏联体委、登山协会的商谈情况，向中国递交了苏联给美方复电的副本，苏联也表示积极响应这项建议。

1989年8月，中、美、苏三方经过友好协商，一致同意在和平、友好、理解的旗帜下，组成联合登山队，于1990年春季，从中国一侧攀登珠峰。

协议规定：联合登山队由47人组成，其中，登山队27人（三国各9名，包括1名女队员）、后勤保障队16人、新闻记者4人。三方各设队长1人、副队长1人。与以往不同的是全队不设总队长，而由三方队长组成队长联席会议，由美方牵头，在民主协商的原则下，集体决策、分头实施。联合登山队采用"中美苏1990年珠穆朗玛峰和平登山队"名称。在联合登山行动中，美方负责全队的费用，苏方负责全队的氧气设备，中方负责在西藏的一切后勤保障和准备工作。中、苏两方对美方倡议并出资进行这项登山活动表示赞赏。

中国登山协会委托西藏登山协会承办这次联合登山行动。

中美苏1990年珠峰和平登山队组成人员：

中方队长：洛桑达瓦　西藏自治区体委主任、西藏登山协会常务副主席

副队长：罗则　西藏登山队队长

美方队长：吉姆·威特克

副队长：瓦里斯·克林顿·汤普森

苏方队长：沙达耶夫·弗拉吉米尔

副队长：伊尔金斯基·埃万德

教练员：成天亮　中国西藏登山队总教练

中方队员：9名西藏登山队运动员

世界三大国联合攀登世界最高峰的消息一经传出，立即引起了全世界的关注，其意义远远超出了登山活动本身。

1990年2月24—25日，苏联和美国的登山队员先后抵达北京。

26日晚,中国登山协会在怀柔中国登山队训练基地,为客人们举行欢迎宴会。会上,中国登山协会主席史占春说:"苏联登山家是我们的老师,美国登山家是我们的老朋友。珠穆朗玛峰把三国运动员连在一起,我们为和平、友谊携手攀登珠穆朗玛峰。"他认为三国联合登山队取得成功是有可能的。首先,这次登山路线清楚,仍沿1960年中国登山队走过的传统路线攀登,比较熟悉,不易迷失方向。其次,联合登山队有一定的实力。中方参加的西藏登山队是中国登山运动队伍中高山探险实力最强的一支,队员大部分都登上过海拔8000米以上高峰,有的虽然没有登上过珠峰,但是做过向导、搞过高山协作,对那一带山势、气候比较了解。

3月5日,中美苏珠峰和平登山队离开拉萨,前往世界第一高峰脚下。

8日,和平登山队全体队员进驻海拔5200米的大本营。大本营是由三方的18名先遣队员建立起来的,坐落在1988年中日尼三国联合"双跨珠峰"时北侧大本营旧址上。大本营位于珠峰正北面山脚下,向下10公里处是绒布寺,上方20公里处是此次登山必经路线的东绒布冰川。

4月6—12日,和平登山队首先派出中方队员打通了海拔6600~7028米路线上的"北坳天险",苏美运动员则将所分配的物资由海拔6500米处的前进营地运送到7028米的1号营地。接着,中方的西藏登山运动员加布、大其米、达琼、洛则、仁那和3名苏方队员,在突破"大风口"的过程中,一边修路、一边攀登,但高空风越刮越大,当登达海拔7400米的冰陡坡时,队员们匍匐在地无法前进,想要站立起来都很困难。队员们想在这里搭帐篷也成了不可战胜的困难,帐篷打开后,被风吹得几个人都拉不住,更不用说搭起来了。双方队员只好下撤到1号营地,计划在这几天的坏天气里先将物资全部运达1号营地。

9日,中方队员准备第二次冲破"大风口"这一险关,以便登达海拔7790米处设立2号营地,但没有成功。海拔7300~7500米处的攀登路线,位于珠峰和北边章子峰之间的西北高空风天然通道上,所以这段路程上的风力尤为强劲猛烈。以往在1960年、1966年、1975年的几次攀登行动中,队员们遭遇的大部分冻伤致残都是发生在这里。苏联队员对此很不服气,要求前去打通"大风口"险关,但也无功而返。

12日,由攀登队长加布带领的中方队员,终于突破"大风口"登达海拔7790米处,搭起帐篷建立2号营地。此后的几天里,风力稍有减弱,三国队员抢时间运输了两趟物资,但没有在2号营地宿营过夜,因为许多运动员还没有取得这一高度的适应能力,特别是对于来自低海拔的美、苏两国队员取得这一高度的适应能力非常重要。在同期的物资运输中,中方队员充分显示了实力,其中的加布、大其米、达琼3人表现尤为突出,美苏队员对中方队员的出色表现表示赞赏。

18日,由于高空风依然强劲,天气恶劣,三方指挥官在大本营召开会议,决定撤销原定"地球日"突击登顶的计划,改在5月4—7日进行。已登达海拔7790米营地的中方队员全部下撤至前进营地休整待机。原因是在几次运输物资中，美苏两国的部分运动员只把背运的物资放在中途的雪坑里就转身走了，只有中国队员们完成了计划中的运输任务，这使原计划在世界地球日，即4月22日这天登顶的计划被迫撤销。在此情况下，中方提出下一步运输任务实行承包制，在计划时间内必须完成各自承担的物资运输任务，不能再吃"大锅饭"，美苏两方只好同意。之后，中方队员很快就将物资运到海拔7790米的2号营地和8300米的3号营地，又提前返回前进营地，接着回到大本营，一边休息、一边等待着美苏队员完成运输任务。等美苏队员完成运输任务返回大本营后，全体进行突击顶峰前的休整和待机。

5月1日，三国登顶突击队的第一组6人（三国各2人）离开大本营向上攀登。

3日，登达海拔7790米的2号营地。

4日，天气突变，风雪交加，突击队员无法行动，只好在2号营地待机。使原计划4日登上3号营地、5日登达突击营地的计划向后推迟。

5日，第一组队员不顾暴风雪袭击，毅然向海拔8300米处3号营地攀登，于下午登达目的地。

6日，珠峰山区开始出现好天气周期，高空风力不大，第一组6名队员从12时开始向海拔8680米的突击营地挺进。

16时30分，从海拔7028米处的1号营地出发的第二组6人登达7790米处的2号营地。

18时，第一组的6人登到海拔8680米的"第二台阶"下面，并在此建立起突击营地。当时天气很好，加布和大其米还攀越金属梯登上"第二台阶"顶部，以便检查和侦察次日突击顶峰的路线。

7日10时30分，第一组6人开始向顶峰突击。加布和大其米在前面开路，美、苏队员紧随其后，攀登速度很快。

12时40分，加布向大本营呼叫询问路径，并报告自己和大其米、美方队员罗伯特·林克走在前面，已经登达海拔8760米处，美方的另一队员史蒂芬·高尔和苏方队员伦贾科夫·格里高里伊、阿尔先基耶夫·舍尔杰伊落在后边约40米处。中方副队长罗则凭借1975年登顶时的记忆和经验在报话机中给加布指引路线方向。罗则指引路线后，命令加布等人原地等候，与后边队员等齐后再一起前进，以遵守"三国队员同时登顶、三国国旗同时在顶峰飘扬"的约定。

13时13分，加布、大其米和苏方队员伦贾科夫·格里高里伊、阿尔先基耶夫·舍尔杰伊，美方队员罗伯特·林克、史蒂芬·高尔登上顶峰，看见了中国登山队1975年登顶测量高程时留下的觇标架和不久前尼泊尔登山队留在顶峰上的纪念物。这天的风力较小，气温较高，队员们在顶峰上甚至不用戴手套，在完成展示三国国旗、拍照取证等规定任务和饱览风光后准备下撤。按协议规定，第一批登顶时，三国队员必须同时到达，让三国国旗在世界最高峰同时飘扬。此后，为扩大战果，各国可以根据本国队员的身体状况和天气条件，不分先后，各自继续组织冲击顶峰。

14时45分，第一组队员开始下撤，其中的苏方队员当天留在突击营地过夜。

20时，美方队员下撤到海拔7790米处的2号营地宿营。

21时30分，中方的加布、大其米下撤至海拔6500米处的前进营地宿营，其下撤速度之快、下撤距离之远，在中国登山运动史上尚无先列。

8日凌晨2时，美、苏共3名队员由突击营地向上攀登。

11时，美方队员埃蒙德·卡尔·维斯塔斯和苏方队员安德列·采列谢夫、姆斯基斯拉夫·戈尔缅科3人登顶。

9日8时45分，中方队员达琼、桂桑（女）和美方队员伊恩·理查德·韦德从突击营地向上攀登。

11时13分，上述3人登顶。桂桑成为继潘多1975年登顶珠峰之后又一位登顶的中国女登山运动员。

11时57分，中方队员仁那、洛则2人登顶。之前，两人于8时10分从海拔8300米处的3号营地向上攀登，凭借超强高山活动能力和高超攀登技术，跨越突击营地，直接登顶。

10日7时，中美苏联合登山队的最后一批突击队员共7人，从海拔8300米处的3号营地出发，跨越突击营地，直指顶峰。中方队员旺加和加措一直走在前面，当登达海拔8700米处的"第二台阶"顶部时，加措因高山靴较小不合脚磨伤无法继续攀登并出现严重的身体不适症状，被迫下撤，其他6人继续突击顶峰。

10时25分，旺加首先登顶并与从尼泊尔一侧登顶的几位外国队员相遇。紧随其后登顶的是苏方队员亚历山大·托卡列夫、叶卡捷琳娜·伊万诺娃（女）、阿纳托夫·莫什尼科夫、叶尔万德·伊尔金斯基和美方队员马克·斯克特·塔克，共6人登顶。苏方27岁的叶卡捷琳娜·伊万诺娃是苏联第一位登顶珠峰的女性，也是世界上第10位登上珠峰顶峰的女运动员。

至此，中、美、苏和平登山队圆满完成任务，共有4批20名队员登上顶峰。在攀登珠峰的历史上，和平登山队成为登顶人数最多的一支队伍。此前，联邦德国和法国联合登山队曾有16人，于1978年沿东南山脊登顶珠峰。

登顶的20名队员中，中方7人：加布、大其米、达琼、桂桑（女）、洛则、仁那、旺加；美方5人：罗伯特·林克、史蒂芬·高尔、埃蒙德·卡尔·维斯塔斯、伊恩·理查德·韦德、马克·斯克特·塔克；苏方8人：伦贾科夫、格里高里伊、阿尔先基耶夫、舍尔杰伊、安德列·采列谢夫、姆斯基斯拉夫·戈尔缅科、亚历山大·托卡列夫、叶卡捷琳娜·伊万诺娃（女）、阿纳托夫·莫什尼科夫、叶尔万德·伊尔金斯基。

18日，中美苏和平登山队撤离大本营。

和平登山队通过合作攀登珠峰,极大地增进了三国人民之间的友谊。在攀登过程中,三国运动员互相关心、并肩战斗,结下了真挚的友谊。5月3日,当美方队员登达海拔8300米处营地时,天色已晚,气温骤降,因风力增强而无法支起帐篷。这时中、苏队员及时伸出援助之手,把两名美方队员分别邀请进自己的帐篷里休息。还有登山期间,苏方队员吃腻了美方提供的罐头食品,表示想吃新鲜肉食,中方负责人得知后,立即派车往返80公里买来活羊送给苏方,使苏方深受感动。特别是在突击顶峰时,中方队员加布和大其米主动拿出糌粑和风干牛肉给食品携带不足的美方队员充饥、美方队员将"上升器"赠送给中方女队员桂桑、美苏队员给加措医疗脚伤并赠送羽绒鞋等表示友好的小插曲就更多了。

中美苏和平登山队成功登顶珠峰,是20世纪90年代的一项大型国际联合登山行动,也是中美苏三国登山界首次联合组队进行高山探险,而且创造了登顶人数最多的新纪录,在世界登山运动史上有着极其重大而深远的意义。

按照原定计划,和平登山队在完成攀登任务后,又开展了清除遗留在各营地垃圾、保护净化珠峰环境的活动,兑现了活动发起时的承诺。

中国登山协会副主席王凤桐在中美苏和平登山队凯旋北京的宴会上致辞时说:"三国和平登山队打了一个很漂亮的胜仗。通过合作,三国间增进了友谊和了解,相互学到了不少东西。特别值得一提的是这次联合登山成功并创造新的世界纪录,是对国际登山运动发展作出的重大贡献。"

本次联合攀登珠峰行动,三国共有20名队员、分四批成功登顶,并且无一伤亡,成为世界登山运动史上一次伟大的创举和壮举。

(三)1997年中巴联合攀登珠峰

1997年1月,为迎接香港回归祖国,同时纪念巴基斯坦伊斯兰共和国独立50周年,西藏登山协会与巴基斯坦伊斯兰共和国高山俱乐部经过友好协商,达成了联合攀登珠峰的协议,并报中国登山协会批准。中国西藏登山协会和巴基斯坦高山俱乐部组成攀登珠穆朗玛峰联合登山队,西藏登山队3名队员参加此项活动并于5月29日登上珠峰。

4月,巴基斯坦高山俱乐部派出11人来到西藏,西藏登山协会选派4名西藏登山队的运动员,联合组成"中巴珠穆朗玛峰登山队",由巴方全权负责组织指挥,全部经费和物资装备也由巴方承担。

5月29日,西藏登山队的大其米、丹真多吉、开尊登上顶峰。

巴方队员在登达海拔8600米处的突击营地时,遭遇高空风袭击,中止攀登行动,所以没有队员登顶。

6月初,巴方队员取道尼泊尔回国。

至此,这次联合登山行动结束。

（四）2004年中意联合攀登珠峰

2004年春季，西藏登山队代表中国登山队和意大利登山队组成联合攀登珠峰登山队。其中，西藏登山队的开尊、扎西次仁、拉吉（女）、拉巴4人在气候变化异常、攀登难度大，同时攀登的韩国、日本、保加利亚等国的队员中先后有6人遇难的情况下，仍以高超的攀登技能和丰富的登山经验，于5月23日和意大利的6名队员成功登顶并安全下撤。

此次登山行动是西藏登山协会针对西藏登山队执行国家登山任务逐渐减少、部分运动员没有机会攀登珠峰缺乏实战锻炼的情况下，根据西藏登山队和运动员们的要求，报经西藏自治区体育局批准开展的一次联合登山行动。

意大利珠峰登山队来华开展联合登山行动的目的，是为纪念该国登山家首次登顶世界第二高峰——乔戈里峰50周年而发起的一系列纪念活动的一部分。

十四、1991—1992年中日联合攀登南迦巴瓦峰

（一）中日南迦巴瓦峰联合登山队第一次攀登失利

根据双方达成的协议，队伍名称定为"中国·日本南迦巴瓦峰联合登山队"。此次登山行动不单是两国登山界联手挑战这座世界最高的处女峰，而且也是纪念中、日邦交正常化20周年。协议规定两国各出1名总队长、1名副总队长、1名登山队长和1名攀登队长。

中方总队长：洛桑达瓦

副总队长：王凤桐

登山顾问：罗则

登山队长：桑珠

副队长：陈建军

攀登队长：加布

日方总队长：山田二郎

副总队长：斋藤生

登山队长：重广恒夫

攀登队长：山本一夫

在北京和东京分别设立总指挥部及总顾问。

1991年9月，联合登山队正式开始攀登活动。

28日，中日双方队员全部进驻南迦巴瓦峰大本营。

10月2日开始向上攀登，陆续建立起了1、2、3号营地。

16日，日方主力队员大西宏先生，在海拔6150米处不幸遭遇雪崩袭击遇难，队友们把遗体运到1号营地火化。火化前，通知其父亲特地从日本赶来参加，然后将骨灰带回了日本安葬。

11月20日，联合登山队第一次向顶峰冲击，当队员们登达海拔7350米处时，遭遇恶劣天气而无法继续攀登，被迫下撤到海拔6700米处的"鞍部"营地待机。

22日，联合登山队发起第二次冲击。当登达海拔7400米处时，才发现这里处处是岩石峭壁，而且上方有大量浮雪不停地流下来。队员们只能沿着雪槽向上攀登，但流雪量越来越大，再也无法前进。中方队员次仁多吉在流雪槽内用冰镐作保护支点以身挡雪，保护队友们逐一下撤。后来积雪几乎埋到了次仁多吉的胸部，由于在深埋的积雪里站立太久，以致双脚冻伤失去知觉。等队友们撤离这一危险路段，并用绳索把次仁多吉拉出来送医治疗时，次仁多吉的右脚拇趾因冻伤已经坏死只有截肢。次仁多吉后来入选"中国西藏攀登世界14座8000米以上高峰探险队"，并一直担任攀登队长，在十数年的探险生涯里，以残疾之躯与队友共同创造了"团队登顶世界14座高峰新纪录"，为中国由世界登山运动大国迈向登山运动强国做出了突出贡献。

联合登山队在万般无奈的情况下被迫下撤，使当年的中日联合攀登南迦巴瓦峰行动被迫中止。

因此，也就有了不甘心失利的中日登山队员在第二年再次攀登该峰的英勇壮举。

（二）中日南迦巴瓦峰联合登山队第二次攀登成功

1992年，中日联合登山队再次挑战南迦巴瓦峰。为了确保成功，双方在队员组成上都做了较大调整，进一步增强了整体实力。中国方面为了加强攀登队伍的实力，又选派4名国际级登山运动健将和1名国家级登山运动健将，另加上1名实力强大、有望成为新一代骨干的后起之秀参战，还派出12名优秀运动员担任高山协作。日方在队伍组成上也做了重大调整，只保留2名1991年攀登过南迦巴瓦峰的队员，又补充了4名实力派新队员。日方队长重广恒夫说："这一阵容是由日本第一流的登山队员组成的，尤其是加强了技术实力型的队员。"双方在物资储备和战术运用等方面也做了充分准备，中方采取了在5号营地以下尽量保存主力队员体能的做法，把大量运输高山物资的任务交由12名高山协作完成。日方还专门请来气象专家携带先进的气象观测设备，与西藏自治区气象局多名经验丰富的专家，共同提供气象保障服务，对突击顶峰时机的选择起到了重要作用。双方都对登顶南迦巴瓦峰准备充分、志在必得。

9月14日，联合登山队在大本营举行了升旗开营仪式，随即向上攀登。

15日，在海拔4350米处的草甸地带一处牧民放牧点建立起1号营地。随后，在4900米处建立2号营地。

23日，打通了"喇叭口"攀登路线，在海拔5600米处的冰川上建立起3号营地。

30日，在起伏很大的攀登路线上海拔5400米处建立起4号营地。

10月11日，又在乃彭峰西侧海拔6900米处建立起5号营地。因从当日开始出现持续的恶劣天气，队员们下撤到3号营地待机。途中，从4号营地下撤时，边巴扎西、大其米和担任高山协作的拉巴突遭雪崩袭击，被雪崩冲下山时，3人采取的保护措施都无济于事，随崩塌的冰雪向下滚落50多米远，万幸的是倾泄的冰雪被悬崖边巨石挡住停了下来，3人幸免于难，但离悬崖边沿只差10多米的距离。1991年也是在这个地方，日本著名登山家大西宏先生被雪崩夺去了生命。

在3号营地长达8天的困守中，食品和燃料消耗很大，只好向大本营求助。在2号营地的仁青平措向桑珠提出要冲过"喇叭口"向3号营地运送食品燃料的请求，桑珠深知运送物资途中危机四伏，叫仁青平措不要轻易行动。可是历来敢于在关键时刻承担艰险任务的仁青平措却说："我知道'喇叭口'冰崩雪崩发生得多，危险性大，但这是我们唯一运送物资的路线，只要我们在路上机灵一点、能躲就躲，我想一定会闯过去的。"于是，他带领嘎亚、丹真多吉开始了一次违反"大雪过后三天内不宜行动"登山常规的高危险性行动。3人配合默契，一人开路、两人负重，在深雪中奋力前进，终于把急需的食品燃料送到3号营地，使中日队员深刻感受到"雪中送炭"的温暖。

由于受孟加拉湾强大暖湿气流的影响，南迦巴瓦峰区域集中形成了罕见的大雪天气。降雪中，队员们必须轮流到帐篷外面清理积雪，否则帐篷就要被沉重的积雪压垮。在持续的大雪围困中，队员们不但无法向上攀登，就连在营地待机必需的食品燃料也在补充后又消耗告罄，只得据实报告大本营。

21日，双方队员被迫再次下撤回大本营，再次推迟了预定的登顶时间。

23日，预报将出现好天气周期，刚刚回到大本营的双方队员们为了抢抓好天气登顶的时机，又开始向上攀登，跋涉在艰险的征途上。

24日，队员们再次上到2号营地，开始了再次突击顶峰的行动。从大本营到顶峰的漫长路线需要走8天时间，队员必须日行夜宿、接连向上攀登，中途不得休息。虽然只有中日主力队员的任务是突击顶峰，寄托着大家的期望，但是中方派出的高山协作队员同样要登达各个高山营地，运送补充物资，并承担接应登顶队员的任务，其实只要登达突击营地就离顶峰不远了，所以高山协作队员的成绩与登顶队员的成绩在本质上没有大的区别，甚至更为辛苦。

27日，在南迦巴瓦峰与乃彭峰之间的山坳部建立起6号营地，即突击营地。

28日，队员们已将攀登路线修到海拔7200米处的冰陡坡上。由海拔6700米的冰陡坡开始直至峰顶的路段危机四伏，上方的冰坡上竖立着许多冰柱子，随时都有崩塌的危险，堆积在冰坡上的积雪又不停地流下来，稍大一点的流雪量就如雪崩一样危及队员们的生命安全。

29日，联合登山队向顶峰冲刺。当A组队员登达海拔7600米处南迦巴瓦峰"东脊"

时，天气突然变坏，高空风越刮越猛，能见度越来越低，使得在这险峻高山上攀登更加危险。突击队员迫不得已只能在海拔7600米的山脊上、在不可能搭帐篷的恶劣环境里露营待机。

30日，在海拔7600米处露营的A组6名队员，根据大本营"早出发，把握最佳登顶时间"的指令，在天刚亮能看清路线后就出发向顶峰冲击。由于路线崎岖、险恶，队员们采取互相保护的措施前进。

这天凌晨4时，在6号营地的中方队长桑珠率领B组队员也开始突击顶峰。

10时40分，在大本营整夜未眠的中方总队长洛桑达瓦和顾问罗则，听到报话机里传来边巴扎西的报告声："顶峰就在眼前！但还需要越过一个大裂缝，由于主绳不够长，我们6个人连在一条结组绳子上，攀登难度极大。"此后一个多小时里再也没有突击顶峰的任何音讯，洛桑达瓦和罗则等大本营人员在焦急中等待着突击队员们的消息。

12时09分，中方攀登队长加布和队员次仁多吉、边巴扎西3人与日方的3名队员登上顶峰。接着，边巴扎西向大本营报告了登顶喜讯。

14时30分，中方队长桑珠和队员大其米、达琼3人与2名日方队员也登上顶峰。喜讯传来，守候在报话机旁的大本营人员欣喜若狂，庆祝胜利的鞭炮声响彻山谷。随联合登山队跟踪报道的新华社西藏分社记者多吉占堆、西藏日报社记者刘立强等新闻工作者，在第一时间把登顶喜讯传向北京、东京等世界各地。

11月2日，全部登顶队员和其他山上队员安全返回大本营，中日联合登山队攀登南迦巴瓦峰行动宣告圆满成功。

中日联合登山队撤离大本营到达林芝八一镇时已是深夜23时，但是林芝地委、行署的领导和各界群众，仍在寒冷的夜晚站在公路两边，手捧鲜花迎接凯旋的勇士们。在历时两年的攀登过程中，林芝地委、行署等党政领导和当地群众给予联合登山队以热情的支持帮助。

队伍回到拉萨时，国家体委副主任袁伟民已专程从北京来到拉萨，热情迎接中日联合登山队胜利归来，出席庆功大会并讲话，对中日联合登山队实现人类首次登顶南迦巴瓦峰这一长久以来的迫切愿望给予了高度评价。

此后，直到2020年再无任何国家和地区的登山队或民间登山探险者登顶此峰。

十五、西藏女子登山队员参加国内外联合登山行动

（一）1994年参加国际女子联合登山队攀登希夏邦马峰

1994年初，由奥地利人戈尔特女士发起组织"国际女子希夏邦马峰联合登山队"，由中国、奥地利、英国、波兰、美国、瑞士、尼泊尔、比利时、意大利共9个国家的43人组成。

4月初，这支队伍的成员在拉萨会合，西藏登山协会为这支庞大的女子联合登山队举行了隆重的壮行仪式。

7日，联合登山队全体队员进驻希夏邦马峰大本营。雇佣的尼泊尔夏尔巴高山协作和当地民工把高山物资运到海拔5800米处，并在此建立起前进营地。随后，夏尔巴协作人员继续把物资运送到各个营地。

队员们经过两次适应性行军，登达海拔6900处，在此建立起4号营地。接着攀登到海拔7500米处的冰雪坡上，在此建立起5号营地，即突击营地。

29日11时，中国队员桂桑、拉吉与夏尔巴高山协作率先登上了海拔8012米的顶峰。

5月2日，中国队员普布卓嘎和奥地利队员埃迪斯·鲍达、波兰队员埃侄·旁克维茨又登上顶峰。

在这次登山行动中，有多名尼泊尔夏尔巴高山协作与联合登山队雇佣的高山摄影师随上述5名女队员先后登上了顶峰。这些高山协作，对国际女子联合登山队部分队员成功登顶发挥了重要作用。

15日，全体队员撤离大本营。

16日，各外国队员和协作摄影人员，从樟木口岸取道尼泊尔回国，国际女子希夏邦马峰联合登山队的攀登行动宣告结束。

在这次9国女子攀登希夏邦马峰行动中，有3位西藏登山队的女队员是首次登顶希夏邦马峰，而且创造了不使用辅助氧气登顶的纪录。桂桑是继1990年登顶珠峰之后又一次登顶海拔8000米以上高峰，成为两次登顶8000米以上高峰的第一位中国藏族女登山运动员。普布卓嘎，以前从未登顶过海拔8000米以上高峰，这次有幸参加到国际女子登山队伍中来，将其作为验证自己高山适应能力、攀登能力和在艰苦环境中攻坚克难能力的宝贵机会来看待，所以在整个攀登行动中，积极参加高山物资运送工作，把每一次向上攀登都当成锻炼自己意志、品质和提高攀登技能、增强抗缺氧能力的机会来对待，从而快速提高了综合能力，成为继潘多、桂桑之后第三位登顶海拔8000米以上高峰的中国藏族女运动员。拉吉，是1988年中日尼联合登山队"双跨珠峰"的著名登山家大次仁的女儿，在这次登山行动中克服各种艰难险阻，成功登顶希夏邦马峰，成为又一位登顶海拔8000米以上高峰的中国藏族女运动员。

（二）2002年中日女子联合攀登卓奥友峰

2002年秋季，为纪念中日邦交正常化30周年，西藏登山队女子登山分队代表中国登山队和日本女子登山队组成联合登山队攀登卓奥友峰。

从9月进驻大本营，到10月1—2日，先后有西藏登山队女子登山分队的运动员吉吉、拉吉、普布卓嘎、桂桑、仓拉，与担任登山向导和高山协作的西藏登山队男运动员小齐米、开尊、加拉、丹真多吉、拉巴、扎西次仁和4名日本女队员登顶海拔8201米的卓奥友峰。

当年12月,应日本山岳协会邀请,西藏登山队女子登山分队的一行9人出访日本,参加在日本举行的中日女子联合攀登卓奥友峰庆功会。

(三)2005年参加中日女子联合攀登珠峰

1975年5月16日,日本著名女登山家田部井淳子从珠峰南坡登顶;5月27日,我国著名藏族女登山家潘多从珠峰北坡登顶。从此,这两位勇敢的女性写下了历史上中、日女子分别从珠峰北、南两侧首次登顶的佳话。

2005年春季,为纪念中、日两国女子首次分别从北坡、南坡登顶珠峰30周年,西藏登山队女子登山分队代表中国登山队与日本女子登山队联合攀登珠峰。

5月22日,西藏登山队女子登山分队的吉吉、拉吉和我国台湾的女登山运动员李美凉,与担任登山向导和高山协作的西藏登山队男运动员开尊、拉巴、大其米、小齐米、加拉、阿旺丹杰登顶。其中,拉吉和丈夫大其米,成为继1999年5月27日,仁那和吉吉夫妻双双登顶珠峰之后的第二对中国登顶珠峰的夫妻。

登顶队员中的拉吉和阿旺丹杰还都是"登山家族"的第二代:拉吉的父亲是著名登山运动员大次仁,在西藏登山队崛起初期是绝对主力——1985年西藏登山队首次单独组队登顶卓奥友峰时是开路先锋、1988年中日尼三国联合"双跨珠峰"时是从南坡登顶后又从北坡下山实现跨越的第一人,此后调回家乡谢通门县政府部门工作;阿旺丹杰的父亲是著名登山运动员兼高山摄影师阿克布,曾在"西藏攀登世界14座8000米以上高峰探险队"征战多年,登顶9座海拔8000米以上高峰,在高峰探险这项极限运动的险恶环境里,在登顶大多数世界著名高峰的同时拍摄保存了大量中国人创造世界登山纪录的宝贵视频及图照资料。阿克布参加此次大规模的登山和测量高程行动,主要是负责大本营的工作。

此次登山行动,与配合国家测绘总局复测珠峰高程同时进行。

附 录

附录一：西藏登山运动员60年登顶行动年表

登山组织者	所登山峰	登顶时间	登顶队员
中国登山队集训队	唐拉堡峰（念青唐古拉山脉东北峰，现称唐拉昂曲峰、海拔6330米），海拔6177米	1959年2月1—5日	多吉、米玛、扎西、旺堆、次旺、拉玛、旺堆罗布、拉巴才仁、谢伍成、加布、西绕、琼吉、小普布、石觉、加布、贡布、索南多吉、潘多、齐米、查姆金
中国登山队	慕士塔格峰，海拔7546米	1959年7月7日18时20分	西绕、潘多、齐米、查姆金、丛珍、张俊岩、王家奎、贡布、拉巴才仁、索南多吉、多吉、大米玛、谢伍成
中国登山队	珠穆朗玛峰，海拔8882米	1960年5月25日4时20分	贡布
中国登山队	公格尔九别峰，海拔7595米	1961年6月17日20时30分	西绕、潘多、拉巴才仁
中国登山队	希夏邦马峰，海拔8012米	1964年5月2日10时20分	张俊岩、索南多吉、成天亮、米玛扎西、多吉、云登
中国登山队	珠穆朗玛峰，海拔8848.13米	1975年5月27日14时30分	索南罗布、潘多、罗则、桑珠、侯生福、大平措、贡嘎巴桑、次仁多吉、阿布钦
中国登山队	托木尔峰，海拔7435米	1977年7月25日15时31分	贡嘎巴桑、达琼、边巴次仁、罗桑德庆、大多布杰、昌措、玉珍

续表

登山组织者	所登山峰	登顶时间	登顶队员
中国登山队	托木尔峰，海拔7435米	1977年7月30日 15时15分	多吉甫、桑珠、晋美、洛桑、昂扎、桂桑、徐新、扎西
中日联合登山队	枪岳，海拔3179米	1981年5月7日	成天亮、边巴次仁、罗桑德庆
日本登山队	希夏邦马峰，海拔8012米	1981年5月	仁青平措、加布
中国登山队	乃彭峰，海拔7043米	1983年4月21日 18时25分	仁青平措、丹真多吉、加布、次仁多吉、旺多、格桑
中国登山队	富士山，海拔3776米	1983年7月	仁青平措、桑珠、次仁多吉、加布、格桑
中国登山队	乃彭峰，海拔7043米	1984年4月11日	仁青平措、丹真多吉、加布、大其米
西藏登山队	卓奥友峰，海拔8201米	1985年5月1日 17时50分	仁青平措、大次仁、边巴次仁、拉旺、丹真多吉、大多布杰、小多布杰、格桑、旺加
中日联合登山队	纳木那尼峰，海拔7694米	1985年5月26日 11时45分	加布、次仁多吉
中日联合登山队	纳木那尼峰，海拔7694米	1985年5月28日 10时15分	大其米
西藏登山队	宁金抗沙峰，海拔7206米	1986年4月28日 9时25分	桑珠、边巴次仁、加布、拉旺、丹真多吉、格桑、旺多、旦增、加措、边巴扎西、次仁、普布
中日联合登山队	章子峰，海拔7543米	1986年5月10日 15时30分	仁青平措、次仁多吉、旺加、拉巴、大其米、小齐米、仁那、桂桑
中日联合登山队	章子峰，海拔7543米	1986年5月11日 11时30分	大次仁、多布杰、嘎亚、洛则、达琼、开尊、扎西次仁、加拉
中日联合登山队	拉布及康峰，海拔7367米	1987年10月26日 13时50分	旺加、达琼、加拉、拉吉
中日联合登山队	拉布及康峰，海拔7367米	1987年10月27日 11时58分	阿克布、拉巴、普布
中日尼三国联合登山队	珠穆朗玛峰，海拔8848.13米	1988年5月5日 12时44分	次仁多吉、大次仁、仁青平措
日本登山队	四光峰，海拔7308米	1989年5月	大其米、小齐米、加拉、扎西次仁
中日联合登山队	琉璃岳，海拔3000多米	1989年7月	成天亮、桂桑、达琼、加措

续表

登山组织者	所登山峰	登顶时间	登顶队员
中苏美三国联合登山队	厄尔布鲁士峰，海拔5633米	1989年9月16日	旺加、嘎亚、仁那、加拉、洛则
中苏美三国联合登山队	珠穆朗玛峰，海拔8848.13米	1990年5月7日 13时13分	加布、大其米
中苏美三国联合登山队	珠穆朗玛峰，海拔8848.13米	1990年5月9日 11时13分	达琼、桂桑、仁那、洛则
中苏美三国联合登山队	珠穆朗玛峰，海拔8848.13米	1990年5月10日 10时25分	旺加
日本登山队	希夏邦马峰，海拔8012米	1990年5月12日	小齐米、普布
中国西藏和日本长野县联合登山队	藏色岗日峰，海拔6460米	1990年5月19日	桑珠、次仁多吉、丹真多吉、阿克布、扎西次仁、拉巴
比利时登山队	希夏邦马峰，海拔8012米	1991年5月	次仁多吉、普布、小齐米
国际登山研讨会	珠吉毕山，海拔6460米	1991年9月7日	旺加、张石生
中日联合登山队	姜桑拉姆峰，海拔6324米	1992年5月2日 14时	张石生、丹真多吉、开尊、普布卓嘎、吉吉
中日联合登山队	南迦巴瓦峰，海拔7782米	1992年10月30日 12时09分	桑珠、加布、次仁多吉、边巴扎西、达琼、大其米
西藏登山探险队	安纳布尔那峰，海拔8091米	1993年4月26日 18时45分	次仁多吉、边巴扎西、仁那、阿克布
西藏登山探险队	道拉吉里峰，海拔8172米	1993年5月30日 17时30分	次仁多吉、边巴扎西、阿克布、达琼
西藏登山探险队	道拉吉里峰，海拔8172米	1993年5月31日 10时45分	旺加、洛则、仁那、加布、大其米
海峡两岸联合登山队	珠穆朗玛峰，海拔8848.13米	1993年5月5日 12时40分	开尊、普布、小齐米、加措
国际女子联合登山队	希夏邦马峰，海拔8012米	1994年4月29日 11时	桂桑、拉吉
国际女子联合登山队	希夏邦马峰，海拔8012米	1994年5月2日 15时	普布卓嘎
西藏登山探险队	希夏邦马峰，海拔8012米	1994年5月7日 12时55分	次仁多吉、边巴扎西、洛则、仁那、阿克布、旺加、达琼、加布、大其米

续表

登山组织者	所登山峰	登顶时间	登顶队员
西藏登山探险队	卓奥友峰，海拔8201米	1994年9月30日 11时20分	次仁多吉、边巴扎西、洛则、仁那、阿克布、旺加、达琼、加布、大其米
西藏登山探险队	迦舒布鲁姆II峰，海拔8034米	1995年7月10日 13时45分	次仁多吉、边巴扎西、洛则、阿克布
西藏登山探险队	迦舒布鲁姆II峰，海拔8034米	1995年7月11日 16时25分	仁那、旺加、加布、达琼
西藏登山探险队	马纳斯卢峰，海拔8156米	1996年5月3日 14时50分	次仁多吉、边巴扎西、仁那、阿克布
西藏登山探险队	马纳斯卢峰，海拔8156米	1996年5月4日 12时20分	旺加、洛则、达琼、加布
中日联合登山队	绰木拉日峰，海拔7326米	1996年9月8日 12时55分	丹真多吉、开尊、大其米
中日联合登山队	绰木拉日峰，海拔7326米	1996年9月10日 12时	多布杰、嘎亚、桂桑、吉吉、加措、普布、加拉、小齐米
中韩联合登山队	穷姆岗日峰，海拔7048米	1996年10月7日 14时56分	拉巴、扎西次仁
中国巴基斯坦联合登山队	珠穆朗玛峰，海拔8848.13米	1997年5月29日 14时25分	大其米、丹真多吉、开尊
西藏登山探险队	南迦帕尔巴特峰，海拔8125米	1997年6月15日 14时15分	次仁多吉、边巴扎西、洛则、仁那、阿克布、加布
中国西藏和日本长野老年联合登山队	启孜峰，海拔6206米	1997年8月19日	多吉甫、罗则、尼玛次仁、丹真多吉、开尊
中国西藏和日本长野老年联合登山队	饭纲山，海拔1917米	1997年12月6日	多吉甫
西藏登山探险队	干城章嘉峰，海拔8586米	1998年5月9日 13时34分	次仁多吉、边巴扎西、洛则、仁那、阿克布、加布、达琼
西藏登山探险队	洛子峰，海拔8516米	1998年10月13日 10时45分	次仁多吉、边巴扎西、洛则、仁那、达琼
西藏登山探险队	珠穆朗玛峰，海拔8848.13米	1999年5月27日 8时02分	次仁多吉、边巴扎西、洛则、仁那、阿克布、加布、拉巴、扎西次仁、桂桑、吉吉
西藏登山探险队	布洛阿特峰，海拔8047米	2001年6月30日 15时15分	次仁多吉、边巴扎西、仁那

续表

登山组织者	所登山峰	登顶时间	登顶队员
西藏登山探险队	布洛阿特峰，海拔8047米	2001年7月1日 9时	洛则、加布、扎西次仁、边巴顿珠、普布顿珠
中日女子联合登山队	卓奥友峰，海拔8201米	2002年10月1日 7时20分	吉吉、拉吉、普布卓嘎、小齐米、开尊、加拉
中日女子联合登山队	卓奥友峰，海拔8201米	2002年10月2日 8时10分	桂桑、仓拉、丹真多吉、拉巴、扎西次仁
西藏登山探险队	马卡鲁峰，海拔8463米	2003年5月14日 11时30分	次仁多吉、边巴扎西、洛则、仁那、加布
中韩联合登山队	珠穆朗玛峰，海拔8848.13米	2003年5月21日 14时53分	小齐米、普布卓嘎、仓拉
中韩联合登山队	珠穆朗玛峰，海拔8848.13米	2003年5月22日 8时10分	加拉、平措
中国业余登山队	珠穆朗玛峰，海拔8848.13米	2003年5月21日	尼玛次仁、阿旺罗布、扎西次仁、旺堆、普布顿珠
中意联合登山队	珠穆朗玛峰，海拔8848.13米	2004年5月22日	开尊、扎西次仁、拉吉
中意联合登山队	珠穆朗玛峰，海拔8848.13米	2004年5月24日	拉巴
西藏登山探险队	乔戈里峰，海拔8611米	2004年7月27日 9时30分	次仁多吉、边巴扎西、洛则、仁那、扎西次仁、边巴顿珠、普布顿珠
中国重测珠峰高程登山队	珠穆朗玛峰，海拔8844.43米	2005年5月22日	加布、普布、扎西次仁、阿旺罗布、旺堆、阿旺给吨
中日女子联合登山队	珠穆朗玛峰，海拔8844.43米	2005年5月22日	吉吉、拉吉、开尊、拉巴、大其米、小齐米、加拉、阿旺丹杰
中国尼泊尔友好联合登山队	友谊峰，海拔6591米	2005年10月1日 12时45分	洛则、阿旺扎西
中国尼泊尔友好联合登山队	友谊峰，海拔6591米	2005年10月2日 12时38分	尼玛次仁、扎西次仁、阿旺罗布、罗布占堆、普布顿珠
中国业余登山队	珠穆朗玛峰，海拔8844.43米	2006年5月14日 11时40分	扎西次仁、阿旺扎西、阿旺罗布、罗布占堆、旺堆、次仁旺姆
西藏登山探险队	安纳布尔那峰，海拔8091米	2006年6月4日 13时20分	洛则、小边巴扎西

续表

登山组织者	所登山峰	登顶时间	登顶队员
北京奥运火炬接力珠峰传递测试队	珠穆朗玛峰,海拔 8844.43 米	2007 年 5 月 9 日	达琼、开尊、小齐米、普布、拉巴、加拉、索朗顿珠、白玛赤列
中国业余登山队	珠穆朗玛峰,海拔 8844.43 米	2007 年 5 月 21 日 6 时	旺加、阿旺扎西
西藏登山探险队	迦舒布鲁姆Ⅰ峰,海拔 8068 米	2007 年 7 月 12 日 12 时 20 分	次仁多吉、边巴扎西、洛则、吉吉、小边巴扎西、边巴顿珠、索朗扎西
中国业余登山队	慕士塔格峰,海拔 7546 米	2007 年 7 月 21 日 11 时	旺加、多布杰、扎西次仁、加拉
北京奥运火炬接力珠峰传递登山队	珠穆朗玛峰,海拔 8844.43 米	2008 年 5 月 8 日 9 时 17 分	尼玛次仁、次仁旺姆、吉吉、罗布占堆、达琼、阿旺扎西、小扎西次仁、普布顿珠、德庆欧珠、次旦久美、边巴顿珠、洛则(此前修路组和央视特约记者组登顶人员见本书第十三章)
中国业余登山队	卓奥友峰,海拔 8201 米	2008 年 10 月 2 日 10 时	旺加、多布杰、扎西次仁、加拉、索朗顿珠
西藏"7+2"探险队	世界 7 大洲最高峰+南北 2 极	2012 年 5 月 19 日至 2016 年 12 月 25 日	次仁旦达、德庆欧珠
中日联合登山队	雪拉普岗日峰,海拔 6310 米	2018 年 9 月 13 日 13 时 50 分	索旺、白玛赤列、德庆欧珠、丹增次仁、索朗扎西、次仁多布杰

注:因转型升级,登山运动 2018 年后交给商业登山,故不统计在内。

附录二：西藏登山队获奖统计表

荣获奖项	颁发单位	获奖时间
西藏自治区区直机关先进党支部	西藏自治区区直机关工委	1984年7月1日
西藏自治区先进党支部	中共西藏自治区委员会	1986年12月
西藏自治区体委系统先进党支部	中共西藏体委党组	1987年7月1日
中软杯攀岩邀请赛团体第二名	中国登山协会	1987年
西藏自治区体委系统先进集体	西藏自治区体委	1989年1月
西藏自治区民族团结先进集体	中共西藏自治区委员会 西藏自治区人民政府	1990年9月
全国民族团结进步先进集体	国家民族事务委员会	1990年10月
全区先进基层党组织	中共西藏自治区委员会	1991年6月
西藏自治区区直机关先进党支部	中共西藏自治区区直机关工委	1991年7月1日
西藏自治区体委系统先进单位	中共西藏自治区体委党组、西藏体委	1992年1月
西藏自治区体委系统先进单位	中共西藏自治区体委党组、西藏体委	1993年12月
西藏自治区区直机关先进党支部	中共西藏自治区区直机关工委	1994年7月
全国体育思想政治工作先进集体	中华人民共和国体育运动委员会	1994年8月
西藏自治区体育系统先进单位	西藏自治区体委	1995年1月
西藏自治区体育系统先进党支部	中共西藏自治区体委党组	1995年1月
西藏自治区体育系统先进单位	自治区体委	1996年1月
全国先进基层党组织	中共中央组织部	1996年7月1日

续表

荣获奖项	颁发单位	获奖时间
西藏自治区区直机关先进党支部	中共西藏自治区区直机关工委	1996年7月1日
西藏自治区区直机关先进党支部	中共西藏自治区区直机关工委	1997年7月1日
全区先进基层党组织	中共西藏自治区委员会	1997年11月
首次徒步穿越雅鲁藏布江大峡谷贡献奖	中共西藏自治区委员会 西藏自治区人民政府	1998年12月
全国体育系统先进集体	国家人事部、国家体育运动委员会	1998年
1998年度体育系统先进集体	中共西藏自治区体委党组、西藏体委	1999年1月
西藏自治区体委系统先进集体	中共西藏自治区体委党组、西藏体委	1999年1月
授予西藏登山队在第六届少数民族传统体育运动会拉萨分赛场工作中荣获突出贡献一等奖	中共西藏自治区委员会 西藏自治区人民政府	1999年9月
1999年度体育系统先进集体	中共西藏自治区体委党组、西藏体委	1999年12月
勇攀高峰先进集体	中国登山协会	2000年
高原英雄登山队	西藏自治区人民政府	2000年11月
西藏五四红旗集体	共青团西藏自治区委员会	2000年11月
全区先进基层党组织	中共西藏自治区委员会	2001年7月
2001年度局系统先进单位	西藏自治区体育局	2002年2月
2002年度自治区体育系统先进集体	中共西藏自治区体育局党组 西藏自治区体育局	2003年2月
西藏自治区体育系统先进集体	中共西藏自治区体育局党组 西藏自治区体育局	2003年12月
区直（中直）机关"创先争优"活动（2002—2003年度）先进基层党组织	中共西藏自治区直属机关工作委员会	2004年6月
全区民族团结进步先进集体	中共西藏自治区委员会 西藏自治区人民政府	2004年9月
2004年度自治区体育系统先进集体	中共西藏自治区体育局党组 西藏自治区体育局	2005年1月
2004—2005年度区直机关先进基层党组织	中共西藏自治区直属机关工作委员会	2005年6月
女子登山分队全国三八红旗集体	全国妇联	2005年8月
全国体育系统先进单位	国家人事部、国家体育总局	2005年10月
女子登山分队全区三八红旗集体	西藏自治区妇联	2005年11月
2006—2007年度区直机关先进基层党组织	中共西藏自治区直属机关工作委员会	2007年6月

续表

荣获奖项	颁发单位	获奖时间
"西藏攀登世界14座海拔8000米以上高峰探险队"不畏艰险勇攀高峰先进集体	国家体育总局	2007年8月9日
西藏自治区人民政府政关于表彰西藏攀登世界14座海拔8000米以上高峰探险队的决定	西藏自治区人民政府	2007年8月27日
世界因你而美丽——"2007影响世界华人大奖",中国西藏自治区登山队(集体)成为体育界该奖项的获得者之一	12家中国、美国、加拿大及欧洲、东南亚地区的中文媒体和机构共同主办	2008年3月29日
西藏自治区登山队"团结奋进的英雄登山队"荣誉称号	国家体育总局	2010年9月
西藏自治区登山队"勇攀高峰英雄集体"荣誉称号	中共西藏自治区委员会 西藏自治区人民政府	

注:国家重大任务到2010年前结束,西藏登山队作为集体再未受到省级以上部门的表彰和奖励。

附录三：西藏历次登山牺牲人员表

姓名	性别	牺牲日期	组织者	攀登山峰	遇难情况
西绕	女	1961.6	中国登山队	公格尔九别峰	暴风雪中失踪
拉巴才仁	男	1961.6	中国登山队	公格尔九别峰	暴风雪中失踪
陈洪基	男	1961.6	中国登山队	公格尔九别峰	暴风雪中失踪
马高树	男	1966.5	中国登山队	珠穆朗玛峰	海拔7450米滑坠
尼玛扎西	男	1979.9	日本登山队	珠穆朗玛峰	海拔6900米遭遇雪崩
罗朗	男	1979.9	日本登山队	珠穆朗玛峰	海拔6900米遭遇雪崩
仁那	男	2005.5.27	西藏攀登14座海拔8000米以上高峰探险队	迦舒布鲁姆I峰	遭遇滚石

附录四：西藏登山队运动员等级、登山教练员职称统计表

一、西藏登山队国际级及国家级登山运动健将名录

登山运动员技术等级评定：依据《运动员技术等级管理办法》和《运动员技术等级标准》，登山运动员等级称号分为：国际级运动健将、国家级运动健将、一级运动员、二级运动员、三级运动员。国际级登山运动健将、国家级登山运动健将由国家体育总局审批；一、二、三级运动员均由西藏自治区体育局审批。

1960—2020年，西藏登山队被评为国际级登山运动健将25人、国家级登山运动健将254人。被评为国家一级、二级、三级运动员的根据撰写史书惯例不列入统计范围。

（一）西藏登山队国际级运动健将名录

姓名	性别	民族	姓名	性别	民族
桂桑	女	藏	大次仁	男	藏
大其米	男	藏	加布	男	藏
丹真多吉	男	藏	旺加	男	藏
次仁多吉	男	藏	吉吉	女	藏
加措	男	藏	仓拉	女	藏
达琼	男	藏	加拉	男	藏
洛则	男	藏	拉巴	男	藏
开尊	男	藏	扎西次仁	男	藏

续表

姓名	性别	民族	姓名	性别	民族
小齐米	男	藏	阿旺给吨	男	藏
普布	男	藏	阿旺丹杰	男	藏
仁那	男	藏	边巴扎西	男	藏
拉吉	女	藏			
普布卓嘎	女	藏			
仁青平措	男	藏			

（二）西藏登山队国家级运动健将名录

姓名	性别	民族	备注	姓名	性别	民族	备注
张俊岩	男	汉		阿布钦	男	藏	
刘连满	男	汉		小多布吉	男	藏	
贡布	男	藏		阿克布	男	藏	
索南多吉	男	藏		格桑	男	藏	
西绕	女	藏		加拉	男	藏	
成天亮	男	汉		拉巴	男	藏	
多吉	男	藏		边巴扎西	男	藏	
大米玛	男	藏		扎西次仁	男	藏	
米玛扎西	男	藏		吉吉	女	藏	
嘎久群培	男	藏		普布顿珠	男	藏	
边巴次仁	男	藏		阿旺	男	藏	
丛珍	女	藏		尼玛次仁	男	藏	
云登	男	藏		罗布占堆	男	藏	
王家奎	男	汉		阿旺给吨	男	藏	
拉巴才仁	男	藏		扎西次仁	男	藏	
罗则	男	藏		阿旺丹杰	男	藏	
查姆金	女	藏		阿旺次仁	男	藏	
多吉甫	男	藏		阿旺扎西	男	藏	
侯生福	男	汉		德庆欧珠	男	藏	
潘多	女	藏		次仁旺姆	女	藏	
齐米	女	藏		次仁旦达	男	藏	
大平措	男	藏		旺堆	男	藏	
索南罗布	男	藏		白玛赤列	男	藏	

续表

姓名	性别	民族	备注	姓名	性别	民族	备注
拉旺	男	藏		格桑多吉	男	藏	
贡嘎巴桑	男	藏		索朗加措	男	藏	攀岩运动
嘎亚	男	藏		仁增旺姆	女	藏	攀岩运动
大多布吉	男	藏		仁青拉姆	女	藏	攀岩运动
桑珠	男	藏					
大次仁多吉	男	藏					

注：因收集获得国家级登山运动健将称号的人员名单不齐，暂列上述名单。

二、西藏登山队教练员职称及享受国务院政府特殊津贴名录

西藏自治区体育局登山教练员技术职称评定：初级职称由登山运动队审核审批；中级职称、高级职称由西藏自治区体育局职称等级审核审批领导小组审评，其中高级职称经西藏自治区体育局职称等级审核领导小组审核后，报西藏自治区人力资源和社会保障厅厅长办公会议评定审批；国家级（正高）职称经西藏自治区体育局职称等级领导小组审核后，报西藏自治区人力资源和社会保障厅厅长办公会议评定审核后报国家体育总局审批。截至目前，评出国家级（正高）职称1人、高级职称8人、中级职称4人，享受国务院政府特殊津贴1人。

还有一些老教练员由于受当时条件的限制未能评定职称，为永远铭记这些登山运动的老前辈，本书也在教练员表中按照任职年限的先后顺序，全部列出曾经担任过教练员的老登山人的姓名。

（一）西藏登山队历任教练员名录

姓名	任职时间	备注	姓名	任职时间	备注
张俊岩	1960.9—1961.10	高级教练员	罗则	1965.5—1981	高级教练员
刘连满	1960.10—1973		旺加	1986—2014.7	高级教练员
王家奎	1960.11—1973		张石生	1991—1993	
黄士学	1961—1964		桂桑	2006.6—2014.7	中级教练员
仲近昌	1960—1964.7	高级教练员	张东	2007.11—2013	中级教练员
彭淑力	1960—1964		阿克布	2009.3至今	中级教练员
邓嘉善	1960—1981		达瓦次仁	2006.10至今	中级教练员
闫栋梁	1960—1962		扎西次仁	2010至今	
马广居	1961—1964		阿旺扎西	2010至今	

续表

姓名	任职时间	备注	姓名	任职时间	备注
杨寿喜	1961—1963		次仁多吉	2016至今	高级教练员
边巴次仁	1965—1990		边巴扎西	2016至今	高级教练员
洛桑德庆	1965—1990		洛则	2016至今	高级教练员
成天亮	1965—2001	国家级教练员	吉吉	2016至今	高级教练员

（二）西藏登山队享受国务院政府特殊津贴人员名录

西藏自治区体育局享受国务院政府特殊津贴人员名录统计表

姓名	职称	时间
旺加	高级教练员	2007.2

附录五：大事记

1959 年

1月16日—2月8日　在此前为期一个月的现代登山运动初级技能、体能训练的基础上，中国登山队在念青唐古拉山区开展冰雪作业技术训练，有72人分三批登顶海拔6330米的唐拉堡峰（现称唐拉昂曲峰，原注高程海拔6177米）。

3月　中苏联合攀登行动因故取消。中国登山队4月转移到新疆攀登慕士塔格峰，被选中的部分藏族集训队员参加了此次男女混合攀登行动。

7月7日　在中国登山队登顶海拔7546米慕士塔格峰的过程中，西藏女登山运动员潘多、西绕、齐米、查姆金和其他省市的女运动员丛珍、王贵华、周玉瑛、王义勤8人创造了新的世界女子登山高度纪录。

1960 年

5月25日　4时20分，王富洲、屈银华、贡布从北坡登上世界最高峰——珠穆朗玛峰顶峰。

5月30日　13时30分，在珠穆朗玛峰上生活了两个星期的登山队员全部返回大本营。

10月1日　西藏登山营经中国共产党西藏工作委员会批准正式成立（以下简称西藏工委），受西藏工委和西藏军区双重领导。全营编制200人，西藏军区上校军官张凤臣担任首任西藏登山营营长，张俊岩（兼）、赵重禧任副营长，设营部和后勤总务组，下设4个排，每个排下设3个班。教练组由国家体委选派的具有一定登山经验的张俊岩、刘连满、彭淑力、邓嘉善4名登山经验丰富的干部组成。

1961年

初春　西藏登山营根据上级指示迁往林芝八一新村。

6月17日　22时30分,突击队的5名队员登顶海拔7595米的公格尔九别峰。登顶队员是:邬宗岳、陈三、潘多(女)、西绕(女)、拉巴才仁。其中的藏族女登山运动员西绕和潘多,再次打破了世界女子登山高度纪录(原纪录在1959年7月7日中国登山队登顶海拔7546米慕士塔格峰时,由西藏女登山运动员潘多、西绕、齐米、查姆金和其他省市的女运动员丛珍、王贵华、周玉瑛、王义勤8人所创造)。

9月　西藏登山营开始第一次活动。100多名男女登山运动员来到位于日喀则地区聂拉木县境内的海拔8012米的世界第14高峰——希夏邦马峰脚下,在海拔5800米处进行冰雪作业训练,有的队员登达海拔6200米处,表现出良好的高山适应能力。

11月　根据上级"精兵简政"的通知,西藏登山营的队伍从120人精减到50多人。

1962年

3月　西藏登山营新建营房的工程正式开工。

1963年

夏季　西藏登山营全体人员和受聘技术人员经过共同努力,建起了红瓦房新营院。

1963年　国家登山队选派的人员与西藏登山营选派的人员,联合组成"中国希夏邦马峰登山队"。

1964年

5月2日　西藏登山营参加人类首次登顶希夏邦马峰。10时20分,中国登山运动员许竞、张俊岩、王富洲、邬宗岳、陈三、索南多吉、成天亮、米玛扎西、多吉、云登10人胜利登顶希夏邦马峰。

6月　国务院副总理、国家体委主任贺龙元帅,在北京接见攀登希夏邦马峰登顶队员时作出指示:"要在3年内北上南下珠穆朗玛峰。"根据这一指示,国家体委党组研究决定在1967年再次攀登珠穆朗玛峰。

1965年

4月6日　中共西藏工委常委会讨论决定成立"攀登珠穆朗玛峰登山指挥部",由西藏军区副司令员、西藏体委副主任陈明义担任指挥长,将攀登珠穆朗玛峰作为国家的重大登山任务来组织实施。

1966 年

4 月　西藏登山营又一次前往珠穆朗玛峰进行登高练兵活动，为 1967 年实现"北上南下"攀登跨越珠穆朗玛峰的雄伟目标创造了有利条件。

8 月　实训选拔出的 200 多名登山队员在甘肃省干部学校进行了为期 7 个月的集训。次年 2 月，攀登跨越珠穆朗玛峰的行动计划因"文革"爆发而被迫撤销。之后，西藏登山运动和其他体育项目一样，受到很大冲击和影响，基本陷入了停顿状态，直到 1972 年才逐渐恢复。

1972 年

4 月 18 日　西藏自治区革命委员会根据国务院和国家体委的指示精神，决定恢复西藏自治区体委，任命乔加钦为体委主任。"西藏登山营"更名为"西藏登山队"，由原来的正县级建制降格为正区级，隶属于西藏自治区体育工作大队，同时结束了军队与地方双重领导管理的模式。

1973 年

10 月　国家体委决定重建国家登山队，并计划于 1975 年再次攀登珠穆朗玛峰。

1974 年

年底　有西藏登山队运动员参加的"中国男女混合珠穆朗玛峰登山队"正式成立。

1975 年

3 月　多达 400 余人的登山队伍到达珠穆朗玛峰脚下，再次开始攀登珠穆朗玛峰的行动。参加该队的西藏登山队 9 名队员成功登顶，"珠峰 9 勇士"成为我国登山运动史上的一个专有名词。

春季　中国登山队再次攀登珠穆朗玛峰时，索南罗布、大平措、次仁多吉、贡嘎巴桑等登山老英雄，奋战了一天的时间，用岩石锥和绳索在 1960 年搭人梯登顶的"第二台阶"岩壁上架设了高 6 米的金属梯，从而保障了"九勇士"登顶。

1976 年

2 月 28 日　中国共产党西藏自治区委员会决定西藏自治区体委归区党委宣传部领导。西藏登山队和西藏体工大队、西藏中等体育学校与局机关的一室一部二处（办公室、政治部、业务处、军体处）等总编制共 269 人。

7 月　由于良璞、尚子平、刘学山、邹兴禄、洛桑德庆、张西臣组成的乔戈里峰侦察分队先期侦察进山路线。

1977 年

3月　乔戈里峰侦察队成立，刘大义任队长，队员22人，由托木尔峰登山队统一领导。17日，侦察队制定了《乔戈里峰侦察计划》，拟把侦察重点放在东北山脊。

4月　侦察队进入乔戈里峰山区，进行实地侦察。经过1个多月的努力，侦察队从东北山脊找到了一条通往顶峰的路线，为正式攀登积累了资料，为决策提供了依据。

6月5日　乔戈里峰侦察队返回喀什。在短期休整之后，大部分人员转赴托木尔峰执行攀登任务。

夏季　国家登山队、解放军八一登山队、西藏登山队和中国科学院、国家测绘总局、解放军总参谋部测绘局等单位联合组成一支高规格的登山队，决定对新疆境内海拔7435米的托木尔峰进行一次侦察攀登、科考活动，最终有15名来自西藏登山队的男女运动员登上顶峰。

1978 年

3—5月　西藏登山队参与中伊联合登山队，参加中国、伊朗伊联合攀登珠穆朗玛峰训练活动。

1981 年

1月5日　西藏自治区编制委员会批准西藏自治区体委的请示，同意增设登山管理处，为县级建制，编制8人。

6月8日　中国共产党西藏自治区委员会召开书记办公会议，研究决定成立"西藏登山协会"，由西藏自治区副主席雪康·土登尼玛任西藏登山协会主席，西藏自治区体委副主任贡布任西藏登山协会秘书长，第一届西藏登山协会成员由当选的21人组成。

7月　西藏登山队再次移驻拉萨，暂住西藏体工大队院内。西藏自治区体委把西藏体育工作大队的5栋平房划归给西藏登山队，作为西藏登山队的临时基地。从此，西藏登山队摆脱了长期的游击生活，各项工作逐渐走向正轨。

9月17日　《西藏登山协会关于接待外国登山团队有关问题的规定》印发。

1982 年

3月　西藏自治区人民政府转发《西藏自治区体委 西藏登山协会 关于我区登山事业有关事项的规定》（试行办法），其中明确了西藏登山协会的职责范围、外国登山团队在藏期间的注意事项和各种服务人员的职责。

1983 年

1 月　国家体委和西藏自治区分别派出国家登山队队员和西藏登山队队员联合组成南迦巴瓦峰登山队。

4 月　21 日 18 时 25 分，由攀登队长仁青平措、副攀登队长宋志义、加布、旺多、次仁多吉、丹真多吉、格桑 7 人组成的突击组全体成员登上乃彭峰顶峰。由于天气状况非常恶劣，未能观察到从乃彭峰到坳部、再到南迦巴瓦峰的攀登路线，突击组于 22 日凌晨 2 时 30 分返回突击营地，于 19 时返回海拔 3500 米的大本营。

1984 年

1984 年　西藏自治区体委登山管理处更名为西藏自治区体委登山事务管理处，编制人数不变。

春季　南迦巴瓦峰登山队再次来到山区，展开正式攀登行动。

4 月 22 日　登山队在全面分析山区情况之后，决定重新侦察西北山脊通向顶峰的路线。侦察结果表明，这两条路线的危险性仍然很大，攀登非常困难，再加上南迦巴瓦峰地区的雨季已经来临，登山物资和装备器材、食品已消耗大部分，在当年春季继续侦察攀登已无可能。

5 月 9 日　南迦巴瓦峰登山队结束了为期两年的南迦巴瓦峰攀登行动。

9 月　西藏登山队参加中日联合攀登阿尼玛卿峰二峰。

1985 年

5 月 1 日　西藏登山队单独攀登卓奥友峰。17 时 50 分，突击队队员仁青平措、边巴次仁、大次仁、拉旺、丹真多吉、大多布杰、小多布杰、格桑、旺加 9 人登顶成功。

5 月 11 日　西藏自治区人民政府办公厅印发《关于转发区登山协会等单位〈关于保护开放山区自然环境的暂行规定〉的通知》。

5 月 26—28 日　西藏登山队参加中日联合攀登纳木那尼峰。26 日 11 时 45 分，加布、金俊喜首先登顶。随后，松林公藏、吹田启一郎、宋志义、次仁多吉相继登上顶峰。12 时 4 分，在最后担任摄像拍照任务的和田丰司、吹田佳晴也登上顶峰。28 日，又有两批共 5 名中国队员登上顶峰，他们是大其米、杨久辉、陈建军、曹安、包德卿。

11 月 3 日　为了贯彻执行党的民族宗教政策，西藏自治区体委在广泛征求社会各界的意见和自治区人大、政府、政协的意见后，制定了《关于禁止攀登冈仁波齐峰的决定》，并向社会公布。

1986 年

4月　西藏登山队单独攀登宁金抗沙峰。28日9时25分，桑珠带领的第一批突击队员登顶。9时45分，第二批突击队员登顶。至此12名队员全部登上顶峰，他们是桑珠、边巴次仁、拉旺、加布、丹真多吉、格桑、旺多、旦增、加措、边巴扎西、次仁、普布。

5月　西藏登山队参加中日联合攀登章子峰。10日14时，双方队员全部登上顶峰，其中的中方队员是仁青平措、次仁多吉、旺加、拉巴、桂桑（女）、大其米、小齐米、仁那，共8人。11日11时30分，第二梯队全体队员成功登顶，其中的中方队员是嘎亚、洛则、扎西次仁、多布杰、加拉、达琼、开尊、大次仁，共8人。此次攀登在中国登山史上创造了两个"最"：一是攀登海拔7000米以上高峰的登顶人数最多，中日双方队员共24人登顶，其中中方队员共16人全部登顶；二是攀登周期用时最短，从建立大本营到登上顶峰、下撤，只用了18天。

8月　西藏自治区体委登山事务管理处在机构改革中改为独立县级事业单位，改名为西藏自治区登山运动管理中心，编制15人，县级领导职数3名，内设机构为办公室、外联部、财务部、接待部、车队。

1987 年

4月22日　西藏自治区人民政府出台《西藏自治区登山管理试行办法》。同时废止1982年3月制定的《西藏自治区体委 西藏登山协会 关于我区登山事业有关事项的规定》（试行办法）。

10月　西藏登山队参加中日联合攀登拉不及康峰。26日13时50分，旺加副队长第一个登顶拉布及康峰。紧随登顶的有达琼、加拉、拉吉（女）、出口当（日）、小川贞夫（日）、须藤圭一（日）、桥本康弘（日）。27日12时，又有中日双方的6人登顶。登顶队员有阿克布、拉巴、普布、佟璐（女）、高桥俊也（日）、田边治（日）。中日双方共有14名队员登顶，其中日本队员6人、中国队员8人。

1988 年

5月　西藏登山队参加中日尼联合"双跨珠峰"。5日，中、日、尼三方，两侧队员按预想的最佳方案实现了12名队员的两侧登顶、会师、交叉跨越下山创举。北侧登顶队员为9人，其中中方2人（次仁多吉、李致新）、日方5人（山田升、山本宗彦、中村省尔、三枝照雄、中村进）、尼方2人（昂·拉克巴、拉克巴·索南）。南侧登顶队员为3人，其中中方队员2人（仁青平措、大次仁）、尼方1人（安格·普巴）。北侧登顶队员在顶峰无氧的环境里坚持等待了99分钟，创造了人类在珠穆朗玛峰峰顶、无辅助氧气、帐篷等避寒设施的环境里坚持时间最长的纪录。

1989年

2月　第二届西藏登山协会经过换届选举，由当选的53名成员组成。

1990年

3—5月　西藏登山队参加中美苏"和平登山队"联合攀登珠穆朗玛峰。在攀登珠穆朗玛峰的历史上，和平登山队是登顶人数最多的一支队伍，共有4批20名队员登上顶峰，中方7人：加布、大其米、达琼、桂桑（女）、洛则、仁那、旺加；美方5人：罗伯特·林克、史蒂芬·高尔、埃蒙德·卡尔·维斯塔斯、伊恩·理查德·韦德、马克·斯克特·塔克；苏方8人：伦贾科夫·格里高里伊、阿尔先基耶夫·舍尔杰伊、安德列·采列谢夫、姆斯基斯拉夫·戈尔缅科、亚历山大·托卡列夫、叶卡捷琳娜·伊万诺娃（女）、阿纳托夫·莫什尼科夫、叶尔万德·伊尔金斯基。

5月　西藏登山队参加中日联合攀登藏色岗日峰。19日13时30分，双方共13人登顶：中方队长桑珠和队员次仁多吉、丹真多吉、阿克布、扎西次仁、拉巴，共6人；日方队长田村宣纪、副队长小松达、队员山本吉人、西田均、伊藤隆、麻山智晃、清水云男，共7人。这是人类首次登顶藏色岗日峰，登山行动的成功，为西藏登山协会与日本长野县山岳协会结成友好协会3周年献上了一份礼物。

1991年

1月　11日，应中国登山协会要求，西藏自治区体委和西藏登山协会迅即派出由西藏登山队副队长仁青平措为队长，嘎亚、丹真多吉、拉巴、阿克布、尼玛次仁和汽车司机共7人组成的救援队参加梅里雪山山难救援和搜索取证行动。18日14时，搜救队在海拔4500米处的1号营地4顶帐篷里只找到了1件鸭绒背心、1双高山靴、1部有"京都大学"字样的照相机和3个镜头，而不见人员去向和踪迹。

11月　中国·日本南迦巴瓦峰联合登山队第一次攀登行动失利。20日，联合登山队第一次向顶峰冲击，队员们登达海拔7350米的时候，因天气异常恶劣，下撤到海拔6700米的"鞍部"。22日，联合登山队向顶峰发起了第二次冲击，在登达海拔7400米处时，越来越大的流雪量使联合登山队被迫下撤，中日联合攀登南迦巴瓦峰行动被迫中止。

1992年

3月　西藏自治区体委向西藏自治区人民政府报送了《关于组建攀登世界14座8000米以上高峰探险队的请示》，同年4月16日自治区政府批复同意。西藏自治区体委成立探险指挥部，由时任自治区主席江村罗布和国家体委副主任袁伟民为总顾问，自治区人大、政府、政协及西藏军区、中国登山协会相关领导任顾问，时任自治区体委主任洛桑达瓦任指挥长、体委副主任贡布任副指挥长，时任自治区体委登山处处长高谋兴、西藏登山队队长罗则分别任正副秘书长。西藏探险队由12名成员组成：队长桑珠，副队长旺加，攀登队长次仁多吉，队员加布、大其米、达琼、边巴扎西、洛则、仁那，队员兼摄影师阿克布，队医兼后勤总管洛桑云登，翻译兼秘书张明兴（以后由穆萨、普布次仁先后接任）。

4月至5月　西藏自治区体委和西藏登山协会应中国登山协会要求，派出仍由仁青平措带领的6名有着丰富高山活动经验的专业人员，组成中日两国梅里雪山主峰卡瓦格博峰山难事故联合搜索调查队再次进入梅里雪山，确认17名登山队员是在3号营地遭遇大型雪崩罹难。

5月　西藏登山队参加中日联合攀登姜桑拉姆峰。2日14时，中方队员张石生、开尊、丹真多吉、普布卓嘎（女）、吉吉（女）和4名日本队员，共9名队员登上顶峰。

10月　中国·日本南迦巴瓦峰联合登山队第二次攀登行动成功。30日12时09分，中方攀登队长加布和队员次仁多吉、边巴扎西3人与日方3名队员登上顶峰。14时30分，中方队长桑珠和队员大其米、达琼3人与日方2名队员也登上顶峰。登顶队员共11名，其中中方6人、日方5人。

1993 年

4月26日　16时30分，西藏探险队的次仁多吉、边巴扎西、仁那、阿克布4名队员登顶安纳布尔那峰。

5月　西藏登山队参加海峡两岸攀登珠穆朗玛峰。4日12时40分，大陆队员小加措、小齐米、开尊、普布、王勇峰和台湾队员吴锦雄先后登上顶峰。

5月　西藏探险队攀登道拉吉里峰。30日15时15分，A组次仁多吉、边巴扎西、阿克布、达琼4人登顶；31日8时30分，B组旺加、洛则、仁那、加布、大其米5人登顶。

1994 年

4—5月　西藏登山队女子分队参加国际女子联合登山队攀登希夏邦马峰。4月29日11时，中国队员桂桑、拉吉和夏尔巴协作人员首先登上海拔8012米的顶峰。5月2日，中国队员普布卓嘎、奥地利队员埃迪斯·鲍达、波兰队员埃侄·旁克维茨登上顶峰。

5月7日　12时55分，西藏探险队的旺加、次仁多吉、边巴扎西、仁那、洛则、阿克布、加布、大其米、达琼共9名突击队员登顶希夏邦马峰。

5月7日　西藏自治区第六届人民代表大会常务委员会第九次会议审议通过《西藏自治区对外国人来藏登山管理条例》，本条例自1997年7月1日起正式执行，1981年9月17日西藏登山协会制定的《西藏登山协会关于接待外国登山团队有关问题的规定》

同时废止。

9月30日　11时20分，西藏探险队的旺加、次仁多吉、边巴扎西、仁那、洛则、阿克布、加布、大其米、达琼共9名突击队员登顶卓奥友峰。

11月16日　第三届西藏登山协会经过换届选举，由当选的72名成员组成。

1995年

4月10日　根据《中华人民共和国自然保护区条例》和珠穆朗玛峰自然保护区的总体发展规划，为了解决珠穆朗玛峰自然保护区环境污染及管理不顺的问题，经自治区人民政府批准，西藏自治区珠穆朗玛峰自然保护委员会、西藏自治区财政厅、西藏自治区物价局联合制定了《关于进入珠峰、马卡鲁峰、卓奥友峰、希夏邦马峰等核心区的人员收取环境卫生费的规定》，从1995年5月1日起执行。

7月　西藏探险队攀登迦舒布鲁姆Ⅱ峰。10日11时22分，A组队员次仁多吉、边巴扎西、洛则、阿克布4人登顶；11日13时25分，B组队员旺加、仁那、达琼、加布4人登顶。

1996年

4月30日　西藏探险队在攀登马纳斯卢峰时，在海拔6170米处发现登顶失败、遭遇高空风袭击而体力耗尽的墨西哥人卡洛斯·卡索里奥和他的队友，对他们实施救援。

5月　西藏探险队攀登马纳斯卢峰。3日12时35分，A组队员次仁多吉、边巴扎西、仁那、阿克布4人不使用辅助氧气登上顶峰；4日10时05分，B组旺加、洛则、加布、达琼4名队员经过8个多小时的艰险攀登后登顶。

9月　西藏登山队参加中日联合攀登绰莫拉日峰。8日12时55分，中方攀登队长罗申和队员开尊、大其米、丹真多吉与2名日本队员，共6人成功登上顶峰。10日12时，中方队员嘎亚、桂桑（女）、吉吉（女）、小加措、多布杰、普布、加拉、小齐米与日方攀登队长宫本义彦和64岁的老登山家加藤幸彦等，共19名中日队员登上了顶峰。

10月7日　西藏登山队代表国家登山队参加中韩联合攀登穷姆岗日峰（海拔7048米），14时56分，中韩联合登山队的拉巴、扎西次仁登顶。

10月21日　攀登马卡鲁峰的西藏探险队失利撤营。队伍进入山区49天后，食物和燃料难以为继，雨雪天气使登达3号营地以上的队员几乎无路可走，队伍最后遗憾撤营，返回拉萨。

1997年

4—5月　中国和巴基斯坦联合攀登珠穆朗玛峰。5月29日，西藏登山队代表国家登山队参加登山行动的大其米、丹真多吉、开尊登上顶峰。巴方队员在登达海拔 8600 米的突击营地时，遭遇高空风袭击，没有队员登顶。

6月15日　西藏探险队攀登南迦帕尔巴特峰。11 时 15 分，第一批队员加布、仁那、边巴扎西登顶；11 时 30 分，第二批队员次仁多吉、洛则、阿克布和 2 名巴方队员登顶。

8月　西藏登山协会与日本长野县山岳协会的老年登山者组成联合登山队攀登启孜峰。19 日 12 时许，日方以武田武为队长的全体老年队员和中方队长多吉甫与队员罗则、尼玛次仁、丹真多吉等登上顶峰。

12月6日　西藏登山协会与日本长野县山岳协会的老年登山者组成联合登山队攀登日本饭纲山（海拔 1917 米），西藏登山队队长多吉甫登顶。

1998 年

5月9日　西藏探险队员攀登干城章嘉峰。11 时 20 分，次仁多吉、边巴扎西、仁那、洛则、阿克布、加布、达琼登顶。

7月18日　在 1991 年中日联合攀登梅里雪山山难事故发生 7 年后，云南省德钦县明永村的牧民桑才和同伴在从明永冰川右侧高处垭口附近的放牛场返回村子的途中，发现冰川上露出的中日遇难队员的遗体和遗物。

10月13日　西藏探险队员攀登洛子峰。8 时 30 分，次仁多吉、仁那、边巴扎西、洛则、达琼快速冲上顶峰。

10—12月　科学家、新闻工作者和登山运动员组成科学探险考察队，分为两支队伍，分别从林芝派乡和察隅出发，相向而行，在雅鲁藏布大峡谷区域开展科学探险考察活动，获取了大量科学资料，实现了人类首次徒步穿越雅鲁藏布大峡谷的历史壮举。

1999 年

3月　国内第一所、世界第二所登山向导学校——西藏喜马拉雅登山向导学校（简称：西藏登山向导学校）成立，其前身是西藏登山协会创办的高山服务人员培训中心。

4—5月　西藏自治区体委决定第六届全国少数民族传统体育运动会圣火火种以西藏探险队为主组队采集，命名为"西藏珠峰圣火采集队"。5 月 27 日 8 时 02 分，次仁多吉、边巴扎西、洛则、仁那、阿克布、加布、拉巴、扎西次仁、桂桑、吉吉登顶，成功采集圣火。

5月1日　一支由 BBC（英国广播公司）赞助的美国攀登队——"马洛里及欧文（M&I）搜寻探险队"，在珠穆朗玛峰北坡海拔大约 8170 米处发现马洛里的遗体，因在其残存的衣服上发现绣有其姓氏字母。

5月14日　3名乌克兰人在登顶珠峰下撤途中遇险,西藏珠峰圣火采集队派出开尊、小齐米、拉巴、扎西次仁紧急救援,将其安全送至海拔6500米的前进营地。

10月　西藏登山协会派出由西藏登山运动管理中心副主任仁青平措带队,17名西藏登山队队员组成的救援队紧急前往珠穆朗玛峰东坡,救援被困的韩国登山队。韩国驻中国大使馆为此表示衷心感谢。

2000年

春季　4支国内业余登山队在攀登位于青海省境内的玉珠峰时遇险,3名队员死亡、2名队员失踪。西藏登山协会根据中国登山协会的要求,立即派出西藏登山队的运动员火速赶往山难现场搜索救援,最终找到了2名失踪者遗体,并为山难事故的处理找到了结论性的依据。

6—9月　西藏探险队攀登乔戈里峰失利。队员在持续恶劣天气的影响下分批撤离,尚未撤离的4名队员作在8月26日最后努力,30日天气转坏,队员们不得不放弃攀登。

7月13日　西藏自治区体育局制定了《国内登山团队在西藏自治区区域内登山活动暂行管理办法》。

7月26日　西藏自治区体育局发布了《关于国内人员在西藏自治区区域内登山活动暂行管理办法的通知》。

11月8日　西藏自治区体育局隆重举行庆祝大会,庆祝西藏自治区登山队成立40周年。

2001年

1月26日　西藏自治区第七届人民代表大会常务委员会第十一次会议审议通过《西藏自治区对外国人来藏登山管理条例》(修正案)。

2月23日　西藏自治区人民代表大会常务委员会颁布施行修订后的《西藏自治区对外国人来藏登山管理条例》。

3月2日　西藏自治区机构编制委员会根据《西藏自治区体育局关于为自治区登山运动管理中心申请编制的请示》,批准印发了《关于自治区登山运动管理中心增加事业编制的批复》,同意为自治区登山运动管理中心增加事业编制5名,加上原事业编制15名,共计20名。

6月　西藏圣山登山探险服务公司经有关部门批准注册成立。

6—7月　为纪念中、巴建交50周年,中国·巴基斯坦联合攀登布洛阿特峰。6月30日12时,A组队员次仁多吉、边巴扎西、仁那和巴基斯坦队员热玛杜拉登上顶峰;7月1日9时,B组队员加布、洛则和西藏登山向导学校派出的高山协作扎西次仁、边巴顿珠、普布顿珠与巴基斯坦队员穆罕默德·库尔班登上顶峰。

9月27日—10月6日　首届西藏登山大会在姜桑拉姆峰举行,参加山友120人,其中43人登顶。西藏登山协会向登顶者和登达海拔5000米以上者分别发放登顶证书和登高证书。

2002 年

4月29日—5月8日　第二届西藏登山大会(春季)在启孜峰举行,共有50名山友参加,其中32人分两批登顶。

7月21日　西藏探险队再次攀登乔戈里峰失利。次仁多吉、边巴扎西、仁那、洛则4位主力队员在海拔8410米的高度遭遇特大暴风雪袭击,桑珠队长下达立即下撤的命令,4位主力队员凭着意志与经验到达突击营地帐篷,并安全下撤。

7月23日　第四届西藏登山协会经过换届选举,由当选的13名成员组成。

9月28日—10月3日　第二届西藏登山大会(秋季)在唐拉昂曲峰举行,参加山友28人,其中14人登顶。

秋季　北京大学山鹰社登山队在没有聘请登山向导和协作的情况下,独自攀登希夏邦马峰西峰时发生山难。根据自治区体育局指示,西藏登山队和西藏登山向导学校派出人员组成救援队,赶赴现场搜救,最终在海拔6800米处找到5名遇难者的遗体。

9月4—17日　由国家体育总局和西藏自治区政府发起,中国登山协会、西藏登山协会和定日县政府、珠峰自然保护区管理局、北京奥索卡体育用品有限公司共同承办以"拥抱珠峰,保护环境"为主题的珠峰环保大行动。西藏登山队和西藏登山向导学校人员、国内外志愿者,以及定日县环保协作人员共113人参与活动。

9月25日　西藏登山向导学校新校园项目开工,该工程被列入国家援藏117个重点项目之一。

9—10月　为纪念中日邦交正常化30周年,西藏登山队女子登山分队代表中国登山队和日本女子登山队组成联合登山队攀登卓奥友峰。西藏登山队女子登山分队的运动员吉吉、拉吉、普布卓嘎、桂桑、仓拉,与担任登山向导和高山协作的西藏登山队男运动员小齐米、开尊、加拉、丹真多吉、拉巴、扎西次仁和4名日本女队员登顶海拔8201米的卓奥友峰。

2003 年

5月14日　9时15分,再次攀登马卡鲁峰的西藏探险队员次仁多吉、边巴扎西、仁那、洛则、加布5人登顶。

5月21日　西藏自治区党委、政府出台了《中共西藏自治区委员会、西藏自治区人民政府关于进一步加强和改进新时期西藏体育工作的意见》。

5月21—22日　为纪念人类首次登顶珠穆朗玛峰50周年,由中央电视台、中国登山协会、西藏自治区体育局共同举办，搜狐门户网站冠名的"2003·站在第三极"中国搜狐业余攀登珠穆朗玛峰登山队登顶珠峰。西藏登山向导学校派出40多人参与营地建设、物资运输和协作攀登等工作。

8月20日　西藏登山向导学校校园工程项目初步验收。

10月20日　西藏登山向导学校建设工程竣工验收。

9月27日至10月7日　第三届西藏登山大会在唐拉昂曲峰、念青唐古拉中央峰同时举行。参加山友87人，其中45人登顶唐拉昂曲峰、22人登顶念青唐古拉中央峰，共计67人，承办工作人员和山友共计139人。登顶者和登达海拔5000米以上者分别获得由西藏登山协会签发的登顶证书和登高证书。

10月11日　《西藏自治区体育局关于西藏登山综合培训学校为独立法人的决定》印发并明确规定，为了加强对自治区登山综合培训学校设施的管理，确保资产的保值增值，自治区登山综合培训学校为独立法人，有权进行业务经营活动。法人代表为校长尼玛次仁。

12月12日　西藏自治区体育局对《西藏圣山登山探险服务有限公司重组请示》作出批复，下达了《西藏自治区体育局关于圣山探险服务公司重组为西藏圣山登山探险服务有限公司的批复》，同意建立股份制西藏圣山登山探险服务有限公司，建立经营规范、责权明确、产权清晰、独立经营、自负盈亏、分配合理的企业体制。

2004年

1月9—11日　西藏自治区体育局在拉萨召开全区体育工作研讨会，学习贯彻《中共西藏自治区委员会、西藏自治区人民政府关于进一步加强和改进新时期西藏体育工作的意见》，分析西藏自治区体育工作的现状，深入探讨制订《西藏体育事业"十一五"发展规划》，进一步认清全区体育工作的形势，提高做好体育工作的认识，理清发展体育事业的思路，明确体育事业发展目标。

5月　中意联合攀登珠穆朗玛峰。西藏登山队的开尊、扎西次仁、拉吉、拉巴4人和意大利的6名队员成功登顶并安全下撤。意大利珠峰登山队来华开展联合登山行动是为纪念该国登山家首次登顶世界第二高峰——乔戈里峰50周年而发起的一系列纪念活动的一部分。

6—7月　中国与巴基斯坦组成联合登山队攀登乔戈里峰。7月27日6时55分，第三次攀登乔戈里峰的西藏探险队员仁那、边巴扎西、洛则、次仁多吉，西藏登山向导学校派出的高山协作扎西次仁、边巴顿珠、普布顿珠与巴基斯坦队员尼萨、侯赛因共9人登顶。

7月27日—9月28日　西藏自治区体育局根据外交部和自治区外事办公室通知要求，派出西藏登山队的丹真多吉、加拉等登山运动员，配合外交部和自治区外事办公室，在林芝波密县及米林县丹娘乡区域，协助美国海军14名陆战队员寻找第二次世界大战"驼峰航线"美军坠毁飞机残骸和飞行员遗骸遗物。

9月25日—10月7日　第四届西藏登山大会在桑丹康沙峰举行，来自国内13个城市的登山爱好者参加大会。其中，西藏达氏集团公司的董事长达瓦次仁作为民营企业家首次参加西藏登山大会。

11月3日　西藏自治区机构编制委员会下达《关于对区体育局〈关于成立自治区登山综合培训中心的请示〉的批复》，批准成立西藏登山综合培训中心，主要职责为：负责培养登山后备人才；培养高山协作、高山向导、高山探险翻译人员；培训非专业登山人员等。

2005年

4月22日　西藏自治区体育局羊八井高山训练基地一期工程开工建设。

5月19日　西藏登山向导学校（西藏登山综合培训中心）与法国沙木尼滑雪登山学校建立合作办学关系，双方合作协议签字仪式在拉萨举行。出席签字仪式的有西藏自治区副主席甲热·洛桑丹增，法国体育部部长办公室主任色季·柯尼克先生，沙木尼滑雪登山学校校长坡斯林先生，西藏自治区体育局党组书记、西藏登山协会主席群增和副局长平措江村等。

5月22日　西藏登山综合培训中心（西藏登山向导学校）学员奉命前往卓奥友峰搜寻斯洛伐克登山遇难者，最终找到了遇难者遗体，完成了任务。

5月　为纪念中日两国女子分别从北坡、南坡首次登顶珠峰30周年，西藏女子登山分队代表中国登山队与日本女子登山队组成联合登山队再次攀登珠峰，此次登山行动与配合国家测绘局复测珠峰高程同时进行，共24人登上顶峰。

5月27日　西藏探险队在攀登最后一座高峰——迦舒布鲁姆Ⅰ峰时，遭遇滚石袭击，仁那不幸罹难，同行队友边巴扎西受重伤致残，次仁多吉和后勤总管兼翻译普布次仁等受轻伤。西藏自治区体育局紧急决定停止攀登行动。

7月24日　"2005搜狗美女野兽登山队"A、B两组的12名明星队员登顶海拔6206米的启孜峰。

9月24日—10月3日　第五届西藏登山大会在启孜峰举行，来自国内10个城市的31名山友参加大会。其中，27人成功登顶，获得登顶证书；4人登达海拔5000米以上，获得登高证书。

10月1—2日　西藏登山队参加中尼友好登山队攀登"中尼友谊峰"。10月1日12时45分，洛则、阿旺扎西、孙斌、次仁桑珠、吉米扎西、次仁顿珠等中方队员和边巴、尼玛、兰巴布3位尼方队员首批登顶；10月2日，中方队员王勇峰、尼玛次仁、次落、孙斌、阿旺罗布、罗布占堆、德庆欧珠登顶。

2006 年

6月4日　西藏探险队主力队员洛则在队友和主力队员仁那牺牲后，主动申请补登安纳布尔那峰，13时20分，与西藏登山向导学校派出的高山协作小边巴扎西和雇佣的尼泊尔夏尔巴人高山协作登上顶峰。

6月19日　西藏自治区人民代表大会常务委员会公告：《西藏自治区登山条例》已由西藏自治区第八届人民代表大会常务委员会第二十四次会议于同年6月1日通过，现予以公布，自2006年10月1日起施行。西藏自治区第六届人民代表大会常务委员会1994年5月7日制定的《西藏自治区外国人来藏登山管理条例》同时废止。

7月　西藏攀岩队成立，11名队员在江西应用职业技术学院完成大专课程学习的同时，进行攀岩训练。

7月20—26日　由西藏自治区体育局和国家体育总局登山运动管理中心共同主办、西藏登山综合培训中心（西藏登山学校）和国家体育总局登山运动管理中心攀岩攀冰部共同承办的首届西藏国际攀岩邀请赛，在西藏登山综合培训中心（西藏登山向导学校）攀岩塔举行。西藏攀岩队次仁顿珠获得男子速度赛第四名。

秋季　根据上级指示，西藏自治区体育局派出西藏登山队高级教练旺加带领登山运动员扎西次仁、丹真多吉、普布，配合国家水力水电总公司，对雅鲁藏布江流域进行水电资源综合考察。

9月27日—10月3日　第六届西藏登山大会在启孜峰举行，共39名山友参加。其中，19人登顶、20人登达海拔5200米的前进营地，分别获得登顶证书和登高证书。

10月2日　西藏自治区体育局羊八井高山训练基地暨中国登山协会西藏羊八井训练基地一期工程落成揭牌仪式举行，国家体育总局训练局局长阎世铎和我国第一位奥运冠军获得者许海峰出席并揭牌。

2007 年

6月　国家海洋局极地办公室与西藏自治区体育局签订《中国南极内陆考察队高原训练协议》。从当年开始，由西藏登山队和西藏登山综合培训中心（西藏登山向导学校）选派教练员，在羊八井高山训练基地，对参加南极科学考察人员进行为期15天的选拔性训练。

7月12日　9时31分，第三次攀登迦舒布鲁姆Ⅰ峰的西藏探险队员边巴扎西、次仁多吉、洛则和为丈夫仁那实现遗愿的著名女登山家吉吉，与西藏登山向导学校派出的高山协作小边巴扎西、边巴顿珠、索朗扎西，还有巴基斯坦的队员尼萨、纳赛尔、菲达共10人登顶。这次成功登顶使中国以新兴登山大国的身份成为国际登山界公认的"14座俱乐部"新成员。

8月9日　西藏自治区人民政府和国家体育总局在北京人民大会堂为"中国西藏攀登世界14座8000米以上高峰探险队"举行隆重的庆功大会。国家体育总局授予次仁多吉、边巴扎西、洛则3位登山家"国家体育运动荣誉奖章"，授予西藏探险队"不畏艰险、勇攀高峰先进集体"荣誉称号。

8月28日　西藏自治区人民政府在拉萨召开庆功表彰大会，表彰为我国登山事业做出特殊贡献的西藏探险队。西藏自治区主席向巴平措等领导出席并向探险队员献哈达、颁发荣誉证书，向西藏登山协会颁发了荣誉奖牌。

9月28日—10月5日　第七届西藏登山大会在启孜峰举行，共43名山友参加。其中年龄最大的51岁、最小的21岁，登顶和登达前进营地的山友分别获得登顶证书和登高证书。

2008年

3月29日　西藏登山队（集体）获得由12家中国、美国、加拿大及欧洲、东南亚地区的中文媒体和机构共同授予的"世界因你而美丽——2007影响世界华人大奖"。

5月8日　西藏自治区体育局派出西藏登山队和西藏登山向导学校等单位和部门人员参加北京奥运火炬接力珠峰传递。9时17分，人类首次将奥运火炬在世界最高峰上点燃、传递。北京奥运火炬接力珠峰传递登山队的19人登顶，5名火炬手进行了奥运圣火传递。19名队员是：尼玛次仁、王勇峰、次仁旺姆、吉吉、罗布占堆、罗申、达琼、李福庆、黄春贵、袁复栋、阿旺扎西、小扎西次仁、普布顿珠、次落、德庆欧珠、次旦久美、边巴顿珠、严冬冬、洛则。

5月27日　报经上级批准，由阿旺扎西领队的10人登山队，登上珠峰海拔8700米"第二台阶"，成功将不再使用的旧"中国梯"抢救性拆除。旧"中国梯"作为登山运动的历史文物收藏在珠峰登山博物馆。

6月21日　在拉萨，北京奥运圣火珠峰传递火种与境内外传递的主火种在熔火盆中熔为一体。

8月1日　西藏自治区机构编制委员会下达《关于自治区登山综合培训中心增加人员编制的批复》，同意在现有7名事业编制上再增加5名，至此共编制12名。

8月8日　23时36分，在北京奥林匹克运动会开幕式上，潘多作为我国不同时期优秀运动员代表，和其他7位执旗手手持奥林匹克会旗入场。

9月28日—10月5日　第八届西藏登山大会在启孜峰举行，共有来自14个城市的71名山友参加，其中最高年龄为75岁。山友们分两组共60人登顶，登顶率达84%，登顶山友中最高年龄为57岁。登顶和登达海拔5000米以上的山友分别获得登顶证书和登高证书。

10月2日　西藏登山队协助国内业余登山队攀登卓奥友峰（海拔8201米）。10时，旺加、多布杰、扎西次仁、加拉、索朗顿珠等西藏登山队的教练员和运动员与业余登山队的部分队员成功登顶。

2009 年

4月28日—5月6日　第九届西藏登山大会在启孜峰和姜桑拉姆峰同时举行，共82名山友参加。67名山友分别登顶两座山峰：54人登顶启孜峰、13人登顶姜桑拉姆峰；其他山友中分别登达启孜峰海拔5200米的前进营地以上、姜桑拉姆峰海拔5300米的前进营地以上者分别获得登顶证书或登高证书。

7月10日　为庆祝西藏喜马拉雅山登山向导学校成立10周年，西藏自治区体育局举行隆重庆祝活动。

7月10日　"2009中坤·珠穆朗玛杯攀岩精英赛"成功举办，西藏攀岩队的选手仁青拉姆获得女子难度赛季军。

2010 年

5月24日　西藏自治区体育局在珠峰登山博物馆举行纪念中国人首次登顶珠峰50周年座谈会。

5月25日　由队长尼玛次仁领队，西藏登山队高山救援队紧急救援两名攀登珠穆朗玛峰遇险的西班牙登山人士。西班牙政府为两人获救专门给我国外交部发来感谢电。

9月　为建立健全西藏高山救援体系，官方专业高山救援队（在西藏登山队挂牌）和西藏圣山登山探险服务有限公司的民营高山救援队经上级批准成立。西藏登山运动管理中心和西藏登山队、西藏登山综合培训中心（西藏登山向导学校）承担高山救援职责。

9月25日　第五届西藏登山协会经过换届选举，由当选的12名成员组成。

9月28—29日　西藏自治区体育局举行庆祝西藏自治区登山队成立50周年庆典。

2011 年

1月18日　西藏自治区机构编制委员会印发《关于自治区体育局所属事业单位机构编制批复》，西藏登山队与西藏登山综合培训中心进行合并，并增挂自治区高山救援队牌子，即西藏登山队（自治区高山救援队、自治区登山综合培训中心），主要职责为：发展西藏自治区的登山运动；培养登山专业人才；开展登山救援；承办自治区体育局交办的其他工作。

2012 年

4月28日—5月8日　第十届西藏登山大会分别在启孜峰、唐拉昂曲峰举行,共60名山友参加。其中,23名山友登顶启孜峰,34名参加攀登唐拉昂曲峰的山友因冰雪坡出现巨大裂缝为确保安全放弃登顶。

5月19日　8时16分,在中国地质大学(武汉)实施攀登世界七大洲最高峰和徒步南北极点(7+2)探险活动中,西藏登山队青年队员次仁旦达、德庆欧珠登顶世界和亚洲最高峰——珠穆朗玛峰。

2013 年

7月3日　由国家体育总局登山运动管理中心和西藏自治区体育局主办,国家体育总局登山运动管理中心攀岩攀冰部、国家体育总局登山运动管理中心高山探险部、西藏登山队承办的纪念人类首次登顶珠穆朗玛峰60周年庆典在拉萨举行。

7月4—5日　在纪念人类首次登顶珠穆朗玛峰60周年庆典上举行的攀岩比赛中,西藏攀岩队的选手仁青拉姆获得女子组难度赛和攀石赛的双料冠军,索朗加措获得男子组难度赛冠军。

8月18日　凌晨3时30分,在中国地质大学(武汉)实施攀登世界七大洲最高峰和徒步南北极点(7+2)探险活动中,西藏登山队青年队员次仁旦达、德庆欧珠登顶欧洲最高峰——厄尔布鲁士峰(海拔5642米)。

9月30日　第十一届西藏登山大会暨首届拉萨秋季旅游登山大会在羊八井高山训练基地举行。

2014 年

2月9日　11时45分,在中国地质大学(武汉)实施攀登世界七大洲最高峰和徒步南北极点(7+2)探险活动中,西藏登山队青年队员次仁旦达、德庆欧珠登顶非洲最高峰——乞力马扎罗峰(海拔5895米)。

3月31日　西藏登山女英雄潘多在无锡市逝世。

9月　西藏自治区体育局介绍大力推动西藏登山运动创新发展的经验。

9月22日　13时52分,在中国地质大学(武汉)实施攀登世界七大洲最高峰和徒步南北极点(7+2)探险活动中,西藏登山队青年队员次仁旦达、德庆欧珠登顶大洋洲最高峰——科休斯科峰(海拔2228米)。

10月1日　10时10分,第十二届西藏登山大会暨第一届西藏户外运动大会在羊八井高山训练基地开幕。

11月　西藏滑翔伞运动队成立,现有队员6人,均为中国航空运动协会认可的B

级飞行员。

2015 年

1月19日　23时00分，在中国地质大学（武汉）实施攀登世界七大洲最高峰和徒步南北极点（7+2）探险活动中，西藏登山队青年队员次仁旦达、德庆欧珠登顶南美洲最高峰——阿空加瓜峰（海拔6962米）。

6月10日　04时36分，在中国地质大学（武汉）实施攀登世界七大洲最高峰和徒步南北极点（7+2）探险活动中，西藏登山队青年队员次仁旦达、德庆欧珠登顶北美洲最高峰——麦金利峰（海拔6193米）。

7月　西藏自治区体育局林芝高原训练基地开工建设。该项目位于林芝市巴宜区迎宾大道东侧，是"十二五"彩票公益金重点建设项目。

8月8日　西藏自治区人民政府印发《西藏自治区人民政府关于加快发展体育产业促进体育消费的实施意见》。

10月3日　第十三届西藏登山大会暨第二届西藏户外运动大会在羊八井高山训练基地开幕。开幕式上的热气球等户外极限运动项目表演，为今后在西藏自治区发展同类项目奠定了基础。

2016 年

4月27日　21时57分，在中国地质大学（武汉）实施攀登世界七大洲最高峰和徒步南北极点（7+2）探险活动中，西藏登山队青年队员次仁旦达、德庆欧珠成功抵达北极点。

9月　西藏自治区体育局林芝高原训练基地竣工交付使用。

10月2日　高山救援基金募集公益拍卖活动举行，募集高山救援基金近17万元。

10月3日　由西藏自治区体育局、拉萨市人民政府联合主办的第十四届西藏登山大会暨第三届西藏户外运动大会在羊八井高山训练基地开幕。活动内容包括洛堆峰登山探险、洛堆峰滑雪登山、雪古拉峰群众性徒步登山和自行车越野挑战赛等内容。本届西藏登山大会被评为"2016中国体育旅游十佳精品赛事"。

10月25日　西藏自治区人民政府印发《西藏自治区全民健身实施计划（2016—2020年）》。

12月14日　02时30分，在中国地质大学（武汉）实施攀登世界七大洲最高峰和徒步南北极点（7+2）探险行动中，西藏登山队青年队员次仁旦达、德庆欧珠登顶南极洲最高峰——文森峰（海拔4897米）。

12月25日　06时16分，西藏登山队青年队员次仁旦达、德庆欧珠成功抵达南极点，至此完成了随中国地质大学（武汉）实施攀登世界七大洲最高峰和徒步南北极点（7+2）探险行动。西藏自治区登山队实现了世界登山领域"大满贯",再次刷新了登山探险纪录。

2017 年

3月　西藏登山体验健身训练馆项目开工建设。该项目是中央预算内"十二五"规划项目,总投资为2400万元。

7月6日　"中国西藏登山大会"被列入首批"国家体育旅游精品赛事"名单。

7月12日　在"中国西藏攀登世界14座8000米以上高峰探险队"创造全部登顶世界纪录10周年之际,西藏自治区体育局在拉萨举行纪念仪式、论坛等活动。

7月　西藏登山向导协会成立。这是国内首个登山向导行业协会,协会的成立解决了登山向导缺乏符合地区特点的行业准入机制的问题。

11月5日　由西藏自治区体育局和拉萨市人民政府主办的第十五届中国西藏登山大会在羊八井高山训练基地开幕。300余名登山、骑行、滑雪爱好者和工作人员在登山大会中参加洛堆峰登山探险、洛堆峰滑雪登山、雪古拉峰群众性徒步登山、自行车越野挑战赛等活动。

2018 年

2018年　滑翔伞运动首次成为亚运会比赛项目,西藏滑雪运动集训队成立。

春季　西藏自治区体育局制订方案、发出通知,组织实施珠穆朗玛峰、卓奥友峰、希夏邦马峰登山垃圾清洁大行动。

4月　为认真落实习近平总书记关于做好山峰环保工作的指示,西藏自治区体育局成立喜马拉雅山环保基金会,使山区环保工作有了可靠的资金保障并进入常态化。

5月7—18日　西藏自治区体育局局长尼玛次仁按照国务院李克强总理的批示,带领西藏登山队高山救援队紧急赶往希夏邦马峰,搜救登山遇险的斯洛伐克著名登山家博扬·彼得罗夫无果后宣布其失踪。事后,尼玛次仁受到来藏调研的李克强总理接见,并转交遇难者家属的感谢信和礼物。

5月22—28日　西藏登山队高山救援队在卓奥友峰实施对韩国籍登山爱好者朴信泳的搜救行动,运送遇难者遗体,并移交给接待登山客户的尼泊尔方面和遇难者家属。

8月2日　西藏自治区人民政府办公厅印发《西藏自治区人民政府办公厅关于加快发展健身休闲产业的实施意见》。

9月　西藏登山体验健身训练馆项目竣工交付使用。

9月6日　西藏登山协会举行中国西藏自治区登山协会和日本长野县山岳协会纪念缔结友好兄弟协会30周年攀登海拔6310米雪拉普岗日峰活动启动仪式。

9月13日　13时50分,中国西藏自治区登山协会和日本长野县山岳协会纪念缔结友好兄弟协会 30 周年攀登海拔 6310 米雪拉普岗日峰行动中，12 名中日队员登顶：中方队员索旺、白玛赤列、德庆欧珠、丹增次仁、索朗扎西、次仁多布杰共 6 人；日方队员唐木真澄、杉田浩康、西田均、水谷刚生、林正昭、近藤真由美（女）共 6 人。其中年龄最大的是 74 岁的日方队员唐木真澄先生，年龄最小的是 23 岁的中方队员次仁多布杰。

9 月 30 日—10 月 6 日　第十六届中国西藏登山大会在羊八井高山训练基地举行，参会人数达 500 余人。大会主要内容为洛堆峰高海拔登山探险、首届西藏洛堆峰全国滑雪登山交流大会、洛堆峰群众性登山、雪古拉自行车越野挑战赛、首届西藏热气球和滑翔伞定点表演赛、户外运动文化互动节、全区体育产业交流大会、西藏传统马术表演等。

10 月 11 日　西藏登山队高山救援队救援 5 名违规私自攀登宁金抗沙峰发生滑坠的遇难和被困人员。根据登山惯例，救援队员对遗体拍照取证，用帐篷包裹遗体后留在原处，护送被救出的 1 名被困者下山。

10 月 22 日　西藏圣山登山探险服务有限公司的高山救援队应遇难者王××家属请求，派出 20 名登山协作和 4 名后勤保障人员，从宁金抗沙峰搬运王××遗体下山，并移交其亲属。

11 月 2 日　为认真贯彻"2018 国家自然保护区监督检查专项行动"第十二巡查组对珠峰登山环保巡查的指示精神，尽快研究出台《珠峰登山垃圾处理办法（暂行）》《2019 年春季珠峰登山垃圾（登山者遗体）清洁大行动方案》，西藏自治区体育局召开专题会议，安排部署 2019 年春季珠峰登山环保工作。自治区登山协会、登山队、西藏圣山登山探险服务有限公司主要负责人和有关部门负责人参会。

11 月 16 日　西藏登山协会在拉萨召开第六届换届选举会议，由当选的 35 名成员组成。

冬季　西藏圣山登山探险服务有限公司利用冬天的登山淡季，举办首届喜马拉雅守护者全国分享会。

2019 年

7 月 12 日　西藏拉萨喜马拉雅登山向导学校建校 20 周年庆典暨 2019 西藏登山向导节在拉萨举行开幕式。系列活动包括："一带一路"中国拉萨国际攀岩大师赛、中国西藏喜马拉雅高海拔登山交流会、中国西藏喜马拉雅高海拔登山摄影展、中国西藏喜马拉雅登山向导之夜。在 2019"一带一路"中国拉萨国际攀岩大师赛（简称拉萨国际攀岩大师赛）上，藏族女运动员白玛玉珍夺得女子攀石赛冠军。

10 月 11—17 日　第十七届中国西藏登山大会在拉萨市当雄县羊八井镇举办，有 210 人参加了本届登山大会。主要内容有洛堆峰高海拔登山探险、首届西藏洛堆峰全国滑雪登山交流大会、洛堆峰群众性登山活动等。

10月　日喀则市珠峰国际登山产业运营中心项目开工建设。

11月　西藏滑翔伞运动集训队在西藏自治区体育运动学校各专业队中招生，共有3名运动员入选，分别是古典式摔跤队的旦增罗布、加央多吉和自由式摔跤队的仁增加措。

12月28日　西藏自治区冰雪运动进机关、进企事业单位活动在拉萨市当雄县羊八井镇洛堆峰举行。

冬季　西藏圣山登山探险服务有限公司组织举办第二届喜马拉雅守护者全国分享会。

2020年

1月9—22日　索朗曲珍、尼玛拥青参加在瑞士洛桑举行的第三届冬季青年奥运会。索朗曲珍获得滑雪登山女子个人越野赛和短距离赛两个第四名，这是滑雪登山项目进入奥运大家庭以来，中国运动员取得的最好成绩，创造了中国滑雪登山运动项目新的历史纪录。

5月11日　由中国登山协会、西藏自治区体育局主办的纪念中国人首次登顶珠峰60周年、庆祝西藏登山队成立60周年系列活动在海拔5200米的珠峰大本营举行。

5月27日　中国人又一次登上世界海拔最高的珠穆朗玛峰峰顶，第三次测量了"世界高度"。

6月1日　西藏自治区体育局与西藏民族大学共建西藏民族大学山地户外运动学院合作协议签约暨揭牌仪式在拉萨举行。

6月24日　西藏自治区登山爱国主义教育基地展览脚本专家评审会议召开。

7月3日　为推进高原健康与运动科研协同创新、服务新时代西藏长足发展和长治久安，西藏自治区体育局与西藏大学签约《战略合作框架协议》暨"高原健康与运动协同创新中心"揭牌仪式在西藏大学纳金校区举行。

9月25日　2020中国攀岩联赛（西藏林芝）女子速度赛中，湖北攀岩国训队选手牛笛与湖南七星山攀岩国训队选手邓丽娟分别以6秒81、6秒98的成绩超过6秒99的现世界纪录。

10月1日　西藏自治区登山队成立60周年座谈会在拉萨召开。包括1960年登顶珠峰的老登山家贡布在内的几代西藏登山人齐聚一堂，共同在国庆节与中秋佳节庆祝这支光荣的队伍60岁生日。

10月3日　由西藏自治区体育局、拉萨市人民政府主办的第十八届"第三极"中国西藏登山大会在拉萨市当雄县羊八井镇开幕，有500多名山地户外运动爱好者参加。

10月20—22日　由国家体育总局、中央广播电视总台、西藏自治区人民政府主办的 2020 第三届"跨喜马拉雅自行车极限赛"举行。

12 月 8 日　国家主席习近平同尼泊尔总统班达里互致信函，共同宣布珠穆朗玛峰的最新高程为 8848.86 米。

附录六：现代登山运动在西藏兴起

登山运动被联合国教科文组织列入"人类非物质文化遗产代表名录"。

现代登山运动诞生于18世纪欧洲西部的阿尔卑斯山区。在高海拔山峰的3000～4000米的雪线附近，即接近"高山植物禁区"的地带，往往生长着一种野花——"高山玫瑰"，采摘这种野花是很困难的。在阿尔卑斯山区的居民中一直流传着一种风俗：当小伙子向心仪的姑娘求爱时，为了表达对爱情的真诚，就必须战胜种种艰难险阻，勇敢地登上高山采来"高山玫瑰"，献给心爱的姑娘。时至今日，阿尔卑斯山区的人们仍然保留这一习俗。长此以往，在阿尔卑斯山区的登山活动便发展成为一种人们普遍爱好和踊跃参加的运动。

18世纪中叶，阿尔卑斯山脉以其复杂的山体结构、气象千变万化和丰富的动植物资源，吸引了越来越多的科学家们的注意。

1760年，日内瓦的一位名叫H·德索修尔的年轻科学家，在考察阿尔卑斯山区时，对勃朗峰（Mont Blanc）的巨大冰川发生了浓厚兴趣。然而，他自己的攀登却未能成功。于是，他在山脚下的沙木尼村口贴了这样一张告示："为了探明勃朗峰顶上的情况，谁要是能够登上它的顶峰，或找到登上顶峰的道路，将以重金奖赏。"布告贴出后没有人响应，一直到26年后才由沙木尼镇的医生和一名采掘水晶石的石匠实施了攀登。

1786年，在法国沙木尼镇一名叫米歇尔·帕卡尔（Michel Paccard）的医生和水晶石采掘工人雅克·巴尔玛（Jacques Balmat）第一次成功登上勃朗峰。米歇尔·帕卡尔出生于沙木尼，对植物和矿物也颇有研究。雅克·巴尔玛出生于沙木尼一个贫困家庭，曾以打猎和采矿为生，后来成了一名登山向导。因此，勃朗峰脚下的小镇沙木尼是现代登山运动的发起地。从此，登山运动在欧洲兴起。所以，外国人把登山运动称作"阿尔卑斯运动"，把这两人登顶勃朗峰的这一年作为登山运动的诞生年。"阿尔卑斯运动"这个名称来源于横贯法国、意大利、瑞士和奥地利等国的阿尔卑斯山，海拔4810米的勃朗峰是它的主峰，也是西欧的最高峰。

2019年12月11日，联合国教科文组织郑重宣布：将阿尔卑斯式登山列入人类非物质文化遗产。阿尔卑斯式登山不仅是一项需要运动素质和专业技术的体育活动，仅仅通过对迷人风景的探索或对个人成就的追求来定义它是不完整的。它具有所有这些特点，而且其特点是一种个人参与的精神状态、自我责任感、对自然环境的了解和尊重，以及牢固的团结和社会关系。这些独特的特点及其历史文化背景，使阿尔卑斯式登山成为一种具有突出而普遍的人类和社会价值的非物质文化遗产。国际登山联合会2009年开始努力将阿尔卑斯式登山列入联合国教科文组织人类非物质文化遗产名录。国际登山联合会成员被邀请游说他们各自的政府加入这个项目。最后，由三个国家承担了这项重要的任务：法国、瑞士和意大利。这项艰巨的工作是通过上述国家有关方面的协调完成的。

中国开展登山运动的时间在世界现代登山运动的历史中相对较晚。

1955年，苏联全苏工会中央理事会向中华全国总工会发出邀请，希望中国全国总工会派人去苏联学习登山技术。5月，全国总工会派许竞、师秀、周正、杨德源赴苏联外高加索登山营学习。许竞等4人和苏联运动员联合组成中苏帕米尔登山队，成功登顶帕米尔高原上海拔6673米的团结峰和海拔6780米的十月峰。这可以说是揭幕中国现代登山运动史诗剧的序曲。

1956年，中国全国总工会在北京西郊八大处举办了登山训练班，培训了第一批登山运动员

1956年4月25日，成立不久的我国第一支登山队——中华全国总工会登山队，在苏联专家库金诺夫和兹维兹特金的指导下，队长史占春等32人登上了我国东部的最高峰，即秦岭山脉的主峰——海拔3767米的太白山，开创了我国现代登山运动的首次纪录。7月中苏混合登山队登顶慕士塔格峰、8月登顶公格尔九别峰。

1957年6月13日，中华全国总工会登山队登顶四川西部海拔7556米的贡嘎山。以中国登山队独立组队登顶贡嘎山为标志，中国现代登山运动进入蓬勃发展的新时期。为适应这一发展形势的需要，全国性的登山管理机构——登山处和登山协会相继成立，制订颁布了《中国登山协会会章》《登山运动员等级标准》《中国登山运动五年规划》，确立了与科学考察相结合，"为国家经济建设和国防建设服务"的中国现代登山运动的基本方针。

1958年4月8日，时任国务院副总理、国家体委主任贺龙主持召开了由国家体委有关部门和单位负责人参加的登山运动座谈会。与会者一致认为鉴于登山运动与国家的地质地貌勘探、测量和气象、生物等科学研究工作的关联性，还具有培养人的勇敢、

坚毅、团结精神和热爱祖国壮丽河山优良品质的积极作用，更可创造世界登山纪录为国争光，开展现代登山运动具有重大价值和重大意义。特别是在我国广袤的领土上山高岭多，地理条件极为优越，具备开展登山运动的各方面有利条件，因此亟需建立一支强大的登山队伍，有计划地大力开展登山运动。会议决定筹备成立登山运动全国性的群众组织——中国登山协会，作为中华全国体育总会的团体会员之一。5月16日，首先成立了隶属于国家体委的行政机构——登山运动处，史占春任处长。接着中国登山协会成立，栗树彬任主席，漆克昌、陈外欧、张文佑任副主席，史占春任秘书长。登山协会下设科学研究工作委员会和技术指导工作委员会，由张文佑、许竞分别任主任。随后，登山被正式列为我国体育的运动项目。

中国登山队原隶属于中华全国总工会建制，由于登山运动涉及部门和单位多，需要与军事机关、科研部门、大专院校密切合作，还要与外国运动员混合组队登山或进行国家间的比赛等，这又涉及国际事务惯例等问题。因此，由工会组织实施起来有很多困难。在登顶贡嘎山之后，中华全国总工会就建议将登山运动交由国家体委统一管理。

1958年，是西藏的现代登山运动的兴起之年。根据中、苏登山部门协商达成的协议，将于1959年组成中苏混合登山探险队攀登珠峰。为了作好登山前的侦察和招收新运动员，以及新老队员训练、物资装备筹备等准备工作，中国国家登山队以国家体委参观团的名义，派出团长史占春，副团长许竞、胡本铭、罗志升等带领国家登山队的160多人先后开赴西藏，于12月12日之前全部抵达拉萨。接着开始了从藏族青年中选拔国家登山队新队员的工作。经过广泛的调查和遴选，从驻藏人民解放军的部队、农场和机关里挑选出贡布、索南多吉、多吉甫、西绕（女）、潘多（女）、齐米（女）、查姆金（女）等30多名藏族青年，与国家登山队的赴藏人员一起共计190多人参加了集中训练。

1959年1月16日至2月8日，在此前进行了为期一个月的现代登山运动初级技能、体能训练的基础上，把队伍拉到念青唐古拉山区开展冰雪作业技术训练，有72人分三批登顶海拔6177米的唐拉堡峰（现称唐拉昂曲峰，海拔6330米）。

在体能训练阶段，着重练习提高队员的耐力、力量等。在全面训练中反复进行中长跑、竞走、负重行军训练，并克服器材不足的困难，利用石头、树林、台阶、堑壕等一切可以利用的器物进行多种形式的体能训练，使训练达到了预期目标。全体队员中女队员全员能跑完1600米、男队员全员能跑完3000米，其中90%的男队员能跑完5000米。经过强化训练，队员们的体能和身体的协调与灵活性明显增强。

在登山技能训练阶段，坚持"少讲多操作、边讲边操作和一般指导与重点辅导相结合"的训练方法，针对西藏地理条件和冬季高寒缺氧的特点，确定以冰雪作业为主要训练内容。经过18天的山区训练和攀登，使广大队员特别是新队员基本掌握了冰雪作业技术。

同年 3 月，当登山队准备进山之时，西藏原地方政府发动了武装叛乱，致使原定当年中苏联合攀登珠峰的行动告停。登山队参加并完成了中央人民政府统一组织指挥的平息拉萨叛乱任务后，于 4 月份转赴新疆，改为攀登慕士塔格峰。

第一节　西藏山脉山峰概况

打开世界地图，我们可以看到，在亚洲的中部，有一块面积很大的棕褐色区域，形似驼鸟，点缀着众多碧绿的湖泊和纵横交错的雪山，面积约 200 万平方公里，平均海拔 4000 米以上。这里，就是地球上最高、最年轻，被誉为"世界第三极"和"世界屋脊"的青藏高原。

早在距今约 2 亿年以前，这里曾经是一片波涛汹涌的汪洋大海，与遥远的北非、南欧等海域相连，被称为"特提斯海"。在此后的漫长岁月里，地球上发生了多次强烈的地壳运动，使持提斯海底部的陆地隆起，海水逐渐退却，特别是到了距今 3000 万年时，这里发生了一场造山运动——"喜马拉雅运动"，南部的印度板块向北漂移，并与欧亚板块发生碰撞，使海水彻底从特提斯地区消失，板块碰撞与挤压剧烈的区域，迅速上升并形成了喜马拉雅、昆仑、横断等高大山脉，并诞生出傲视环宇的珠穆朗玛峰。

在西藏自治区这片辽阔高峻的大地上，耸立着 5 座海拔 8000 米以上的高峰，还有众多海拔 6000～7000 米以上的雪山峻岭。有高耸入云的喜马拉雅山脉，又有绵延数千公里的昆仑山脉、冈底斯山脉和唐古拉山脉；有世界第一高峰——珠穆朗玛峰，又有"神山之王"——冈仁波齐峰。除喜马拉雅和昆仑（西、中、东三段及南、北五支）两条一级山脉是东西走向外，还有可可西里、阿里喀喇昆仑山、唐古拉山、冈底斯山、念青唐古拉山、阿依拉山、拉轨岗日、郭喀拉日居等二三级山脉也呈东西走向。在东部地区呈南北走向的有横断山脉、岗日嘎布、伯舒拉岭、他念他翁山、芒康山等二级山脉。期间的四、五级山脉也呈南北向，其范围在北纬 23°～30°、东经 98°～99°之间。

一、西藏山脉概况

（一）喜马拉雅山脉

喜马拉雅山脉是一条国际山脉，西起巴基斯坦伊斯兰共和国北部的克什米尔地区，东至我国西藏自治区东南部的墨脱县境内。我国的西藏阿里地区普兰县以西至巴基斯坦克什米尔地区的南迦帕尔巴特峰（海拔 8125 米）为西喜马拉雅；西藏普兰县的纳木那尼峰（海拔 7694 米）至亚东县帕里镇的绰木拉日峰（海拔 7326 米）为中喜马拉雅；此处以东至西藏墨脱县与米林县交界的南迦巴瓦峰（海拔 7782 米）为东喜马拉雅。这组由大小喜马拉雅系列山脉构成的地球上最雄伟的山脉全长2400公里、南北宽100~300公里，平均海拔6000米以上。

在喜马拉雅山脉上，海拔8000米以上的高峰有10座，其中5座在中国西藏与尼泊尔的边界线上或位于中国境内。流入印度洋的萨特累季河、恒河、雅鲁藏布江等国际性河流都发源于冈仁波齐峰（海拔6656米）~纳木那尼峰（海拔7694米）山区。喜马拉雅山脉极高区域广泛发育着现代冰川，虽然随全球变暖有消退趋势，但在其间仍冰峰林立、冰斗万千、冰塔娟秀。中国境内的喜马拉雅山脉北坡发育现代冰川约万条，冰川面积达10000平方公里以上，雪线在海拔4300-6200米之间。

《西藏地理讲义》中记述：喜马拉雅是"雪巢"之意，山势极高，远远超过雪线之上，积雪终年不化。

（二）昆仑山脉

昆仑山脉位于青藏高原北部，是一组庞大的山系，范围在北纬33°~39°、东经74°~102°之间；东西长2500公里、南北宽150公里；平均海拔5500~6000米。

昆仑山脉西起塔吉克斯坦——中国边界线上新疆的阿克萨依齐喀峰，海拔6102米，经帕米尔高原的公格尔峰（海拔7649米）、公格尔山九别峰（海拔7595米）、慕士塔格峰（海拔7546米）向东到阿克富依峰（海拔6360米）为西昆仑山脉；由此向东到昆仑山脉主峰（海拔7167米）延伸到耸峙岭（海拔6371米）为中昆仑山脉南支；再由此向东延伸到玛卿岗日峰（海拔6282米）和年保玉刚峰（海拔5369米）为东昆仑山脉中支与南支；与西藏相连的是中昆仑山脉南支、东昆仑山脉中支与南支的西段。

柴达木盆地的内陆河流多发源于东昆仑山脉，流入太平洋水系的黄河、长江也发源于东昆仑山脉。发源于中昆仑山脉的河流有向北流的玉龙喀什河（和田河的上游）、策勒河和克里鸦河。

中昆仑山脉的一个重要特征就是火山曾活动频繁，最近一次火山喷发是1951年5月27日。在克里雅河上游的"卡尔达西火山"上，目前已发现8个喷发口，火山锥相对高度为264米。

昆仑山脉曾是我国现代冰川最为集中的地区之一，有冰川近万条、面积约1500平方公里，雪线在海拔4200~6000米之间。

现代冰川分布多集中于山峰汇集区：如位于帕米尔的公格尔九别峰——慕士塔格峰区域、中昆仑山脉的昆仑主峰区域、慕士塔格峰区域等。

作为青藏高原的主体——西藏高原上的二级山脉较多而且著名：例如呈东西向排列的可可西里山脉（北纬36°），位于东昆仑山脉南支西段，蜿蜒450公里，横卧于西藏东北部和青海省西南部，南北宽140公里，山脊平均海拔5300米。目前已知耸峙岭（海拔6371米）是它的主峰，该山区现代冰川约280平方公里，雪线在海拔5600米左右。

阿里昆仑山脉（北纬34°）耸立于青藏高原西部，其主体在新疆维吾尔自治区境内，西藏境内的山体是它东延的部分，长约400公里、宽约140公里。该山脉的山脊线在东经82°30′以西还比较清楚，由此向东山体变得断续低矮，逐渐消失在藏北羌塘草原上。阿里昆仑山脉平均海拔6000米左右，扎嘎尔峰（海拔6613米）可能是它的主峰。该地区降水少（年平均降水<50毫米）、气温低（年平均气温为零下4℃）、冰川规模小，虽然曾有736条冰川，但面积只有1300平方公里，雪线在海拔6000米左右，且为闭合圈。

（三）唐古拉山脉

唐古拉山脉（北纬33°左右）横卧于青藏高原中部，是西藏和青海两省区的界山，全长约500公里、南北宽约120公里，主山脊大部分在海拔6000米以上。该山脉为太平洋与印度洋流域的重要分水岭，最高峰在西段长江源头，名叫格拉丹冬峰（海拔6621米）。唐古拉山脉中段地势稍低，冰川数量众多，但规模不大。向东延伸至西藏自治区那曲市索县、巴青县一带的布加岗日峰（海拔6328米）突然高起，形成一个较大的冰川中心。唐古拉山脉曾有153条冰川，面积2200平方公里。

（四）冈底斯山脉

冈底斯山脉横亘于西藏中部，西起阿里地区的狮泉河（东经80°），向东延伸至拉萨市尼木县（东经90°），山脊线平均海拔6000米，全长1600公里、平均宽度约100公里，主峰是罗布岗日峰（海拔7092米）。著名的神山冈仁波齐峰（海拔6656米）坐落在这条山脉上，是藏传佛教、苯教和印度教、耆那教的圣地，被称为"神山之首"。该地区是众多国际河流的发源地，也是青藏高原的外流河和内流河的分界线。冈底斯山脉冰川曾约有3100条、面积约2200平方公里，雪线在海拔6000米左右，该山脉区域冰川规模较小，属于小型冰川作用区。

（五）念青唐古拉山脉

念青唐古拉山脉西起拉萨市尼木县麻江以北海拔7048米的穷姆岗日峰（东经90°），向东作弧形弯曲延展至昌都市然乌湖以北的安久拉山（东经97°），全长740公里。念青唐古拉山脉西段高于东段，海拔7000米以上高峰集中位于拉萨市当雄县羊八井镇至那曲市那曲县（色尼区）一段。东段嘉黎县与比如县交界处有海拔6956米的色浦岗日峰，被当地群众称为藏北第一峰。念青唐古拉山脉东段面对雅鲁藏布江大拐弯区域，处在西南暖湿气流通道上，使现代冰川发育遍布。念青唐古拉山脉曾有冰川2900多条，面积约5900平方公里，雪线在海拔4400~5800米之间。

（六）横断山脉

横断山脉是西藏自治区东部及四川省、云南省西北部南北走向山脉的总称。在西藏区域内有岗日嘎布、伯舒拉岭、他念他翁山和芒康山。山脊线在海拔4000~5000米之间，山岭与山谷高差达1000~2500米左右。横断山脉曾有现代冰川1900余条，面积约1900平方公里。

西藏自治区内的三级山脉在冈底斯山脉至念青唐古拉山脉与喜马拉雅山脉之间，羌塘草原上多为四、五级山脉，且以五级山脉为主。

山峰通常指尖山顶。其形成原因有侵蚀作用、火山作用或构造作用下，在地表上形成尖尖的独立隆起地貌，在地形图上表现为一个封闭的等高线圆圈，其中间的一点并注明数据显示其高程。地形图上表示的陆地地貌形态有各种类型。我们所关注的是冰川地貌、冰雪侵蚀作用下形成的角峰，往往就是登山探险的目标。

西藏的山峰几乎全部分布在冰川发育的极高山区，30%的海拔6000米以上山峰汇聚在羌塘草原上，60%的海拔7000米以上山峰和100%的海拔8000米以上高峰集中分布在喜马拉雅山脉中段。

这众多的山脉及其美丽而神秘的山峰，是世界各地登山探险爱好者向往的圣地，是开展登山户外运动和发展登山探险产业的巨大舞台。

二、西藏高峰概况

中国西藏自治区境内和中国与尼泊尔边境线上有一条地球上最高且最年轻的巨大山脉，那就是喜马拉雅山脉。其西起巴基斯坦北部的克什米尔地区，东至我国西藏东南部的墨脱县境内，长达2400公里，南北宽在100～300公里之间，世界上14座海拔8000米以上高峰就有10座耸立在这条雄伟壮阔的巨大山脉上。在最西端的是那座被称为"吃人魔鬼"的南迦帕尔巴特峰，海拔8125米；最东端的则是被称为"擎天柱"或"刺天长矛"的南迦巴瓦峰，海拔7782米。这两座以"南迦"冠名的高峰就像两支巨柱将喜马拉雅绵延的山脉执拽在高原大地上。西藏自治区地处的这段巨大山脉上坐落着5座举世闻名的海拔8000米以上高峰。

（一）珠穆朗玛峰

珠穆朗玛峰，简称：珠峰，世界第一高峰。1975年，西藏登山队的"九勇士"配合国家测绘部门登顶测量高程为海拔8848.13米；2005年，测得的珠峰峰顶岩石面海拔高程为8844.43米；2020年，测得的珠峰峰顶雪面海拔高程为8848.86米。藏语名称：珠穆朗玛Chomolungma，意为"第三女神"；尼泊尔名称："萨迦玛塔"Sagarmatha，意为"天空之神"；西方称呼：埃非勒士峰Mount Everest。珠峰整个山体呈巨型金字塔状，四周地形极为险峻，气象瞬息万变。在山脊和峭壁之间分布着众多大小冰川和冰塔林。

清朝康熙四十七年（1708年），为绘制《皇舆全览图》，康熙皇帝派人随军从四川进藏，要求目视画图。法国耶稣会会士雷孝思看后认为无法与其他测图拼合。康熙五十三年（1714年），康熙帝又派出曾在钦天监学习过数学测量的理藩院主事胜住和喇嘛楚尔沁藏布、兰本占巴，专程从青海步行到西藏测绘地图，他们在交通极为困难的条件下，直接深入到珠峰脚下，采用经纬图法和梯形投影法，对其位置和高度进行过初步的测量和绘图，比例尺为1:130万。在三年后完成的《皇舆全览图》上，便明确地标上了珠峰的位置，并定名为"朱母郎马阿林"。"阿林"是满语大山的意思，明确其位于中国境内。

《皇舆全览图》是一幅主要由法国传教士主持，中国地方官员、士兵及一些辅助人员参与，对中国及其毗邻地区进行测绘编制的地图，这是我国首次利用西方现代测绘技术绘制的地图，在当时也是世界上范围最广的实测地图，因此不仅在中国，而且在世界地图史上皆具有里程碑意义。

在这幅地图上，珠峰以山形符号标出，"朱母郎马阿林"的位置，放在北纬26°40′、西经29°10′（约合现在东经87°18′），限于当时的条件和技术，和现在经过测量所得的经纬度结果，地理坐标：北纬27°59′17″、东经86°55′31″有出入，而图上山川地势的相对位置，则是清楚准确的。这份地图，可以说是关于珠峰最早的历史文献。比英国人在咸丰二年（1852年）测量此峰并擅自命名为"埃非勒士峰"（或"额菲尔士""埃佛勒斯"，均为英文Mount Everest的音译）早135年。这份地图在1719年制成满文铜版，1721制成汉文木版，1733年又在欧洲制成法文地图。在这些地图上，珠峰以满、汉、法文等不同文字确定了名称。如果说对珠峰的发现是指把这座山峰第一次测量并记载标明在地图上的话，那么胜住和楚尔沁藏布、兰本占巴3人应该最有资格被称为最初的发现者。当然，当地世居于此的人民群众更是此峰的最早发现者。此外，1744的《大清一统志》上也载有"朱母拉马山"的文字，1761年的《水道提纲》上载有"朱母朗马"，1760年到1770年的《乾隆十三排地图》上标注为"珠穆朗玛阿林"，1795年的《卫藏通志》上书写为"朱木朗玛"，1822年的《皇朝地理图》和1844年的《大清一统舆图》上都标注名称为"珠穆朗玛"。

乾隆皇帝在康熙《皇舆全览图》的基础上先后聘用西洋人高慎思、宋君荣、蒋友仁等人，会同中国官员和测绘人员，进行新的测绘工作，完成了《乾隆内府舆图》（又称《乾隆十三排地图》），全图共一百零四块，图幅范围北尽北冰洋，南抵印度洋，西至波罗的海、地中海和红海，不仅是当时我国最完整的实测地图，也是当时世界上最早的、最完整的亚洲大陆全图。图中标出"珠穆朗玛阿林"。

19世纪中叶，英国人开始测量喜马拉雅山脉。由于他们是在印度平原遥测的，并未进入中国西藏和尼泊尔境内，使其对这些高峰的名称也就一概不知。当时他们只是采用罗马数字的排列方法，从东到西排列号数，珠峰列第十五。

1858年，由时任印度测量局局长的乌阿建议并经英国皇家地理学会批准，将他们不知名称的珠峰定名为"埃非勒士峰"，以纪念1852年他们测量此峰时的印度测量局局长——英国人埃非勒士上校。殊不知，他们对珠峰的测量，已经比中国的胜住和楚尔沁藏布、兰本占巴3人晚了130多年。然而在此之后，世界上不少国家的地图仍然均沿用"埃非勒士峰"这一名称。甚至在中华人民共和国成立前，民国政府编撰的地志舆图也因袭了这个名称。1952年5月8日，中国中央人民政府内务部、中央人民政府出版总署，曾就珠峰名称等问题发表通报，指出："'埃非勒士峰'应正名为'珠穆朗玛峰'，'外喜马拉雅山脉'应正名为'冈底斯山脉'。此后，无论教科书、舆图或其它著作，凡用到珠峰或冈底斯山脉时，都不得再称为'埃非勒士峰'或者'外喜马拉雅山脉'。"

珠峰，世界第一高峰。1975年，我国登山运动员配合测绘部门登顶测量高程为海拔8848.13米，地理坐标：北纬27°59′17″、东经86°55′31″，座落在中国和尼泊尔的边界线上，北坡在我国的西藏自治区境内。

2005年，由国家体育总局组织指挥西藏登山队员等与国家测绘总局的技术专家们，测得高程为海拔8844.43米。这一高程是继1975年初次测得海拔8848.13米之后，复测时采用先进的GPS测量系统、冰雪深雷达探测仪、激光测距仪等仪器获得的更精准数据。其中，使用冰雪深雷达探测仪取代人工插杆测量，从而精确测得峰顶冰雪深度；采用GPS测量系统和激光测距仪，使相关精度比1975年的测量提高了一倍以上；广泛参考国内外相关资料，使珠峰的"身高"起算点——大地水准面的确定更精确。由于在测量技术和设备上的突破，使本次测量精度从1975年的±0.35米提高到±0.21米。

2020年12月8日，国家主席习近平同尼泊尔总统班达里互致信函，共同宣布珠穆朗玛峰最新高程。珠峰的高度再一次被改写：雪面高程8848.86米！对这一世界高峰的每一次准确高度的无限逼近，也正是反映了中国科技和国力的不断提升。

根据科学理论，珠峰始终处于"长身高"的状态。然而，2005年测量高程与1975年的测量数据相比还"矮"了3.70米。专家解释这是因为本次测高，对峰顶冰雪深度的测量更加精确、大地水准面计算结果更加完善、全球气候变暖导致峰顶冰雪厚度变薄，这些才是珠峰变"矮"的三个主要原因。尽管她"矮"了一些，但依然是世界最高峰。目前世界第二高峰——乔戈里峰（K2）的高程为海拔8611米，仍比珠峰低200多米。

地质学家研究认为珠峰山区以至整个喜马拉雅山脉一带，大约在两亿年前是一片汪洋，被称之为"特提斯"大海。珠峰是在随后发生的一系列造山运动中升起来的。不过其南面与北面，仍长期淹没在海水以下。直到离现在7000万年至100万年的第三纪末期，才逐渐脱离了海洋的范围。珠峰从那时起一直不断上升，是地球上最年轻、最高峻的山峰。从第四纪冰期以来已上升了约1400米。不断发生的地震、地壳断裂和温泉上涌现象，表明珠峰的"新构造运动"仍在继续。在北坡的地震活动异常活跃。据记载，1932年藏历1月1日傍晚发生的一次地震，烈度达8级以上。当时位于珠峰北麓的绒布寺内的挂钟急剧摇动长鸣，寺庙的殿堂屋顶倒塌，方圆几公里的范围内尘土飞扬，座座山峰之间滚石不断，轰隆的声响经久不息。近年来，在南坡也曾发生强烈地震。2015年4月25日14时11分，尼泊尔发生8.1级地震，震源深度20千米，震后一个月内4级以上余震达265次。震中位于该国的第二大城市——著名的旅游圣地博克拉（北纬28°2′、东经84°7′），到6月11日，地震至少造成8786人死亡、22303人受伤。同时，造成中国西藏、印度、孟加拉、不丹等国均发生人员伤亡情况，其中西藏自治区境内死亡31人（中国人27人，尼泊尔籍在藏4人）。

在藏文典籍和藏民族的传说中记载和流传着许多动人的神话故事，藏文典籍《十万宝训》中记载，大约在相当于唐王朝时期、松赞干布等藏王建立的吐蕃王朝后期，曾由一位名字不详的藏王下令，将珠峰敕封为"扎与马朗"，意为"供奉百鸟的圣地"。珠峰有时亦被称作"洛扎玛朗"，意思是"南方养鸟之地"。在藏民族人民的心目中，珠峰还是一位美丽的女神。在藏传佛教格鲁派的寺庙里，就有珠峰等五位女神的神位，在每月的初十或十五举行祭祀活动。五位女神中的大姐叫珠穆策仁玛，二姐叫珠穆丁吉沙桑玛，三姐叫珠穆朗桑玛，四姐叫珠穆觉本珠桑玛，小妹叫珠穆德格日卓桑玛。珠穆朗玛即三姐珠穆朗桑玛的简称。藏语中的"珠穆"是女神之意，而"策仁玛""丁吉沙桑玛""朗桑玛""觉本珠桑玛""德格日卓桑玛"分别为五位女神的名字，人们称呼珠峰为"第三女神"。由于朗桑玛意为"洁净的水"，因此又把珠穆朗玛意译为"圣母之水"。

还有传说珠峰五姐妹是服侍米拉日巴佛的女神。米拉日巴原是游访僧人，生于11世纪，具有善长诗歌和寓言传教的文学天才，因看到珠峰附近风景幽奇，宜于静修，便在晚年到此修行。珠峰以西，有著名的米拉日巴佛的圣迹。米拉日巴晚年修行于珠峰附近，得道成佛。藏民族对米拉日巴甚为崇拜，每年到珠峰朝拜圣迹者络绎不绝。传说中的"五峰"长寿五姊妹原本是住在雪山群峰中的五位妖女姊妹，后经过莲花生大师前来教诲开导，把她们变成了五位仙女，通称为"次仁切阿"，意为"长寿五姊妹"，五位女神自愿服侍米拉日巴佛。

2015年建成的位于拉萨市夺底路北端附近的"次仁切阿山岳博物馆"，就是取自西藏的5座海拔8000米以上雪山的"长寿五姊妹"之意。

珠峰——"第三女神"，在碧蓝的天幕里，显现出晶莹皎洁的英姿，在夕阳余辉照射下，好似头戴一顶耀眼的金冠，昂首天外。夏季里，她沉睡在云雾之中，偶露峥嵘。冬季里，她卓尔不群呼风唤雪，狂风肆虐。由东山脊、东南山脊、西山脊三条主山脊和夹在中间的北、东、西南三大崖壁组成了形体轮廓。在这些山脊和峭壁之间，分布着由崖沟和冰川所占据的大峡谷、陡峭险峻。紧邻北面和南面三公里处各有山峰一座：北面的山峰是章子峰（藏语叫"羌子"即"北峰"），海拔7543米；南面的山峰是洛子峰（藏语叫"洛子"即"南峰"），海拔8516米。西面还有一座山峰叫努子峰（藏语叫"努子"即"西峰"），海拔7879米。在珠峰与章子峰之间有一山坳，俗称"北坳"，其顶端海拔7028米。在珠峰与洛子峰之间的山坳，称为"南坳"，其顶端海拔7986米。在珠峰东边24公里处有世界第五高峰——马卡鲁峰，海拔8463米。珠峰再向东，遥遥相望的是世界第三高峰——干城章嘉峰，海拔8586米，坐落在喜马拉雅山脉中段尼泊尔和印度锡金邦的边界线上。西边有著名高峰——格重康峰，海拔7985米，坐落在喜马拉雅山脉中段的我国西藏定日县境内。再往西还有世界第六高峰——卓奥友峰，海拔8201米。再更往西遥遥相望的就是世界第十四高峰——希夏邦马峰，海拔8012米。珠峰周围还有众多海拔7000米级山峰，例如：普莫里峰，海拔7170米；立新峰，海拔7071米；卡达普峰，海拔7227米；向东峰，海拔7018米……上述等等山峰都坐落在喜马拉雅山脉中段的我国西藏定日县境内。更有众多海拔6000米级山峰环侍，形成群峰林立、拱卫"第三女神"——世界最高峰之势。

珠峰像座巨型金字塔，巍然耸立在白雪皑皑的喜马拉雅山脉的群峰之上，山体上发育着几十条现代冰川，地形险峻、人迹罕至。珠峰地区的自然环境异常复杂，海拔5800米以上至各高峰的山顶终年积雪，一片银色世界，有数不清的冰雪陡坡和岩石峭壁，经常发生雪崩、冰崩和滚石现象。气候条件极为恶劣，即便是在气候较好的登山季节，也几乎天天刮着六七级的高空风，顶峰的风力常达 10 级以上。珠峰是地球上氧气最为稀薄的地带，峰顶大气中氧气含量，只相当于平原地区的 1/3 到 1/4 左右。山上经常下雪，气温很低，一般在摄氏零下 30～40℃之间。由于上述原因造成珠峰的攀登难度大，所以长期以来人们把其与地球上的南极与北极相提并论，称之为"第三极"。身处其境，同时有两种感觉：一方面观感上她确实美丽壮观；另一方面心理上却感到无助与恐惧。此地气候多变、自然环境严酷，是名副其实的"地球第三极"。

人类与珠穆朗玛峰的二十二个第一次

1. 第一次从北坡登顶的登山家——1960 年 5 月 25 日 4 时 20 分，中国登山队的王富洲、贡布、屈银华 3 人登顶，是首次从北坡登上世界最高峰的登山家。

2. 第一次在"第二台阶"架设金属梯——1975 年 5 月 26 日，参加中国男女混合珠峰登山队攀登测量高程的西藏登山队员索南罗布与贡嘎巴桑、次仁多吉、大平措架设了首个金属梯，成就了此后许多人的登顶梦想。

3. 第一次从北坡攀登测量高程——1975 年 5 月 27 日 14 时 30 分，参加中国男女混合珠峰登山队的女队员潘多和男队员索南罗布、罗则、侯生福、桑珠、大平措、次仁多吉、贡嘎巴桑、阿布钦 9 名队员登顶，并协助国家测绘部门测量高程为海拔 8848.13 米。

4. 第一次南、北两侧"双跨"顶峰会师——1988 年 5 月 5 日，中国、日本、尼泊尔三国联合登山队创造从南、北两侧"双跨"会师顶峰的壮举。

5. 第一位从北坡登顶的女性——1975 年 5 月 27 日，参加中国男女混合珠峰登山队的西藏登山队队员潘多女士，是首位从北坡登顶的女性。

6. 第一位从南坡登顶的女性——1975 年 5 月 16 日，日本女登山运动员田部井淳子女士，是首位从南坡登顶的女性。

7. 第一位遇难的女子登顶者——1979 年，汉·舒马次茨女士成为登上顶峰的第四位女性，但是当她下山时却不幸遇难。

8. 第一位无辅助氧气登顶者——著名登山家意大利人莱茵霍尔·梅斯纳尔和奥地利人彼德·哈伯勒，经东南山脊路线，首次不使用辅助氧气登顶。

9. 第一位无辅助氧气登顶的女性——新西兰人莱·布拉迪女士，于 1988 年成为首位不使用辅助氧气登顶的女性。

10. 第一位从南、北两侧登顶的女性——南非人凯茜·奥多德女士，曾分别于 1996 年 5 月 25 日从南坡登顶、1999 年 5 月 29 日从北坡登顶，成为从南、北两侧都登顶成功的首位女性。

11. 第一位两次登顶的男性——1965 年 5 月 20 日，尼泊尔的夏尔巴人那旺，成为第一个两次登顶者。

12. 第一位两次登顶的女性——印度人雅士·桑托什女士，分别于 1992 年 5 月 12 日、

1993年5月10日两次登顶,是首位两次登顶的女性。

13. 第一位登顶后滑雪下山的人——日本人三浦雄一郎,于1970年从南坡下撤到海拔8000处滑雪下山,创下世界纪录。

14. 第一批冬季登顶的人——波兰人维利斯基和莱斯泽克,于1980年2月17日,首次在冬季登顶,创下世界纪录。

15. 第一位单人登顶——著名登山家意大利人莱茵霍尔·梅斯纳尔,于1980年8月20日,首次单人无辅助氧气从北坳横切到北壁路线登顶。

16. 第一批在秋季登顶的人——日本人石黑久、加藤保男,于1973年10月26日,沿东南山脊经南坳的传统路线登顶,创下世界纪录。

17. 第一对同时登顶的夫妻——斯洛文尼亚夫妇安德列吉和玛丽亚,于1990年10月7日,成为首对同时登顶夫妻。

18. 第一对同时登顶的中国登山队员夫妻——西藏登山队的仁那和吉吉,于1999年5月27日,成为首对同时从北坡登顶的夫妻。

19. 第一对同时登顶的父子——法国人罗切和17岁的儿子,于1990年10月7日,成为首对同时登顶的父子,其子以17岁的年龄打破了当时最年轻登顶者的纪录,还共同从南坳使用滑翔伞降落到登山大本营。

20. 第一次中国业余登山队登顶——2003年5月21-22日共10人登顶,并完成电视直播任务。其中,21日A组7人登顶:陈俊池、梁群、尼玛次仁和担任高山摄像、高山协作的阿旺、扎西次仁、普布顿珠、旺堆;22日B组3人登顶:王石、刘健、罗申。攀登中,首次使用手机在大本营与各营地及顶峰人员联系,结束了只能依赖海事卫星电话或报话机联系的历史,尼玛次仁应中国移动西藏分公司的请托,首次用手机在顶峰与家人通话。

21. 第一对同时登顶的亲姐弟——西藏登山向导学校的次仁旺姆和次仁旦达于2008年5月8日9时17分,成为中国第一双同时登顶的同胞姐弟。

22. 第一次在顶峰传递奥运火炬——2008年5月8日9时17分,人类首次将象征"和平、友谊、进步"的北京奥运会火炬在顶峰依次由吉吉(女)、王勇峰、尼玛次仁、黄春贵、次仁旺姆(女)5位火炬手完成传递任务。

(二)洛子峰

洛子峰,世界第四高峰,海拔8516米,地理坐标:北纬27°57′45″、东经86°56′10″,坐落在喜马拉雅山脉中段、中国西藏定日县和尼泊尔的边界线上、珠峰东南3公里处。由于与珠峰相距很近,从南侧的尼泊尔境内传统攀登路线上都是经过海拔7986米的"南坳"攀登洛子峰和珠峰。所以,多数登山者更钟情于去攀登世界最高峰的珠峰,以获得更大成就感,而对洛子峰则缺乏情趣。直到1955年,才有一支国际登山队试图挑战这座人类尚未涉足的处女峰。攀登者是一名奥地利人和一名瑞士人与两名尼泊尔的夏尔巴高山协作人员,这4人都登达海拔7800米处。同年10月15日,这两名奥地利和瑞士人试图突击顶峰，但是当登达海拔8100米处时遭遇暴风雪袭击，被迫放弃了登顶计划，结束了对此峰的第一次攀登行动。

第一次成功攀登洛子峰的是瑞士登山队。1956年，由瑞士的11人组成的第三支洛子峰和珠峰登山队，先后有6人登上了洛子峰和珠峰。其中，2人于5月18日首先登顶洛子峰，然后返回设在"南坳"的突击营地，继续攀登珠峰，于23日和24日，各有2名队员相继登顶珠峰。

在此之前，瑞士登山队曾两次攀登珠峰，皆以失利告终。

洛子峰处在喜马拉雅山脉中段主山脊上，北靠珠峰，西边由刃脊连接着海拔7879米的努子峰，东边是其姊妹峰——海拔8398米的洛子东峰。其南面是举世闻名的洛子峰南壁。当年第二位登完世界14座海拔8000米以上高峰的波兰著名登山家捷茨·库库奇卡，就是在这里攀登岩石峭壁时遇难的。

1998年10月13日，中国西藏攀登世界14座8000米以上高峰探险队的5名队员从尼泊尔一侧登顶。

（三）马卡鲁峰

马卡鲁峰，世界第五高峰，海拔8463米，地理坐标：北纬27°53′23″、东经87°05′20″，坐落在喜马拉雅山脉中段、中国西藏定日县和尼泊尔的边界线上。"马卡鲁"在藏语意为"转过身来望珠峰"，当地人一般称其为"乔穆娘宗"，意为"神女聚集的地方"。

1954年以前的数年中，英国、美国、新西兰、法国先后组成登山探险队，曾在尼泊尔境内对马卡鲁峰进行了侦察和攀登，均已失利告终。法国登山队最高曾登达海拔7600米处。

1954年，法国登山队有2人登顶马卡鲁峰的姊妹峰——海拔7815米的乔姆伦措峰。

1955年5月，法国的一支由11人组成的登山队前来攀登马卡鲁峰。分别于5月15日、16日、17日，先后共有9名队员登顶。此后，直到1970年才有一支日本登山队的2人登顶。在这中间的15年里没有人类涉足过顶峰，其攀登难度可想而知。

1996年春天，一支日本登山队首次在中国西藏定日县境内攀登马卡鲁峰，最终在这里耗时4个月、建立7个高山营地后，首次从我国境内登顶。

1996年秋季，西藏攀登世界14座8000米以上高峰探险队从我国西藏定日县的一侧攀登马卡鲁峰，这是中国人首次挑战这座世界著名高峰。但是，最终因雨雪连绵不停、队伍进入山区49天后食物燃料难以为继，已登达3号营地的队员因积雪融化又无路可攀，登山季节也即将过去，在已没有继续坚守的必要和攀登的可能性的情况下而终止攀登，撤营返回拉萨。

2003年5月14日，中国西藏攀登世界14座8000米以上高峰探险队的5名队员从尼泊尔一侧成功登顶。

（四）卓奥友峰

卓奥友峰，世界第六高峰，海拔8201米，地理坐标：北纬28°05′32″、东经86°39′43″，坐落在喜马拉雅山脉中段、中国西藏定日县和尼泊尔的边界线上。与珠峰遥遥相望，以其庞大的山体和顶峰的平坦开阔而著名，也是喜马拉雅山脉中段的著名高峰，山体雄伟宏大，是藏传佛教徒心目中的神山。

"卓奥友"来自英文翻译，当地群众都称其为"乔乌雅"。乔，在藏语里是男性与神的意思，乌雅，是指光头。当地流传着一个传说：乔乌雅兄妹7人，他排行老二，很久以前，他默默爱上了隔峰相望的"第三女神"珠穆朗玛，珠穆朗玛也很喜欢帅气、憨厚的乔乌雅。然而，不知什么原因，或许珠穆朗玛不愿再过"牛郎织女"式的生活吧，她嫁给了马卡鲁（马卡鲁峰世界第五高峰）。乔乌雅闻讯大恸欲绝，于是剃光头发，发誓永不再娶，并把脸背对珠穆朗玛向西扭去。因此，现在能有趣地看到别的山峰几乎都众星捧月般地仰视着"第三女神"珠穆朗玛，却唯独乔乌雅执拗地把头扭了过去。乔乌雅——秃头神的名字和故事，就这么一代代流传下来。从乔乌雅——卓奥友峰的外貌看，也象一位健硕伟岸的男士，起基大、山顶饱满、山势挺拔。

卓奥友峰顶上是面积很大且平缓的雪坡，远看确有光（秃）头的形象。在当地藏族群众传说故事中，卓奥友峰及其周围有7座雄伟壮丽山峰是七兄妹：老大叫乔诺布萨（即五官齐全，手握大权之意），坐落在卓奥友峰的西北面，海拔只有6592米，但其体积很大，顶峰非常尖削；老二叫乔乌雅（即光头之神）；老三叫乔乌金拜夏（即戴帽子的佛）；老四叫乔阿岗布刚（即坑坑洼洼高低不平之意）；老五叫丹真乔（即聪明而美丽之意）；老六叫乔夏布加玛尼（即有文才和智慧之意）；老七叫乔乍林嘎姆（即白色女神之意）。其中，四座在中国西藏自治区境内、三座在尼泊尔境内的孔布地区。

早在1921年，英国登山队就对卓奥友峰进行过侦察拍照。

1921年以前的卓奥友峰尚不为登山探险者所知，直到1954年奥地利登山队的3名队员才首次从尼泊尔境内登顶卓奥友峰。卓奥友峰具有相当的攀登难度，在50年代，曾有一支装备了直升机和现代化的登山车，并雇佣大量当地人作向导的英国登山队，就在攀登这座高峰时遭遇惨痛失败。1959年，由世界著名的女登山家——法国人克·郭刚女士率领的由法国、英国、瑞士、尼泊尔、比利时的登山运动员组成的一支国际女子登山队，准备登顶卓奥友峰，以重夺创世界女子登山纪录的桂冠，不料只登达海拔7100米处，便遭遇雪崩而全军覆没，克·郭刚女士本人也不幸遇难。

1952年，英国人为攀登珠峰，曾把队伍拉到卓奥友峰山区进行适应训练，并试验制造的氧气装备。随后沿中国一侧的西北山脊攀登，在海拔6850米处遇到冰壁阻挡而下撤。

1954年，人类第一次成功登顶卓奥友峰的是一支奥地利登山队。该登山队雇用了7名夏尔巴人当高山协作，大本营设在中国一侧的兰巴拉山口。10月19日，3名队员登顶。

1985年5月1日，西藏登山队的9名队员从中国一侧登顶。

1994年9月30日，中国西藏攀登世界14座8000米以上高峰探险队的9名队员登上顶峰。

（五）希夏邦马峰

希夏邦马峰，世界第14座高峰，海拔8012.06米，地理坐标：北纬26°21′07″、东经85°46′55″，坐落在喜马拉雅山脉中段、中国西藏聂拉木县境内。其海拔8012.06米的高程，是1964年经中国国家登山队科考队测量组用黄海海平面二等精密导线点接测，得出山峰高程为海拔8012.06米。过去旧地图上标高8013米系沿用外国人测量数据。该峰是喜马拉雅山脉中屈指可数的极高峰之一，是世界14座海拔8000米以上高峰中唯一整个山体都在我国境内的高峰，与卓奥友峰和珠峰遥遥相望。

希夏邦马峰距中国与尼泊尔的边界线17公里，与珠峰相隔70公里。其周围雪峰林立，东面是海拔7703米的摩拉门钦峰、北面是海拔7056米的北峰、西面是海拔7100米的康盆勤峰。希夏邦马峰本身是由3座相距很近、高差不大的姊妹峰组成。主峰海拔8012.06米，距西北约200米的雪尖海拔7996米、距西北约400米的岩石冰雪相交的山尖海拔7998米。希夏邦马峰平地拔起，高耸入云，像一座倒置的巨大三足银鼎。

希夏邦马峰和喜马拉雅山脉的各座高峰一样，产生于最近一次地理上的造山运动，即第四纪新构造运动，是一座年轻的山峰。该峰是由片麻岩和后期侵入的花岗岩组成，岩石风化程度较大。在构造上是一座单斜山峰，岩层向东南倾斜。从地形上看，是南陡北缓，但北坡有的地段也是断崖绝壁。

希夏邦马峰北坡的冰川名为野博康加勒冰川，全长15.52公里。粒雪盆以上冰川坡度极陡，所以发育着许多横裂缝和冰崩区，再往下冰塔林立，冰塔区最宽处约500米。冰舌向下一直延伸至海拔5300米的高度。发源于此的河流名叫可多拉河，向东流与盘扎曲河汇合后称为朋曲河。

希夏邦马峰也是一座美丽的高峰，山体巍峨，北坡连接着无垠的大草原，草原上散布着明镜般的高原湖泊。在草原地带，成群结队地出没着藏羚羊、藏野驴等珍稀动物。

希夏邦马峰曾先后使用过以下几个名称：

西沙—彭马。藏语中意为"青棵枯死，牛羊死光"，这一名称广泛使用于当地山区之外的藏族人民中。1950年以后，这一名称开始为西方—此国家采用（ShishaPangma或SishaPangma）。我国部分地图曾经由西文转译而用此名。藏语使用这一名称，可能是形容该山峰环境险恶，气候恶劣。

高僧赞。原出自梵文，含义是"圣之居所"、"尊者之居"。据说此名是欧洲人从南路发现这座高峰后，从印度及尼泊尔人那里了解到并公开应用的（Gosainthan或Gosai-than）。我国过去的地图上一律使用的高僧赞，即由英语翻译过来的。"高僧"二字，一定程度上具有音、义兼译的考虑。

波拉贡钦。当地藏族居民称希夏邦马峰为"波拉贡钦"。"钦"为"神"之意，波拉贡钦意为"最大之神山"。当年中国登山队和西藏登山营（西藏登山队的前身）联合组成的侦察队曾经建议，此峰以"波拉贡钦峰"命名为好，而不采用"高僧赞"或"西沙—彭马"等名称。依据1964年1月，中华人民共和国国家测绘总局拟定的《藏语地名译音规则（草案）》译作"希夏邦马"，以求译音更近藏语，"希夏邦马峰"自此定名并沿用至今。

希夏邦马峰，是当时世界上海拔8000米以上高峰中唯一未被登顶的著名山峰，至1964年中国登山队攀登此峰为止，除中国组织侦察队曾几度进入山区侦察外，其他一些国家的登山队仅是对该峰进行了一些远远的观察：

1921年，英国登山队在攀登珠峰时，曾打算抵近希夏邦马峰脚下，但在距离25公里处被阻止。

1944年，奥地利人哈勒和奥夫施乃特在吉隆逗留很长时间，估计曾打算攀登希夏邦马峰。

1949年，英国人提尔曼取得了进入尼泊尔探险的许可后，首先奔赴希夏邦马峰以南地区，想尽一切办法从远处对该峰进行了观测。

1950年5月，英国登山队从南坡攀登珠峰时，英国军用飞机在对珠峰进行空中摄影的同时，也越境对希夏邦马峰进行了摄影。照片刊登在1953年英国的《登山》杂志上。

1959年11月，日本登山队在攀登中国与尼泊尔边境上的高里山卡峰时，派出加藤秀木率领的侦察组，越过中尼边境，在西、西南方向拍摄了此峰。

1962年5月，日本登山队登顶中、尼边境上海拔7083米的洛波岗峰时，曾在峰顶眺望过希夏邦马峰。

一位名叫沃莱斯敦的英国人曾这样说过："在聂拉木，我们发现我们已走到伟大的高僧赞峰的近旁了，我们从20英里的远处瞭望了它一下……以后我们虽然顺着直通该山的主谷上行了好多英里，但除了雾气以外，什么也看不见。"希夏邦马峰一直披着一层神秘的面纱。直到上世纪中叶，还没有一张希夏邦马峰的清晰照片或精确测绘图。许多外国登山家将其称为"神秘的山峰""可疑的山峰"或者"黑色的处女峰"。

希夏邦马峰的藏语原名叫"波拉贡钦"。在当地藏族群众传说故事中，说他与对面的摩拉门钦峰是一对恩爱夫妻。由于波拉贡钦后来喜欢上了西边的普莫里女神峰（海拔7279米），使摩拉门钦很是生气，从此将头扭向东边，不再理采波拉贡钦。藏语中的波拉是爷爷或对老年男性的尊称，摩拉是奶奶或对老年女性的尊称。

"希夏邦马"是当地藏族群众给该峰起的绰号，意思是山区的气候恶劣、变化无常，使放牧的牛羊死光、种植的青稞枯黄，变成了酿造青稞酒后的酒糟。那么为何至今仍然延用这个绰号呢？那是因为在1961年中国登山队与西藏登山营派人组成侦察队对该峰进行侦察时，当地群众告诉侦察队此峰名叫"希夏邦马"。侦察队在侦察报告里将该峰写为"希夏邦马峰"，尽管曾建议称作"波拉贡钦峰"为好，但中国地名委员会沿用国家测绘总局拟定的《藏语地名译音规则（草案）》中"希夏邦马峰"的名称。此后，再也无人追究这个名称的真伪了，"波拉贡钦"的真名便只留在了当地群众的传说故事之中。

1960年以前，除了当地群众在山峰周围放牧打猎以外，很少有外地人接近该峰。只是在1921以后，英国、德国、奥地利等国的登山队曾经从尼泊尔的兰塘地区（希夏邦马峰南边）

远远地观察过此峰，有的登山队还以素描的方式画出了轮廓。瑞士地质学家还对该峰进行过航拍。

最先接近并尝试攀登希夏邦马峰的是中国登山队和西藏登山营派出的侦察队。1960年12月至1961年5月，侦察队在希夏邦马峰的北边、东边进行为期半年的侦察活动，并登达海拔6300的高度，观察确定了一条登上顶峰的攀登路线。

1964年5月2日，中国登山队的许竞等10人实现了人类首次登顶。

1994年5月7日，中国西藏攀登世界14座8000米以上高峰探险队的9名队员登上顶峰。

（六）南迦巴瓦峰

世人都知道，西藏有一座世界最高峰：珠穆朗玛峰。但相对少有人知的是在藏东南的云雾里，笼罩着一座南迦巴瓦峰——中国最美的雪峰。这座名不见经传的山，她巨大的峰体无比尖峭，被称为"直刺天空的长矛"。在《中国国家地理》杂志举办的"选美中国"活动中，摘得了最美山峰第一名的桂冠。因此，本书把这座最美山峰收录在《西藏高峰概况》一节之中。

南迦巴瓦峰海拔7782米，地处喜马拉雅山脉东端，位于西藏自治区米林县和墨脱县交界处，地理坐标：北纬29°37′51″、东经95°03′31″，正处在雅鲁藏布江下游大峡谷拐弯内侧中心部位，北邻念青唐古拉山脉、东接横断山系，是巨大的山脉和水系转折的枢纽部位。这里的山形、水系、地质构造及动植物既有独特性，又有过渡性。该峰周围峡谷深邃、山体耸峙。雅鲁藏布大峡谷北侧海拔2800米、到南侧出境处仅有海拔500米，切深平均达4000～5000米之间。从海拔几百米的河谷到7782米的顶峰，形成巨大的垂直高差。再加上数百公里连续多弯的大峡谷，以其独占鳌头的高差和长度，被国际上公认是世界第一大峡谷。

南迦巴瓦峰一带的自然地理垂直分带多样而齐全。其南坡的垂直带谱从下而上，有热带雨林、亚热带常绿阔叶林带、针叶和阔叶混交林带、山地针叶林带、亚高山灌木丛带、高山草甸带和冰雪带。该峰临近印度洋，湿润的季风可以直接通过雅鲁藏布大峡谷向其北坡深入。季风携带的降雨云层受到高耸的南迦巴瓦峰阻挡，使得这一地区降水特别丰富。据气象资料数据，地处该峰南侧的墨脱县年降水量为2950毫米。山峰在夏季终日云雾缭绕，只有在冬春旱季才有较多机会看到峰顶的真面目。

该峰呈金字塔形，雪线在海拔4800～5000米左右，冰雪补给来源十分丰富，时刻都能见到冰雪崩落腾起的雪雾在山涧飘荡，同时传来巨大的轰鸣声。该地区地震频发且强度大，据记载1950年8月15日发生的大地震，即"察隅大地震"，震级达8.5级。此次大地震把大峡谷中的村庄和居民几乎全部毁灭，有的村庄被抛入江中。地震造成山崩地裂、冰川崩落、江河堰塞成湖，甚至导致雅鲁藏布江断流数日。

南迦巴瓦的藏语全称是"那木卓巴尔瓦"，意思是"天上掉下的很多石头。"当地群众称其为"众山之父"，世居在附近的藏族、门巴族、洛巴族人都说南迦巴瓦峰是神山，是天上神仙居住的地方。传说中山顶上有七座佛塔，凡人是无法接近的。

1."定海神针"

从名字上看，南迦巴瓦就显示出她的不同寻常。南迦巴瓦直译过来的意义是"雷电如火燃烧"。《格萨尔王传》记载，"门岭一战"中，格萨尔王询问手下这是什么山，手下说："好像幡矛竖空中，那是炽热霹雳叉俄山。"藏族人民偏爱他，不但为他取了暴烈的名字，还根据酷峻的山势，给他安了好多人们设想的名称：念青唐古拉山英武的爱子、因为嫉妒砍下弟弟头颅的哥哥、害羞而不肯轻易示人的少女……在他们心里，这座山有太多的故事可说。连山顶不散的云雾，也被认定为是神仙燃起的桑烟。又是雷电又是长矛的，听起来，这座山就血气方刚，性格暴烈。事实上，南迦巴瓦峰还处于"幼年期"，是地球上上升最强烈的地区之一。15 万年来，他每年能长 30 毫米的身高。你可能没听说过他的大名，但这座山的重要性远超你想象。5000 万年前，印度板块向亚欧板块发起俯冲，使青藏高原隆升为世界屋脊。两个板块交界处的"缝合线"就是喜马拉雅山脉，世界最高峰珠峰也在其中。而南迦巴瓦是这条山脉东端的锚点。他是印度板块急性子的先锋，撞进亚欧板块之后剧烈抬升，把两个板块紧紧地楔在了一起。

地质学家将南迦巴瓦比喻为"一根锁定乾坤的神针"。孙猴子的金箍棒原为定海神针，恐怕也不及这座山 7782 米的雄伟身高。南迦巴瓦峰巨大的三角形峰顶直刺天空，挺拔陡峭，有种惊心动魄的刚正美感。洁白的冰雪之下是裸露的岩石，别看山峰年轻，岩石却古老。考察测得，南迦巴瓦岩石的绝对年龄值大于 7.4 亿年，是目前我国一侧喜马拉雅山脉中最大的岁数。

南迦巴瓦山型陡峭，主峰如一个矛尖凸起于群峰之上，连卫峰都尖尖的。晴朗的时候，能够看到岩层壮阔的肌理。论证雅鲁藏布大峡谷为世界之最的杨逸畴说："组成南迦巴瓦峰的岩石是一套变质岩系……其在南迦巴瓦峰从上到下层层堆积，就像不同色调的千层糕一样。"组成南迦巴瓦峰的岩石是一套中深程度的变质岩系，绝无沉积岩。形成变质岩主要靠地球内部的内力，说明这里的岩石是地质剧烈活动的产物，它们经历了古近纪的高压、超高压变质作用。

南迦巴瓦的美，不仅仅是岩石酷峻而陡峭，也藏在相对高度的落差里。即使是珠峰，北坡海拔 5200 米的大本营与峰顶的垂直高差也就 3000 多米。而南迦巴瓦峰的旁边正是世界第一深的雅鲁藏布大峡谷，使这里成为世界罕见的岭谷高差悬殊的高山峡谷地貌。从西坡看，如果从峰顶水平开凿出一条路到雅鲁藏布江边，直线距离不过 10 千米，相对高度居然达到 5000 米。东南坡更加夸张，高差竟有 7000 米之多。可以说，这种惊心动魄的美是南迦巴瓦峰和雅鲁藏布江共同孕育的。两者中间的地带，正是地形构造转折最急剧、地应力最集中的地方之一，南迦巴瓦的血气方刚，正因他是剧烈抬升的中心。

南迦巴瓦峰一直承受着印度板块向北俯冲的挤压，受力最大，变形集中，强烈的抬升使峰体高耸。经过冰雪为主的外力斧凿，他巨大尖峭的三角形峰体终于"水落石出。"

至今，这里的现代构造运动还是生机勃发，活跃而强烈。地震活动依旧频繁，特别是

1950年的墨脱大地震，雅鲁藏布江被拦腰截断至少三处，原本的瀑布消失。

2. 十人九不遇

既然是最美的山峰，那南迦巴瓦峰除了巨大尖峭的三角形峰体外，肯定还有别的值得说道之处。事实上，这座山像个行踪不定的侠客，"十人九不遇"。偶尔在云雾缠身中露出一角，几分钟后就倏忽没了身影。如果去雅鲁藏布大峡谷的时候，恰逢这里的雨季提前，整个南迦巴瓦峰从山腰开始就被云雾牢牢锁住，可能蹲守了几个小时也没见到真容，只好悻悻而返。南迦巴瓦峰终年积雪，云雾缭绕。所以除了那些酷炫的名字，有时又变幻性别，她还有个娇滴滴的外号——"羞女峰"。不过这事儿也分季节，雨季去看山，基本只能望着翻卷到半山腰的云雾兴叹。但也有人说，冬天去那边要是还看不到，你运气得多差啊。可能你会疑惑，南迦巴瓦峰地处青藏高原，这里不是挺干旱的吗，是谁变出的云彩？答案还是雅鲁藏布江。雅鲁藏布大峡谷是这片地带的一个口子，从印度洋吹来的暖湿气流随着豁口长驱直入。南迦巴瓦所在的林芝地区年降水量达到1500～2000毫米，甚至超过了江南。

暖湿撞上高山之巅，就形成了大量海洋性冰川。它们积累和消融都很快，流动性强，对山体的侵蚀、搬运能力强，山顶周围的岩石往往被"刨"走，只剩一个非常尖的山峰；冰川也常显得"切"进山里，磨蚀出U型谷，两壁十分陡峭。有人说，走过了寻访南迦巴瓦的那些路，便几乎不再有路堪称一个"险"字。除却其高耸和陡峭，这里板块活动剧烈，地震、雪崩频仍，气候变化莫测，还有随时可能砸死人的冰崩区，极难跨越。

攀登南迦巴瓦峰更是难于上青天，山峰相对切割度大，海拔5000米以上都是裸岩陡壁、冰川和积雪，至今也只有一次登顶成功。1983、1984、1991年的三度尝试都失败了，还有日本登山家大西宏先生攀登中罹难，直到1992年，中日联合登山队的11名队员（中方的西藏登山队员6人、日方5人）才登顶成功。直至2020年，距那次登顶已经过去了28年，珠峰的攀登都已经变得商业化，却再也没人去挑战南迦巴瓦峰。也许，少去惊扰她是更好的选择。让这位隐藏在激流之后与云雾之下的"羞女"，也有点隐私权吧。

3. 冰雪映桃花

雪山，给人的印象基本是冷艳高贵的，积年的雪顶和裸露的岩石甚至有些单调。但南迦巴瓦峰可是个彩色的天堂，她从不曾独奏，而是与其他色彩融成一曲交响乐。

南迦巴瓦峰虽然是雪山，峰顶积雪终年不化，但从山脚下的雨林到山顶的冰雪，植被垂直带谱丰富又完整。"蜀山之王"贡嘎山没有热带植被，南岳衡山的海拔让它没法拥有常年的积雪。但在这里，你能见到热带低山常绿半常绿季风雨林、亚热带山地常绿半常绿阔叶林、暖温带中山常绿针叶林、寒温带亚高山常绿针叶林、亚寒带高山灌丛草甸、亚寒带高山冰原和寒带极高山冰雪……基本上，人们能想到的自然带，南迦巴瓦峰都双手奉上给你看。南迦巴瓦堪称中国自然带最完整的山峰，她的植被生态是非常难得的自然博物馆，连南北坡都挺对称。一般来讲，山体的南坡和北坡分为迎风坡和背风坡，降水差异往往巨大，生态环境也不尽相同。喜马拉雅山脉也不例外，它像一道屏障，阻挡了来自印度洋的暖湿气流。但南迦巴瓦还是借了雅鲁藏布江的"东风"，暖湿的水汽顺着大峡谷一路抵达北坡。

所以，北坡虽然不如迎风面的南坡降水量丰富，但比起喜马拉雅山脉的其他山峰，还是湿润了太多，南坡也只比北坡多拥有了一个河谷准热带季风雨林带。草木繁盛，还带来桃花灼灼。南迦巴瓦峰所在的林芝地区桃树众多，结的桃子果味酸涩，没人爱吃，常常被拿去喂牲口。但林芝的桃花是这里最著名的景观，每年三月，河谷里的桃花次第盛开，远处就是皑皑的雪峰。雪山映桃花，使人们觉得比"春水映梨花"还要美。

林芝在吐蕃时叫做工布地区，世代生活在此的藏族人被称为工布藏族。这里还生活着珞巴族、门巴族。这里气候温润，姑娘长得俊俏，门巴族诗人仓央嘉措写道，"东方的工布巴拉，多高也不在话下，牵挂着我的爱人，心儿像骏马飞奔。"但倘若深入林芝，当地的向导会一脸紧张地提示你不要轻易吃饭饮水，据说这里有下毒的传统。林芝地区温热的气候养出整个药王谷的药材，多种植物具有毒性。时至今日，下毒之说大约已经成为历史，但已经留下的印象还是不太好消除。中原大地在过去对南迦巴瓦峰几近一无所知。至于原因，《中国国家地理》杂志执行总编单之蔷认为：首先，古人不欣赏极高山，古代享有盛誉的五岳、黄山，都是中低山；其次，古人不能欣赏雪山与冰川之美。这话不假。人们第一次去西藏看到雪山的时候，往往第一反应"好大！第二反应"真美！"之后就词穷了，搜肠刮肚居然拎不出一首古诗来发朋友圈。

古老的传统文化中，似乎缺少雪山的身影。古人更欣赏平原的飞雪，比如"瑞雪兆丰年"；或者文化的名山，"江山留胜迹，我辈复登临。"李白、杜甫二位大诗人都在四川生活过，但川西的众多雪山几乎没有给他们的诗句提供任何灵感，只有一句"窗含西岭千秋雪"勉强算得。李白写四川，是"蜀道之难难于上青天"；杜甫写四川，也只是"花重锦官城"。单之蔷提出了一种新的风景美学："这种审美观主要是指对雪峰、冰川和湿地的认识，这种审美观的基础是现代科学而不是传统文化。"在这种美学的驱动下，最美的山没有选择东南大地上的文化名山，而是选择了葆有自然与野性的南迦巴瓦峰。

山就在那里，无论她洁白的面纱是否会撩起一角，让你有缘得见；山就在那里，她深深扎根在板块交界的地方，是一根定海神针，无论你知不知晓，都守卫着这片大地。暴烈从不该是南迦巴瓦的全名，她理应是更加蓬勃的俊俏，与汩汩流动的生命力。

第二节　海拔6000米以上山峰简介

在中国西藏自治区境内，除了5座海拔8000米以上高峰以外，还有80多座海拔7000多米的山峰。其中，有海拔8000米以下世界最高峰——格仲康峰，海拔7985米；有前面记述过的以险峻著称、攀登难度最大的高峰——南迦巴瓦峰等高峰。西藏中部地区还有四大神山：北有海拔7162米的念青唐古拉峰、西有海拔7206米的宁金抗沙峰、南有海拔7538米的库拉岗日峰、东有海拔6635米的雅拉香布山。还有跨越中国西藏自治区与尼泊尔边境的海拔7134米的著名神山——扎西次仁玛峰，尼泊尔人称此峰为"高里桑嘎"。海拔在6000～7000米的山峰有6000多座，其中著名的山峰是：苯教、佛教、印度教、耆那教等教徒心目中最为神圣的神山——冈仁波齐峰，海拔 6656 米；藏北第一峰——色浦岗日峰，海拔 6956 米；坐落在人间香格里拉的梅里雪山主峰——卡瓦格博峰，海拔 6740 米。

在世居高原的藏族人民群众的心目中，每一座雪山都是有神仙居住的净土，都有许多神话传奇故事，苯教和佛教徒们对这些神山圣水都是顶礼莫拜，常年都有人去转山诵经，对冈仁波齐峰更是崇拜有加，除了西藏的苯教和佛教徒外，还有国内青海、四川、甘肃、云南四省藏区的信徒和国外的印度、尼泊尔、美国、英国、日本等国的信徒们，也不远万里来到冈仁波齐下转山叩拜。许多佛教徒三步一长头，从遥远的家乡用时一两年时间，才能最终来到神山冈仁波齐峰下朝拜，以了终生最大的心愿。

1985 年 9-10 月，西藏自治区体委曾组织人员对冈仁波齐峰进行过侦察活动。

冈仁波齐峰，位于西藏自治区阿里地区普兰县境内，是冈底斯山脉上的一座高峰。据有史记载以来，许多信徒就在此转山朝拜，更有中外的高僧常在此峰脚下转山讲经、扬善斗法。改革开放以来，每年都有众多的中外僧人如苯教、佛教、印度教、耆那教的信众远道而来，朝山转经。因此，冈仁波齐峰历来被信徒们奉为不可侵犯的"神山"。

1985 年 8 月，根据西藏自治区主席多吉才让的指示精神，为了进一步做好对游客、信徒和登山探险人员的接待服务工作，自治区体委办公会议决定，由登山事务管理处和西藏登山队等单位抽出人员组成联合侦察组，于 9 月 8 日至 10 月 15 日，对该峰进行了侦察活动。

主要任务有 6 项：一是对冈仁波齐峰进行一次全面的考察，摸清该峰的基本情况；二是选择攀登到顶峰的路线，并确定各个高山营地的位置；三是摄制侦察情况的录像、拍摄照片，记录形成文字资料；四是收集冈仁波齐峰的民间传说、风土人情、气象变化、攀登季节以及动植物等情况；五是了解从拉萨前往该峰的沿途路线、距离、食宿等情况；六是在侦察冈仁波齐峰的同时，对附近和沿途的一些高峰也作初步的侦察。

侦察人员的组成和分工：西藏体委登山事务管理处处长罗则任组长，负责全面工作；西藏登山队副队长桑珠负责侦察攀登路线等工作；西藏登山队教练员边巴次仁负责侦察技术装备的准备和保管工作；中国登山协会的张江援负责摄像、摄影和气象情况的收集工作；高谋兴负责收集记录文字资料等工作；吴全负责食品的管理和沿途食宿等工作；达东负责炊事工作；巴桑和拉布负责驾驶和保养车辆等工作。

9 月 8 日，侦察组一行 9 人离开拉萨，途经日喀则、拉孜县，经过 5 天的长途行驶，于 12 日安全抵达阿里地区的狮泉河镇，住在地区招待所里。当天下午，侦察组向阿里地委副秘书长次旦汇报了侦察冈仁波齐峰的计划等相关事宜。次旦说："现在进冈仁波齐峰，需要阿里地委的通行证。目前，由于种种原因，你们不能登这座山，即使是考察也不要越过转山路线，今后我们只希望你们组织外国团队来阿里观光旅游。"

14 日，侦察组办理了前往冈仁波齐峰的通行证。

15 日，侦察组离开狮泉河镇前往冈仁波齐峰，当天下午到达了冈仁波齐峰脚下的转山大本营——塔钦。

16 日，在当地雇佣 1 名牦牛工和 2 头牦牛驮运物资器材，沿着转山路线对该峰的四面进行了侦察,在冈仁波齐峰的北面草坡上宿营1夜。

17日,攀越了海拔5500米的卓玛拉,晚上回到塔钦大本营。这一天拍摄了许多的照片和录像资料。

经过侦察分析,如果攀登此峰,在选择攀登路线方面不是很难。但由于阿里地委、行署、政协考虑到这座著名的山峰在信教僧众心目中有着神圣不可侵犯的地位,反对攀登此峰,所以中止侦察返回拉萨。

第三节　西藏自治区对外开放的46座山峰简介

1980年,国务院宣布对外开放山峰后,在半年时间内,中国登山协会就同日本、西德、美国、法国、英国、奥地利、瑞士、荷兰、意大利、澳大利亚、加拿大、西班牙、智利等17个国家的数十支登山团队洽谈自费来华登山事宜,签订了25项登山议定书,其中大部分是到西藏自治区境内登山探险或登山旅游。

西藏境内丰富而独特的山峰资源,给西藏开展登山运动和科学考察创造了得天独厚的条件,吸引着国内外的登山探险家和科考人员接踵而至,为西藏的对外开放和经济社会的发展发挥着日益重要的作用。

为了更好地开发利用和保护好西藏的山峰资源,西藏自治区体育局(体委)、西藏登山协会和西藏登山队,多次组织人力、投入物力和财力对全区的山峰分步骤、分阶段进行侦察,为促进山峰开放工作做了大量工作。

1998年上半年,西藏自治区体委、西藏登山协会抽调人员,在中国登山协会交流部部长张江援的指导下,对念青唐古拉山脉东段、横断山脉、他念他翁山脉、伯舒拉岭区域等海拔6000米以上的高峰进行侦察,掌握了山峰资料。

1998年下半年,又对日喀则、拉萨、那曲等地(市)海拔6000~7000米的山峰进行了侦察。

在两次侦察中,先后涉及全区20多个县的100多座山峰。经过侦察,基本摸清了山峰所在地的情况,掌握了山峰的地理位置、海拔高度、进山路线、民风民俗等第一手资料,为进一步开放开发山峰资源做好了准备。

2000年底,经国务院批准,西藏自治区先后对外开放46座山峰,其中,海拔8000米以上高峰5座、海拔7000~8000米的高峰27座、海拔6000~7000米的山峰14座。

2004—2006年,西藏登山协会再次组成山峰普查队对西藏境内各大山脉的分布、海拔6000~7000米之间具有开放和攀登价值的独立山峰进行了普查,收集山峰资料,建立山峰档案。

一、喜马拉雅山脉开放山峰29座

1. 珠穆朗玛峰,海拔8848.86米,世界第一高峰,矗立在喜马拉雅山脉中段中国西藏与尼泊尔边界线上,地理坐标:北纬27°59′17″、东经86°55′31″。最佳攀登季节是每年春季的 3 月底至 5 月底。

2. 洛子峰，海拔 8516 米，世界第四高峰，位于喜马拉雅山脉中段中国西藏与尼泊尔边界线上，地理坐标：北纬 27°57′45″、东经 86°56′10″。最佳攀登季节是每年春季的 3 月底至 5 月底。

3. 马卡鲁峰，海拔 8463 米，世界第五高峰，坐落在喜马拉雅山脉中段中国西藏与尼泊尔边界线上，地理坐标：北纬 27°53′23″、东经 87°05′20″。最佳攀登季节是每年春季的 3 月底至 5 月底。

4. 卓奥友峰，海拔 8201 米，世界第六高峰，位于喜马拉雅山脉中段中国西藏与尼泊尔边界线上，地理坐标：北纬 28°05′32″、东经 86°39′43″。最佳攀登季节是每年春季的 4 月初至 5 月底、秋季的 8 月底至 10 月底。

5. 希夏邦马峰，海拔 8012 米，世界第十四高峰，位于喜马拉雅山脉中段西藏自治区聂拉木县境内，地理坐标：北纬 26°21′07″、东经 85°46′55″，是唯一一座中国独自拥有的 8000 米级高峰。最佳攀登季节是每年春季的 4 月初至 5 月底、秋季的 8 月底至 10 月底。

6. 格重康峰，海拔 7985 米，位于喜马拉雅山脉中段中国西藏定日县境内，地理坐标：北纬 28°、东经 86°09′。最佳攀登季节是每年春季的 3 月初至 5 月底。此峰攀登难度大，技术性特别强。

7. 摩拉门钦峰，海拔 7703 米，位于喜马拉雅山脉中段中国西藏定日县境内，地理坐标：北纬 22°03′、东经 85°08′。最佳攀登季节是每年春季的 3 月初至 5 月底、秋季的 8 月底至 10 月底。

8. 章子峰，海拔 7543 米，位于喜马拉雅山脉中段中国西藏定日县境内，地理坐标：北纬 28°、东经 86°09′。最佳攀登季节是每年春季的 3 月初至 5 月底。

9. 乔乌衣峰，海拔 7351 米，位于喜马拉雅山脉中段中国西藏定日县境内，地理坐标：北纬 28°、东经 86°06′。最佳攀登季节是每年春季的 4 月初至 5 月底、秋季的 8 月底至 10 月底。此山攀登难度较大，技术性很强。

10. 库拉岗日峰，海拔 7538 米，位于喜马拉雅山脉中段中国西藏洛扎县境内，地理坐标：北纬 28°02′、东经 90°06′。最佳攀登季节是每年春季的 4 月初至 5 月底、秋季的 8 月底至 10 月初。

11. 拉布及康峰，海拔 7367 米，位于喜马拉雅山脉中段中国西藏聂拉木县和定日县境内，地理坐标：北纬 28°05′、东经 86°05′。最佳攀登季节是每年春季的 4 月初至 5 月底、秋季的 8 月底至 10 月底。

12. 绰木拉日峰，海拔 7326 米，位于喜马拉雅山脉中段中国西藏亚东县境内，地理坐标：北纬 27°08′、东经 89°02′。最佳攀登季节是每年春季的 4 月初至 5 月底、秋季的 8 月底至 10 月底。

13. 四光峰，海拔 7308 米，位于喜马拉雅山脉中段中国西藏定日县境内，地理坐标：北纬 28°、东经 87°。最佳攀登季节是每年春季的 4 月初至 5 月底、秋季的 8 月底至 10

月底。

14.西峰,海拔 7292 米,位于喜马拉雅山脉中段中国西藏聂拉木县境内,地理坐标:北纬 28°03′、东经 85°07′。最佳攀登季节是每年春季的 4 月初至 5 月底、秋季的 8 月底至 10 月底。

15.康波钦峰,海拔 7281 米,位于喜马拉雅山脉中段中国西藏聂拉木县境内,地理坐标:北纬 28°05′、东经 85°05′。最佳攀登季节是每年春季的 4 月初至 5 月底、秋季的 8 月底至 10 月底。

16.南当里峰,海拔 7205 米,位于喜马拉雅山脉中段中国西藏聂拉木县境内,地理坐标:北纬 28°04′、东经 85°07′。最佳攀登季节是每年春季的 4 月初至 5 月底、秋季的 8 月底至 10 月底。

17.普莫里峰,海拔 7170 米,位于喜马拉雅山脉中段中国西藏定日县境内,地理坐标:北纬 28°09′07″、东经 86°09′00″。最佳攀登季节是每年春季的 3 月初至 5 月底。

18.门龙泽峰,海拔 7175 米,位于喜马拉雅山脉中段中国西藏定日县境内,地理坐标:北纬 27°08′、东经 86°09′。最佳攀登季节是每年春季的 4 月初至 5 月底、秋季的 8 月底至 10 月下旬。

19.卡达普峰,海拔 7227 米,位于喜马拉雅山脉中段中国西藏定日县境内,地理坐标:北纬 28°、东经 86°09′。最佳攀登季节是每年春季的 4 月初至 5 月底。

20.扎西次仁玛峰,海拔 7134 米,位于喜马拉雅山脉中段中国西藏定日县与尼泊尔边界线上,地理坐标:北纬 27°09′、东经 86°09′。最佳攀登季节是每年春季的 4 月初至 5 月底、秋季的 8 月底至 10 月下旬。

21.康格多峰,海拔 7060 米,位于喜马拉雅山脉中段中国西藏错那县境内,地理坐标:北纬 27°08′、东经 92°。最佳攀登季节是每年春季的 4 月初至 5 月底、秋季的 8 月底至 10 月底。

22.向东峰,海拔 7018 米,位于喜马拉雅山脉中段中国西藏定日县境内,地理坐标:北纬 28°、东经 86°09′。最佳攀登季节是每年春季的 4 月初至 5 月底。

23.立新峰,海拔 7071 米,位于喜马拉雅山脉中段中国西藏定日县境内,地理坐标:北纬 28°、东经 86°09′。最佳攀登季节是每年春季的 4 月初至 5 月底。

24.觉悟吓北峰,海拔 7022 米,位于喜马拉雅山脉中段中国西藏定日县境内,地理坐标:北纬 28°01′、东经 86°05′。最佳攀登季节是每年春季的 4 月初至 5 月底、秋季的 8 月底至 10 月底。

25.乔格茹峰,海拔 7176 米,位于喜马拉雅山脉中段中国西藏定日县境内,地理坐标:北纬 28°、东经 86°04′。最佳攀登季节是每年春季的 4 月初至 5 月底、秋季的 8 月底至 10 月底。

26.格拉岗日峰,海拔 6666 米,位于喜马拉雅山脉中段中国西藏聂拉木县境内,地理坐标:北纬 28°04′、东经 85°07′。最佳攀登季节是每年春季的 4 月初至 5 月底、秋季的 8

27. 卓那布桑峰，海拔 6587 米，位于喜马拉雅山脉中段中国西藏聂拉木县境内，地理坐标：北纬 27°08′、东经 86°09′。最佳攀登季节是每年春季的 4 月初至 5 月底、秋季的 8 月底至 10 月底。

28. 解同速送峰，海拔 6244 米，位于喜马拉雅山脉中段中国西藏江孜县和浪卡子县交界处，地理坐标：北纬 28°08′、东经 90°02′。最佳攀登季节是每年春季的 4 月初至 5 月底、秋季的 8 月底至 10 月底。

29. 纳木那尼峰，海拔 7694 米，位于喜马拉雅山脉中段中国西藏普兰县境内，地理坐标：北纬 30°04′、东经 81°03′。最佳攀登季节是每年春季的 4 月初至 5 月底、秋季的 8 月底至 10 月底。

二、念青唐古拉山脉开放山峰 8 座

1. 佳拉白垒峰，海拔 7151 米，位于念青唐古拉山脉东段中国西藏米林县境内，地理坐标：北纬 29°08′、东经 95°。最佳攀登季节是每年春季的 3 月底至 5 月底、秋季的 8 月底至 10 月底。

2. 念青唐古拉峰，海拔 7162 米，位于念青唐古拉山脉西段中国西藏当雄县境内，地理坐标：北纬 29°04′、东经 90°06′。最佳攀登季节是每年春季的 3 月中旬至 5 月底、秋季的 8 月底至 10 月底。

3. 念青唐古拉中央峰，海拔 7117 米，位于念青唐古拉山脉西段中国西藏当雄县境内，地理坐标：北纬 30°04′07″、东经 90°06′。最佳攀登季节是每年春季的 3 月中旬至 5 月底、秋季的 8 月底至 10 月底。

4. 桑丹康沙峰，海拔 6590 米，位于念青唐古拉山脉中段中国西藏那曲市境内，地理坐标：北纬 30°09′、东经 91°05′。最佳攀登季节是每年春季的 4 月初至 5 月底、秋季的 8 月底至 10 月底。

5. 启孜峰，海拔 6206 米，位于念青唐古拉山脉西段中国西藏当雄县境内，地理坐标：北纬 30°02′、东经 90°05′。最佳攀登季节是每年春季的 3 月下旬至 5 月底、秋季的 8 月底至 10 月底。西藏自治区体育局羊八井高山训练基地在此峰脚下，后勤保障方便，攀登难度适中、登顶成功率高，是初次登山探险者的理想练习攀登山峰。

6. 鲁孜峰，海拔 6154 米，位于念青唐古拉山脉西段中国西藏当雄县境内，地理坐标：北纬 30°02′、东经 90°04′。最佳攀登季节是每年春季的 3 月下旬至 5 月底、秋季的 8 月底至 10 月底。西藏自治区体育局羊八井高山训练基地在此峰脚下，后勤保障方便，攀登难度适中、登顶成功率高，是初次登山探险者的理想练习攀登山峰。

7. 唐拉昂曲峰，海拔 6330 米，位于念青唐古拉山脉中段中国西藏当雄县境内，地理坐标：北纬 30°04′、东经 90°06′。最佳攀登季节是每年春季的 3 月下旬至 5 月底、秋季的 8 月底至 10 月底。

8. 穷姆岗日峰，海拔 7048 米，位于念青唐古拉山脉中段中国西藏当雄县境内，地理坐标：北纬 29°09′、东经 90°09′。最佳攀登季节是每年春季的 3 月底至 5 月底、秋季的 8 月底至 10 月底。

三、拉轨岗日山脉开放山峰 7 座

1. 宁金抗沙峰，海拔 7206 米，位于拉轨岗日山脉西段中国西藏江孜县和浪卡子县交界处，地理坐标：北纬 28°09′、东经 90°01′。最佳攀登季节是每年春季的 4 月初至 5 月底、秋季的 8 月底至 10 月底。

2. 藏拉一峰，海拔 6496 米，位于拉轨岗日山脉西段中国西藏聂拉木县境内，地理坐标：北纬 28°09′、东经 86°。最佳攀登季节是每年春季的 4 月初至 5 月底、秋季的 8 月底至 10 月底。此峰攀登难度大，技术性强。

3. 藏拉二峰，海拔 6323 米，位于拉轨岗日山脉西段中国西藏聂拉木县境内，地理坐标：北纬 28°09′07″、东经 86°。最佳攀登季节是每年春季的 4 月初至 5 月底、秋季的 8 月底至 10 月底。此峰攀登难度大，技术性强。

4. 普勒日峰，海拔 6404 米，位于拉轨岗日山脉东段中国西藏定日县境内，地理坐标：北纬 28°09′、东经 86°。最佳攀登季节是每年春季的 4 月初至 5 月底、秋季的 8 月底至 10 月底。

5. 姜桑拉姆峰，海拔 6325 米，位于拉轨岗日山脉中段中国西藏江孜县和浪卡子县交界处，地理坐标：北纬 28°08′、东经 90°03′。最佳攀登季节是每年春季的 4 月初至 5 月底、秋季的 8 月底至 10 月底。

6. 卡鲁雄一峰，海拔 6674 米，位于拉轨岗日山脉东段中国西藏浪卡子县境内，地理坐标：北纬 28°08′、东经 90°02′。最佳攀登季节是每年春季的 4 月初至 5 月底、秋季的 8 月底至 10 月底。

7. 卡鲁雄二峰，海拔 6302 米，位于拉轨岗日山脉东段中国西藏浪卡子县境内，地理坐标：北纬 28°08′、东经 90°02′。最佳攀登季节是每年春季的 4 月初至 5 月底、秋季的 8 月底至 10 月底。

四、冈底斯山脉开放山峰 2 座

1. 罗布岗日峰，海拔 7092 米，位于冈底斯山脉中段中国西藏萨嘎县和仲巴县交界处，地理坐标：北纬 29°08′、东经 84°06′。最佳攀登季节是每年春季的 4 月初至 5 月底、秋季的 8 月底至 10 月底。

2. 夏康坚峰，海拔 6822 米，位于冈底斯山脉中段中国西藏措勤县境内，地理坐标：北纬 31°06′、东经 85°01′。最佳攀登季节是每年春季的 4 月初至 5 月底、秋季的 8 月底至 10 月底。

第四节　外国人在西藏登山情况简介

1786年，登山运动在欧洲兴起后，先后把阿尔卑斯山脉的20座海拔4000米以上山峰登顶。此后，登山爱好者又把攀登的目标转移到东欧的高加索山区和南、北美洲一带更高的山峰。

随着登山爱好者队伍的不断扩大、攀登技术的提高、登山装备的改进，使攀登的难度和高度也逐步增加。由于地球上大约200多座海拔7000米以上高峰都在亚洲，所以从20世纪初期以来，高山探险活动逐步转移到亚洲的高山地区。

1849年，珠峰被世人确认为世界最高峰，但直到72年后的1921年，人类才开始实施攀登。在此之前的1876年，一位瑞士女士和她的侄儿——布雷奥特女士和A·B·库勒孜先生计划攀登珠峰，但是仅停留在计划而已，并没有实际攀登。

一、外国人对珠峰的攀登

1892年，英国出版过一篇名为《珠穆朗玛峰能否被人征服》的小册子。

1893年，一位名叫C·G·布鲁斯的先生曾建议攀登珠峰。

1899年，英国驻印度总督沃德·柯佐伊先生希望尽快访问尼泊尔，设法得到从南坡攀登珠峰的许可。

1904年，一位名叫C·G·布鲁斯（C·C·Rzwling）的先生来到中国西藏拉萨。后来他到了名叫嘎士柯和色姆拉的两个地方，从北面观察了珠峰。

1905年，英国驻印度总督沃德·柯佐伊先生鼓励英国登山队攀登干城章嘉峰和珠峰。

1907年，英国人在A·C委员会的记录中，遗憾地表示了当时英国在印度的一位大臣阻止了攀登珠峰的行动。同年，有人给英国的国防和外交大臣写信，要求攀登珠峰。

1908年，那位曾在1893年建议攀登珠峰的C·G·布鲁斯先生，制定了第二个攀登珠峰的计划，打算从尼泊尔一侧实施攀登。但计划在1911年，因英国驻印度总督沃德·柯佐伊先生在向尼泊尔国王去信要求准许从尼泊尔一侧攀登珠峰时，未能得到尼泊尔国王的同意而中止。

1913年，一位名叫Noel的先生和一些在当地的伙伴，从印度大吉岭出发，到了干城章嘉峰北边一带活动，目的是想接近珠峰，最后从朗布山口看到了珠峰。虽然眺望欣赏到了珠峰的雄姿，但因相距65公里，仍不能算是接近了珠峰。在随后的行进中，由于受到当地官员和军人的干预，他们不得已返回了大吉岭。

1914年，一名法国少校军官向法国政府提出要求，准备组建一支登山队用两年的时间攀登珠峰。但因当年爆发了第一次世界大战，而未能获得批准。

1920年12月，英国政府接到驻印度总督的电报，电报称西藏地方政府已经准许英国的登山队进入西藏旅游和攀登珠峰。

1921年，英国的第一支由9人组成的攀登珠峰登山侦察队，从珠峰的东边和北边向上攀登。其中，一个小组的2人从西绒布冰川试图去孔布冰川，但未能如愿；另一个小组从东绒布冰川的勒布山口观察珠峰的东山脊和东坡，觉得冰川冰壁陡峭且破碎，认为从这里攀登到南坳是不可能的；第三组的3人：乔治·马洛里(曾翻译为"麦拉瑞·诺尔顿")、布劳克和威勒，于9月24日登达北坳海拔6990米处，他们是从卡达经东绒布冰川来到北坳的，一名叫凯勒斯的队员在攀登途中死亡。

1922年，英国的第二支由13人组成的攀登珠峰登山队和雇佣的5名尼泊尔夏尔巴人，又开始了新的攀登行动。队长是C·G布鲁斯先生，他们由东绒布冰川登上北坳，乔治·马洛里和莎莫维尔于5月21日登达海拔8225米处。队长C·G布鲁斯先生的侄儿J·G布鲁斯和一位名叫芬迟的队员于5月27日登达海拔8320米的高度。6月7日，由于包括队员和夏尔巴人高山协作在内的7位成员在北坳遭遇雪崩袭击死亡，终止了本次攀登行动。

1924年，第三支英国攀登珠峰登山队的10名队员和雇用的4名尼泊尔夏尔巴人，再一次实施攀登行动。队长仍是C·G布鲁斯先生，途中名叫诺尔顿的队员担任了攀登队长，他们从设在北坳的4号营地向上攀登。乔治·马洛里和一位名叫莎莫维尔的队员与3名夏尔巴人相继在海拔7600米处和8160米处建立了第5号和第6号高山营地。

6月4日，诺尔顿和莎莫维尔2人继续攀登至海拔8540米处。这时携带的氧气用光了，但是诺尔顿还是一个人坚持向上攀登了30米左右，终因体力不支退回到海拔8540米处。

6月7日，乔治·马洛里和安德鲁·欧文（又译：格·勒·马洛里和阿·克·欧文）与4名夏尔巴人也登达海拔8540米处。

6月8日，一位名叫R·E·odell的队员也登达6号高山营地。次日他们准备突击登顶。但在出发时，云雾遮蔽了山峰，他们透过舜间闪现的云雾缝隙猛然发现好像有人在向岩石台阶攀登靠近，还有一个人紧跟着前面那个人，当时猜测可能是乔治·马洛里和安德鲁·欧文两人在向上攀登。前面那位好像是登到了台阶的顶部，如果是在"第二台阶"上面，那就是到达了海拔8700米的高度。随后，这两人就再也没有了消息而宣告失踪。此次冲击顶峰行动，因云雾长久不散而使能见度很低，不得不放弃了登顶。

乔治·马洛里(1886年6月18日–1924年6月8日)先生是一位伟大的英国探险家。马洛里曾是英国著名公学查特豪斯(Charterhouse)的教师与书院长(Housemaster)，查特豪斯学校为纪念马洛里至今还保留着学校的一个著名登山探险社团——马洛里组织(Mallory Group)。马洛里曾就读于温切斯特公学和剑桥大学，与著名经济学家约翰·梅纳德·凯恩斯曾经是同学与好友。1924年6月8日与队友安德鲁·欧文尝试登顶珠峰，最终一去不复返，而有关两人死前到底是否曾经登顶的争议也成为登山历史上著名的"马欧之谜"。他在被问及为何想要攀登珠峰时回答说："因为山就在那儿。"（"Because it's there!"）成为人们至今经常引用的名言。

历史走到了1999年5月1日，一支由BBC（英国广播公司）赞助的美国攀登队"马洛里及欧文(M&I)搜寻探险队"，在珠峰北坡大约海拔8170米处发现了马洛里的遗体，因在其残存的衣服上发现绣有姓氏字母。令人吃惊的是，75周年过去了，他的遗体竟然保存完好。但是攀登队并没有发现他所携带的柯达照相机，因此依然无法证实两人是否已经登顶。这台照相机据信可能由欧文（A·Clrvine）先生携带，而他的遗体至今没有被发现。柯达的摄影专家认为，只要照相机中有胶卷，现有的技术就可以将胶卷冲洗出来印成照片，而这样就很有希望揭开"马欧之谜"。大多数登山历史学家都认为乔治·马洛里和安德鲁·欧文成功登顶的机会微乎其微：首先，以现代的标准来评估，1924年的登山装备是近乎原始的。其次，马洛里所带的人工氧气最多也只能维持到8-10个小时，仅够攻顶全程所需时数的一半。加上登顶前的最后一道天险——"第二台阶"(The Second Step)，并没有发现绳索等人工遗物，徒手攀爬"第二台阶"几乎是不可能的。但是有美国网站EverestNews提出了独家的理论：在欧文的帮助下，马洛里直接从更险恶的东北山脊翻越"第二台阶"（一条现代登山家从未尝试的登峰路线），登顶后从"诺顿雪沟"(Norton Couloir)直下8200米（也是一条极冷门的路线），再摸黑横越珠峰北坡，在距离突击营地只有400余米距离时力尽滑坠，或被落石击中左额后迅速失去知觉。欧文在马洛里翻越"第二台阶"后，过了若干时间，晓得队友再也不会回来了，于是在缺氧情况下挣扎回突击营地，在东北山脊约海拔8450米处附近遗下了冰镐，然后永远失去踪影。一般历史学家认为欧文先生是与马洛里先生一起滑坠的，并已摔到海拔6500米的冰川里去了。中国前辈登山家许竞宣称，他于1960年在海拔8300米以上某处曾遇见过欧文先生的遗体。马洛里先生的家人坚信他确曾登顶，理由是马洛里生前曾说过，如果登顶将会把妻子的照片留在顶峰，而在他保存尚属完好的胸前衣物中没有发现妻子的照片，可推断他已经将照片放在了顶峰。

英国人因连年派出的攀登珠峰登山队屡遭挫折、损失惨重，队员们需要休整。因此，便从1925年至1932年期间，再也没有派出攀登珠峰的队伍。

1933年，第四支英国派出的攀登珠峰登山队，由14名运动员和2名通讯联络员与雇佣的5名尼泊尔夏尔巴人组成，队长是赫·鲁托列吉先生。他们还是沿着前几次走过的攀登路线，从东绒布冰川上到北坳，11人登达设在海拔8350米的6号营地（比1924年设立的6号营地向上推进了190米）。其中，第一突击组的2人于5月30日向上攀登准备突击顶峰时，在距离山脊20米处的"第一台阶"东部发现了木柄冰镐，判断可能是乔治·马洛里和安德鲁·欧文两人使用过的冰镐，附近没有发现其它任何遗物。通过发现冰镐所处的位置，证明1924年失踪的2人已经登达海拔8570米的高度。第二突击组的2人也登达这里，但因与第一突击组的2人随身携带的食品和装备不够登顶路程中的需要，只能抱憾下撤。

在这之前的4月3日和19日，英国登山队曾两次乘飞机在珠峰上空侦察拍照，试图找到攀登至顶峰的路线。

1934年，一位名叫威尔逊的英国人曾经尝试单独攀登珠峰，设计路线是沿东绒布冰川至"北坳"，但在进山后就失踪了。这位先生的遗体被1935年来这里的英国登山队员，在东绒布冰川侧碛靠近3号营地附近的帐篷里发现。分析认为他是在攀登"北坳"时，因体力透支而退回到帐篷里，在休息中逝世。

1935年，由8名运动员和1名翻译组成的第五支英国攀登珠峰登山队，只攀登到海拔7028米的"北坳"顶部。队长是伊·希普顿先生，这次他们使用了新式登山装备，考察了珠峰东北面的攀登路线，在"北坳"上进行了拍照，又到洛拉山口对珠峰的西山脊进行了观察。他们还试图攀登珠峰的北峰——章子峰，最后登达海拔7100米处就下撤了。这支登山队在边侦察边通过卡达峡谷撤离前，还攀登了卡达附近的一些小山。他们是在从东绒布冰川向"北坳"行进途中发现了前面提到过的威尔逊先生在帐篷里的遗体。

1936年，第六支英国攀登珠峰登山队，由12名运动员和1名翻译组成，雇佣了3名尼泊尔夏尔巴人担任高山协作。队长还是1933年担任过队长的赫·鲁托列吉先生。他们离开印度的大吉岭，进入中国西藏境内来到东绒布冰川。

5月15日，在海拔7028米的"北坳"顶部建起4号营地。此后，因风力太大，队伍再没有向上攀登。

6月初，他们掉头对"北坳"西部进行侦察。埃德蒙·希拉里先生（1953年从南坡登顶）和另一名队员试图从中绒布冰川登上山坳，但因积雪太深并发生雪崩而未能成功。侦察结论是："北坳"西坡的路线比东坡更难攀登。

1938年春季，第七支英国攀登珠峰登山队，由7名运动员和1名翻译组成，队长是狄尔曼先生。这名翻译已经是第六次来珠峰参加登山行动了，别人称他是"不知疲倦的翻译"。他们从东绒布冰川经过"北坳"登达海拔7450米的东北山脊之后，因为风力太大就下撤了。接着，他们又从中绒布冰川成功登上"北坳"。

6月7日，2名队员登达海拔8290米处并建立了第6号高山营地。但是，因后来的攀登很不顺利，而被迫放弃了登顶计划。期间，有1名夏尔巴登山协作把登山物资运送到了海拔7850米的5号营地，这位先生就是后来在1953年从南坡首位登顶珠峰的丹增·诺盖。

1945年，1名新西兰空军飞行员驾驶飞机搭载1名摄影师，飞越珠峰上空进行拍照。曾经担任过1935年英国珠峰登山队队长的伊·希普顿先生，向英国A·C委员会建议再次组织登山队攀登珠峰，A·C委员会便任命他为队长，随即着手组建队伍。但恰在此时，英国驻印度总督给英国政府写信说经与西藏地方政府联系，答复是1946年至1947年间，任何一支登山队都不许来西藏。但是，就在这年春天，1名叫狄曼的先生和2名夏尔巴高山协作还是进入中国西藏境内从北坡偷登了珠峰。他们打算从东绒布冰川登上"北坳"，但在5月9日登达海拔7150米处时遭遇暴风雪袭击而被迫下撤，结束了这次攀登行动。

自此，外国人暂停了在西藏的登山活动，转而从尼泊尔一侧继续攀登珠峰等著名高峰。

二、外国人对卓奥友峰等著名山峰的攀登

在上述英国登山队尝试从西藏一侧攀登珠峰的同时，英国的另外一些人还和奥地利人对在中尼边境线上的马卡鲁峰和卓奥友峰进行了侦察和攀登。

1921年和1951年，英国人曾经先后两次对卓奥友峰进行侦察攀登。

1952年,英国登山队来到卓奥友峰山下,为攀登珠穆朗玛峰进行适应性训练和测试新式氧气瓶等装备的性能。

5月初,7名英国人和3名新西兰人,包括在此后的1953年从南坡也是人类首次登顶珠峰的埃德蒙·希拉里先生,沿中国西藏一侧的西北山脊向上攀登,埃德蒙·希拉里先生和另一名新西兰人登到海拔6850米处后,因冰壁阻挡而中止了攀登行动。

1954年,奥地利派出一支由3人组成的登山队,雇佣了7名尼泊尔夏尔巴高山协作,向卓奥友峰发起挑战。

9月27日,他们在中国一侧的兰巴拉山口海拔5560米处建立了大本营。

10月19日,他们沿着北山脊登达海拔6900~7200米的冰瀑区顶部,再转向西山脊登上顶峰,3人全部登顶成功。这也是人类首次登顶卓奥友峰。

就在奥地利人攀登的同时,有5名瑞士人也来到了卓奥友峰脚下,也是从中国西藏一侧沿奥地利人的攀登路线,试图登顶该峰。突击营地设在海拔7150的冰雪坡上,计划10月28日突击顶峰。但由于气温低、高空风强劲,在登达海拔7700米的高度时,就再也坚持不下去了,被迫放弃登顶计划。

1958年,一支印度登山队也来到兰巴拉山口,在攀登卓奥友峰的过程中,有2人于5月15日登上顶峰。在这次登山行动中,印度大吉岭登山学校的校长因患肺炎而死亡。

1959年,一支由4名法国人、3名英国人、3名尼泊尔人、1名意大利人和1名瑞士人,共12人组成的国际女子卓奥友峰登山队,也来到兰巴拉山口,试图攀登卓奥友峰。队长是名叫克·郭刚的法国女士。大本营设在兰巴拉山口中国西藏一侧的海拔5600米处。其中3人登达海拔7100米处,设立了4号营地,准备突击顶峰。

10月2日,部分队员从2号营地向上攀登并准备支援突击顶峰的3人时,在海拔5800米处遭遇雪崩袭击,其中的1人死亡。同时,这次雪崩还摧毁了整个4号营地,包括队长克·郭刚女士在内的大部分队员遇难。

在此后的多年里,外国人曾多次未经中国和西藏地方政府部门批准而越过兰巴拉山口,从我国一侧偷登过卓奥友峰。

1921年至1959年间,外国人曾多次来到西藏登山,不管他们出于何种目的,但是从客观上来讲,对中国及其西藏地区开展现代登山运动是起到了促进作用的。

参考资料

《西藏自治区志·体育志》，西藏自治区地方志编纂委员会，中国藏学出版社2008年7月第1版

《中国登山运动史》，国家体委体育文史工作委员会、中国登山协会编，武汉出版社，1993年7月第1版

《雪山雄鹰——西藏登山运动50年》，多吉占堆、薛文献著，漓江出版社，2010年9月第1版

《逐梦云端——西藏探险队攀登14座8000米高峰纪实》，多吉占堆、薛文献著，漓江出版社，2013年6月第1版

《西藏自治区体育运动委员会机构设置政务概述（1951-1999年）》，西藏自治区体育局编，2000年9月18日

《西藏登山运动史》，邵生林、成天亮著，北京体育大学出版社，2002年10月第1版

《甜美的苦役——一位老登山队员的心路历程》，罗则著，西藏人民出版社，2007年4月第1版

《西藏登山运动训练教程》，旺加著，西藏人民出版社，2006年11月第1版

《登山手册》，〔美〕克雷格·康纳利著，严冬冬译，人民邮电出版社，2010年1月第1版

《西藏体育》，1989年第5期至2020年第3期

《1960年中国首登珠峰：贺龙指挥，刘少奇特批70万美元》原创：杨丽娟 北京日报纪事 2018年5月31日

后　记

2020 年 6 月，根据中共西藏自治区委员会宣传部《关于征集庆祝中国共产党成立 100 周年西藏和平解放 70 周年主题出版选题的通知》要求，自治区体育局呈报将《攀登永无止境——西藏登山 60 年》列入主题出版选题。

作者于 2002 年从西藏军区部队转业到西藏登山队任书记、副队长，有幸加入到这支世界登山劲旅和国家体育系统英模辈出的先进集体，在长达 8 年的风雪征程中，见证了这支登山运动水平国内领先、世界著名，且是我国目前唯一齐装满员的登山运动队伍，在参加国内国际登山探险行动中屡创新纪录的动人场景，而深受感动。作为军人出身的作者，结识这支在和平时期更富有牺牲精神的英雄群体，深切感悟了前仆后继、勇往直前、不计生死的英雄豪杰风范。

60 年来，几代西藏登山人舍生忘死为国争光、争利（登山产业），服务于国家科学考察、国防建设和西藏经济社会高质量发展与长治久安，常年鏖战在人迹罕至的冰峰雪岭登山探险。勇士们舍小家为国家、牺牲个人利益维护国家利益，宁愿个人负伤致残甚至牺牲也要坚决为国争光而登峰造极、无私奉献，使作者肃然起敬，钦佩之情由然而生。

早在西藏登山队工作期间，感动之余就有为这些时代楷模、人中俊杰著书立说的愿望。现在自治区体育局，聘请作者撰写这部史书，使作者深感机会难得，于是决心尽心尽力写出这部能够传之后世的作品，使西藏登山事业的非凡发展历程和登山英雄们的感人事迹代代相传，并作为励志书籍激励着人们特别是中国的青年人敢于探索未知、敢于登峰造极创佳绩、敢于克服一切艰难险阻去实现人生的既定目标，为人类社会发展进步做出应有的贡献。

在撰写过程中，得到了自治区体育局党组书记王德军和局长尼玛次仁等局领导的大力支持，指示各有关部门和单位帮助搜集资料。自治区体育局办公室主任陈天兵、秘书李君，西藏登山队队长索南和副队长阿旺扎西、扎西次仁，培训科科长次仁旦达、攀岩队队长德庆欧珠、队办公室干部羊忠旦增等同志友好热情地提供了大量文字和图照资料，在此一并表示感谢。

由于该书拟定于2021年7月在党的百岁华诞之前出版，从2019年9月16日接受编写任务，至出版之日只有不到两年的时间。但要搜集的资料却要从公元1708年清朝康熙皇帝为绘制《皇舆全览图》，派人随军从四川进藏，要求目视画图，并在《皇舆全览图》标注珠穆朗玛峰（"朱母朗马阿林"）地理位置开始，期间包括从1921–1938年英国先后派出7支登山队进藏攀登珠峰、1960年中国人首次从北坡登顶珠峰等，直到2020年中国第三次珠峰高程测量为止，年代跨度达312年，资料浩繁，搜集难度大。在这样短的时间内写出了A4纸小4号宋体、长达一千多页、一百多万字的《攀登永无止境——西藏登山60年》原稿，实在是时间紧、任务重。因此，尽管已反复修改，但由于篇幅长，在书中难免仍然存在各种错漏，恳请各位领导同志和登山运动指挥员、运动员、教练员、登山产业领队、登山向导、高山协作、后勤保障人员，以及登山户外运动研究专家和登山户外运动爱好者，以及对此书感兴趣的人士等不吝赐教，以便在今后的适当时机修改订正。

在此，感谢西藏人民出版社的汉文编辑部主任、责任编辑计美旺扎和副主任、责任编辑张慧霞等同志为本书最终编辑、出版付出的辛勤努力。

最后，以此书向所有为中国登山事业做出贡献的人们致敬，并献给在登山探险事业中牺牲的仁那等英雄烈士。

尹逊平

2021年5月19日于拉萨